韦斯帕夏诺回忆录

西方传记经典

VESPASIANO MEMOIRS
LIVES OF ILLUSTRIOUS MEN OF THE XVTH CENTURY

韦斯帕夏诺回忆录
十五世纪名人传

[意] 韦斯帕夏诺 著

王宪生 译

ZHEJIANG UNIVERSITY PRESS
浙江大学出版社

目　录

"火炬丛书"版前言

迈伦·吉尔摩

　　1895年3月，罗马教廷历史学家路德维希·冯·帕斯特来到巴塞尔，拜访研究意大利文艺复兴的历史学家雅各布·布克哈特。布克哈特当时已经年迈[1]，帕斯特很想了解他在1860年出版的名著《意大利文艺复兴时期的文化》是如何完成的。在随后的交谈中，布克哈特只字不提他在意大利旅行时得到的灵感，只字不提他以前描写过意大利艺术作品[2]，而是说他1847年在罗马借到一本书，即韦斯帕夏诺·达·比斯蒂奇的《名人传》，他在读这本书时第一次产生了写一部巨著的想法。这样，说韦斯帕夏诺这位佛罗伦萨书商所写的传记催生了现代最著名的论述文艺复兴的专著，就有了最直接的证据。

　　关于韦斯帕夏诺的生平，我们了解得比较少。他1421年出生于佛罗伦萨附近的一个小村比斯蒂奇，其村名就成了他家的姓氏。是他的家境不允许他继续求学，而后从事一项公认的高等职业，还

---

[1]　布克哈特当时已77岁，两年后就去世了。布克哈特的代表作《意大利文艺复兴时期的文化》是学术界第一部研究文艺复兴的专著，具有划时代意义。——中译者注

[2]　指1855年出版的《意大利艺术宝库指南》。——中译者注

是他出于个人兴趣而投身于书商这一行，对此我们并不知晓。不过有一点是清楚的：他在书商这一行里找到了一份工作，在以后的生涯里，他充分利用了当时书商可以利用的各种机会，最终他不仅名扬佛罗伦萨和意大利，而且还名扬国外，成为他那一代人之中最著名的书商。这是一个人的兴趣和能力与意大利的文化环境幸运地结合起来的一个例子。

在此之前的十四世纪，彼特拉克及其伙伴和追随者极大地激励了对古代文化的研究。人文主义者抛弃了经院哲学家对注释的依赖，强调研究希腊、罗马作家和基督教权威神学家原著的重要性。十五世纪末之前，在佛罗伦萨以及意大利北部其他几个中心，人们对教授希腊语又产生了新的兴趣，这一兴趣又随着土耳其人对拜占庭的步步紧逼而越来越浓。在这种情况下，搜集字体漂亮的手抄本成为风尚，这种字体是人文主义教育家首创的。统治者和富人寻找古代作家和基督教早期作家最好的手抄本，其中很多都是新近发现和流传的。

韦斯帕夏诺的作坊满足了这一需要。他最重要的资助人之中有科西莫·德·美第奇。韦斯帕夏诺告诉我们，应科西莫的嘱托，他不计工本，雇了四十五个抄写员，用二十二个月的时间完成了科西莫所要求的抄写任务，建成了一间藏书室。这批手稿之中，现在仍有很多收藏在佛罗伦萨的美第奇－洛伦佐图书馆（Laurentian Library）。

韦斯帕夏诺的其他朋友和资助人之中，有像尼古劳·尼科利这样的佛罗伦萨藏书家，有两位教皇尤金四世和尼古拉五世，有那不勒斯国王"宽厚者"阿方索①。到了晚年，韦斯帕夏诺与乌尔比诺公爵费代里戈·德·蒙泰费尔特罗的关系尤其密切，他遗留下来的对这位公爵生平的描写尤其详尽，对公爵的赞赏溢于言表。韦斯帕夏诺手下的抄写员为乌尔比诺公爵收集了很多手稿，这些手稿使乌

---

① 即阿方索五世（1396—1458）。——中译者注

尔比诺图书馆成为基督教学术研究和古典学术研究的模范基地，成为今天梵蒂冈最重要的人文主义手稿收藏品之一。韦斯帕夏诺自豪地告诉我们，乌尔比诺公爵雄心勃勃，要做最近一千年来无人做过的一件事，即创建一座自古代以来最好的图书馆。韦斯帕夏诺深情地谈到书目，谈到书籍漂亮的装裱，其设计之典雅足以配得上封面之下的手稿。

在阿尔卑斯山以北，韦斯帕夏诺的客户有伍斯特伯爵约翰·蒂普托夫特，还有匈牙利国王马蒂亚斯·科菲努斯。伍斯特伯爵受到意大利追求知识热情的影响，便收集了一批珍贵手稿，将其遗赠给牛津大学。匈牙利国王是最先把意大利学术和意大利艺术引进宫廷的北方君主之一。他还模仿意大利的统治者收藏手稿，这些手稿反映了人文主义教育家的兴趣。

1480年，多年来一直是佛罗伦萨学者聚集中心的那间书店，从韦斯帕夏诺手里转让给了安德烈·德·洛伦佐。印刷术的影响已开始显现，这时已经可以明显看出，字体漂亮的手抄本已无法与印刷出来的书籍相竞争，再也达不到韦斯帕夏诺生涯最辉煌时的购买价格了。韦斯帕夏诺对这一变化深感痛惜，这一情绪在其《名人传》中很多地方都有反映。比如说，他在乌尔比诺图书馆的颂辞里这样写道："如果有一卷是印刷出来的，它会羞于和这些书为伍。"面对变化的形势，这位书商不想再干这一行了，便放弃了书店的经营，隐退到安特拉村，在余生中专心写作。

在此期间，他写了几篇道德论文，写有一部描写杰出妇女的小品集，在奥特朗托陷落（1480年被土耳其人占领）后代表意大利写有一篇悼词。然而，他的主要作品是《名人传》，其中大多数人都是他凭借回忆写出来的。这部作品在形式上可能受到传统的《名人传》的影响，这一形式古已有之，后来由人文主义者继承下来并加以模仿。不过韦斯帕夏诺在用俗语方言写《名人传》时，并没有刻意追求风格的典雅，没有对历史进行梳理和概括，也没有与历史人物进行类比，但保留了生动、显示亲密关系的细节，使本书作为历史资料显得更有价值。

他在晚年理想破灭了。他不仅痛惜印刷机改变了文化生活，而且还感受到佛罗伦萨政治生活的堕落。他虽然钦佩科西莫·德·美第奇，但对科西莫行使政治权力的做法持保留意见，并谴责1434年美第奇家族掌权以后佛罗伦萨传统政体发生的变化。六十年后，他经历了法兰西人入侵之后所发生的事情，进一步增强了他原来就保守的政治观点。最后他活着看到美第奇政府垮台，看到萨沃纳罗拉上台搞独裁。他在去世前一年写的一封信中，警告人们防范暴民政治的罪恶，流露出悲伤的情绪。

韦斯帕夏诺的《名人传》在学者中颇有名气，少数几个人的传记在十七世纪和十八世纪还出版过或节选发表过，但整部传记仍然是手稿，直到1839年才由枢机主教安杰洛·马伊依据梵蒂冈保存的手稿公开出版。1847年，雅各布·布克哈特借到的那本书就是这个版本，他由此受到启发，打算写一本意大利文艺复兴时期的文化史。

即便是布克哈特不公开承认韦斯帕夏诺的重要性，我们也有可能看出这位佛罗伦萨书商的传记与这位瑞士历史学家集大成之作的关系。首先，韦斯帕夏诺所描写的统治者、政治家、神职人员和文学家表现出某些共同特征，这些特征很容易让人想到一种理想类型，也就是可以抽象地代表文艺复兴时代精神的一系列品质。基于一系列个人奇闻轶事所进行的归纳概括，就是布克哈特所使用的主要方法。韦斯帕夏诺所描写的文艺复兴时期一些人的生平，就在一定程度上形成了文艺复兴"人"的概念。

同样引人注目的是，韦斯帕夏诺总结出的意大利文艺复兴社会的"共同"特征，很多都被布克哈特用作书中各个部分的标题，成为撰写全书的原则。布克哈特在标题"作为艺术品的国家"之下所描写的特征，很多都可以在一些统治者的生涯中找到，如教皇古尼拉五世、那不勒斯国王阿方索、乌尔比诺公爵费代里戈、科西莫·德·美第奇。复兴古典文化时所表现出的创造性特征，充分表现在人文主义学者的传记之中，如莱奥纳尔多·布鲁尼、波焦·布拉乔利尼、詹诺佐·曼内蒂。韦斯帕夏诺一再重申这一信念：古典文化精华与基督教理想是并行不悖的，这一信念是十五世纪初期人文主义的显著特征。像乌尔比诺公爵费代里戈这样的人物，就把古典文化与基督教的虔敬结合起来，把这两个方面的经验既应用到自己的军人生涯之中，也应用到政治家生涯之中。韦斯帕夏诺的传记就这样为政治与文化史的结合提供了材料，而布克哈特在其名著中就做到了这一结合。

韦斯帕夏诺在其简短的前言中说，他之所以记载他所认识的名人生平有两个原因："首先，他们的英名不会湮没无闻。其次，如果有人不辞劳苦，想用拉丁语写这些人的传记，他就能找到一份可以仿效的材料。"对于第一个原因，我们可以这样说：如果他描写的一些传主已湮没无闻，但他最关注的那些人的大名则与世长存。至于第二个原因，他虽然想象不到一个文化人不再用拉丁语交流的时代，然而他的"材料"则进入了一部被翻译成所有现代语言的史书之中。这部史书中对他的评价，也许就是对他的重要性所做出的最公正的认可："读者要想进一步了解这一时期佛罗伦萨博学的公民，就更应该去看韦斯帕夏诺所写的传记，因为这些人他全都认识。他写作时的笔调与氛围，他与这些人交往时的关系与状况，甚至比他所记载的事实都更为重要……他不是个大作家，但他完全熟悉他写作的主题，清楚地意识到这一主题的文化意义。"*

哈佛大学
1963 年 6 月

参考文献

* Jacob Burckhardt, *The Civilization of the Renaissance in Italy*, (New York, Harper Torchbooks, 1958, I) 226-227.

Caprin, Giulio, "*Il libraio fiorentino degli umanisti, Vespasiano da Bisticci*", in *Il Quattrocento* (Florence, 1954).

Frizzi, E. "*Di Vespasiano da Bisticci e delle sue biografie,*"*Annale della R. Scuola Normale Superiore di Pisa*, III, 1-137.

Kaegi, Werner, *Jacob Burckhardt, Eine Biograpgie* (Basel, 1956) III, 647.

Neidhart, C., "*Vespasiano da Bisticci und seine Papstleben,*" *Schweizerische Rundschau*, XXVI², 897ff, 982ff.

Rossi, *Il Quattrocento* (5th ed., Milan, 1956) 37, 191 ff.

英译者导言

威廉·乔治　埃米莉·沃特斯

　　如果说韦斯帕夏诺·达·比斯蒂奇所写的传记并没有完全湮没无闻，知道的人也寥寥无几，即便是历史学者也没有多少人知道。有时候人们对这些传记加以有效利用，为权威著作提供一些趣闻。若不是韦斯帕夏诺那些毫无造作的闲言碎语，这些权威著作可能会失去一些趣味。他记载了大量引人注目的事件，他有敏锐的观察力，这都成为可供历史学家和传记作家充分利用的丰富源泉，就像瓦萨里对于艺术史作家一样。如果要在英语中找出一部与其类似的作品，约翰·奥布里的《名人小传》①似乎最为合适。

　　《十五世纪名人传》(Vite di uomini illustri del Secolo XV) 是佛罗伦萨书商韦斯帕夏诺·达·比斯蒂奇 (Vespasiano da Bisticci，1421—1498) 所写的一部当代人的回忆录。这部作品最初是依据一部传记手稿集刊印的，这部手稿集名叫《罗马集》(Spicilegium Romanum)，是枢机主教安杰洛·马伊 (Angelo Mai) 在梵蒂冈图书馆发现的。1839年，安杰洛·马伊在罗马首先编辑出版了一百零三个人的传记。

---

① John Aubrey, *Short Lives* or *Brief Lives*；中译本由译者译出，北京时代华文书局，2014 年。——中译者注

但马伊并非第一个发现韦斯帕夏诺的人，吉本①在写教皇尼古拉五世时就引用过韦斯帕夏诺（第六十六章）。不过吉本引用的是韦斯帕夏诺所写的教皇尼古拉五世的传记，由穆拉托里刊印（Murator, *Rerum Italic. Script.*, XXV, pp. 267, 290）。安杰洛·马伊在书里附有一篇拉丁语前言，他在前言里声称要完整地描述韦斯帕夏诺。这一描述主要来自《安布罗焦·卡马尔多利书信集》的序言，由修道院院长莱奥纳尔多·梅休斯（Abbate Lionardo Mehus）于1759年撰写。后来，阿道夫·巴尔托利（Adolfo Bartoli）于1859年又推出一个版本，该版本增加了两个人的传记，使传主人数达到一百零五人。巴尔托利在他自己撰写的序言中改正了安杰洛·马伊的一些错误，并通过与安杰洛·马伊显然没有见过的一部手稿进行比对，修正了一部分人的传记。但巴尔托利基本上因袭安杰洛·马伊，尽管他暗示其文本可能有些过于现代化。

2　　　除了他的《名人传》和他开的书店以外，我们对韦斯帕夏诺本人知之甚少。他很可能出生于佛罗伦萨附近比斯蒂奇村的一个家庭。（意大利国家）中央档案登记有1498年他葬在圣十字教堂的信息，姓名为"韦斯帕夏诺·卡尔托莱奥"（Vespasiano Cartolaio）。他显然非常喜爱书，这一爱好可能影响了他的职业选择。很多书商所达到的水平远远超过了一个商人，韦斯帕夏诺便是其中之一。他博览群书（如果说读起来只是一知半解的话），而且是希腊善本书专家，这些书当时正源源不断地从君士坦丁堡运来。

　　　韦斯帕夏诺声名鹊起，对希腊原文书或其拉丁语译本的需求量也在增加。他经常谈到抄写书，所以几乎可以肯定他扩大了业务，雇了大批抄写员来为他的资助人抄书。在好几个人的传记里，尤其是斯特里戈尼亚与"五教堂"的几位斯拉夫主教、英格兰国王的代

---

① 十八世纪英国历史学家，著有《罗马帝国衰亡史》等。——中译者注

理人伍斯特伯爵、伊利主教等人，韦斯帕夏诺描述了这些爱书者不惜花费购买了大批图书，急不可待地拥有这些珍品，描述了英王的代理人安德鲁·霍利斯购书太多，不得不在来亨包租一条船把书运到英格兰。

韦斯帕夏诺显然是他那个时代最喜爱书的人。到佛罗伦萨旅行的文人在那里逗留期间，很自然地到他的作坊里去聚会。他的作坊对佛罗伦萨的意义，相当于索西亚家的书店对古罗马的意义。这一资格可以说明他与当时所有大人物建立起来的密切友好关系，这些大人物也恰好都是藏书家。

我们从《名人传》中得知，经尼古拉五世提议，他为梵蒂冈图书馆提供了希腊语、拉丁语、希伯来语书稿。他为科西莫·德·美第奇搜集了很多好书，这些书后来成为美第奇—洛伦佐图书馆的核心图书。他为亚历山德罗·斯福尔扎和乌尔比诺公爵费代里戈购买了大批图书。他还为英年早逝的葡萄牙枢机主教、伍斯特伯爵约翰·蒂普托夫特等人买过书。据卡尔沃的说法，伍斯特伯爵把意大利的藏书抢走，以充实英格兰的藏书。伍斯特伯爵是牛津大学贝列尔学院的人，理所当然地把书给了牛津，其中有一本——天啊，只有一本！——是对罗马讽刺作家尤维纳利斯的评论，现在仍在牛津大学图书馆。

韦斯帕夏诺提到的英国人之中，约翰·蒂普托夫特（伍斯特公爵）①绝对是最有意思的一个人物。他因国务出使意大利之后不久，偶然在费拉拉听到圭里诺演讲。蒂普托夫特是个最难以捉摸、最有魅力的一个人，是英国的皮科·德拉·米兰多拉②，像一个生不逢时

———————

① 约翰·蒂普托夫特是伍斯特第一任伯爵，并非公爵。——中译者注
② 意大利人文主义者、哲学家，其代表作《论人的尊严》被誉为"文艺复兴宣言"。——中译者注

的人那样，在满目疮痍的祖国辗转漂泊。他的名字居然出现在帕斯
顿家族平淡无奇的《书信集》里，但信中以及编年史中谈到他的内
容却很少，只提到他对待被俘的兰开斯特家族成员残忍、不仗义，
提到他是如何跟一些堕落奸诈的意大利人混在一起学到这些坏招
的。据说他由于在英国法律中找不到权威规定，就引述"帕多瓦法
律"（Law Padowe）的某项条款，以证明他伤害、屠杀仇敌是合法
的。无论真相如何，兰开斯特家族的仇敌在审讯他时就是这样控告
他的。

但蒂普托夫特在繁忙的公务中，显然抽出时间与卡克斯顿交上
了朋友。卡克斯顿对他身为政治家所犯的过错视而不见，反而对他
的学识和慷慨很有兴趣，对他英年早逝深感悲伤。卡克斯顿①在《大
西庇阿演说集》的后记里写道："我指的是高尚、尊贵的伍斯特伯爵
瑟利，他最近不幸去世，请您为他的灵魂祈祷，我听说他在世时有
很多善举。神圣的上帝啊，这位大人有德性、性情好，他的去世是
多么大的损失。我回忆并宣传他的生平、学问和美德时，觉得他有
地位、有才智，上帝对失去这么一个大人物不会过于不悦。他还运
用自己的地位和才智，历尽千辛万苦到耶路撒冷去朝圣，游览我主
光临过的圣地……他还在罗马我们的圣父教皇面前敬拜。"

富勒②忽略了对蒂普托夫特残忍的指控，只记载他的文学成
就："后来一斧头砍掉的英格兰的学问，比活下来的所有贵族脑袋里
装的学问都要多。"他断言，蒂普托夫特之所以离开英格兰，是为
了避免参与事实上的国王③与约克王室首领的冲突，而他对约克王

---

① 威廉·卡克斯顿（William Caxton，约 1422—1491），英格兰第一位使用活
    字印刷术的印刷者，翻译家、出版家。——中译者注
② 托马斯·富勒（Thomas Fuller，1608—1661），英国学者、布道师，著有
    《英格兰名人传》等。——中译者注
③ 指英格兰国王亨利六世。——中译者注

室首领忠贞不渝。这一说法韦斯帕夏诺也重复了，但有一件事韦斯   4
帕夏诺没有记载，即蒂普托夫特在庇护二世面前发表讲话，这是利
兰记载的。蒂普托夫特讲得非常富有表现力，把教皇感动得流了
泪。但韦斯帕夏诺增补了一些关于他的细节，这些细节英格兰的编
年史里都没有。他谈到蒂普托夫特由一个意大利多明我会修道士陪
着上了断头台，这位修道士可能将这些细节带回佛罗伦萨，后来传
到了韦斯帕夏诺的耳朵里。

　　韦斯帕夏诺对蒂普托夫特的评价，比卡克斯顿和富勒对他的评
价都更苛刻，这是否更公正很难说。蒂普托夫特的主子爱德华四世
残酷无情。蒂普托夫特尽管有人文主义学识，但他在意大利受过教
育，在英格兰做过事，所以可能对残酷无情的恐怖已经麻木了。但
谁也不能称他为叛逆者。他一直都忠诚于约克王室，像克拉伦斯、
斯克罗普或斯坦利那样的叛逆罪玷污不了他的名声。这几个人尽管
从来没有在"喀耳刻的宫廷"里逗留过，把他们拉到断头台上站在
他旁边一点也不冤枉。

　　威廉·格雷（古列尔莫·格雷姆）也是圭里诺的学生。他出身
高贵，是德比郡科德诺的格雷勋爵之子，牛津大学贝列尔学院的学
生。他可能是在 1440 年前后去了意大利，一路上遇到很多危险，
这在他的传记里都有描述。他赢得了尼古拉五世的好感，尼古拉在
1450 年想让他得到林肯主教一职，但没有成功，后来于 1454 年任命
他为伊利主教。他依照韦斯帕夏诺的建议买了很多图书，后来都送
给了贝列尔学院，其中大约有一百五十二本保存至今。格雷的意大
利之行最有趣的一件事，就是与尼科洛·佩罗托交上了朋友，佩罗托
是圭里诺的高足弟子之一，这件事记述在西蓬蒂诺主教的生平里。

　　1449 年，格雷以国王代理人的身份去了罗马。回到英格兰以
后，他继续在伊利任职，无论是这一新职务的管理工作还是王国中
出现的麻烦，都不能让他忘记学术追求。他把贝列尔学院的两位学

者约翰·弗里和约翰·贡索普送到费拉拉，后来两人都成了名。弗
里在帕多瓦成为名医，把他的两本书题献给了蒂普托夫特，赞扬了
其资助人的学问和美德。他后来成为巴斯和威尔士的主教。而贡索
普则到很多国家担任外交使节，后来在弗里死后继任巴斯和威尔士
的主教。

5

　　除了这几个人之外，韦斯帕夏诺关注的还有一个英格兰人安德
鲁·霍利斯，韦斯帕夏诺称他为安德烈·奥尔斯。他很可能赢得了
韦斯帕夏诺的高度赞扬，因为他是个学者、学术资助人和藏书家。
霍利斯是国王在尤金四世那里的代理人，跟随教廷去了佛罗伦萨，
他肯定在那里遇见了韦斯帕夏诺，并和韦斯帕夏诺做过生意。据说
他回国以后放弃了所有的俗务担任一个圣职，以便抽空忙他的藏书
事宜。拿起他的一本书看看会是一件很有意思的事，但他担任圣职
太多，寻找图书非常困难。他是索尔兹伯里的大法官，是安格西岛
的大助祭，是圣阿萨夫、利奇菲尔德、索斯韦尔和约克的教士，是
达文南堂区的主持人，也是伦敦圣邓斯坦堂区的主持人。

　　还是回到《名人传》这一话题。韦斯帕夏诺的传记中有大量事
实，有很多杰出人物，他对这些人的所作所为有准确的判断，但这
些对了解当时复杂的政治有多大价值则另当别论。对研究治国术、
战争或教士职位的历史学家来说，这是一座富矿。考虑到他要梳理
一团乱麻似的条约、联盟、阴谋诡计，梳理雇佣军连队指挥官的出
尔反尔，他出的差错是很少的、微不足道的。

　　内容就说这么多。至于他展示内容的方法，任何赞扬都不合
适。他虽然具有敏锐的观察力，也很勤奋，但他没有文学天分，这
一缺陷可以部分地说明他在世时其作品为何没有流行开来。他写作
用的是俗语方言，不是拉丁语，而用拉丁语是当时的风尚。为此他
一再道歉，说他只是为一些名人的生平做一些备忘录，目的是教育
没有文化的人，是让学者利用这些材料，将来学者们可能会用一种

学术语言来写一部完整的传记。安杰洛·马伊把韦斯帕夏诺糟糕的
风格归因于他没有接受过文科教育，说他的意大利语冗长散乱，不
优雅，难懂，有时候不符合语法规则：拼写与标点符号都有毛病，
专有名词经常残缺不全，整部作品错误百出。

6

　　这些批评是严厉的，但批得对，因为很难找到比韦斯帕夏诺写
得更糟糕的文章了。而且由于运气不佳，这部书稿还落到了非常粗
心的抄写员手里。除此之外，他还经常忽略事件的前后顺序，极
少标注日期，不提任何一位传主的生卒年月。他滥用形容词，爱重
复，经常在同一页上把一句话不止说一遍。他的另一个毛病是让传
主说一些狂言大话，就一些普通事物大发议论，这些肯定都是他自
己编造的。[1]

　　他不自负，很少谈他自己。他表示，他非常乐意与当代的大人
物为伴，如科西莫·德·美第奇、教皇尼古拉、曼内蒂、帕拉·斯特
罗齐等人，但读者并没有感觉到他势利。他一生好像很幸福，大家
肯定都喜欢这个絮絮叨叨好脾气的书商，对自己卖的书津津乐道，
对书的来源和制造过程了如指掌，但对内容几乎一无所知。他的所
有记忆之中，最美好的肯定是他被科西莫、尼古拉五世、乌尔比诺
公爵费代里戈、亚历山德罗·斯福尔扎选中，让他整理他们收集的
丰富藏书。

　　韦斯帕夏诺为多名意大利作家所提到，其中最有名的是索佐曼
（Sozomen）和穆拉托里[2]。索佐曼是《编年史》（*Chronicle*）的作
者，穆拉托里是在韦斯帕夏诺死后多年才写他。索佐曼说，西塞罗
如果与韦斯帕夏诺是同代人，他就会在自己的全盛时期赞颂韦斯帕

---

[1]　在有些事例中，稍微浓缩一些被认为是合理的。——英译者注

[2]　穆拉托里（Muratori，1672—1750），意大利现代史学的先驱。——中译
　　者注

夏诺了。穆拉托里高度赞扬韦斯帕夏诺，同时为国王阿方索传的佚失而惋惜，不过这部传记后来又被枢机主教安杰洛·马伊找到了。

　　严厉批评过韦斯帕夏诺的写作方法之后，还要再补充一句才算公平：他的工具虽然有缺陷，但他知道如何有效利用工具。近年来查阅过韦斯帕夏诺回忆录的知名作家，都慷慨地承认得益于他，说韦斯帕夏诺用他那平淡无奇、杂乱无章的句子所描述的事件真实、清晰。他掌握了选取最适当的细节来处理一个事件的奥秘。在那不勒斯国王阿方索传中，他三言两语就说明了他所用的方法。他说，公认的阿方索国王传记作家法齐只写阿方索的战功，并不提阿方索的日常生活。他本人则注意描写法齐所忽略的日常琐事。他言而有信，因为阿方索的传记是韦斯帕夏诺所描写的逸闻趣事最多的一部传记。韦斯帕夏诺向我们透露了他方法的秘密，讲到国王死后不久，他拜访守护国王到最后一刻的神父费兰多大人时，从神父那里了解到阿方索临终疾病的细枝末节。

　　韦斯帕夏诺对尼古拉五世的描写最为完整，所表现的教皇与其说是个老练的外交家和意大利的仲裁者，不如说是个读书人，一个谦卑的神父，纯朴而又精明，在佛罗伦萨人为他荣登教皇宝座而大吃一惊时，他却与朋友拿他们开玩笑。韦斯帕夏诺还谈到萨尔扎纳的托马索 ① 从德意志回来时口袋里连一枚硬币也没有，信用证上批准给他的钱全花完了，这笔钱是经韦斯帕夏诺安排，由科西莫慷慨解囊送给他的。然后科西莫又给了托马索一百弗罗林②让他到罗马，这也是韦斯帕夏诺安排的。

　　韦斯帕夏诺对尼古拉以及其他熟人的描写显示，他有一点鲍斯

---

① 后来的教皇尼古拉五世。——中译者注
② 当时流通的金币。——中译者注

威尔 ① 的气质，有一种富有同情心的洞察力，这一洞察力能够窥探到一个伟人性格的哪些特征最能引起大家的关注，然后选择最为有效的手法加以表现。尼古拉的传记作家如果只强调他了解诸位权威神学家、了解民法和教会法，是绝对不能让他受到后世尊重和喜爱的。尼古拉和舰队街 ② 的贤人一样，都受惠于圣手诗人手里的那支笔。

韦斯帕夏诺在前言里写道，他打算把尼古拉传放在回忆录的开头，因为尼古拉是个值得尊重的领袖，是值得其继任者效法的首领。但抄写员依照年代顺序，把尤金四世的传记放在前面了，这一顺序就沿用至今。这一改动并不能让人满意。韦斯帕夏诺根本就不认识尤金，实际上他并不具备多少能引起韦斯帕夏诺注意的品质。韦斯帕夏诺之所以出于好心关注尤金，是因为尤金资助了萨尔扎纳的托马索，而不是因为他改革了托钵修道会，也不是因为他想要统一希腊东正教会和罗马天主教会。作为开篇的尤金传并不特别吸引人，这部分主要描写的是希腊教派在佛罗伦萨宗教会议期间的典礼仪式，以及制订圣方济各会章程的情况。

《罗马集》里收录的传记最先出版于 1839 年，在枢机主教安杰洛·马伊的书卷里，里面也有那不勒斯国王阿方索的重要传记，由安杰洛·马伊依据佛罗伦萨马鲁切里安纳图书馆（Biblioteca Marucelliana）的一部手稿重印。安杰洛·马伊并没有透露多少他调查了解的详情，看不出他知道其他抄本里还有一些人的传记。他书里的传记有六篇已经出版过:《尤金四世传》和《尼古拉五世传》由穆拉托里出版,《枢机主教切萨里尼传》收录在乌盖利（Ughelli）

8

---

① 苏格兰作家，约翰生的莫逆之交，以其《约翰生传》而闻名于世。——中译者注
② 伦敦新闻界的代称。——中译者注

编的《神圣的意大利》（*Italia Sacra*, Venice, 1717）里，《尼古劳·阿尔伯加蒂传》由鲁杰里（Ruggieri）依据梵蒂冈抄本出版，《阿尼奥洛·潘多尔菲尼传》作为序言收录在他的《论家政》（*Trattato del Governo*, Florence, 1734）里，《佛兰切索·菲莱尔福传》由里科曼诺（Riccomano）出版（Rome, 1775）。

　　《皮耶罗·德·帕齐传》、《阿尼奥洛·阿恰约利传》、《洛伦佐·里多尔菲传》、《贝尔纳多·朱尼传》、《巴尔托洛梅奥·德·福尔蒂尼传》、《詹诺佐·曼内蒂传》除了收藏在梵蒂冈抄本库（Vatican Codex）之外，也收藏在佛罗伦萨的美第奇—洛伦佐图书馆。马里亚贝基图书馆（Magliabecchian）收藏有《尤金四世传》、《莱奥纳尔多·德·阿雷佐传》、《潘多尔福与阿尼奥洛·潘多尔菲尼传》、《亚历山德拉·德·巴尔迪传》、《帕拉·斯特罗齐传》。马鲁切里安纳图书馆有美第奇—洛伦佐图书馆书目里列出的前五部传记，另外还有国王阿方索、皮亚琴察枢机主教、尼古拉五世、多纳托·阿恰约利、枢机主教切萨里尼、尤金四世的传记。巴尔托利在他的版本中又增添了两篇传记，即《亚历山德拉·德·巴尔迪传》与《巴尔托洛梅奥·德·福尔蒂尼传》。巴尔托洛梅奥是个值得夸奖的公务员，但仅此而已；亚历山德拉的故事更为有趣，但美中不足是溢美之词过多、重复，又插入了一些无聊的琐事。皇帝西吉斯蒙德加冕巡行时，佛罗伦萨的庆祝活动这一部分描写得很有意思，但除此之外不过是一些闲言碎语，讲述那个倒霉的女士所遭遇的不幸。这显然是一个老人写的，另外还写了那位女士冗长的祈祷和悲叹。

　　据安杰洛·马伊的说法，韦斯帕夏诺有很长时间名气不大。他的《阿尼奥洛·潘多尔菲尼传》作为《论家政》的序言出版，以及1759年修道院院长梅休斯在关于安布罗焦·卡马尔多利生平的序言里夸赞过他之后，他才引起大家的注意，人们称颂他为意大利的普鲁塔克。但没过多久，他和他的作品又莫名其妙地湮没无闻。

总的来说，他最出彩的地方是书的最后一部分，他在这一部分描写的是他非常熟悉的人，这些人的产品由他来经营。他在这里提到的个人情况给人的印象才最深刻，展示他本人的性格才最充分：一个精明、和蔼、坦率的商人，有点合乎情理地感到自豪——命运女神让他接触到当代最杰出的人物。在这里一点也见不到传统意大利人的狡诈与油滑，也见不到刚刚成熟起来的人文主义者对复兴希腊文学与宗教这一前景的迷恋。异教信仰对他没有吸引力，这从每一页上都可以看出，他首先是个虔诚、无可争议的天主教徒，很可能具备足够的常识来与高人交谈，这些人经常光顾他的作坊，和他谈论手稿和抄本而不是神学。

韦斯帕夏诺的客户之中，只有两个或三个人的宗教信仰正统性可疑。其中有一个名叫马泰奥·帕尔米耶里，韦斯帕夏诺像个讲道的修士那样疾言厉色地教训他，说他在灵魂本质问题上与奥利金 [①]一起走入了歧途。在日常行为方面，他总是赞成他所说的"值得称赞的习惯"（*laudabili costume*）。马伊对他的优秀品质赞不绝口：爱公正，爱生活正派，爱高级神职人员和世俗显贵的宽宏大量，爱勤奋，爱温柔，爱国家。他尤其赞赏祈祷、斋戒、施舍，宽恕伤害行为，看不起讲排场摆阔气。有时他在义人临死时讲一种道德规范，话越说越离谱，一直达到令人作呕的地步，尤其是在讲述尤金四世、国王阿方索、尼古劳·尼科利的情况时就是如此。必须记住的是，他所描述的情况只可能来自道听途说。

他老是爱夸人，只要不是公认的坏人或无神论者，他都会说人   10
家的好话，从来没有训斥过一个像那不勒斯国王斐迪南那样的大恶棍。但有时他也对一些大人物的所作所为欲言又止，如果说得太直

___

① 早期基督教神学家，认为人在肉身形成之前就有了灵魂。——中译者注

白有可能造成令人不快的后果，他就不会指名道姓。在当时的佛罗伦萨，无产阶级专政所用的手段与现在的莫斯科一样。他的一些邻居遭到流放，这让他认识到沉默的价值。在说话可能会影响他书店的生意，书店老板可能会被贬到远方一座山上的小镇，回归遥遥无期时，他就保持沉默。

　　韦斯帕夏诺小时候肯定经历过 1433 和 1434 年的腥风血雨：科西莫被流放，后来又被召回。《科西莫传》和《帕拉·斯特罗齐传》所描写的详情，是全书最为吸引人的地方之一。这一部分写得很谨慎，但相当坦率。科西莫很可能只知道他是个书商，觉得他在政治上无足轻重。但如果这两篇对 1434 年的受害者公开表示同情的传记让科西莫看到，韦斯帕夏诺恐怕就不会那么容易脱身了。他作为刻画人物的作家，比作为编年史作家要好得多。他所描写的人物看上去真实，栩栩如生，而这些人物所处的场景则常常着墨不够，甚至让人难以理解。

　　有时候人们认为，在传主死后五十年再写传记会写得更好，这样可以更公正地看待一个实干家的个性与他生涯结局的关系。可以说出一番话来支持这一观点，但这样写出来的传记补充的原因和结果太多，传主死后所产生的影响力会形成干扰，结果与其说是一部传记，不如说是一部断代史，这种情况太常见了。

　　很多本来可以写的传记他都没有写，比如，里纳尔多·德利·阿尔比齐、尼科洛·德·乌扎诺、庇护二世、利奥·巴蒂斯塔·阿尔贝蒂、米兰历史学家科里奥、兰迪诺、普拉蒂纳、洛伦佐·瓦拉、蓬塔诺等人。写这些人的传记，要比写那十几个无足轻重的枢机主教和主教要好。薄伽丘的竞争对手马苏乔·萨莱尼塔诺也可以有一席之地，他是肆意挥霍的惩罚者而不是辩护者。但马苏乔所描写的那不勒斯神职人员的道德状况可能让好心的韦斯帕夏诺相信，他没有资格跻身名人之列。①

最值得注意的是，韦斯帕夏诺从未意识到，一位建筑师、雕塑家和画家也可以得到名誉和尊重。雕塑家多纳太罗、建筑师布鲁内莱斯基以及其他几个人，仅仅作为得到科西莫好处的人而被他一笔带过。他身边一批不朽的艺术家正在用自己的杰作充实佛罗伦萨的宝库，这些杰作的美令后世叹为观止，但韦斯帕夏诺对此却麻木不仁。与这些辉煌成就相比，他常常用令人反感的字眼所赞美的一帮作家所做出的贡献又是多么可怜。现在除了核实出处之外，谁还会去翻看这些人的传记呢？莱奥纳尔多·阿雷佐是个细心的编年史作者，也是最早修习希腊文学的人之一，和他的阿雷佐老乡卡洛、贝内代托一起，将希腊文学作品翻译成拉丁语。波焦的书信很好看，但他最为有名的可能是他的《妙语录》(*Facetioe*)，经常出现在书商的书目里。但不朽的英名可不是这样得到的。詹诺佐·曼内蒂生活高尚，在遭到迫害时仍然无所畏惧、忠贞不屈，因而值得钦佩。帕拉·斯特罗齐也可以和他并驾齐驱，但他们的任何作品我们都不会看。

即便韦斯帕夏诺将上面提到的人收进他的传记，对文学的好处也不太可能更大。意大利在十四世纪经历了文学的大发展——圭多·圭尼切利、但丁、彼特拉克、薄伽丘——但到十五世纪初便风光不再。就像这一世纪的英格兰那样，只有奥克利夫、利德盖特、马洛里这一档次的作家，是英国历史上成果最贫乏的时期。

在意大利，十五世纪最后十年之前情况有所好转。知识宝库又重新打开，更优秀、更热心的才俊被新发现的珠宝所倾倒和吸引。像瓦拉、波焦或蓬塔诺这样的人，不在但丁、彼特拉克的作品上浪 12

---

① 韦斯帕夏诺写到的每一位神职人员他都赞扬，除了教皇西克斯图斯四世之外。——英译者注

费时间，或不屑步他们的后尘，学术研究领域抵触原创作品。但到了十五世纪末，新一轮突飞猛进的迹象开始出现。

1481 年，已迈入老年的克里斯托费罗·兰迪诺发表了他对但丁的评论，促进了文艺评论的发展。身为佛罗伦萨的修辞与诗歌教授，他在课堂上支持但丁与彼特拉克的主张，而文学界的其他人则正潜心研读希腊抄本。洛伦佐把他召集过来，另外还有皮科·德拉·米兰多拉、马尔西利奥·费奇诺、波利齐亚诺、普尔奇等人，形成了一个著名的小圈子，可以说现代意大利文学就是从这个圈子里产生的。再往后就不能说了，韦斯帕夏诺生活的时代已经过去了。

至于韦斯帕夏诺的其他作品，佛罗伦萨的马里亚贝基图书馆收藏有：*Trattato della vita e conversazione dei Cristiani a Jacopo Gianfigliazzi* 和 *Trattato contro all'ingratitudine, mandato a Luca degli Albizzi*。里恰尔迪亚纳图书馆（Ricciardiana Library）收藏有：*Libro delle lodi e commendazioni delle Donne illustri, rammentate nel Vecchio e nel Nuovo Testamento e di quelle ancora che furono celebri nelle greche, latine e italiane istorie*。西格诺尔·路易吉·波利多罗（Signor Luigi Polidoro）出版有："Frammenti di un Trattato storito morale, e notizie di alcune illustri Donne del secolo XV scritti da Vespasiano Bisticci, i.e. Proemio di Vespasiano nel Libro delle lode e commendazione delle Donne mandato a Monna Maria donna di Pierfilippo Pandolfini"，还有一些短评："Donne state in Italia degne Andrea degli Acciaiuoli contessa d'Altavilla; Battista Malatesti; Pagola Malatesti nei Gonzaga; Cecilia Gonzaga; Caterina Alberti nei Corsini: Francesca Acciaiuoli. Alessandra Bardi negli Strozzi; Giovanna Valori nei Pandolfini; Caterina Strozzi negli Ardinghelli; Saracina Acciaiuoli"。韦斯帕夏诺的最后一部作品是 "Lamento d'Italia per la presa d'Otranto fatta nel 1480"。

第一卷

作者的话

　　我经常考虑这么几个问题：博学的作家，无论是古代的还是现代的，对名人的行为究竟产生了多大影响？很多显赫人物是怎样因为没有人记录下他们的业绩而湮没无闻的？如果李维、萨卢斯特及其他优秀作家没有生活在"非洲征服者"西庇阿的时代，这位伟人的英名就会和其生命一起消失吗？恐怕也没有人记录梅特卢斯、莱库古、卡托、底比斯人埃帕米农达等人，没有人纪录生活在希腊和罗马的无数名人了。但由于很多知名作家活跃在这些人中间，这些伟人的生平与业绩得以在国外展示和出版，所以他们对我们来说是真实的，好像今天还活着似的，而实际上那都是一千多年以前的事了。由于这一原因，如果伟人们在世时居然没有作家来记录他们的业绩，他们很可能感到惋惜。

　　说到佛罗伦萨的起源，莱奥纳尔多大人 ① 以及很多博学的人都认为，佛罗伦萨人源于苏拉的骑兵，但这一观点很难证实。罗马作

①　莱奥纳尔多·阿雷佐，著有《佛罗伦萨史》；维拉尼：《编年史》，第1卷，第5页、7页、30—38页。——英译者注

家普林尼认为，这座城肯定非常古老，佛罗伦萨人被称为"佛伦蒂尼"人，因为他们的城市位于阿尔诺河与穆戈内河之间。这是城市古老的一个确凿证据。他还拿出其他证据，如现在仍然存在的剧院形状；战神马尔斯庙，即现在的圣乔瓦尼教堂，一座非常古老的建筑；现在还残存的一些渡槽。但所有这些证据都只是推测出来的，因为从来都没有博学的抄写员用文字记录过这些东西。由于这一原因，莱奥纳尔多大人在撰写《佛罗伦萨史》时，由于缺少文献而遇到很多麻烦，除了一段大约一百五十年的时期之外，其他时期的资料都依据我前面提到的权威人士。

14

我们发现，佛罗伦萨从创建到但丁时代都没有作家，也就是一千多年都没有作家。但丁之后是彼特拉克，然后是薄伽丘，但这几个人对佛罗伦萨的起源只字未提，因为他们找不到记载。但丁之后又有两位诗人——科卢乔大人和路易吉·马尔西利大师，马尔西利还是个神学家，在占星学、几何学、算术方面也很博学。这些人的生平我们没有详细记录，但所有的作家都偶尔提到过。

目前这个时代，所有领域都产生了很多著名人物，如果记录下来就能传之后世，就像古代人所做的那样，那时有很多博学的作家。现在，文科七艺①之中都有很多名人，不仅有人精通拉丁语，也有人精通希伯来语和希腊语。他们都是最博学、最能言善辩的人，可以和任何时代最优秀的人物相媲美。绘画、雕塑、建筑达到了最高艺术水平，这可以从我们周围的艺术作品中看得出来。这些伟人有很多我们都叫不出名字，其大名因无人记录而湮灭无闻。这一损失并非由于缺少作家，能言善辩、博学的人不胜枚举，但他们不愿承担记录任务，他们知道到头来既得不到名望，也得不到应有

---

① 中世纪大学里教授的文科知识共有七门，统称为"七艺"，即逻辑、语法、修辞、算术、几何、天文、音乐。——中译者注

的评价。

回忆起已故的教皇尼古拉时代，以及国王阿方索时代，博学的人是真多啊，因为他们得到了优厚报酬，受到了最高度的尊重。他们之所以创作或抄写了很多杰作，是由于君主的慷慨资助，比如我提到的这两位慷慨的君主，他们的英名将流芳百世。另外，这两位君主不仅给钱，还给予作家们荣誉，把他们提升到高位上。

除了这两位君主之外，还要提到一位足以配得上他们的继任者乌尔比诺公爵。乌尔比诺公爵效法这两位君主，尊重、奖励、晋升文学家，在各方面保护他们，所以大家有了困难都去投奔他。他就这样帮助他们搞创作，为他们的作品支付丰厚的报酬，这样他就凭借这些作品而名垂青史。但乌尔比诺公爵一去世，罗马教廷或其他任何宫廷都不再喜爱文学，文学就消亡了，文学家只好转行，因为文学不能带来收益或报偿了，就像我在前面提到的那样。 15

正好我也是这个时代的人，时常遇到很多名人，我和这些人都很熟悉，我就以短评的形式将他们记下来免得遗忘，虽然做这件事我是外行。促使我这样做的有两个原因。首先，他们的英名不会湮没无闻。其次，如果有人不辞劳苦，想用拉丁语写这些人的传记，他就能找到一份可以仿效的材料。

为了让这些名人才俊有一个当之无愧的首领，群英可以跟在他后面，因为在任何情况下教士都应优先，我就把教皇尼古拉排在所有人的前面①。我将尽可能简洁地谈谈尼古拉五世，因为他应该得到

① 尤金四世和尼古拉五世的传记里提到尼科洛·塞孔迪诺。比较一下这两个人的传记可以看出，《尼古拉五世传》肯定是最先写成的，《尤金四世传》是后来写成的，是抄写员将这些传记按年代先后排序的，排得还算准确，因而延续至今。——英译者注

赞美。我这一任务要是由古代人来承担，任何可能接手的人都会把教皇尼古拉描绘成一个伟人。这位杰出教皇的生平显示美德的力量是多么强大，因为每个人都能看出，他只有凭借品德高尚的行为才能登上这一高位。

第二卷

教皇与君主

教皇尤金四世（1383—1447）

威尼斯公民加布里埃洛·孔杜尔梅里大人后来成为教皇尤金四世，他是一个生平和举止都最为圣洁的人。他小时候父亲就死了，给他留下了一大笔财富。后来他很快就认识到，尘世间的生活毫无价值，是财富将人绑定在这一不幸的世界上，就决心挣脱财富的束缚，捐出两万达克特，①以表达对上帝的热爱。处理完财产之后，他决心继承那些获得了永生的人，并按照这一思路行事。

他与安东尼奥·科雷里大人很熟，安东尼奥是一位年轻的威尼斯绅士，后来成为博洛尼亚枢机主教。当时安东尼奥大人也是刚刚成年，受到大家的普遍尊重。这两位朋友决定放弃这个花花世界，到阿尔加的圣乔治修道院受戒当修士，那里的修士都穿蓝法衣。进入这座修道院以后，他们在精神生活上修炼到完美的程度，像其他教友一样最谦卑地履行职责。

---

① 当时的金币或银币名。——中译者注

教皇尤金精通拉丁语，安东尼奥大人也是一样。二人都是夜以继日，每一个小时都充分利用起来，一点时间也不浪费，或是做礼拜，或是读书，或是祈祷，或是写作。他是个非常善于写作的人，一有时间就忙着写祈祷书，当上教皇以后就从他写的祈祷书中选出一些片段来读。

两位朋友就这样住在圣乔治修道院，每天都有关于他们新的善行的传闻。在严守教规派①的每一座修道院，除了门卫之外，依照习俗都要有一位教友站在大门口，接待来到这里的每一个陌生人，回答他们提出的问题，有些修道院是一次值守一天，有些是一次值守一个星期。

有一天，负责值守的是加布里埃洛大人，一个隐士打扮的人过来敲门。他一走进修道院，加布里埃洛大人就依照习俗拉住他的手，向他表示欢迎，然后就照例到教堂祈祷。二人走出教堂、穿过修道院的时候，隐士转向加布里埃洛大人，预言他要荣升为教皇。随后二人交谈时，隐士说："你将被任命为枢机主教，然后当上教皇，任教皇期间你将遇到很多麻烦。你要掌权十八年，然后去世。"隐士说完这话就向加布里埃洛大人告辞，继续走他的路。以后谁也没有再见过他，也不知道他是谁。

这一说法教皇尤金后来经常重复，我们知道这位隐士的预言应验了，巴塞尔宗教会议发布一项反对教皇尤金的教令，让他遭遇到大麻烦。在此之前，格雷戈里当选为教皇。格雷戈里是威尼斯科雷里家族的人，很有势力。他是加布里埃洛大人的朋友安东尼奥大人的叔叔，一当上教皇就决定让他侄子安东尼奥大人当枢机主教，安东尼奥大人在阿尔加的圣乔治修道院。但格雷戈里提出这一要求

---

① 十四世纪中期，圣方济各派已腐败堕落，于是一批圣洁的修士成立了一个独立的"严守教规派"，仍然遵守原来的圣方济各教规。——英译者注

时，安东尼奥大人回答说，他不想接受这一荣誉，除非圣座也把加布里埃洛大人提升为枢机主教，他是和加布里埃洛大人一起过修行生活的。教皇格雷戈里答应了这一要求，这样二人就一起被册封为枢机主教。之后格雷戈里担任教皇时间并不长，继任者是教皇亚历山大。随后是教皇约翰，约翰之后是马丁，没过多久加布里埃洛大人就被任命为驻博洛尼亚特使，在那里谨慎行事。

　　教皇马丁死后[①]，需要选出新教皇，尤金当选了，但他和罗马人发生了分歧，罗马人都爱吵架，而且他也不是罗马人如此对待的第一位教皇。罗马人极为凶恶，想把他抓起来投入监狱。尤金从朋友那里听说了罗马人发出的威胁，就离开了教皇寝宫，穿上一件修士的斗篷，来到一个叫作里帕的港口，在那里登上一条船，让人用皮盾盖住他，免得罗马人认出他来。他的仇人太坏了，就跟着他，一看抓不住他，就对着船放箭，要不是有盾掩护他，他就没命了。他侄子是教廷副秘书长（vice-chancellor），想跟他一起逃走，但被抓住，银铐入狱，在监狱里蹲了大约两年。

　　教皇尤金坐着船到达比萨港，除了身上穿的之外一无所有。但一到达比萨，他换了一身衣服，把事情安排好又去了佛罗伦萨。他在佛罗伦萨受到最为隆重的接待，就决定留在这里，佛罗伦萨把城市托付给他，成为他的教廷所在地。

　　这件事发生在 1433 年，他进入佛罗伦萨是在当年 6 月。佛罗伦萨所有的领导人都出来迎接他，有的到比萨迎接，有的在路上迎接。他在比萨时和阿尼奥洛·迪·菲利波·潘多尔菲尼住在一起，在那里逗留了很长时间，足以安排欢迎他的庆祝活动，其场面确实好看。所有的主要公民都骑着马到锡尼亚，陪着教皇到佛罗伦萨，其壮观场面达到了迎接教皇习俗所允许的最大程度，如果可能的话甚

---

①　1431 年。——英译者注

至超过这一程度。当时城里有很多有名望的公民。

教皇到佛罗伦萨以后，住在富丽堂皇的新圣玛利亚。教皇国的一大部分他都丢了，不过不久以后又收复了。他到达佛罗伦萨是在1433年。1434年9月8日，城里的领导人怀疑当时在职的执政团20 想改变国家政体，就拿起武器占领了市政广场，于是教皇尤金提出调解纠纷，执政团成员和其他渴望和平的公民都请他出面。教皇派去了宗主教（Patriarch）、枢机主教维泰莱斯科去办这件事，维泰莱斯科对首领们说，他们应该去找教皇，教皇会解决所有的争执。他们信任教皇，就带着武器去找他，到教皇那里以后把武器放下来，把自己托付给教皇。

教皇正忙着这事，新上台的执政团就把里纳尔多·德利·阿尔比齐大人及其几个儿子流放了，把里多尔福·佩鲁齐大人等其他公民也流放了，并把一年前被流放的科西莫·德·美第奇召了回来。教皇听说以后非常生气，觉得这些人是听了他的话才被流放的。在这件事上任何人也不能让圣座息怒，他会不惜一切代价把他们召回国，这从他后来所做的事情上可以看出来。

圣座住在佛罗伦萨期间不遗余力地改革教会，规定各个修道会都要克制自己不出轨，并尽力让圣方济各修道会接受严守教规派的章程。对于其他修道院，他改革了佛罗伦萨的圣马可修道院，当时占据修道院的不是多明我会修士，而是圣方济各会修士，有十到十二人。教皇尤金希望科西莫把修道院归还给多明我会的严守教规派修士，他已经把修道院分配给他们了。科西莫向圣座承诺，他会为此花费一万达克特，但最后花了四万达克特。

教皇还改革了佛罗伦萨修道院，虽然它已经属于严守教规派了，但有一位选出来终身任职的院长，圣座担心佛罗伦萨修道院如果在另一位教皇任职期间出现职位空缺时找不到人监护，就给了修道院院长（院长是葡萄牙人）一座葡萄牙修道院，并把佛罗伦萨修

道院并给圣朱斯蒂娜修道院的修士，条件是必须每年选举院长，这
一惯例一直延续至今。

教皇还把圣乔瓦尼·瓜尔贝托修道会的圣萨尔维修道院交给了
严守教规派，其选举院长的规则也和佛罗伦萨修道院一样。他从梅 21
佐召来阿拉曼诺·萨尔维亚蒂的一个兄弟，一个最为圣洁的人，还
有尼科利尼·德·阿雷佐的一个兄弟。以这两个神职人员为代理，
他改革了这座修道院。萨尔维亚蒂的这个兄弟一度是个大商人，带
着一大笔财产回到了佛罗伦萨。但他认识到尘世的虚幻，就把他所
有的财富都归还了，良心告诉他这都是不义之财。他把凭正当手段
所得的其余财产献给了教会。处理完这些事之后，他发誓当了修
士，把修道院当成最安全的避难所。

现在还说教皇尤金。塞蒂莫是一座非常古老的修道院，属于切
斯特罗的圣伯纳德修道会。这座修道院部分在监护人手里，部分在
一个院长手里，院长任其毁坏，把农田也卖了。这样一来，该院以
前能养活四十到五十个修士，现在只养活了两个。看到这种状况，
教皇尤金就把修道院给了费尔莫枢机主教，一个非常圣洁的人，让
他借助教皇的权威整顿修道院，把土地从一些有势力的邻居手里要
回来。把修道院给了枢机主教以后，教皇让佛罗伦萨修道院的一些
修士来到塞蒂莫，穿上圣贝尔纳多修道会的法衣，将部分收入分给
枢机主教本人，另一部分分给修士们。教皇就这样收复了田地，恢
复了修道院的秩序，修士人数很快增加到四十。

费尔莫枢机主教着手收复修道院的财产，在世时他作出安排，
他死后修道院要得到自由，他一死就落到了教友们手里。教皇尤金
把切斯特罗修道院给了他们。他在佛罗伦萨的时候，派皮亚琴察枢
机主教和费尔莫枢机主教在一个不同寻常的时刻来到切斯特罗修道
院。两位枢机主教带着教皇的旨意来到这里，下令说那些愿意到另
一座修道院去的教友可以去，也就是波尔韦罗萨的圣多纳托修道

院，不愿去的人要把房子交给他们托付的教友。教皇整顿圣多纳托修道院遇到很多困难，把切斯特罗修道院给了修士们，其他地方不能改革的修道院他全都废除了，如尼夫的圣玛利亚、圣西尔维斯特罗以及其他很多修道院。

22   只要他能做到，他就让修道院过上正派的生活，如果做不到就把修道院废除，以避免他们丢人现眼。菲耶索莱修道院由一位院长掌控，院长手下养着一两个专职教士，但教皇把修道院从他手里收走了，又把一些受教规约束的奥古斯丁派教士派到那里。后来，科西莫·德·美第奇在那里垒砌了院墙，现在仍然矗立着，还把前面提到的尼夫的圣玛利亚修道院也给了那些教士，圣玛利亚是个男修道院，已经被废除了。这样，他们要是到佛罗伦萨，就有了一个歇脚的地方。尤金让圣玛利亚会修士也遵守严守教规派的章程，他们也遵守了一段时间，但教皇一走他们就不再遵守了。教皇尽可能地推行严守教规派章程，以取代圣方济各会章程。他甚至说，如果上帝给他足够的寿限，他就会让所有的修士遵守严守教规派章程。

圣方济各会修士占据着阿尔韦里纳，教皇把这个地方给了圣方济各会严守教规派的教友。为了让他们享有行动自由，经圣伯纳迪诺请求，他挑选了一个严守教规派修士来指导其他修士，这一职务的期限是两到三年。他对圣多明我会修士也是这样做的。他尽可能地在教皇国推行严守教规派章程，在罗马的天坛圣母堂，在方济各修道院。他看望了教皇尼古拉，当时尼古拉还是教皇的副助祭。圣乔瓦尼大教堂本属于在俗僧侣，他发现最近四百年来一直在圣奥古斯丁派修士手里。于是他让这座教堂物归原主，又自己出资在附近修建了一座高大建筑用于宗教活动，在那里安置了五十到六十名修士。他整顿了位于圣彼得罗—加托利尼大门外的斯科佩托修道院，又为其增加了其他建筑和捐款，修建了一座女修道院，让它成为一座可以存在下去的修道院，并且一直延续至今。帕拉迪索修道院很穷，为了它的将来考虑，他也以类似的办法为它增添了一座修道院和其他建筑，让它能够生存下去。

他拥有很多值得称道的品质，这些品质将要记录下来，以显示他并不逊色于以前的任何一位教皇。

他在佛罗伦萨举行隆重仪式，为圣母百花大教堂祝圣。建在两　23
座教堂之间的天桥上挂着蓝布条和白布条，那是代表教皇的颜色，支撑布条的木架上装饰着桃金娘枝、月桂枝、松枝和柏枝。悬挂物从一边一直到另一边，厚布幔从一座教堂一直挂到另一座教堂，还铺着地毯，两边都有长凳，看起来十分壮观。教皇与教廷全体成员沿着这个长廊走过来。教皇头戴法冠，身穿全套法衣；所有的枢机主教都穿着最漂亮的法衣；身兼枢机主教的主教们头戴红帽；主教则头戴比利时毛呢法冠，并依照惯例有人背着十字架走在其前面；教皇的副助祭（apostolic subdeacons）身穿板正的白法衣；整个教廷排列成整齐的队形。这时，佛罗伦萨聚集了一大批来自各地的高级教士与大使。教皇与整个教廷沿着长廊列队行进，佛罗伦萨公民也成群结队地走了过来，城里和城外的都有。

教皇与教廷成员走进圣母百花大教堂，发现教堂装饰得富丽堂皇，到处都是帷幔与装饰物，与这一庄严场合十分协调。圣坛周围腾出一片平地，上面铺着地毯，那是枢机主教团成员和高级教士的地方，教皇御座上铺着白色与金色锦缎，御座四周是供枢机主教坐的长凳。御座一侧是读福音书的人，另一侧是歌手。各位大使按照职务高低与枢机主教团在教皇旁边，另一边是主教、大主教和高级教士。教皇按照顺序吟唱弥撒曲，整个典礼颇为精彩。随后他又为佛罗伦萨的圣马可教堂祝圣，整个罗马教廷以同样次序参加了仪式。

教皇尤金在佛罗伦萨停留了一段时间，然后去了博洛尼亚，又从博洛尼亚去了费拉拉。罗马教会与希腊教会的纷争持续了很多

年，所以教皇尤金表达了这一愿望：由他本人出资，请希腊教会派

24　人前来意大利，希望他们能与罗马教会联合。君士坦丁堡皇帝[①]与希腊教会大牧首和所有高级教士一起乘船来到意大利去了费拉拉，阵容壮观，所有费用都由教皇承担。

但瘟疫一爆发，希腊人都躲到佛罗伦萨，那里每月都为他们提供食宿。他们一到佛罗伦萨，依照教廷很多显要人物的提议，新圣玛利亚就布置好豪华座位和长凳，成为希腊教会的会议厅。

这时，巴塞尔正在召开另一场宗教会议，与教皇尤金针锋相对。一开始大家对巴塞尔会议非常看好，枢机主教们和各国大使都去了那里。但后来枢机主教们开始退出会议，最大的损失是大会主席桑托·阿尼奥洛。经由以皮亚琴察枢机主教为首的主要枢机主教提议，佛罗伦萨的希腊宗教会议一确定下来，巴塞尔宗教会议就接到出席会议的传令。巴塞尔宗教会议对这一传令感到愤怒，就从他们自己人当中选出一位无足轻重的教皇菲利克斯，此人以前是萨伏依公爵，辞去公职后当了隐士。他虽然当了教皇，但没有人服从他，除了他自己的国家之外。不久之后他就辞去教皇一职，回到萨伏依安心当一名枢机主教和教皇特使。由于希腊宗教会议的举动，巴塞尔宗教会议很快就以失败而告终。

这时，一些亚美尼亚人、雅各派[②]成员和埃塞俄比亚人被约翰长老[③]派到罗马教皇这里来，教皇支付了他们的所有费用，并把意大利和其他地方博学的人也召了过来。圣座把这一大批人召集过来

---

① 约翰·帕里奥洛加斯。——英译者注
② 这里所说的"雅各"是指公元六世纪时的埃德萨［今土耳其东南部的乌尔法］主教雅各·巴拉代乌斯，当时叙利亚教会和东方教会的代表人物之一，其追随者统称为"雅各派"。——中译者注
③ 可能是当时西方传说中的一个人物，居住在东方的一个基督教牧首和国王。——中译者注

之后，大家就在教皇和教廷面前讨论东西两大教派的分歧，其中主要是圣灵是否来自圣父而不是圣子。罗马教会认为，圣灵既来自圣父，也来自圣子，最后希腊教会同意了罗马的观点。

　　我在前面提到过，这时教廷里有一个来自内格罗蓬特的尼科洛·塞孔迪诺，希腊语和拉丁语翻译，听他把一种语言转换成另一种语言真是一次美好的经历：希腊人说话他就把希腊语翻译成拉丁语，拉丁人说话他就把拉丁语翻译成希腊语。最后，经过长时间的辩论，希腊人在每一个有分歧的问题上都同意了罗马人的观点，雅各派成员、亚美尼亚人以及约翰长老的臣民也是如此。

25

　　在一个神圣的日子，教皇与教廷全体成员，以及希腊皇帝、所有的主教和高级教士，全部聚集到圣母百花大教堂，教堂里面全都布置停当，两大教派的主要人物各就各位。教皇被安排在读福音书的一侧，和罗马教会的各位枢机主教、高级教士在一起。另一侧是君士坦丁堡皇帝，以及所有的希腊教会主教与大主教。教皇身穿全套法衣，所有的枢机主教都穿着长袍，身兼枢机主教的主教们头戴白锦缎法冠，所有的主教都身穿长袍，无论是拉丁教会的还是希腊教会的。希腊人穿着希腊式丝袍，看起来比拉丁人更漂亮、更气派。教皇唱了一首庄严的弥撒曲，然后把与希腊人联合的所有好处都以最为庄重的仪式列举一遍。希腊方面承诺，再也不会像以前那样和罗马教会争吵了，皇帝及其身边的所有要员都签了名，但大牧首没有签。大牧首和其他人一样同意联合，但随后一病不起，几天以后就死了，与罗马教会也和解了。

　　在这次典礼上，皇帝所在的位置是祭坛旁边读使徒书信的地方，这我在前面提到过，这里还有所有的希腊高级教士。整个佛罗伦萨都在这里见证这一盛大集会。对着教皇御座的另一侧是一把铺着丝绸的椅子，上面坐着皇帝，他身穿华丽的淡红色锦缎长袍，戴一顶希腊式帽子，帽顶上有一颗华贵的宝石。他是个非常英俊的

人，留着希腊式胡须。他的椅子周围站着很多侍从，穿着最为华丽的希腊式丝绸长袍。他们的服装最有派头，高级教士和平信徒的服

26 装也是如此。观看这一盛大典礼真是一件令人愉快的事：用希腊语和拉丁语朗读福音书，就像复活节前夕在罗马那样。

我还要特别赞美一下希腊人。一千五百多年来，他们从未改变过服装式样。他们现在的服装款式还和一千五百多年前一样。这在希腊一个叫作菲利皮的田野里可以看出来，在那里的大理石上发现很多证据，大理石上刻画的男人穿的服装和现在希腊人穿的一样。

现在还回到原来的话题，也就是与希腊教会联合的仪式。同一天上午，确定联合的还有亚美尼亚人、雅各派成员、约翰长老的臣民，以及其他来到这里加入基督教会的人。依照圣阿尼奥洛枢机主教切萨里尼的命令，整个典礼盛况在佛罗伦萨记录下来。作为对这一重大成就的纪念，枢机主教切萨里尼下令把这一记录保存在那里，还命令所有涉及这一联合的原始文档，都要保存在执政官作为永久纪念（*ad perpetuam rei memoriam*）。

一实现教会联合[①]，教皇尤金就册封了十八位枢机主教，当天就把名单公之于众，其中有两个是希腊人——尼切诺和鲁泰诺，还有教皇保罗。教皇尤金为了让佛罗伦萨人感到高兴，就想册封两三个佛罗伦萨人为枢机主教，便着手评判向他提出要求的人，最后只批准了阿尔伯蒂的尼古劳，即卡梅里诺主教，一个颇有才华、非常富有的人。

教皇尤金在佛罗伦萨住了几年之后，与佛罗伦萨官方产生了分歧。教皇宣布打算去锡耶纳然后去罗马之后，佛罗伦萨官方怀疑他对佛罗伦萨有恶意。这一怀疑是由于威尼斯人的阴谋而产生的。威

---

① 韦斯帕夏诺从未提及后来希腊教会故态复萌和宗教会议失败一事。——英译者注

尼斯人通过书信和驻佛罗伦萨大使的活动，增强了佛罗伦萨公民阻挠教皇离开的决心。很多人聚在一起商量，最聪明的人出的主意是，无论如何不要阻挠他，而是让他自愿离开，威尼斯人出的这个 27 主意他们自己绝对不会接受。提出让教皇走并给出最充分的理由要这样做的人是莱奥纳尔多·德·阿雷佐大人。所有的人都同意这个意见，并通过阿尼奥洛·阿恰约利大人把他们的这一决定转告给教皇。阿恰约利大人对教皇说，他愿意去哪儿就可以去哪儿，于是教皇当天就去了锡耶纳。

我在结束本文之前，还要谈谈有关教皇尤金及其虔敬性格的一些细节。他长得高大英俊，看起来简朴、严肃，令人肃然起敬，谁都无法不目不转睛地盯着他。他履行教皇职责效率非常高，住在佛罗伦萨期间从来不让外人见到他，也不走出他在新圣玛利亚的住所，除非是在复活节或每年的重大宗教节日。

他流露出虔诚的神态，看到他的人很少有人能忍住泪水。一天晚上，一个重要人物去找他请教问题，其目光一直下垂，无法抬头看教皇的脸。教皇发现以后问他原因，那人回答说，教皇的容貌中有某种东西不让他抬头凝视。我有很多次看见教皇与一些枢机主教在新圣玛利亚修道院门口旁边的一条走廊上，当时市政广场上以及通向那里的所有街道上都挤满了人，大家感到极为敬畏，全都吃惊地看着他的身影，默默地转向他站立的地方。他按照教皇的惯例开始朗诵"吾等救援乃以造物主圣名"（*adjutorium nostrum in nomine Domini*）时，整个市政广场上好像都是哭声和悲叹声，大家祈求上帝怜悯，因为他们都极为尊重圣座。人们甚至觉得不仅看到了基督代理人，好像还看到了上帝似的。教皇及其身边的所有枢机主教，还有一些身份高贵的人，全都恭敬、虔诚地站着，他当时就像真是基督代表似的。

现在谈谈他的日常生活。他长期以来都不喝酒，只喝加有糖和

28 少量肉桂的水。他吃饭一道菜就够了，总是煮了吃，吃合乎自己口味的。为此他总是让厨房把一道菜准备好，这样他就从来不会晚点。他从来不在预定的时间之前吃饭，而且非常爱品尝水果与蔬菜。他一处理完公务，就接见任何来见他的人，尤其是上帝的仆人和他所知道的好人。

凡是向他提出要求的人，他都最慷慨地给予救济。他不存钱，他不看重钱，由于省不下来钱而老是欠债。他家里有很多来自那不勒斯王国和其他国家的绅士，他出于对上帝的爱而为他们提供膳宿，对几个身为平信徒的侄子也是这样。但他注意不动用教会的财产，他认为不能把不属于自己的东西送给别人。至于救济金，谁向他要他就给谁，我在前面已经说过。

有一天，有一位公民名叫费利切·布兰卡奇，是个穷人和被流放的人，来找圣座要求救济。教皇递给他一个装满弗罗林的钱包并把它打开，告诉他可以从里面随便拿。费利切满面羞愧，不好意思地把手伸了出来，教皇就笑着对他说："我愿意给，你就随便拿，不要数，想拿多少拿多少。"

他家里从来不存钱，有了钱他就很快花光。有一天，有人给他拿来四千到五千弗罗林，他让和他一起在房间里的巴尔托洛梅奥·罗瓦雷拉把钱放到一边。罗瓦雷拉当时正忙，就把钱放在了御床的床垫下面，在那里搁置了好几天。

没过多久，教皇正在卧室里，有个人来了，教皇想给他钱，就让巴尔托洛梅奥把那袋钱拿出来。巴尔托洛梅奥心里明白，教皇要是知道钱袋放在了床下面会见怪，就磨磨蹭蹭地不想去拿。但教皇一再命他拿出来，他不得不当着教皇的面，把袋子从床下面拿了出来，教皇顿时怒容满面。教皇转向巴尔托洛梅奥，训斥了他一顿，
29 说他把钱藏在床底下，好像钱很珍贵似的，让他以后不要再犯这样的错误了。这等于是告诉他不要存太多的钱。

他在私人住所里安排有四个神职人员随叫随到，其中两个是圣朱斯蒂娜修道会的（占据着佛罗伦萨修道院），两个是蓝衣修士（教皇尤金本人的修道会），另外还有一个是在俗的神父①。他和这四个神职人员在白天和夜里都做礼拜，从来没有耽误过早起做晨祷。他穿一件粗布衬衫睡觉，规定必须有两个侍从一直在他卧室里守护，每三个小时换一次班。他一醒过来，就会发现御床旁边放着几本他想看的书。他先喊守护的人，然后坐起来，守护者马上给他拿来一个枕头、一本书和两支点燃的蜡烛。他看书根据自己的嗜好，看一到两个小时，看够了以后就再喊侍从把书和蜡烛拿走。他很有威严。凡是和他打交道的人，都不太情愿和他说话。

这一奇才是他生来就有的，他还有圣洁的生活和教皇的尊严。他一直保持教会的最高权力不减，在事关教会尊严这一问题上，没有任何一位国王或君主能让他做出丝毫让步。法兰西国王不愿意遵守与教会的一些约定②，希望教皇在这件事上让步，并威胁说如果教皇拒绝让步，他就不再服从教皇，最终达到了目的。教皇还与威尼斯人发生争执，因为威尼斯人想干预与他们无关的事务，危害教皇的尊严。

还回到原来的话题。教皇尤金离开佛罗伦萨去了锡耶纳。由于罗马人态度恶劣，不给上帝和教会面子，他不大愿意回到罗马。他在锡耶纳逗留了一段时间才去罗马，他想从罗马人那里了解一下，他要是回去情况会如何。由于教皇不在，罗马干脆成了个牧场，现在摆放商人座位的地方有人放牧牲畜和奶牛，人人都穿着农民的服 30

① 即不受修道院章程约束、不住在修道院里的神职人员。——中译者注
② 1438 年，法兰西国王查理七世颁布布尔日国务令，主张宗教会议的权威高于教皇，教会官员应该选举而不是任命，因而限制了教皇权威。实际上在中世纪后期，法兰西国王经常挑战教皇权威，让法兰西教会保持相对独立，成为宗教会议至上论的主要推手。——中译者注

装和靴子，因为教廷早就不在了，以前经常打的仗也早就不打了。教皇与蔚为壮观的教廷回来以后，大多数人都换了服装，恢复了原来的生活方式，对圣座也比以前更为尊重了。

教皇随后派遣萨尔扎纳的托马索大人和圆屋法庭①法官乔瓦尼·卡尔瓦贾勒大人到山那边，二人的任务完成得很出色，教皇尤金就派人把两顶红帽子送到维泰博，在二人回罗马的路上迎接他们，这二人也成为尤金担任教皇期间册封的最后两位枢机主教。他们回到罗马时场面很隆重，二人来到教皇御前，向他禀报这次任务完成的情况，教皇尤金对托马索大人说："你会成为我的继任者。"

他担任教皇十八年之后，有一天夜里他起来做晨祷时开始呻吟，把手里拿着的祈祷书放了下来。四个担任侍从的修士不敢问他得了什么病。教皇尤金缓过来之后，转身对几个侍从说："礼拜一做完，你们就可以问我得了什么病，我会告诉你们。"然后他又接着祈祷。祈祷完以后，几个担任侍从的修士想知道他出了什么事，便问他为什么呻吟。教皇回答说："我的寿数快要尽了。我在圣乔治修道院当修士的时候，那个隐士对我说我要成为枢机主教，然后当上教皇，还说我要当教皇十八年，然后就该死了。我现在就到了这一步，我命不长了。所以无论是谁，只要他想要我的东西，就趁我离开这个世界之前赶快要，我快活到头了。"教皇说完，几个人哭作一团。

第二天，他命人把圣彼得大教堂的门关上，和三个家人去了那里。走到通向外面的第三扇门时，他看见一块大理石，上面刻着"教皇尤金三世"，此人是圣伯纳德的门徒。他转身对身边的人说："希望我的墓就在这旁边，刻上碑文说这是尤金四世的墓。"然后他

---

① 罗马天主教会的最高上诉法庭，因最初在一间圆屋里听审而得名。——中译者注

回到寓所，很快就病倒了。他知道死亡临近了，就开始想一些像他本人那样虔诚的基督徒都很关心的事情。通常在他身边的高级教士和神职人员来到御前，他对着他们叹了口气，说："加布里埃洛啊（这是他的名字），你要是从未当过教皇，也从未当过枢机主教，而是到死都是个修士，这对你心灵的健康会好得多！朕①是多么不幸，临终才把自己看明白。"② 做完教会规定的所有圣事之后，他把灵魂交给了救世主，在精神状态最圣洁的时候死去了。

这就是这位虔敬的教皇、教会的灯塔、为教会增光添彩的人的结局。我写的不是他的生平，而是对其生平所作的简短评论。可以找到很多有关这位圣座的值得关注的事，足以写成一本书。本文作为一篇简短的记录就行了。

教皇尼古拉五世（1398—1455）

萨尔扎纳的托马索大师后来成为教皇尼古拉五世。他出生于比萨，父母身份卑贱。后来由于内讧，他父亲被放逐，自己请求回到萨尔扎纳，让幼子在那里学习语法。他是个聪明学生，九岁父亲就死了，撇下两个男孩，一个是托马索，一个是菲利波，菲利波后来

_____

① 教皇自称时用复数形式（如英语的 we），这种用法叫尊严复数（majestic plural / royal we），常见于传统的欧洲及中东。实际上，不仅教皇，世俗的君主也以复数形式自称，表示其神（天主）选定的领导者，与神（天主）同在，故而称 we。汉语中没有这种用法，勉强译为"朕"，以示有所区别。——中译者注

② 尤金晚年就宗教"服从"问题与法兰西国王、神圣罗马帝国皇帝和几位选帝侯争执不休，为他平添烦恼。德意志使节与枢机主教们在病人床前争吵。艾伊尼阿斯·西尔维厄斯代表德意志人，做出了对教皇有利的结论。——英译者注

成为博洛尼亚枢机主教。同一年托马索生了病，寡母发现他病了，她对这个儿子寄予的希望最大，所以感到最为悲伤和忧虑。她不停地向上帝祈祷，求上帝让她儿子脱离危险。她正这样祈祷着，担心儿子会死的时候，大约拂晓时分睡着了，但好像又没有真正睡着，32 因为她听见有人喊她的名字"安德烈奥拉"，并对她这样说："不必担心你儿子，他会康复的。"而且她在这一幻象①中还看到儿子穿着教皇的法衣，有人对她说儿子会当上教皇，让她坚信所有这一切都会发生的。她醒来以后马上就去看儿子，发现他好多了，便把她看到的幻象告诉了全家人。

儿子完全康复以后，母亲就敦促他好好学习，她对幻象中得到的希望坚信不疑。但这样做没有必要，因为儿子生性就喜欢如饥似渴地学习。这样，他十六岁时就熟练掌握了语法，听了很多拉丁语会话，读了很多拉丁语文献，并开始学习逻辑、哲学和神学。然后他离开了萨尔扎纳，去博洛尼亚继续深造。他在逻辑和哲学上进步很大，时间不长就学会了全部七艺。

他在博洛尼亚待到十八岁，获得了文学硕士学位。但他缺钱，不得不回到萨尔扎纳，找改了嫁的母亲要钱来支付费用。母亲穷，她丈夫也不太富有，而且对她丈夫来说托马索并不是亲儿子，而是继子，所以托马索没有拿到钱。

但他决心继续求学，就去了佛罗伦萨，当时佛罗伦萨是学术和一切有价值事物的发源地。不久之后，他遇见里纳尔多·德利·阿尔比齐大人。里纳尔多大人是个知名人士，出高薪雇用他担任几个儿子的家庭教师，这一高薪他受之无愧。这样雇了一年之后，里纳尔

---

① "vision"，基督教术语，指虔诚的教徒在睡梦中、昏睡状态中或狂喜状态中所看到的景象，通常比梦中看到的景象清晰，常与对未来的预言有关。中世纪文献中常有关于幻象的描写。——中译者注

多大人离开了佛罗伦萨。托马索大人想继续待在佛罗伦萨城，就与帕拉·迪·诺费里·斯特罗齐大人达成一项待遇优厚的协议，为帕拉大人担任家庭教师。他在帕拉大人家极为受尊重，这样几个孩子才会尊重他。到第二年年底，他从这两位公民手里挣到足够的钱，可以回到博洛尼亚继续求学了，虽然在佛罗伦萨他也没有浪费时间。

于是他离开佛罗伦萨去了博洛尼亚，由于神学院的缘故，他愿意住在博洛尼亚。他在哲学上已经很博学了，又是个文学硕士，所以没过多长时间，在二十二岁那年就成为神学博士。博洛尼亚主教尼古劳·德利·阿尔伯加蒂大人是加尔都西会的，他请托马索大人来和他住在一起。托马索大人去了那里以后，主教发现他才华横溢，就把修道院的统治权完全交给了他。

托马索大人接管这一修道会之后，没有浪费过一个小时的时间，总是参加集会和大家辩论。我曾听他说，身为神学大师，他忽略了"语句大师"①的著作，也忽略了对这部著作的所有注释，因为一位作家常常记下另一位作家所省略的内容。他既熟悉现代权威神学家的著作，也熟悉古代权威神学家的著作，没有几位希腊语作家和拉丁语作家的作品他没有研究过。他能把整部《圣经》背下来，他对《圣经》的引用总是适当的。他在担任教皇期间，有人让他回答问题时，他常常表现出对宗教经典的研究情况，极大地提高了他的声誉。

他二十五岁时，博洛尼亚主教任命他为神父。不久之后，教皇马丁听说了博洛尼亚主教的好名声，就主动任命他为耶路撒冷圣十字教堂②枢机主教，这样就必须把他从博洛尼亚调到罗马。托马索

---

① 指十二世纪时的巴黎主教、经院神学家伦巴第人彼得，其代表作《语句四书》成为神学权威教科书。——中译者注

② 位于罗马的一座教堂，并非位于耶路撒冷。——中译者注

大人和他一起到了罗马，那里名人云集，只要时间允许，他就和这些人辩论神学和哲学问题。

我也不能忽略他对一般知识的熟练掌握。我听他说过，他查阅了很多作家的记载，终于弄清楚了意大利曾经被野蛮人控制过，让哥特人、汪达尔人、盖塔人、匈奴人、伦巴第人、赫鲁利人占领了四百五十年。他认为，书籍或任何有价值的东西竟然能幸存下来，真是个奇迹。

托马索大人这样居住在罗马时，教皇尤金在考虑如何让法兰西国王与英格兰国王、勃艮第公爵和解。① 教皇知道圣十字枢机主教诚实、信誉良好，便决定派他担任特使到法兰西、英格兰和勃艮第公爵的宫廷，他在那里极为受尊重。另外，教皇还派托马索大师担任这个使团的成员，主要因为托马索在宫里时获得了声誉。托马索大师尽职尽责、勤奋努力，圣十字枢机主教在解决法兰西、勃艮第与英格兰之间的争端时发挥了最为有益的作用。他终结了这几个地方持续已久的战争与争端。

签订和约之后，圣十字枢机主教回到罗马，教皇对他所取得的成就非常满意，并认为他也适合去完成另一个类似的使命，便派他去德意志，那里的一些君主一直争吵不休。他在德意志待了一年，几乎所有的争端都解决了，一是由于枢机主教本人有善意、讲信

---

① "枢机主教说，为了以任何方式平息在高卢、英格兰、勃艮第爆发的战争，尤金在罗马派他担任特使。实际上托马索也在使团之中，他以前也参加过使团，所以整个教廷都参与了。"（ Eugenius praedictum Cardinalem ad sedandum quoquo modo hujusmodi bellicos tumultus a Roma usque in Galliam, & Britanniam, ac Burgundiam, e Latere, ut dicitur, Legatum misit. Qua quidem in Legatione Thomas noster, ut antea erat, sic totius familiae personaeque dominicae gubernator accessit. ）穆拉托里:《意大利共和国》，手稿，第 2 卷，第 2 部分，第 914 页。B. 赖默，X，第 530 页。尤金在 1431 年当选为教皇，该使团是在 1432 年派遣的。——英译者注

誉，二是由于托马索大师机敏、勤奋。他们在私下里吃了不少苦，受了不少累，因为德意志人粗暴无礼，现在仍然是野蛮人。

枢机主教回到罗马以后，教皇派他到费拉拉，在那里促使公爵菲利波与威尼斯人和佛罗伦萨人达成和解[1]。枢机主教在这里为了和解仍然做出了不懈努力，直到大功告成才休息。意大利长期受到匪帮和战争的侵扰，现在这些麻烦不复存在了。在完成所有这些使命时，勤奋的枢机主教都得到同样勤奋的托马索大师的帮助。枢机主教受到结石和其他疾病的折磨，便把他的公务和私人事务都交给托马索大师去打理。

教皇尤金遭到罗马人的阴谋陷害，便从罗马逃到佛罗伦萨[2]，圣十字枢机主教和托马索大人也去了那里。他们在那里见到很多显要人物，还有很多是随教廷一起去的。莱奥纳尔多·德·阿雷佐、詹诺佐·曼内蒂、波焦、卡洛·德·阿雷佐、乔瓦尼·奥里斯帕、博洛尼亚一个非常博学的人加斯帕罗，另外还有很多人，这些人习惯在每天晚上和早上在宫里的一个角落聚会，讨论和商议各种问题。托马索大师和枢机主教一到宫里，就去那里参加他们的活动。他骑着一头骡子，两个仆人步行跟着。他通常穿一件蓝斗篷，仆人穿着长外套，人称"飞翔的鸟笼"，头戴神父帽。当时教廷还没有现在奢华。人们经常见他参加前面提到的讨论会，或在教廷附近与人交谈、辩论，他是个热衷于辩论的人。

教皇尤金离开佛罗伦萨以后，托马索去了博洛尼亚，那里有圣十字枢机主教管辖的主教区。主教邸宅状况很糟糕，托马索大师一到博洛尼亚，枢机主教就和他商量重建邸宅的问题。枢机主教委托他负责重建工作，在很短的时间内，主教邸宅就拔地而起。

---

[1]　1433年。——英译者注

[2]　1434年。——英译者注

教皇离开博洛尼亚以后去了费拉拉，他想让希腊教派与罗马教派在那里开展对话，所以就做出安排，结果希腊教派的所有首领都答应去费拉拉。为了让希腊人回归真正的教会，教皇答应支付他们的所有费用，包括提供住宿和所有必需品。希腊教派的两位首领——皇帝本人和大牧首，与希腊所有最博学的人一起来了。

在费拉拉待了一段时间之后，瘟疫爆发了，他们不得不离开那里去了佛罗伦萨，占用那里的房屋供希腊人住宿，希腊人共有大约五百位主教、大主教和其他高级教士。教皇尤金把他能找到的所有饱学之士都召集到教廷，包括修士、神父和俗人，命人在新圣玛利亚支起长凳供宗教会议使用。根据一些博学的枢机主教的提议，这次会议叫作希腊宗教会议。而且巴塞尔宗教会议也被要求转到佛罗伦萨，这样巴塞尔会议就解散了，其权威也没有了。

36

在这一最重要的场合，这些学者的所作所为人人皆知。在这次会议上，每天上午拉丁教派都当着教皇、枢机主教和整个罗马教廷的面，与希腊教派辩论他们最严重的错误，即圣灵仅仅来自圣父，不是来自圣子，而拉丁教派依据信仰的真正意义，认为圣灵来自圣父和圣子。在场的人之中有一位来自内格罗蓬特的尼科洛·塞孔迪诺，他说话的方式听起来令人不可思议。希腊人拿出论据来证明其观点时，话音刚落，尼科洛·塞孔迪诺就用拉丁语一字一句地解释一遍他们说过的全部内容。然后拉丁教派发言，回答希腊教派的论点，尼科洛又把这些回答翻译成希腊语。

在所有这些辩论中，托马索大人都支持拉丁教派。他在两派之中都是为首的人物之一，也是最受尊重的人物之一，因为他对宗教经典了如指掌，对古代和现代的权威神学家了如指掌。

教皇尤金始终不渝地致力于消灭全世界的异端邪说。那些来到佛罗伦萨的人之中，有一些埃塞俄比亚人、亚美尼亚人和雅各派成员，都是一些具有异端思想的基督徒。一些博学、希腊语熟练的人被派到这些人中间，其中有一些圣安东尼奥的行乞修士。他们是真正的行乞修士，穿着粗布衣，赤着脚，衣服是用马尾布做的，既不吃有血的兽肉，也不吃有血的鱼。教皇尤金把与这三个民族辩论的任务交给了托马索大师，由一位通晓二十种语言的威尼斯人担任翻译。在这位翻译的帮助之下，托马索大人每天与他们讨论两次。

辩论持续了一段时间之后，埃塞俄比亚人、亚美尼亚人与雅各派在托马索大人的影响之下，与罗马教会联合起来了，这一联合在执政宫里留有公开记录，还有与希腊教派联合的记录，大多数希腊人都加入了罗马教会。托马索大师与希腊教派这件事有很大关系，　37
与其他三个教派的事也有很大关系。

他做的所有事情都显露出他的美德。尽管他的地位非常受人尊重，他对待所有认识他的人都极为和蔼。他很诙谐，对每个人都能说出令人愉快的话，所有和他交谈过的人后来都对他很友好，因为他很有礼貌，具有不可思议的天赋才能。他与世界各国的宫廷举行谈判，这使他具有了体面的身份，在这些宫廷里总是遇见有才能、有名望的人。

他对所有的人都极为慷慨，并不认为他拥有的东西真正属于他自己。他不知道什么是贪婪，即便是他保留着某件自己的东西，只不过是因为还没有人从他手里把它要走。他花钱超过了他的财力，当时他雇用了很多文书，都是他能找到的最优秀的人，从来不考虑工钱多少。他完全相信自己的能力，知道自己永远不会缺钱，经常说他要是有了钱就会做两件事，也就是买书、建房。他在担任教皇期间两件事都做了。这时他虽然穷，还是让人把做给他的书在各个方面都做得最好①。

他拥有每一门学科的书籍，其中有十二卷本的圣奥古斯丁著

---

① 当时还没有印刷机，书籍都是手工抄写制作。——中译者注

作，制作精美，全是新编辑的，版式也是最好的。他还有古代与现代权威神学家的著作，几乎每一本他都读过，上面有他的亲笔注释。无论是在古人之中还是现代人之中，他都是最优秀的抄写员之一。他这些书里如果没有注释，他就自己加一些注释。在现在的圣斯皮里托，有一座以薄伽丘的名字命名的图书馆，是修士图书馆的一部分，由尼古劳·尼科利建造，尼科利在里面收藏有薄伽丘的部分著作以免散失。那里面有一本托马索大师送给修士的书，是圣奥古斯丁的专著《驳伯拉纠主义者朱利安》（*Contra Julianum pelagianistam*）①，这本书也批驳了其他持异端者，书中从头至尾都有他的注释。

　　他只要和枢机主教一起离开意大利，回来时必定带回一本以前

38　无人知晓的书，如教皇利奥的布道词、圣托马斯对圣马太的注释，这是一本非常出色的书，另外还有很多。拉丁语作家或希腊语作家在任何一个领域的作品，他没有一部是不熟悉的。至于藏书的整理布置，没有一个人能比得上他。由于这一原因，科西莫·德·美第奇要整理圣马可教堂的藏书时，就给托马索大师写信，请他指示如何建立一座图书馆。又有谁不经历千辛万苦，就能把这一计划理出个头绪呢？托马索大师亲笔把这些操作指南写下来，然后寄给科西莫。另外，对于圣马可图书馆、菲耶索莱修道院图书馆、乌尔比诺公爵的图书馆、亚历山德罗·斯福尔扎阁下的图书馆等，他也是这样做的。

　　所有的文学家都得到过教皇尼古拉的隆恩，他给了他们厚爱，给予书籍以高度评价，给予各地的作家以高度评价。托马索大师经常身无分文，所以他买书时只好赊欠。为了支付抄写员和微型画家

---

① 这是圣奥古斯丁晚年的重要著作，作者在书中反驳了朱利安对自己著作的歪曲，澄清了自己对《圣经》伦理观的见解。——中译者注

的报酬他就借钱，借的钱数好像他以后能够归还似的。他生性大方，这种天生的慷慨确实是一件幸事，而贪婪则是可恶的。圣约翰·赫里索斯托姆[①]说，如果整个世界都变为黄金，然后把这些黄金都放在一个吝啬鬼面前，他的贪心仍然不会让他感到满足；让一个人在空中飞翔，比让一个吝啬鬼变慷慨还要容易些。贪婪显然是违反天性的。

托马索大师阅历最广。除了文科七艺之外，他还是一个最有天赋的政治家，好像他以前什么事都没做过，而是生来就管理重要国务似的，他对国务确实有极为清醒的判断。凡是和他就任何一个学术话题交谈过的人，都会认为他肯定专门研究过这个话题。他的才能有些是神赋予他的。他对发生在自己身上的事情的感觉，有些也是神赋予他的。

他讨厌虚礼和奉承，熟悉他遇到的每一个人，无论是主教还是大使，对于来拜访他的每一个人都以礼相待，让对他有话要说的人坐在他旁边的第一个座位上。另外，要是有人不愿意坐，他就抓住这个人的胳膊迫使其坐下来，不管他是否愿意。来访者如果是个有名望的人，对方离开时他就陪着走出房间，一直走到楼梯旁。

在佛罗伦萨时，有一天驻法兰西大使詹诺佐·曼内蒂来拜访他，他极为尊重曼内蒂，能给的面子都给了他了。曼内蒂待了一段时间后起身告辞，托马索大师不顾对方反对，执意陪着他来到走廊，然后来到楼梯旁，最后到达一楼。曼内蒂停住了脚步，不想让主人再往前走，但他需要很大的耐心才能做到。托马索大人不仅想和他一起走下楼梯，而且走出屋子之后非要到利昂旅店不可，大使就在那里下榻。来到旅店后，他转向那些路过的人，高度赞扬詹诺佐大人，

───────────────

① 又译圣约翰·克里索斯托，即"金口约翰"，希腊教父，曾任君士坦丁堡主教。——中译者注

说了一些夸奖的话，其中说到詹诺佐大人是个非常优秀的公民，与罗马共和国最辉煌时期所造就的任何人物相比也毫不逊色。

他在与家人打交道时态度最为谦虚。他当然期待着一招手别人就明白他的意思，他手头的任何事情他都勤勤恳恳地办理，他希望身边的人也都是这样。他生性爱发火，但他很审慎，总是把火气控制在一定程度之内。他不雇用意大利仆人，雇的不是德意志人就是法兰西人。有一天，有人问他为什么不雇用意大利人，他回答说："因为意大利人心高气傲，不知道自己是老几了。而法兰西人或德意志人则不一样，无论你让他做什么事，他只是觉得这是自己分内的事。他感到满足，从来不想往上高攀。即便是让他做最下贱的活儿，他也会忠实地履行职责。"

他有很长一段时间领不到报酬。那时和现在不一样，不是每个人都有薪酬。他担任的第一个职务是教皇的副助祭，是教皇尤金任命的，当时尤金在佛罗伦萨。教皇有好几位副助祭，负责在

40 教皇前面抬十字架，参加弥撒，其中有一人在教皇主持的弥撒仪式上读使徒书信。这些副助祭分为两类，一类编号，一类不编号，报酬是一年三百达克特。托马索大师属于编号类的。他已经担任了法兰西的一个副主教职务，不负责灵魂关怀，但这时他没有其他薪俸。

教皇尤金离开佛罗伦萨之后去了锡耶纳，带着圣十字枢机主教和托马索大师。枢机主教在这里得了严重的结石病死了。他承蒙教皇的恩典立了一份遗嘱，把他财富的很大一部分送给了教会。他把执行遗嘱的任务交给了托马索大师。托马索大人为他效力二十年，他对托马索大人非常信任。枢机主教死后，人们从他遗体里取出一块结石，鹅蛋一般大小，重达十八盎司。

随后，教皇尤金主动任命托马索大师为博洛尼亚主教，不久回到罗马以后，又让他担任大使到佛罗伦萨去办一些要事。教皇尤金

在这一时期对佛罗伦萨人非常恼火。一天晚上，托马索大师和执政团成员在一起，很遗憾地谈到他们和教皇之间的分歧，又说教皇由于对他们的反感，曾不止一次地与国王阿方索和公爵菲利波①结盟。

完成在佛罗伦萨的使命以后，托马索大人回到罗马，教皇又派他去找国王阿方索，此事仍然与教皇生佛罗伦萨人的气有关。这件事处理完以后，托马索大人回到罗马。教皇看到托马索大人这几次谈判都很成功，又派他出使法兰西和德意志，去办理一些要事。这一次和前两次一样，也取得了成功。

后来，尤金派他和西班牙人乔瓦尼·卡尔瓦贾勒大人一起去法兰西和德意志。乔瓦尼是圆屋法庭法官，一个很有名的人。路上他们经过佛罗伦萨。托马索大师被任命为博洛尼亚主教之后，就辞去了其他两个圣职，即副助祭和副主教，这样他就没有薪俸了，因为当时博洛尼亚拒不服从罗马教会，把主教的薪俸给扣下了。因此，教皇尤金任命他为教皇财务副总管（vice-chamberlain）。 41

我在佛罗伦萨见到托马索大人时，他对我说的第一句话就是教皇尤金穷，他本人最穷，因为他唯一的收入来源就是主教职务，而他担任这一职务却分文未得。他还说，教皇尤金最大方，但没有钱，结果给他的钱数不够他完成在法兰西的任务。然后他转过身来对我说："你要去找科西莫，求他每天给我一百达克特供我花费，直到我回来为止，并把原因告诉他。"于是我就去找科西莫，科西莫对我说："我给他的钱甚至比他要的还多。"随后科西莫派罗伯托·马特利去找他，罗伯托对托马索大人说，科西莫委托他发布通函，让美第奇家族的所有商号和代理人付钱给托马索大师，他要多少就给他多少。他觉得这对他太慷慨了，就让罗伯托代他感谢科西莫。罗伯托以很有礼貌的语气回答了他，表达了科西莫对主教大人的

① 米兰的菲利波·玛利亚·维斯孔蒂。——英译者注

好意。

我要在这里讲一下他离开之前的那天上午发生的事。他请博洛尼亚的特使吃饭，这位特使当时在佛罗伦萨，那天上午我正好和他们在一起。当时正值基督降临节期间，托马索大师正斋戒，虽然人在旅途，他还是过大斋节。他为特使准备了适当的饭菜，入座时手里拿着一本圣乔瓦尼·卡夏诺谈论就任圣职的书，说："我有个习惯，无论我在哪里，在旅途中或是在其他地方，吃饭之前总是先看书。"他习惯在餐桌上放两小瓶酒，每瓶大约有两杯的量，一瓶是红葡萄酒，另一瓶是白葡萄酒，每一瓶都加了很多水稀释了，就这他也喝不完。

我之所以把这件事记下来，是因为有些怀有恶意和妒忌心的人在喝酒问题上诽谤他，而实际上对他一点也不了解。他在担任教皇期间，家里存有好酒，那不是为他自己准备的，而是为法兰西、德意志、英格兰的一些高级教士和绅士准备的，他在这些国家的时候与这些人混得很熟。这些人之中无论是谁来到罗马，他就把这些好酒拿出来给他们喝，因此他才买这些酒。

这天上午，他与博洛尼亚特使在一起吃饭时，转身对特使说："你们没有给我博洛尼亚主教的薪俸，这让我很伤心。你们给了我主教辖区，但我要是想住在那里，就要卖掉我最珍贵的财产，也就是我的书籍。但最让我生气的是，你们把主教邸宅变成了窃贼经常出没的地方，而那里是上帝的家呀，你们遇到的任何一个流浪汉都可能到那里去。愿上帝有朝一日让你们认识到这一过错有多大。"

离开佛罗伦萨以后，两位大使去了法兰西和德意志。我要在这里讲一讲托马索大人这次担任使节的情况，这是他告诉我的。他说，因为他们是教皇特使，他们在德意志路上行走时，所有的人都跪在地上。由于同样的原因，他们走到哪里都颇受尊重。他还说，这种礼遇一直延续到帕多瓦，翻过山以后就不行了。这两个了不起的人凭借其审慎和正直，解决了很多争端，其成功的消息一直传到罗马。

教皇意识到，托马索大师做出了巨大的值得赞赏的贡献，便决定要奖赏他。两位特使回到佛罗伦萨时，托马索大师去了执政团，一见到我就笑着说："我凭着科西莫的通函取了二百弗罗林，现在我必须再要一百来支付我到罗马的费用。咱们去圣乔瓦尼吧，那里正在特赦，然后再去科西莫家。"我对他说，没有必要这样做，这事就交给我好了。但他还是去参加特赦了，走出教堂的时候，在圣乔瓦尼广场上碰见了科西莫，对科西莫说他还想再要一百弗罗林，除了凭借通函取出的那二百之外。科西莫回答说："这一百弗罗林你随便花，你想要的话还会给你更多。"他接着又说："罗伯托·马特利会为你效劳，你想要多少他都会给你送去。"罗伯托及时赶到，受权把托马索大人想要的钱给他送来了，但托马索大人只拿了一百弗罗林。

拿到这笔钱之后，他第二天上午骑着马去了罗马。到达维泰博时，教皇尤金好像在事先没有通知他们一行人的情况下，派人把两顶红帽子送到那里，一顶给萨尔扎纳的托马索，一顶给西班牙人乔瓦尼·卡尔瓦贾勒，任命他为圣阿尼奥洛枢机主教。另外还有很多要人迎接他们，到了罗马附近又受到整个枢机主教团和各国大使的迎接，进城时举行了颇隆重的仪式。

进入罗马以后，他们来到圣座教皇尤金的御前，禀报了完成任务的情况，把他们从出发到回来所做的每一件事都讲了一遍。然后托马索大师对教皇说了一番颇得体的话，感谢教皇给予他的隆恩，送给他一顶枢机主教的帽子，以最富于表现力的话语表达了他对圣座和枢机主教团深深的谢意。然后两位枢机主教与圣座告辞回到家里，陪伴他们的有在场的所有枢机主教和大使，还有和他们一起进入罗马的人。

43

　　几个月以后，教皇尤金因患严重的温热病去世，死得像他在世时一样圣洁。教皇尤金的一生是遵守有益生活规则的典范。依照惯例，葬礼必须在他死后九天之内举行。在这样的场合，总要有人为死者宣读祭文，现在这一任务就交给了托马索大师。祭文宣读得庄重、流畅，整个枢机主教团和在场的其他人都极为满意，感动得枢机主教们推选他为教皇，并不是考虑他突出的优点，也不管他是最近才加入枢机主教团的。

　　我听枢机主教团的首领说，大多数人都选他，他的声望由于这一篇庄重的祭文而大为提高。人人都知道这样的才能产生的影响力有多大。所有枢机主教都参加了选举教皇的秘密会议，选举是在密涅瓦神庙原址上的圣玛利亚教堂举行。每个人都进入自己的房间，不得与外人串通，也不得从外人那里打探消息。这时，枢机主教团是个值得尊敬的神圣团体。

　　举行秘密会议的第一天夜里，托马索大师在房间里睡觉时看到一个奇妙的幻象，梦见枢机主教们正选举教皇。在这些睡梦中的景象之中，他好像看到了教皇尤金全身穿着法衣，教皇似乎想把这身法衣穿到他身上，但他拒绝了。托马索大师问教皇为什么要把圣座的法衣给他穿上，教皇回答说："因为你要成为我的继任者。把这身衣服都穿上，除了法冠之外。"他从睡梦中一醒过来就开始发笑，然后转向和他一起待在房间里的两个同伴。同伴问他为什么笑，他就把自己看到的幻象告诉了他们，根本就没有把这当一回事，因为他当上枢机主教才九个月，地位低，不知道还有人提起他，根本没想过能得到这样的荣誉。除了他的正直和成功的外交斡旋之外，他没有任何值得夸耀的东西。

　　大家来到这里选举教皇以后，没有来自外界的任何消息，第二天一致选他为教皇。大家依照惯例把他扶到御座上，他半天困惑不解，这件事来得太突然了。有人可能会说这是奇迹，因为他在十八个月之内，完全凭借自己的业绩而当上了主教、枢机主教和教皇。

　　他在任职期间的所作所为显示，他当选教皇是神的恩惠，是神让他在意大利实现和平的，意大利已经受战争和暴力蹂躏好多年了。他当选之后不久，我去拜谒圣座，在一个星期五晚上参加每周一次的公开会见。晚上七点左右，他一走进会见室，一眼就认出了我，大声对我说我是最受欢迎的，我要有耐心，他想单独见我。

　　没过多大一会儿，有人进来让我去见圣座，于是我就去了，按照惯例我吻了他的脚，然后他让我平身，把其余的人都支走，说会见结束了。他走进一个靠近走廊的私人房间，走廊通向一个花园露台。房间里有大约二十支点燃的蜡烛，其中有四支靠近圣座。他打个手势，让人把这几支蜡烛拿走，拿走以后他笑了起来，并大声对我说话，让那些傲慢的侍从感到困惑不解："韦斯帕夏诺，一个只配敲钟、其他什么都不行的僧侣竟然当选为教皇，佛罗伦萨人会相信吗？"我回答说，佛罗伦萨人会认为他是凭借很多美德当选的，选他是为了在意大利实现和平。对此他回答说："我祈求上帝给我恩典，让我在任职期间实现我的意愿，而且不动用武力就做好这件事，除了动用基督给我用以自卫的武器之外，也就是圣十字架。这就是我在任职期间的行动方针。"

　　然后他转身对我说："你知道科西莫·德·美第奇在我有困难的时候帮了我多大忙。现在我要报答他，明天我就任命他为我的银行主。对好心人慷慨是永远不会错的。"［禧年节①］期间，美第奇家族银行掌握的教会财富达十多万弗罗林。这是一个可靠的人告诉我

① 中世纪时，天主教会每隔一定的年限就举行一次特赦活动，这一年就被称为"禧年"，届时有大批的朝圣者聚集到罗马，参加各种节庆活动。一开始每隔一百年才有一次禧年，后来又改为三十三年［代表耶稣在世的时间］、五十年，最后由教皇保罗二世确定为二十五年。这里所说的"禧年"是指 1450 年，由教皇尼古拉五世确定下来。——中译者注

45

的，此人在美第奇家效力。] 他又接着说："我要向佛罗伦萨人表达崇高的敬意，明天我就在枢机主教大会上接见他们，就像接见国王和皇帝一样，给他们这一优惠和荣誉。"他又说："把流放的菲利波先生 ① 召回来也不错。"我向他保证菲利波会被召回来，后来也确实如此。随后我向他推荐了皮耶罗·德利·斯特罗齐大人，希望能给他个肥缺，他说他会把第一个空缺出来的职位给予皮耶罗。他言而有信。不久之后，里波利教区出现了空缺，申请书及时递交给他，他想起了自己的诺言，就主动把这一职位给了皮耶罗大人。他多次对我说，我想要什么都可以要，但我没有经验，什么也没有要。

46　　我在他那里待了一会儿之后，他说："今晚就住在这里。"然后他对皮耶罗·达·诺切托大人说："明天你和朕一起吃饭。"然后他来到隔壁的房间，说："今夜就住在这儿。"因为这是大斋节期间，他派人去拿东西。教皇尤金的邸宅遭到抢劫，一家人不得不将就着睡在借来的床上，他感到非常伤心。他还给我讲了很多事情，我在这里就不提了，因为我写的是对他生平的评论，就不讲我自己了，应该讲的是教皇尼古拉。

　　他开始担任教皇了，所有认识他的人都感到满意。由于这次幸运的选举，圣座在全世界声望大增。世界上所有博学的人都自愿聚集到罗马。有些人是教皇尼古拉派人请来的，因为他想让这些人住在罗马教廷。他在那里聚集了一大批名人，并开始在枢机主教大会上接见他们。

　　这时，佛罗伦萨人担任了意大利外交和政府的所有主要职务。上午，他在枢机主教大会上接见佛罗伦萨人，很多外国人也参加，他们都是博学、有身份的人。还有很多人是被詹诺佐·曼内蒂大人

---

① 可能是指菲利波·迪·塞尔·乌戈利诺。——英译者注

的大名吸引过来的。曼内蒂是佛罗伦萨的六位大使之一，其他五位是阿尼奥洛·阿恰约利大人、詹诺佐·皮蒂大人、亚历山德罗·德利·亚历山德里大人、内里·迪·吉诺、皮耶罗·德·科西莫。詹诺佐·曼内蒂当时还不是骑士。他们带着一百二十匹马来到这里，以最盛大的仪式入城，整个罗马教廷和枢机主教团都陪着他们从城外进来。所有大使都穿着同样款式的服装，六个人的服装都是最华丽的深红色天鹅绒剪裁的，敞袖，衬有白鼬毛皮里子，真是一大景观。和他们同行的还有十二个年轻人，穿着同样款式的深红色锦缎衣服，衬着白鼬毛皮里子。

　　上午，他们获准觐见，整个大厅里到处都是有名的人物，枢机主教们也聚集在一起，都是声名显赫的人，还有各国大使。詹诺佐大人发表了精彩演讲，持续了一小时零一刻钟，用一种刚流行不久的演讲风格。所有的人都聚精会神地听着，没有一个人走动。47教皇被深深地吸引住了，像是睡着了似的，他旁边有个人不时地抓住他的胳膊扶着他。演讲分为两部分，到结束的时候，教皇尼古拉似乎是背会了，他令人惊叹地一部分接着一部分把要点重述一遍。这天上午，圣座的神圣性大为增强，大使詹诺佐的声誉也大为提高。教皇的回答受到很多人喝彩，回去的时候人人都感到满意。

　　他一上任就开始采取行动，清除任何他能够清除的不端行为。以前的萨伏依公爵阿马迪厄斯由巴塞尔宗教会议选举为教皇（他隐居在萨伏依他自己建的一座修道院里）。这时巴塞尔宗教会议几乎结束了，因为尤金任职期间其最重要的成员都走了，阿马迪厄斯便设法让自己当选为教皇，把尤金排挤掉。但剥夺尤金的职位既没有权威性，也没有理由，阿马迪厄斯的命令没有人服从，除非是在他自己的国家。

　　尼古拉当选后，为消除这一恶果并统一教会，就向教皇菲利克斯^①提出建议，让他放弃教皇职位，在他自己的国家担任枢机主教兼享有全权的教皇特使。菲利克斯同意了，这样就终结了教会的分裂。

尼古拉一心想恢复意大利的和平。在这方面他取得了成功。他将所有的意大利国家组成一个为期二十五年的联盟，以教皇诏书的形式确定下来，任何漠视这一联盟的国家都要受到惩罚，尼古拉及其未来的继承人充当仲裁人，裁定各国之间出现的争端。他向联盟和忠于联盟的人表示祝福，诅咒那些破坏联盟的人。通过他的努力，他就任教皇时受到战争蹂躏的意大利实现了和平。他废止了圣职买卖，谁也不敢在他面前提这档子事。

他善良的名声传遍了全世界，很多脱离教会的地方又自愿回归教会，而没有引起动乱。在联盟的第一个阶段，国王阿方索被威尼斯人排除在外，阿方索大为震怒，因为他要占据首位，而现在所有问题都解决了，威尼斯人也撤离了国王的地盘。教皇尼古拉把费尔莫枢机主教派到那不勒斯，把大使派到其他意大利国家，这样经教皇和费尔莫枢机主教劝导，国王同意接受联盟，意大利实现了和平。这好像是圣灵的功绩，因为教皇真诚地信守了上任之初许下的诺言，也就是他要一心寻求基督十字架的保护，他一直都是这样做的。

他册封了八位枢机主教，都是知名人士，除了他的同母异父兄弟菲利波大人之外，菲利波后来成为博洛尼亚枢机主教。他册封了七位枢机主教之后（这些人全是名人），再晋升御弟似乎不太合适。但枢机主教团发现他没有晋升御弟，便向他递交了紧急请愿书，这样费了很大周折才说服他晋升御弟。后来公布枢机主教名单的时候，他依照惯例对每一位都说几句赞扬的话，但只对菲利波大

---

① 即前面提到的阿马迪厄斯。——中译者注

人说:"经你的几位枢机主教同僚请求,朕选你,菲利波,为枢机主教。"没有任何赞扬,其他什么也没说。

和御弟同时册封的其他几位枢机主教都是从教会最底层提名的。拉蒂诺·奥尔西尼大人,一个有身份的侍臣,其家族地位最高;安东尼奥·切尔达诺大人,最伟大的哲学家之一,神学家,当时能够与他匹敌的寥寥无几;尼古拉·迪·库萨大人,在文科七艺方面最为博学,大神学家,一个很有权势的人,论国籍是德意志人,但论习惯不是;阿拉诺大人,阿维尼翁枢机主教,像他国家的人那样具有广泛的知识;约克的约翰大人,一个有势力的人;克拉科夫的斯比涅奥,一个非常了不起的人物;还有一个知名的枢机主教乔瓦尼·埃杜恩塞大人,勃艮第人。这些人得到册封全凭其才能,没有才能是绝对不会得到册封的。另外,教会里有才能的高级教士,圣座不知道的寥寥无几。

这时禧年节到了。依照教会的规定,真正的禧年节是每五十年一次,罗马人山人海,谁也不记得有比这更多的人。见到这么多人聚集在一起,真是令人吃惊。从佛罗伦萨到罗马的路上人山人海,看着这些在路上走的人,感觉像是蚂蚁一样:圣安吉洛桥上挤满了人,老少都有,拥挤得往前走不动,往后也走不动。所以,只要有人迈步往前走,走过来的人就和原地不动的人挤作一团,结果有二百多男女被挤死。教皇尼古拉听说这一严重的事故后大为不满,便做出安排以便杜绝再次发生类似的事故。他还在桥下面建了两座小礼拜堂来纪念这一惨案,并让人把所有的遇难者都安葬了。

大量便士献金 ① 缴到了罗马,于是教皇开始建造图书馆,到处寻找拉丁语和希腊语书籍,根本不问价钱。他召集了很多优秀的抄写员,一直雇用他们。他还召来一些博学的人,让他们写新书,也

①　缴给罗马教皇的贡金,每户每年一便士,故名。——中译者注

翻译图书馆里没有的书，给了他们很高的报酬。书翻译好呈献给他，他就付给足够的钱，这样翻译们就会很乐意地投入翻译工作。他花了很多钱扶持文人。到他死的时候，从书目清单上可以看出，自托勒密时代以来，还从未有人收藏过这么多书。他命人把这些书全抄一遍，不计代价。只要他得不到某一本书，就让人把它抄下来。

他以优厚的报酬把很多学人聚集到罗马以后，就给佛罗伦萨的詹诺佐·曼内蒂大人写信，让他也来当作家和翻译家。曼内蒂离开佛罗伦萨来到罗马，得到教皇给予的最高礼遇。尼古拉除了让他担任秘书之外，还给他六百达克特，让他翻译《圣经》和亚里士多德的著作，完成他已经动笔写的著作《驳犹太人和异教徒》（*Contra Judeos et gentes*）。这确实是一套好书，如果他能够完成的话，可惜他只写了十卷。他翻译了《新约全书》、《诗篇》和《希伯来文正经》（*De Hebraica veritate*），还有五本护教书，为前面提到的《诗篇》辩护，显示出整部《圣经》中没有一个音节没有隐含意义。

依据教皇尼古拉的规划，要在圣彼得大教堂建一座图书馆，供罗马教廷使用，如果建成的话会是一项了不起的工程。可惜他直到去世也没有把它建成。为了阐释宗教经典，他让人翻译了大量书籍，也翻译了很多异教徒的作品，还有对学习拉丁语有用的语法书。乔瓦尼·托尔特略大人被圣座任命为图书馆馆长，他的《正字法》（*Ortografia*）是一本很有价值的书，对语法学家很有用。还有荷马的《伊利亚特》；斯特拉博的《地理学》（*De Situ Orbis*）由圭里诺为他翻译出来，每翻译一部分他付给圭里诺五百弗罗林：亚洲、非洲、欧洲，一共支付了一千五百弗罗林。希罗多德和修昔底德由洛伦佐·瓦拉大人翻译，教皇最为慷慨地付给了他报酬。色诺芬和狄奥多罗斯由波焦大人翻译；波利比乌斯由尼科洛·佩罗托翻译，翻译好呈献给教皇时，尼古拉给了佩罗托五百皇家达克特，刚铸造出来的硬币，装在一个钱袋里，对佩罗托说这并不是他应该得到的报酬，但在适当的时候他会得到让他满意的报酬。

菲罗是个颇有才华的犹太人，其作品还没有拉丁文版。泰奥弗拉斯托斯的《植物志》（*De Plantis*）和亚里士多德的《论题篇》（*Problemata Aristotelis*）都是由西奥多翻译的，西奥多是位学识渊博、能言善辩的希腊人。柏拉图的《理想国》（*Republica*），还有《法律篇》（*Leges*）、《后分析篇》（*Posteriora*）、《伦理学》（*Ethica*）、《物理学》（*Physica*）、《大伦理学》（*Magna Moralia*）、《形而上学》（*Metaphysica*）、《修辞学》（*Rhetorica*）是由特拉比松达翻译的。亚里士多德的《动物志》（*De Animalibus*）是一部非常有价值的作品，由西奥多翻译过来。宗教作品之中，狄奥尼修斯一部了不起的著作是由安布罗焦修士翻译的。到目前为止，绝大多数翻译作品都译得非常粗俗。我听教皇尼古拉说过，安布罗焦修士的这部作品翻译得非常好，译文简洁，看起来比其他译本更容易懂，其他译本里有数不清的注释。

优西比乌斯·潘菲利乌斯的《福音的准备》（*De preparatione evangelica*）是一本了不起的书，学识颇为深奥。圣巴西尔和圣格雷戈里·纳齐安曾的很多著作，圣约翰·赫里索斯托姆论述圣马太的大约八十篇布道词，这些作品五百多年以前就佚失了。其中有二十五篇五百多年前由奥龙蒂乌斯翻译过来，很多人都用过，包括古代人和现代人。据记载，圣托马斯·阿奎那在去巴黎的路上，在到达之前有人让他看这些布道词，他一看就大叫道："我宁要圣约翰·赫里索斯托姆论圣马太的布道词也不要巴黎城。"他对这本书的评价如此之高。现在特拉比松达又把这本书翻译过来了，另外还有西里尔论《创世记》和论圣约翰的书，都值得大赞特赞。圣座让人翻译和撰写的书，还有很多我都没有提。我只提了我知道的书。

教皇尼古拉是为文学和学者增光添彩的人，是文学和学者的灯

51

塔。他死后，如果再有一位教皇以他为榜样，文学就会取得无愧于他们的成就。但他死后，由于缺乏资金扶持，文学就遭了殃。由于教皇尼古拉不停地慷慨解囊，很多人都去投奔他，否则他们是不会去的。

他以各种可能的方式表示对文学的尊重。有一次，弗朗切斯科·菲莱尔福大人去那不勒斯时正好路过罗马，但他并没有马上去拜访教皇。教皇听说菲莱尔福来了，就传话叫他来面圣。教皇见到他以后对他说："弗朗切斯科大人，我很想知道，你到罗马为什么不来见我？"弗朗切斯科大人回答说，他正带着自己的一些作品到那不勒斯去见国王阿方索，他想在返回的时候再拜访教皇。教皇身上的钱袋里有一笔别人遗赠给他的钱，共五百弗罗林，他把这笔钱拿出来，说："带上这笔钱做盘缠。"这是真正的慷慨大方！他身上的钱袋里总是装着几百弗罗林，他出于对上帝的爱，把这些钱送给那些应该得到他资助的人，一把一把地把钱从袋子里掏出来。慷慨是人的本性，与品德高尚无关，与出身高贵也无关，因为所有阶级都有慷慨的人，也都有贪财的人。

教皇尼古拉在好几座罗马教堂里搞了建筑工程，尤其值得注意
52 的是他在圣彼得大教堂里修建了一个了不起的建筑物，可以容纳整个罗马教廷的人。[1]他在全国所有教堂里都搞了令人赞叹的工程，詹诺佐·曼内蒂大人在他写的教皇尼古拉传里提到过。[2]他建的这座建筑，足够一个统治全世界的罗马皇帝从事活动，供一个教皇从事活动更是绰绰有余。然后他对建筑进行了装饰美化，表示对神的

---

[1] 当时圣彼得大教堂已经破败，尼古拉只是做了一些局部的修补和改进。尼古拉去世半个世纪之后，教皇尤利乌斯二世又宣布重建，所以旧圣彼得大教堂已荡然无存。——中译者注

[2] 参见穆拉托里：《意大利共和国》，手稿，第20卷，第2部分。——英译者注

崇拜，这花去了一大笔钱。

　　花钱是一件让他高兴的事。他和很多人都不一样，从来不算花了多少钱。在禧年节那一年，他册封马萨的圣伯纳迪诺为圣徒，为这一仪式举行了盛大集会。伯纳迪诺创造了无数奇迹，度过了不平凡的一生，因而将其列入圣徒名单。

　　教皇尼古拉由于修建了宏伟的建筑，由于他的抄写员在罗马和其他地方抄写了很多书籍而声名鹊起。所以，全能的上帝有时惩罚我们，以此来让我们知道我们不过是凡人，便让罗马及其附近地区爆发一场最具灭绝性的大瘟疫，造成教皇一些家人病死，教皇本人非常害怕。这让他想起了圣保罗对科林斯人所说的话：我们不应该因辉煌的业绩而过于自高自大。"所以有一根刺加在我肉体上"，"就是撒旦的差役要攻击我，免得我过于自高。为这事，我三次求过主，叫这刺离开我。他对我说：'我的恩典够你用的，因为我的能力是在人的软弱上显得完全。'"（*Angelus Satanoe qui me colaphizet; propter quod ter Dominum rogavi ut discederet a me: et dixit mihi, sufficit tibi gratia mea, nam virtus infirmitate perficitur.*)[①]教皇发现瘟疫越来越猖獗，便离开罗马去了法布里亚诺。

　　在路上，教皇病倒在托伦蒂诺，御医巴维拉师傅认为他必死无疑，其病情看起来非常严重。但到了夜里，教皇尤金出现在尼古拉面前，让他不要怕，他不会死于这场温热病，而是可以活到他教皇任期的第八年。到了早晨，巴维拉师傅去看他，他已经好多了，就把夜里他经历的事情向御医讲述一遍。他很快就康复了，继续赶往法布里亚诺。他一到那里的住所，建筑师、抄写员、翻译人员便接踵而至，一直不断，他已经开始的工程就继续下去。

53

　　教皇回到罗马以后，德意志皇帝腓特烈的大使就来找他。皇帝

是刚刚当选的，请求圣座为他加冕。尼古拉同意他前来加冕，于是
腓特烈就离开了德意志，带着一大队人马去了意大利，有贵族、绅
士、侍从，马也装饰得非常漂亮。和他一起去的还有十四岁的匈牙
利国王、巴伐利亚公爵以及很多绅士。皇后利奥诺拉也来了，她出
身于葡萄牙贵族家庭，随她而来的还有很多葡萄牙侍从。他们在罗
马与皇帝一行会合时，场面真是壮观，这么多绅士打扮得这么帅、
这么得体。皇帝与皇后由枢机主教团、整个罗马教廷以及数不清的
高级神职人员和世俗显贵陪同进入罗马，教皇给了他们两个布置了
高贵典雅的寓所，一个给皇帝，一个给皇后。当时，全世界几乎所
有的大使都来到了罗马。

　　教皇为皇帝加冕这种事十分罕见，我在这里把一个在现场的人
所描述的情况说一说。教皇坐在御座上，旁边站着枢机主教团和罗
马教廷的全体成员，所有特使也都在那里。教皇就座，皇帝来到
教皇面前跪下，吻教皇的脚和右手。然后教皇躬身，吻皇帝的右面
颊，接着皇帝发表简短讲话，恳求教皇为他加冕。之后教皇依照惯
例回答了几句亲切的话，然后二人分手，各自回到住所。第二天，
皇后来到这里走了同样的过场，也就是吻教皇的脚和手。

　　几天以后，教皇以同样庄重的方式来到圣彼得大教堂，就座以
后，皇帝与皇后来领受皇冠。二人来了以后，有人唱起庄严的弥撒
曲，有人为皇帝祈祷，皇帝跪在祭坛台阶上，教皇授予他一把装饰
有黄金的剑。然后他把帝王的权杖放到皇帝右手里，把金球放到皇
帝左手里，把一顶华丽的金冠戴在皇帝头上，金冠上镶满宝石。

　　接着，教皇一动不动地停了一会儿，伸出双手向上帝祈祷："全
能和永恒的神，为传播永恒的罗马王国的福音，您让皇帝腓特烈三
世成为我新的受保护者和忠实的仆人，他是与基督教信仰和基督徒
之敌作战、维护和平、战胜野蛮人的勇士，在安全的环境中自由地
为您效劳。"（*Omnipotens sempiterne Deus, qui ad predicandum eterni*

regni evangelium, romanum imperium preparasti, presta, quesimus huic
Federico tertio novello imperatori, fideli famulo tuo, arma celestia ut
superatis barbaris et inhumanis gentibus ac catholice fidei inimicis
pacis, secura et intrepida tibi serviat libertate.）

　　教皇这样祈祷完之后，腓特烈回复如下："全能和永恒的上帝，
为了教俗两界的民众、各共和国及各国君主，请您听听教宗尼古
拉虔诚的祈祷，让基督徒完全清除信仰之敌，最终将敌人完全消
灭。为此他们会更自由、更有效地尽心尽力，为国家的安全做出
贡献；所有虔诚的信徒，无论是在今世还是来世，都会得到应有
的 酬 报。"（*Exaudi, quesumus, omnipotens et sempiterne Deus, pias*
et devotas preces Nicolai tui summi pontificis, ut cuncti ecclesiastici
et seculars populi, prelati, respublice, et principes, omnibus christiana
fidei hostibus penitus abolitis, atque ad ultimum internecionem usque
deletis, liberius servire atque efficacius famulari valeant, et per hunc
certum ac securum omnium fidelium nostrarum gentium famulatum,
cuncti christiani homines digna utriusque et presentis et future vite
premia consequi mereantur.）然后皇帝与皇后加冕，也就是将皇冠戴
在头上。加冕典礼之后，皇帝与皇后离开了罗马，到那不勒斯去看
望国王阿方索。阿方索迎接他们的场面纷华靡丽，其铺张程度在当
时闻所未闻。

　　皇帝与皇后离开罗马去那不勒斯之后不久，一些粗俗下贱的恶
魔就密谋杀害教皇、夺取罗马①，根本不顾教皇尼古拉给全体罗马人
带来的好处，尤其是给很多公民带来的好处。全能的上帝不会遗弃
那些信仰他的人，就让这一罪恶阴谋成为泡影，并将其披露出来。
为首的阴谋分子是斯特凡诺·波尔卡里大人，一个邪恶的人，被捕

---

①　1454 年。——英译者注

后经宗教法官审判，然后绞死了。参与阴谋的人虽然很多，但只有他死了。教皇极为仁慈，将其他人全部赦免了。

这个斯特凡诺·波尔卡里在受到关注之前，一天夜里出现在教皇尼古拉的梦中。根据他当时所说的话，他显然是想篡国夺权，并谋害教皇的性命。上帝对尼古拉极为仁慈，就向他显现了他一生中的所有事件，包括幸运的际遇和不幸遭遇。这些事情还没有发生，就在他幻象中显现出来了。对伟人来说，此生没有这样的幸事，一觉醒来好像万事大吉似的。

教皇尼古拉派人到佛罗伦萨的切尔托萨修道院，去请科尔托纳的尼科洛大人和比萨修道院院长、曼托瓦的洛伦佐大人。这二人都是非常圣洁的人，在教皇死前不久应诏来到罗马。二人到罗马觐见了教皇，教皇想把他们安排到他隔壁的一套房间，这样他想见他们时随时都可以见到。教皇对他们颇为尊重，因为他发现他们不仅人品最为圣洁，而且还有大智慧。我听前面提到的修道院院长尼科洛大人说，一天晚上，教皇独自来到他们的房间，发现两位修士坐在屋里促膝而谈。教皇一进来，他们就准备起身，但教皇制止了他们，还让他们坐着，他自己坐在二人之间，一张口就问他们世界上还有没有比他更不幸的人。教皇接着说，最让他难受的是，凡是走进他房间的人，对他正在考虑的事情没有一个人会说实话，这让他极为苦恼。如果能按照公平原则来行事的话，他愿意放弃教皇职务，再次成为托马索·达·萨尔扎纳大师。教皇还说，他以前在一天之中享受到的安逸，比现在一年之中享受到的还要多。他就这样一直不停地向他们倒苦水，直到几个人都哭了起来。众所周知，大家都认为大福大贵的人，常常都有巨大的痛苦。在公众眼里，教皇尼古拉是多年以来最为幸运的教皇，而他则自认为是最痛苦、最不幸的人。

教皇继续执行它的方针，每天都对他的统治方式进行一些改

55

进，不给他的任何一位亲属或有社交关系的人高官厚禄，只给他们薪水一般的职务，这些职务教皇通常都是会给的。除了上任之初册封的枢机主教之外，他没有再册封其他枢机主教，让这一高位受到高度尊重，只册封配得上的人而不册封其他人，坚决维护枢机主教 ₅₆的声誉。

他一个接一个的活动伤害了他那强健的身体，让他患了痛风和其他疾病。他把前面提到的两位修士从切尔托萨请到家里，这样在他病情出现危险急需帮助的时候，全能的上帝就让这两位值得尊敬的圣洁的修士陪伴在他身边。他的精神力量极强而且恒久不变，虽然遭到剧痛的折磨，但从未有人听到他喊叫或抱怨过。他总是显示出最勇敢的精神，在上帝面前唱圣歌、吟诵祈祷文，或让别人为他唱圣歌、吟诵祈祷文，祈求上帝给他毅力，宽恕他的罪过。

圣座身边有两位圣洁的切尔托萨修道院的修士，还有很多在他遭受巨大痛苦时给他安慰的人，对这些人他都最为谦卑地予以回应。他在最后一次生病时做出的几次回应值得注意，我在这里只提一下他对阿拉斯主教的回应，当时主教正靠在床脚上哭。阿拉斯主教在神学和文科七艺方面学识渊博，也最为能言善辩，这从他的公共演讲中可以看出来。教皇把脸转向主教，眼睛盯着他，发现他哭了，就以最温柔的语气对他说："朋友，愿你的眼泪能跑到全能的上帝那里，用虔诚、谦卑的话语祈求他老人家原谅我的罪过。我提醒你，你真诚的好朋友教皇尼古拉就要死了。"然后他就盯着主教，所有人都认为到了该哭的时候了，因为大家都爱教皇。他说完以后，在场的人呜呜痛哭，迫使他们离开了卧室。

切尔托萨修道院的两位修士一直和他待在一起，为他做圣事，在他生病期间昼夜不离他的左右。圣座有一般人根本没有的好运气，因为他想要的一切都有了：他直到生命最后一息，无论是身体上还是精神上，什么也不缺。有一次，我听到教皇尼古拉赞扬尼科

洛·达·切尔托萨修士，[①] 说他从未见过像尼科洛这样的僧侣。他与
57 圣十字枢机主教去法兰西和英格兰的时候，尼科洛修士陪伴他们一
年。尼古拉证实说，他一直都闹不清楚尼科洛修士到底是不是血肉
之躯，尼科洛从未给他带来一点麻烦，他从未发现尼科洛有任何变
化，觉得尼科洛更像是神而不是人。由于这些闻所未闻的美德，尼
古拉对他极为喜爱，非常愿意为他得到枢机主教职务，但尼科洛始
终不同意。尼科洛说，他不想承受如此大的危险，也不想质疑现在
很明白的东西。

教皇觉得死亡的时刻就要到了，虽然意识还清醒，他还是吩咐
他们把枢机主教团的全体成员及其他很多高级教士都叫来，对他
们说了如下的话，这些话由詹诺佐·曼内蒂大人记了下来。教皇接
着说："各位可爱的教友，我知道我离死不远了，现在我想说几句
至关重要的话，以增加宗座的权威和尊严，这些话既不要写在纸
上，也不要刻在碑上，我更愿意亲口告诉你们，以增加这些话的
分量。

"各位教友，请你们听教皇尼古拉说，他要当着你们大家的面，
在最后时刻说出遗嘱。首先，我要最真诚地感谢上帝，他以无限仁
慈之心，从我出生到现在给了我数不清的好处。其次，我把基督的
配偶[②] 托付于诸位，她打扮得这么漂亮，为了赞美她、提升她的地
位，我动用了我全部的权力，这些事你们大家都知道得很清楚，我
相信上帝的荣耀就在于教会的威严，就在于教会行使的权利，这些
权利很多、很大，配得上这些权利的规定者，也就是造物主。

"我做了每一位基督徒必须做的事，尤其是教会牧羊人必须做

---

① 参见本书第 123 页"尼古劳·德利·阿尔伯加蒂传"。——英译者注（"英
    译者注"中提到的"本书第某页"，指的是原书页码，即本书页边码。——
    中译者注）
② 指罗马教会。——中译者注

的事。我在精神和智力健全的时候做了忏悔，在忏悔中领受了圣
餐，用我的双手享用了圣餐，祈求全能的上帝饶恕我的罪过。我做
完了这些圣事，现在该行涂油礼了，这是净化灵魂的最后一件圣
事。我再次行使我全部的权力，把罗马教会托付给诸位，尽管我本
人也曾为教会尽了一份力。这一问题对我来说似乎是非常重要的一
个问题，在上帝和民众看来，解答这一问题是你们的职责。这一教
会是基督的真正配偶，基督用自己的血解救了她，希望用他自己的
业绩来让全人类都参加教会。由于亚当的原罪，整个世界都毁灭
了，基督就心甘情愿地用他自己最宝贵的血来拯救世界。

　　"这就是那件无缝法衣，亵渎神灵的犹太人费尽心机去分割它
也是枉然。这就是众使徒之首圣彼得的小船，在大风大浪中颠簸，
但始终安然无恙：受到各种灾难的侵扰，但既不能浸没她，也不能
击沉她，因为全能的上帝一直支撑着她。用你们灵魂的全部力量支
持她、操纵她，在善工①的帮助下完成这一任务，在你们的人生中
和行为中坚持做公正的楷模。如果你们竭尽全力来保护她、爱她，
上帝就会在今世保护你们、爱你们，在来世给予你们永恒的酬报。
朕尽全力求你们像朕希望的那样做，最亲爱的教友。"

　　说完这番话，教皇把手举向空中，说："全能的上帝，赐予神圣
的教会和这些神父们一位牧羊人，他会维护教会、扩大教会，他会
管理和控制您的教徒。"然后转向他身边的人说："我尽全力请求、
鼓励、敦促你们，请你们把我交给上帝。"

　　说完这话，他伸出双臂，豁达地大声说："愿圣父、圣子和圣灵
保佑你们。"（ Benedicat vos Deus Pater et Filius et Spiritus Sanctus ）

---

①　"good works"，基督教神学用语，指人的外在行为举止，与内心的信仰相
　　对。天主教认为，做善工是教徒得救的必要条件。宗教改革后，新教强调
　　"因信称义"，不再承认善工作为得救的必要条件。——中译者注

他说这话时声音洪亮、庄重，一副教皇的派头。所有的枢机主教都站在那里看着他。不一会儿，面对着前面的十字架和警句，他那颗圣洁的灵魂就在周围的祈祷声中离开了他。这些神父、枢机主教和其他高级教士一直陪伴着他，直到他离世。

有很长时间没有一位教皇像尼古拉这样离世了。他直到生命的最后一刻，一直都是口齿清楚、神智健全，真是令人惊奇。教皇尼古拉就这样与世长辞了，他是教会和他那个时代的灯塔，是为教会和他那个时代增光添彩的人。

阿方索，那不勒斯国王（1401—1458）

59

那不勒斯的历史与其他国家的历史紧密交织在一起，所以把主要事件简单概括一下对读者是有帮助的。韦斯帕夏诺开始落笔时，安茹家族查理三世的儿子拉迪斯拉斯是国王。拉迪斯拉斯死于1414年，继承他的是他妹妹乔万娜二世。乔万娜没有子女，便收养安茹的路易为继承人。路易死于1470年，① 她又收养了普罗旺斯的勒内，也就是路易的弟弟、英格兰的玛格丽特② 的父亲。乔万娜死于1435年，于是阿拉贡的阿方索（已经是在位的西西里国王了）便起来反对并最终赶走了安茹家族，一帆风顺地统治到1458年。阿方索的儿子斐迪南是个残酷邪恶的暴君，继承父亲当上国王后，安茹家的贵族便起来造反，全国又陷入混乱状态。1463年，特罗亚大捷最终平息了

---

① 原文有误。路易死于1434年。1470年时乔万娜早就死了，不可能再收养路易的弟弟了。——中译者注
② 英格兰国王亨利六世的妻子。——中译者注

叛乱。

参见"亚历山德罗·斯福尔扎传"——英译者注

国王阿方索是位杰出的君主，[拥有七个王国，出身于最高贵的基督教血统，为强大的基督教皇帝西奥多修斯的后裔。这一王室与其他王室不一样，从未偏离过家系。比如说法兰西诸王，其家系中断以后，不得不时常向教皇提出申请，教皇就指定其他配得上的家族来行使统治。如前所述，阿方索的家系从来都没有断过，其家族出了很多重要人物，和基督教世界里任何一个王室出的一样多，尤其是出了多位西班牙国王。][1]

国王阿方索的生平由巴尔托洛梅奥·法齐大人在十卷书里描写过[2]。法齐是个非常博学、能言善辩的作家，但他只涉及阿方索的军功，从教皇马丁时代开始写起，但对阿方索的个人生活和习惯只字未提。由于这一原因，我把这些事情记下来，这些法齐都没有写，他只写重大事件。不过阿方索身边有很多人都和我很熟悉，我就能够讲一些从可靠的人那里听说的事情，这些人都是为国王陛下效力的。

阿方索喜爱文学，从阅读宗教典籍中得到很大乐趣，尤其是阅读《圣经》，他能把《圣经》背下来。詹诺佐·曼内蒂大人对我说，国王陛下精通《圣经》，总是引述《圣经》和尼科洛·迪·里拉的注释。詹诺佐大人发现他差不多能把《圣经》背下来，感到大吃

60

---

[1] 方括号里的这部分内容只见于《马鲁切利抄本》(*Codex Marucelliana*)。阿方索的七个王国是阿拉贡、加泰罗尼亚、巴伦西亚、巴利阿里群岛、西西里、撒丁岛和科西嘉、那不勒斯。——英译者注

[2] 1560 年在里昂出版。韦斯帕夏诺打算用写轶事的笔调来写阿方索的传记，其他人的传记之中都没有这么多的个人细节。另一方面，这篇传记在历史事件上有欠缺，记述下来的非常少。——英译者注

一惊。一天，他询问陛下，陛下回答说，他把《圣经》通读好多遍了，还有尼科洛·迪·里拉的讲解。他的生活准则是，人一定要做一切能让他成为虔诚基督徒的事。

阿方索最怜悯穷人，每天三次虔诚地望弥撒，读两次、唱一次，从不间断。有一天，他正在圣诞节望弥撒，有人来传话，提醒他要马上离开此地，因为枢机主教乔瓦尼·维泰莱斯科[①]率领一支军队就要到了，他要背叛与作恶。国王听到这一消息后，大声命令大家原地不动，弥撒要做完，于是人人都待在原处不动，他们相信国王对上帝的信任。弥撒一结束，国王就走了，大家刚离开祭坛，宗主教维泰莱斯科就到了，一看国王不在就撤到海岸。他在岸边找到船，他和军队很快就乘船离开了，否则他就要倒霉了，因为他以前与国王签订过条约，实际上他就是国王的囚徒了。国王要是抓住他，他就会因为背叛而受到惩罚了。这样，国王就因为信仰圣礼而脱离了危险。

詹诺佐·曼内蒂大人[②]是佛罗伦萨驻那不勒斯大使，他对我讲过国王对礼拜仪式有多么敬畏。国王请他参加圣诞节前夕的礼拜仪式。他在夜里一点[③]来到国王的小礼拜堂，发现国王正跪着听已经开始的礼拜仪式。他面前有一部翻开的《圣经》，他一直不停地读

61

---

① 维泰莱斯科是最臭名昭著的军人教士之一。尤金四世支持安茹家族反对阿方索，派维泰莱斯率领一支军队到那不勒斯。这件事出现在一次休战期间，由法齐记述在《阿方索传》中，由帕诺尔米塔记述在《国王阿方索言行录》中，由科斯坦佐记述在《那不勒斯史》中。——英译者注

② 参见"詹诺佐·曼内蒂传"，本书第 372 页。曼内蒂是圣斯皮里托圈子里最优秀的人物之一，很可能是他那个时代最优秀的希伯来学者。他与布鲁诺和马尔苏皮尼不一样，一直都是个正统的基督徒。——英译者注

③ 当时欧洲是以太阳落下地平线为零点，夜里一点就是日落一个小时之后。这种计时法可能是从《圣经》中的有关记载引申而来："神称光为昼，称暗为夜。有晚上，有早晨，这是头一日。"神在这里暗示先有晚上，再有早晨，所以日落就是一天的开始。参见《圣经·创世记》1:5。——中译者注

着。国王阿方索的耐力真是大得惊人，从夜里一点一直跪到十四点，什么事也不想。无论是贵族、大使或其他任何人，都受不了这罪。

有一个例子说明他是如何勤奋地参加礼拜仪式的。每年的耶稣升天节，他都给穷人洗脚，他有多大岁数就给多少人洗。他按照适当的方式洗：洗完后擦干，给每个穷人一件白衣服、一双鞋、一枚阿方索硬币、一枚卡尔硬币，还有其他我叫不出名字的钱。然后在同一天，他还命人把饭摆上桌，让穷人坐下来吃。吩咐完厨师要做什么菜之后，国王就站在餐桌旁边，把餐巾围在脖子上，腰上束一根带子。饭菜从厨房里一出来，国王就以最谦卑的架势把饭菜端到客人面前，另外还有酒和其他必需的东西。陛下真的不愿意让其他人端饭菜，他要亲自下手。

他每天都十分虔诚地参加敬拜我主的仪式，每天夜里都起来跪一会儿，从不间断，这一习惯他保持终身。另外，所有的斋戒期他都斋戒，在基督和圣母玛利亚的节日他都守夜，每个星期五他都斋戒，只吃面包、喝清水。即便是生了重病，他也不愿意改变习惯。每逢给病人送圣体，如果是从国王所在的地方经过，他一听说就会马上离开宫殿，陪伴圣体到达要去的地方。在圣体节那天，陛下要参加庆祝，并让所有大使和宫里的贵族陪他一起去。他举着遮圣体的华盖上的一根柱子，光着脚走，也不戴帽子。

他有一个好习惯是看望病人。有一个年轻人风华正茂，出身最为高贵，在国王手下效力，很受国王喜爱。国王听说医生已经对救治这个年轻人不抱希望了，就来到年轻人家里，他名叫加布里埃莱托。① 国王开始鼓励他，劝他面对重病要坚强、要有耐心，对他说

62

① 即索伦托的加布里埃洛·库里亚莱。参见帕诺尔米塔《国王阿方索言行录》第 3 卷，第 52 页。——英译者注

召他去见上帝是上帝本人的意愿，在严重病痛折磨他的过程中，他的灵魂必须永远离开躯体，所以他要遵从上帝的意愿，谦卑地祈求上帝饶恕他所有的罪过。国王劝加布里埃莱托服从上帝的意愿，要认识到今生苦短、命途多舛，很快就会过去；对任何事情都不要抱多大希望，因为一切事情历尽曲折后都会结束。所以，他要下定决心，即便是面对放弃生命的严峻考验，也要能经受得住，尽管人生是悲惨的。国王规劝时，安东尼奥·帕诺尔米塔大人[1]就在现场，他把这件事记了下来。据他说，国王一番话效果显著，年轻人心情平静了下来，愿意遵从上帝的意愿。

　　他生性一点也不残酷。有一次，热那亚舰队攻击了那不勒斯的防波堤[2]，陛下焦虑万分。当时那不勒斯有一位技师善于制造烟火，他对陛下解释说，如果陛下同意，他会把整支舰队连同船上的人全都烧掉。为了显示他的威力，他还把样品拿给国王看，让国王相信一定能成功。但是阿方索转过身去，对技师以及站在旁边的一些人说："上帝不允许这么多人死在我手里。我宁可亡国也不作这个恶。"于是他把技师打发走了，装备了几条船让贵族们上去。但贵族们怕

63

---

[1]　安东尼奥·贝卡代利 1394 年出生于巴勒莫，根据其出生地被叫作"帕诺尔米塔"。他在锡耶纳上学，与艾伊尼阿斯·西尔维尼乌斯是同学，最终成为当时最重要的人文主义者之一。他一开始在米兰担任历史教授，后来成为国王阿方索的秘书和世子斐迪南的家庭教师。他死于 1471 年。帕诺尔米塔是个多产作家，写当时流行的优美的拉丁语诗歌。但他被人们记住主要与一首诗有关。这首诗叫《雌雄同体》，相当淫秽，甚至引起了波焦的责难。他痴迷于古典作品，据说卖了一座农庄来买李维的一部手稿。他的作品成为教会的禁书，但他得到皇帝西吉斯蒙德、"宽厚者"阿方索五世、科西莫·德·美第奇以及很多学者的资助，成为他们的朋友。——英译者注

[2]　很可能是指 1457 年热那亚舰队对那不勒斯的攻击。参见法齐：《评论》，第 10 卷；科斯托：《那不勒斯史纲注释》，第 6 卷。[韦斯帕夏诺只是提了一下 1435 年阿方索的舰队在加埃塔被热那亚人打败，提到后来他在米兰被俘。]参见"伯爵卡马尔林戈传"，本书第 330 页。——英译者注

有危险，磨磨叽叽不想上船。于是国王让儿子费兰特殿下上船，费兰特马上就上了船。贵族们一看费兰特殿下上去了，也跟着他一个接一个地上了船。从这件事上可以看出国王有怜悯之心。

对于别人对他的伤害，他马上就给予宽恕。法兰西有一位绅士老是说国王阿方索的坏话，一直不停地诽谤国王。凡是从法兰西回到那不勒斯的人，没有一个不对国王提起这事，说那个法兰西人是如何说他的。

阿方索的王宫里有一位绅士，对这个法兰西人的放肆行径极为愤怒，就决定把这个家伙找出来，对他冒犯国王的行为加以惩罚。他带着马和仆人离开那不勒斯前往法兰西，到了那个法兰西人住的地方，想办法和他拉上关系，经常和他一起吃饭。碰巧那个法兰西人有一所房子和他自己住的房子有一段距离，地界相邻，他就把阿方索王宫里的这位绅士安顿在这所房子里住。

这位绅士在这里住了一些日子之后，决定对这家伙糟践国王的行径进行报复。有一天，他从自己的住所来到那个法兰西人的住所，命仆人把法兰西人抓起来带到那不勒斯。他们把那个法兰西人带到船上，驶出法兰西后去了国王阿方索那里。

这位绅士带着那个法兰西人来到国王面前，说："神圣的陛下，我已拿定主意，不把这个法兰西人带来我就绝不会再见你。"国王看了看那个法兰西人，说："我赦免你。但你要记住：从今以后不要再说君主的坏话了，因为君主的手臂长，任何地方都能感觉到他的势力，所以今后你要多加小心。"国王说完就放他走了。法兰西人大吃一惊，不相信他能够逃脱惩罚。他意识到国王的怜悯之心以后手足无措，完全改变了腔调，对陛下赞不绝口。

他博施济众，不计代价。有很多故事讲述他的慷慨大方。第一个，他常说——当然说的是实话——他口袋里从来都没有钱，他也

64

不存钱。有一次，他手下一位收灶台税①的官员收了一万弗罗林，然后把钱放在国王内室的桌子上等待司库。和国王一起在内室的有位出身高贵的年轻人在服侍他，这个年轻人以贪婪的目光看着钱。国王发现以后就问他在看啥，年轻人回答说在看那一堆钱，他要是有这么多钱会非常幸福。国王阿方索一听就看着年轻人，把手放在钱上说："我会让你幸福，让你走运。"国王把钱给他有两层意思：一是他本人并不看重钱，二是如果幸福就在于拥有这笔钱，那也是阿方索给予的幸福。国王身边聚集了一大批博学的人，在他死的那一年，他花了两万达克特来供养他们。

热那亚的巴尔托洛梅奥·法齐大人致力于撰写《国王阿方索传》时，国王给了他五百达克特，法齐大人写了很多年，写完十卷才结束。传记写完的时候，他从国王那里领的钱也花完了，于是他就想让国王预付给他二百或三百弗罗林，除了他的津贴之外。他把这件事告诉了帕诺尔米塔和马泰奥·马尔费里托，这二人就做出安排，让他在某天上午带着传记去找国王陛下，他们二人也在场。

65　　　他们把传记呈送到国王手里，国王接过来读了一段对攻占一座城堡的描述，圣颜大悦，觉得法齐当时肯定在现场。国王看了这段描写之后，转身对安东尼奥和马泰奥大加赞赏，并叫在门外等候的巴尔托洛梅奥大人进来。于是安东尼奥和马泰奥转向国王，说巴尔托洛梅奥大人有一事想求国王，请国王除了津贴之外再给他一笔钱，其数目和他花掉的那一笔同样多。国王就把管家叫来，让他把一千五百弗罗林装进一个袋子给巴尔托洛梅奥大人，并对他完成这部作品表示感谢。然后国王说："我给你这一千五百弗罗林不是付给你的写传记的报酬，实际上这部作品是不能用钱来支付的。即便是

---

①　当时征收的一种财产税，以灶台为单位进行征收，实际上就是每家每户都要交的一种税，由阿方索首先在那不勒斯征收。——中译者注

我把最漂亮的一座庄园送给你，也是不能补偿你的。但以后我会给你应有的酬报。"巴尔托洛梅奥大人本以为只能得到二百或三百弗罗林，当他看到一千五百弗罗林时惊呆了，简直不知道他是在哪儿了。他生性有点腼腆，安东尼奥与马泰奥就来帮他解围，对国王陛下表示感谢。

　　教皇加里斯都任职期间，佛罗伦萨一个认识詹诺佐·曼内蒂的年轻人几次将黄金带出国，这违反了现行的一项法律，受到判处死刑和没收财产的惩罚。这个年轻人受到一个老乡的指控并得到证实，他所拥有的一切都被没收了，包括他的作品。詹诺佐当时在罗马，一听说这件事就去找教皇，把这件案子提交给了教皇。于是教皇马上安排人给国王阿方索写了一封信，求国王归还这个年轻人的财物。

　　詹诺佐带着这封信去了那不勒斯，一到地方就马上求见国王，把信呈交给他。国王一看完信就说："你对我就这么不信任，非得让教皇加里斯都写这封信不可？"詹诺佐马上回答说："不是我不信任陛下。情况是这样。我去请示圣座向他提交这个案子时，他说：'我想给国王陛下写封信，推荐你的申诉。'这就是写这封信的原因，绝非怀疑陛下的美意。"听到这话，国王陛下转身对他说："詹诺佐大人，这些财产是属于你的吗？"回答是"是的"。国王把这个问题又问了一遍，回答还是一样。于是陛下对詹诺佐说："我把这个年轻人和所有这些财产都给你，这些财产按理说都是属于我的。那个年轻人不会丢掉性命，我想在每一个方面都对你慷慨。"国王叫来一个侍从，让侍从把那个年轻人从监狱里放出来，把所有的财产都归还给他。

　　这时，巴塞罗那的一些农民来到那不勒斯，他们与城里人发生了争执，所以来这里求助于陛下。国王在了解他们的要求期间，他们要在那不勒斯逗留，所以国王就给了他们一千达克特来支付开销。有一位廷臣觉得这笔钱太多，想让减少一些，就对国王说：

"神圣的陛下，这些人不过是农民。"国王为了显示这个廷臣的无知，就用加泰罗尼亚语回答说："一千达克特是一笔小钱，给他们一千五。"这样，这些农民得到的钱比他们一辈子见过的还要多。陛下在这里显示了他的慷慨大方，表明了那个廷臣的无知，他竟然想告诉国王什么是职责，想代表国王行事。

有一天，陛下从那不勒斯外出，在过加里利亚诺河上的一座桥时，看见一个贫穷的妇女在哭泣。国王一向大度，就让手下人把她叫过来，然后问她是怎么回事。她回答说："我有一头牛，与我的邻居合伙，用我们的两头牛犁地。我真倒霉啊，我的牛从这座桥上掉下去摔死了，我不能再犁地了，我和几个孩子都会死的。"国王在离开这个地方之前，给了这个穷女人两头牛，以顶替她损失的那一头。她邻居原来有一头牛，国王又给这个邻居买了一头，这样以后每一家都能犁地而不必依靠邻居了。国王这样做有两点值得注意：一是他极富同情心，心肠极好，同时还非常慷慨大方；二是他正直，公平对待所有的臣民，不分贵贱。

那不勒斯王室有一个年轻人，由于和国王有血缘关系而深受国王喜爱与器重。他是个非常有才华的年轻人，受到所有人的喜爱和称赞。为了尽宗教义务，这个年轻人去了圣地，回来时国王盛情地走出那不勒斯好几英里去迎接他。

年轻人回来以后，有一天在城里溜达时碰见一个少妇，是人类的敌人让她来勾引人的。这个女人非常漂亮，举止轻浮，三十岁左右。她开始向他抛媚眼，他也向她抛媚眼，一来二去他就经常走那条路，那条她很可能出现的路。

她丈夫在国王手下效力。一天晚上，她安排这个不幸的年轻人趁她丈夫在宫里当差时到她家里来。年轻人按约定来了，但二人在一起缠绵的时间太长了，以至于她丈夫拿着钥匙进了门碰见了他，当时他正在下楼梯。她丈夫一看见小伙子就大喊大叫，为自己遭受的耻辱感到伤心。然后他拔出佩在腰间的刀，照着小伙子的左胸就砍了过去，一刀就结果了小伙子的性命。

这位侍从意识到一怒之下闯下大祸，而且这个小伙子是国王很器重的一个亲戚，觉得自己一切都完了。他正考虑着自己还是否有救，突然想起国王是个生性最为仁慈的人，抱着最后一线希望，就决定去找陛下求助。

这样拿定主意以后，当天夜里六点左右，这位吓得面色苍白的侍从就动身去了城堡，国王就在那里。他敲了敲门，一位警卫把门打开，问他有啥事。他回答说，他有急事要面奏国王。他被带进去面君时说，他有话必须私下里说，所以其他人全都退了出去，他就把自己遇到的麻烦事对国王说了一遍。陛下听了以后对他说："你要对我说实话。"看到这位侍从说话的样子，国王相信他说的是实话。然后国王对他说："你去吧，注意要行得正，到目前为止你做得都对，不必害怕这个年轻人的兄弟或其他任何人。记住，任何伤害你的暴力行为也是对我本人的伤害，要相信我答应做的事一定会做到。"

当夜晚些时候，国王把小伙子的几个兄弟叫来，把发生的事情告诉了他们，说这位侍从做得对，让他们把遗体运回来下葬。国王还让他们小心，不要暴力攻击这位侍从，否则他就不再理会他们了。这些人严格按照国王吩咐的做了，后来这位侍从在那不勒斯平安无事。

陛下给了杰拉尔多·甘巴科尔塔扣押和劫掠一些佛罗伦萨人货物的权利①，因为这位杰拉尔多由于自己的所作所为而丢掉了巴尼奥

①　韦斯帕夏诺所赞扬的阿方索下面的做法让人很难理解，如果他所赋予的权利是有效的话。以阿方索的人品，怎么能做出这种事呢？1453 年，甘巴科尔塔背信弃义，把巴尼奥要塞转让给了那不勒斯人。这座要塞是佛罗伦萨人给他的，以换取他在比萨的财产。但这一计划败露，他逃到了那不勒斯。参见马基雅维利：《佛罗伦萨史》，第 6 卷，第 313 页，伦敦，1905年。——英译者注

和其他一些地方，另外还有很多财产。杰拉尔多趁国王不在那不勒斯时，和宫里其他一些人介入并夺走了佛罗伦萨人的大批布料和物品，其价值达四万达克特，夺走以后就被拍卖和出售了。佛罗伦萨商人就去找詹诺佐大人，詹诺佐正好在那不勒斯，求詹诺佐去找国王保护他们的利益和财产，当时国王在阿普利亚的福贾。

詹诺佐很快就骑上马，到了福贾以后国王不在，就在国王的寓所里等他，在走廊里来回踱步，直到国王回来。国王回来后先看见了詹诺佐大人，把手放在詹诺佐肩膀上说："詹诺佐大人，突然到此有何贵干？"詹诺佐做出要跪下吻他的手的样子，但国王不让他跪，问他想做什么，于是詹诺佐就把整个事情的经过告诉了国王。

69　陛下命令为詹诺佐安排住所，说明天事情就会安排好。

然而，第二天早上天还没亮，国王就背着詹诺佐大人出去了，但走之前在寓所里留一位官员，这位官员有全权处理这件事，并确保归还所有被夺走的货物。但受命写信解决这一问题的人不愿完全由他一个人写信，所以他们就耽搁到晚上陛下回来。

国王一回来就喊马尔托雷拉的名字，让他写一封信，大意是所有的物品都要归还给合法的主人，无论是卖掉的还是没有卖掉的。于是马尔托雷拉和詹诺佐就去写信，二人正写的时候，马尔托雷拉对詹诺佐说："国王陛下说的是西班牙语，你并没有听明白。"詹诺佐本是个领悟力很强的人，就回答说："我懂西班牙语，我完全明白陛下所说的意思。如果你愿意按照陛下的旨意写信，那敢情好。你要是不愿意，我就再去找陛下解决这一问题。"

马尔托雷拉知道詹诺佐的脾气，也知道国王喜爱他，于是就说："你不必再去找国王了，我会完全按照你的吩咐写信的。"他以尽可能圆满的方式写好了信，将赔偿落实到最微不足道的细节。

这是国王阿方索办事大方的几个例子，显示出他是如何以合理方式为朋友帮忙的。

　　国王无论办任何事，都显示出他坚强的意志和天生的公正。他强烈反对赌博，说赌博是一种邪恶。他经常提起十八岁那年在巴塞罗那，圣诞节期间在一天晚上赌博，输了大约五千弗罗林。输了钱以后，他让一名管家再拿一些钱来。钱拿来之后，他又开始赌并开始赢，最后他把输掉的钱全赢回来了，把赌友的钱也都赢回来了。他把一堆弗罗林放在面前，让每一个人都保持安静，然后吩咐管家把圣母经拿来，拿来以后他把经书打开，双手按在书上起誓，向上 `70` 帝和圣母玛利亚保证以后再也不赌博了，这一诺言他一直遵守到死。然后他转向在场的人说："这是要告诉大家，我这样做并非出于贪婪。"接着他抓起弗罗林分给和他一起赌博的每一个人，把一堆钱全分完了。做出这一颇为慷慨的举动之后，他对所有在场的人说："我心里很清楚，我要是养成赌博的习惯，这个习惯就会祸害我的思想，阻止我考虑该做的事，它的破坏力非常强。所以，以后再也不会有人看见我赌博了。"

　　他非常喜爱文学家，这在前面已经说过。他住在那不勒斯期间，会让安东尼奥·帕诺尔米塔阁下为他读李维的《十卷组》(《自建城以来罗马史》)①，宫里的很多侍从都来听。读的书还有宗教经典，有塞涅卡的作品，有哲学著作。实际上他的时间几乎一分钟也

――――――――――

① 李维好像是阿方索最喜爱的作家。有一种说法，说历史学家李维的肩胛骨由威尼斯人挖掘出来后立即送给了阿方索，阿方索收到时像是收到圣骨似的。还有人说，李维的大部头手稿由科西莫·德·美第奇送给了阿方索。御医担心有诈，怀疑有人在手稿里下了毒。但"国王一看到御医就嘲笑他们。他把李维的手稿拿在手里，又放到了一边，让持反对态度的御医不要再犯傻了"(Rex prima facie visus est medicis assentiri, illis animo illudens, nam cum Livius in medio constitutus esset, illum manibus accepit, legit, evolvit; subinde medicos qui continue adversarentur, rogitans ut desinerent ineptire.)。帕诺尔米塔:《阿方索国王言行录》，第1卷，第36页。——英译者注

没有虚度。[①]

　　他率领军队入侵边境地区，为的是把这片领土归还给教会，那是公爵弗朗切斯科[②]在教皇尤金任职期间占领的。这时，由陛下亲自统领的军队遇到了尼科洛·皮奇尼诺，是公爵菲利波派皮奇尼诺到那里担任将领的，国王在很短的时间之内就为教会把这片领土夺了回来。当时是夏天，帕诺尔米塔每天读一部分李维的作品，军中所有的绅士都过来听，这幅景象确实值得一看。国王阿方索在很多人赌博的地方听人读经典作品，这幅景象也值得一看。

71　　国王身边有很多博学的神学与哲学大师，其中有两个极为优秀：索列拉大师和费兰多大人。索列拉大师被国王任命为巴塞罗那主教，费兰多大人是个非常博学的神学家和哲学家。费兰多是个圣洁的人，很受国王敬重。国王甚至有点怕费兰多大人，因为费兰多大人只要一听说国王做了任何他认为不公正、不诚实的事，就会不留情面地责备国王。费兰多大人是个个性极强、生活极为圣洁的人，国王想把很多主教职位和其他圣职给他，而他一个也不要，不愿意让良心承受负担。他是国王的忏悔神父，由于操行端正而对国王向善产生了最有效的影响，这在后来可以看出来。他经常与神学大师们辩论，或是询问疑难问题，或是泛泛地讨论。

　　阿方索喜爱学者，资助了很多需要帮助的人。詹诺佐·曼内蒂每年从教皇尤金那里支取六百达克特的年金。教皇尤金死后，詹诺佐到那不勒斯去处理一个年轻人的事情，那是教皇加里斯都任职的第一年，国王阿方索就请詹诺佐住在王宫里。詹诺佐担任大使时与国王相识，国王对他评价很高。国王还想考察他，就让他参加文科七艺的所有辩论。

---

①　1443年。——英译者注
②　弗朗切斯科·斯福尔扎。——英译者注

詹诺佐外出办一些私事，回到那不勒斯时，国王给了他最高的荣誉，要晋升他的职务，甚至允许他挑选自己的特殊津贴，国王答应马上就签字。有一笔给詹诺佐的津贴是从盐税里抽取的，分派好以后国王让人把证书拿来由他签字。证书拿来后，国王签了九百卡利尼①，从盐税中支取，并任命詹诺佐为国王顾问委员会成员和陈情处负责人。一切都办好以后，国王亲切地对詹诺佐说，这是他愿意送的礼物，如果他只有一条面包，他也会掰开一人一半。然后国王说："詹诺佐大人，像你这样的人都很珍惜时间，而在宫里等候的那些人耽误了你不少时间。我想让你把时间用来搞研究，你不必经常到宫里来。朕想见你的时候就派人去叫你。朕知道你离朕不远，这给予朕的面子就足够了。"

国王分配给宫里博学的人每年两万弗罗林。当时，国王和尼古拉五世是学术的大资助人。如果大家都像这两位大君主一开始所做的那样一直资助到现在，我们就会有比现在多得多的文学家了，他们也会活得更有面子、更受器重了。没有荣誉，也就没有人，因为他们看不到劳动成果得到回报的希望。很多人受惠于这两个学术的灯塔。那些搞翻译的人，自己搞创作的人，无论如何赞美他们都不为过。

他不仅喜爱学者，也喜爱善良的人和有德行的人，对所有的人都极为和蔼。事实上贵族血统出身的人，与那些篡夺别人贵族头衔的人在本性上是不一样的，这从他们的行为和生活方式上可以明显看出来。

有一天，国王兴致勃勃地外出打猎。他在骑马追逐一头野兽的时候，与侍从走散了。国王走着走着碰见一个穷人，他有一头驮着面粉的驴跌倒了。这个农民并不知道他见到的人是国王，就大声

---

① 当时流通的一种硬币。——中译者注

说:"啊,大人,请你帮我把驴扶起来。"国王立即下马,帮助这个运面粉的穷人。把驴扶起来的时候,侍从飞马赶到向国王鞠躬致敬,于是那个穷人意识到自己闯了祸,就跪下来请求宽恕。国王笑了,让他平身,并吩咐他到那不勒斯去,后来又给了他一些他需要的东西。[1]

有时候国王会开个玩笑解闷。那不勒斯曾有一位锡耶纳大使,73 此人像他国家的人一样非常傲慢。国王通常都穿黑衣服,帽子上有一枚扣子,脖子上戴一条金项链,很少见他穿丝绸或锦缎。这位大使觐见国王时,总是穿着最为华贵的金线织花的锦缎衣服。国王经常和身边的人开这些穿锦裹缎者的玩笑。有一天,国王笑着对一位侍从说:"我当然想改变那身锦缎的颜色。"所以他决定在一个非常破旧的房间里接见大使,让每一个人都推搡那个穿锦缎外衣的大使。

第二天,那个穿着光鲜的可怜虫被国王本人以及所有的大使们推来搡去。他那件锦缎外衣本是深红色的,装饰有毛皮,镶有金边,下朝以后大家一看被糟蹋得一塌糊涂,凡是听说这件事的人无不笑得合不拢嘴。国王看到他走出房间时的狼狈相以后忍不住大笑,有好几天他一直在笑锡耶纳大使出的洋相,而这个大使根本就不知道是国王拿他开的玩笑。

另一位驻那不勒斯王宫的锡耶纳大使带来了一件马衣,镶有很长的针绣花边。国王看见以后放声大笑,便安排好有一天出去打猎时骑马路过那位大使家,并叫他赶快出来。信使进去喊他,让他出来给国王伴驾,陛下想见他。于是大使命人立即牵马备鞍,骑上他的骏马,马披上了前面提到的那件马衣,大使穿着新换了底的短筒

---

[1] 帕诺尔米塔也讲过这个故事。参见前引书,第 1 卷,第 25 页。——英译者注

靴，披着一件长斗篷。

那天上午在打猎时，国王一碰到树篱就穿过去，紧随其后的大使将挂破的马衣丢得到处都是。最后，马衣的大部分以及针绣长花边都挂在树篱上，大部分斗篷也挂在了上面。那天上午下着雨，阵雨一直不断，国王陛下在与大使说话时脱下斗篷，所以他自己也被淋透了，这样才好与大使有相同的遭遇。

74

晚上，国王回到那不勒斯时，大使从头湿到脚，新底靴子又湿又冷，马衣成了碎布条挂在树篱上，剩下的一块只有马鞍大小，所有的针绣花边和装饰都散落在地上，好像压根儿就不是花边和装饰似的。大使没穿斗篷，戴着风帽，穿着新底靴子，浑身湿透，看上去不伦不类，这是可以想象的。国王以前捉弄过锦缎外衣，这一次新的冒险活动又成了宫里好几天的笑料，大家一直在笑这个新故事，所有的上流人士和有名望的人都知道这件事。①他每天要处理的国务如此繁重，要是不时常搞些娱乐活动，他是无法行使统治权的。

———————

① 阿方索对锡耶纳人不满，因为锡耶纳与阿方索结盟打击米兰时，没有和他商量就与米兰和解了。当时皮奇尼诺为阿方索效力，他不断侵扰锡耶纳领土，锡耶纳不得不派出大使来寻求和解。这些大使是加尔加诺·博尔盖西、莱奥纳尔多·本沃利恩特、艾伊尼阿斯·西尔维厄斯。《庇护二世闻见录》第 1 卷第 26 章里有这样的描述："阿方索听加尔加诺和莱奥纳尔多说完以后，用非常难听的语言回答了他们，埋怨了半天锡耶纳人。阿方索回顾了他给予锡耶纳人的种种好处，又列举了锡耶纳人的忘恩负义行为。他说，锡耶纳人不值得任何人同情。对这两位大使，他连正眼都不看一下。而艾伊尼阿斯一来，迎接他的却是一张笑脸和彬彬有礼的欢迎话语。国王阿方索一看见他就大声说："朕喜欢的大使到了！朕可以谈和解了。"（Auditos Galganum et Leonardum Alphonsus divissima excepit oratione, multa de Senensibus questus est, nec oratores ipsos pacificis oculis itineri poterat. At cum accessisset Aeneas, hilari vultu et honesto sermone receptus; quem ut primum Rex intuitus est. Nunc, inquit, libet de pace loqui.) 这里所描述的恶作剧，很可能就是耍弄加尔加诺和莱奥纳尔多的。——英译者注

　　我讲了陛下一些脾气好的事例，现在要讲讲他与此不同的性格，比如说他经常抨击那些出身名门的人。一天晚上，大约七点的时候，陛下准备就寝，已经去脱衣服了，秘书拿着一摞信走了进来，要陛下必须在就寝之前看完并签上名字。陛下看了一眼这些信，转身对身边的人说："世界上还有比我更不幸的人吗？宫里有一个侍从没有时间睡觉休息吗？而我还要熬到看完信签完字才能上床。"在场的几个人说："神圣的陛下，像您这样当国王、像您这样活着确实是件美事。"国王转向这几个人说，他非常清楚自己过的

75 是什么日子，不可能有人比他更可怜、更不幸了，别人认为幸福的人有很多都是很悲惨的。他把自己就归于这一类人，说他身边的人并不能判断自己不知道的事情。国王阿方索常说，如果他身上穿的衬衫知道他的秘密和内心的想法，他就会把它扔到火里去。他处理重大事务都很隐秘，不愿听从别人的意见。对他来说，自作主张就足够了。很多人埋怨他这一习惯，因为谁都不能不听别人的意见，无论他地位有多高。

　　他以高超的智慧统治其多个王国四十年之后，教会与整个意大利都享受着和平。当时是尼古拉担任教皇，他对国王阿方索极为信任。不过意大利一位君主①急于发动战争，他想让教皇尼古拉首先破坏和平协议。为此他散布消息，说他即将派兵入侵佩鲁贾领土。教皇尼古拉听到这一传言后忧心忡忡，马上派乔瓦尼·马尔盖里蒂大人（加泰罗尼亚人，后来成为吉罗纳主教，又由教皇西克斯图斯任命为枢机主教）到那不勒斯去求见国王阿方索，向阿方索要两千骑兵，因为他担心战争可能会在佩鲁贾爆发。

---

① 很难确认这位君主的身份。穆拉托里《编年史》第9卷第256页上说，1454年教皇尼古拉派枢机主教卡普拉尼卡到那不勒斯，但没有提吉罗纳枢机主教。——英译者注

枢机主教乔瓦尼·马尔盖里蒂一接受这一任务就去找国王，把圣座的请求告诉他，国王非常生气地回答说："回去告诉圣座，我啥事都不管，我不相信他会首先破坏意大利的和平协议。你还要告诉圣座，这位君主虽然嘴里说要派兵攻打佩鲁贾，他绝对不会这样做。他只是四处放风，目的是引诱圣座本人派兵去，这样就给了他一个事后破坏和平协议的借口。[①] 这就是我不理会的原因。"乔瓦尼大人知道了国王的想法，国王所说的理由打动了他，他知道这个理由是对的。于是他就告辞，回去把国王阿方索的一番话全部告诉了教皇尼古拉。

教皇对国王的想法和做法都搞不明白。教皇生性有点急躁，就感到心烦意乱，说这不是他想从国王阿方索那里得到的，他总是希望能在需要的时候得到国王的帮助，国王许下的诺言不能不算数。乔瓦尼大人看到教皇对国王的这一回答感到不安和愤怒，就耐心等着，一直等到教皇心平气和下来不再生气了，然后说道："圣座把想说的话都说完了吗？"教皇说是的，乔瓦尼大人就继续说道："现在听听国王的理由，他为什么没有像您希望的那样采取行动。首先，他不想让圣座成为首先破坏和平协议的人。其次，这位君主虽然威胁要派兵去佩鲁贾，但他实际上不会派兵去，他这样说只是要引诱圣座派兵到那里去，这样他就可以为自己以后入侵辩解了。这样一来，所有的人都会指责圣座为破坏和平协议的人。"

教皇听了这一解释以后说："你摆出来的理由还不能让我信服，我也没有改变主意。不过有一个想法会让我耐住性子，那就是在和国王陛下打交道时，我更应该相信他而不是我。他是个经验丰富的

---

① 这里所说的和平协议，是指 1454 年洛迪会议上由佛罗伦萨、威尼斯、米兰签署的一份协议。本书第 133 页"枢机主教卡普拉尼卡传"里也提到了这件事。——英译者注

人，治国有四十多年了，而我还是个刚上任不久的新人。"这样他的气就消了。一个月以后，国王阿方索的话就应验了。乔瓦尼大人及时把这一消息告诉教皇，他临走时教皇说他说得对，阿方索把这件事看透了。

国王有正确的判断力，憎恨欺诈行为。他正直善良，不弄虚作假或欺诈。他经常指责意大利人，说他们偷梁换柱欺骗他，这种做法与他身为国王做事光明正大的本性格格不入。他有很多精彩故事可讲，如率领远征军打击异教徒，得到这一王国，围攻那不勒斯城，像古代征服者那样凯旋入城等辉煌业绩。① 所有这些业绩，在巴尔托洛梅奥·法齐的史书中都有记载。我只讲一讲皇帝② 率领一大队贵族和浩浩荡荡的随从来访一事，这样的事情现在再也见不到了。

国王阿方索的接待场面确实十分壮观，绝对配得上古代的任何一位皇帝。任何读过史书的人，都没有皇帝本人更为吃惊，他得到了最高礼遇。国王阿方索为这次盛会花费了十五万多弗罗林。有一次狩猎活动，很多贵族和绅士都参加了。举办了一次宴会，连全国最大的城市举办的也无法与它相比。每一个地方都有人吃银盘盛的味道最美的肉，这样的地方数不胜数。不但五彩纸屑可以随便要，而且所有的东西都是免费发放，让人们随意扔。场地四周都是喷泉，有的喷希腊酒，有的喷马斯喀特酒，还有各种红葡萄酒和名酒。所有喷泉旁边都有银杯，谁想喝都可以喝，德意志人也都有份。

要不是巴尔托洛梅奥·法齐、帕诺尔米塔以及其他人描述过这件事，人们会以为这是神话。国王陛下给了皇帝很多贵重礼物，送

---

① 宏伟的新堡拱门仍然矗立着，以纪念这场胜利。——英译者注
② 腓特烈三世。——英译者注

给他一条班达修道会的彩带①，这样国王可以册封他为圣母骑士，这一头衔与圣母玛利亚有关。

星期六，皇帝从那不勒斯返回后进入罗马，罗马教廷所有的枢机主教和显贵都出来迎接他。有人看见新彩带后开玩笑说："他去那不勒斯时是皇帝，回来后就成为班达修道会的骑士了。"很多值得关注的事可以讲述，这些事都由才华横溢的作家用漂亮典雅的拉丁语写下来了，没有用俗语写，俗语不可能有拉丁语描述得那么得体。 78

人一到晚年，所享受的幸福都会减少。陛下在患上导致他死亡的那场病之前，他身边的很多人都已经死了，所以这似乎是他走向生命终点的开始，每天他都等待着，看是否会有灾难降临到他头上，因为在此之前他一直生活得极为幸福，很久以来所遇到的都是好运气。如前所述，陛下精通宗教经典和所有的学科，所以他很清楚，任何人也不可能长期享受幸福而不遇到它的反面，也就是坏运气。

他一直想着、一直担心着会有某种灾祸降临，或是降临到他的国家，或是降临到他自己身上。

他终于病倒了。这种病医生称之为"糖尿病"，小便过多，排泄不及。生病以后，他把意大利最优秀的医生请过来，既有治身体疾病的医生，也有治灵魂疾病的医生。治灵魂疾病的有一个非常圣洁的索列拉大师，巴塞罗那主教，著名神学家，还有加泰罗尼亚人费兰多大师，我在前面已经提到过他，是个颇为优秀、颇为虔诚的人。他在处理人世间的烦心事和诱惑人的事上非常果断。身为国王的忏悔神父，他只要发现国王做错一点事就会不耐烦，一定要斥责国王。他做了很多让国王非常尊重他的事：过圣洁的生活，拒不接受国王给他的肥缺。他什么圣职都不要，而是满足于一个收入微薄

---

① 这一修道会的成员在胸前挎上一条红丝带。——英译者注

的神父职务，不需要拯救任何人的灵魂。他没有其他任何要求，不想承担拯救灵魂的风险，也不想让良心承受这一负担，以此显示他读宗教经典是有某种目的的，和很多人读宗教经典也不一样，这些人只是读读而已，并不想读懂它。

79　　现在国王病了，只能待在屋里，病人都是这个样子。但没有迹象显示他的病会致命，所以费兰多大师想了解病情，到底是致命还是不致命。医生们对他说，这种病无药可救，除非上帝创造奇迹，国王最多只能活二十或二十五天。

　　得知这一信息后，费兰多阁下和巴塞罗那主教便一起商量该怎么办，最后二人商定不应该欺骗国王陛下，而是要把他的危险病情坦率地告诉他。二人决定让费兰多大师用适当的话语去对国王说，因为伟人从来都不会欺骗自己，即便是让他们直面死亡、开出他们在世上所做的一切事——包括好事和坏事——的账单这样的大事时也是如此。

　　这样拿定主意之后，他们向陛下禀报了他病情的危险，费兰多大师来到国王的寝室问候他，然后说道："神圣的陛下，我一直都知道您是个最勇敢的人，即便是您以前从未显示过勇敢，现在我对您说出您的病情时，您也该显示出勇敢来了。现在全能的上帝想召您去见他了，所以陛下应该以大无畏的精神接受您的病情。在其他事情上，您一直都表现出大无畏的精神。"

　　费兰多大师说完以后，陛下对他说："我非常愿意服从上帝的旨意，接受这一安排，我的意志非常坚定，就像在其他事情上所表现出来的一样。"然后他马上叫他的忏悔神父费兰多，说："现在做我该做的事吧。首先我要忏悔。"他一开始是笼统地忏悔，细说每件事的详情，费兰多大人询问促使他做每件事的理由，如果他觉得这些理由不正当就说出来。然后国王如果能找到理由，就拿出来为自己辩护，如果找不到理由就无限悲伤。每一件让他良心不安的事情都是这样，他就这样非常伤心地对全能的上帝说出自己的罪过，对他的忏悔神父说："我拥有七个王国，我要是拥有一百个的话，我就给一百个，这样我就不会犯错了。"他一伤心就落泪，并深深地叹息。 80

又过了几天，医生一直尽全力救治，他也不停地自省，后来又转而关注神圣的事物，阅读《圣安塞姆沉思录》，一本非常圣洁的书。自省完之后，他索要圣体，周围所有的人看到他眼含着泪，悲痛而又虔诚地接过圣体，上帝给了他不同寻常的恩典，让他发现自己的罪过，让他感谢救世主，让他不再爱这个悲惨和不幸的世界，大家无不感到惊奇。巴塞罗那主教和费兰多大人一直没有离开他，除了出去吃饭之外，他就这样度过了大约二十天。

由于魔鬼作祟，发生了一件奇怪的事。有一天，巴塞罗那主教和费兰多大人去吃饭了，从费拉拉来了一位隐士，走到国王所在的地方时，他声称愿意代表上帝和陛下说说话。国王听说以后就命人把他领进来，他来了以后就让他把想说的话说出来。隐士说的第一句话是："壮起胆子来，你不会死于这场病。"国王自然感到有一线希望，于是就命人善待这位隐士。

但费兰多大人和巴塞罗那主教回来以后，一眼就看出这个隐士是个奸诈的骗子。费兰多大人对国王说，这是魔鬼撺弄的欺骗行为。他们查出了隐士居住的地方，到那里找到了他，对他的奸诈欺骗行为无法忍受，就对他说："魔鬼确实费了一番周折，把你从费拉拉派到这里，让你干了这么大的一件坏事。你心里很清楚，让一位国王或有名望的人安心接受死亡是一件多么麻烦的事，而魔鬼却让你欺骗国王说他不会死。我们让他屈服于上帝的意愿去面对死亡，而你这么一说全乱套了。从今天起你要注意你的行为，不要在这一带出没，犯了一个大错之后不要再犯更大的错。"那个隐士一看露了馅，马上就离开那不勒斯回费拉拉了。 81

费兰多大人和巴塞罗那主教回到国王那里，对国王说那隐士是个骗子，又劝他重新开始拯救灵魂。他忏悔了好几次，领受了好几次圣餐，然后他想趁意识清醒的时候做最后一件圣事①，死前几天要人给他涂圣油。他们不愿意这样做，他就说，他们应该做他愿意做的事，让主教派人把圣油拿来。圣油拿来了，陛下全力配合，让人把他全身各处都涂上油。

涂油结束以后，他把儿子叫来，让他做教会的好儿子，永远忠诚于教会，做个虔诚的基督徒。然后他把王国托付给儿子。他是怀着对上帝的敬畏之心统治王国的，考虑的只有上帝的荣耀。他向仆人证明了自己的慷慨，说付给仆人的报酬没有他们应该得到的多。说完这话，他举起双臂向斐迪南国王表示祝福，王国所有的贵族和很多侍从没有一个人能止住泪水。虽然寝室里哭声一片，他本人大无畏的勇气始终如一。上帝对他非常仁慈，他的智力并未衰弱，所以他继续读书。两位圣洁的人一直在他身边，陪伴他一直到最后。他咽气之前所说的最后一句话是"主啊，我把灵魂交到您手里"（*In manus tuas, Domine, commendo spiritum meum*）。他平静地死去了，把灵魂交给了救世主。

有人可能会问我："他死亡的场面和这里描述的一模一样吗？"对这一问题我会这样回答：国王阿方索去世之后不久，巴塞罗那主教和费兰多大人来到佛罗伦萨。一天晚上，我到费兰多大人的住所去拜访他，看到他由于鞍马劳顿而躺在了床上。他马上起身，让我坐在他旁边，我自我介绍之后对他说："费兰多大人，请您谈一谈国王阿方索是如何面对死亡的。"他就向我谈了我在上面描述的情况，还谈了其他一些事，我没有记下来。这些情况都说完以后，他说："伟大的君主都犯有大罪，所以我不想让你判断国王是否会得

---

① 即"病人傅油"，旧时叫"终傅"。——中译者注

救。但有一件事我可以明确地说，人这一生中可以得到的所有恩惠之中，最大的恩惠就是能这样面对死亡。我祈求全能的上帝给我这么大的一个恩惠，让我像国王阿方索那样死去。如果有人问，国王临死时是从哪里得到这一拯救他的恩典的，我会回答说，这一恩典来自他的勤勉。他从青年时代起，每逢我主和圣母的节日，他都坚持祈祷，除了面包和水之外别的什么都不吃。他每天早上都参加三次弥撒，从不忘记念圣母经，还有各种祈祷和仪式。除此之外，他每天夜里都起来祈祷，或作其他祷告。"费兰多大人接着说："另外，每个人都要坚持做善工，从小时候一直做到死，这对他有好处，这样才能得到恩典，就像国王阿方索所得到的那样。"

费兰多大人说这话时，任何看着他的人都会把他当作悔过的典范。他四十岁，高个子，瘦，神情忧郁严肃，厌恶尘世间的一切奢华和享乐，直言，憎恨伪善和虚假，说到自己时从不像很多人那样自夸，反对客套和迷信。另外，凡是和他说过话、了解他生活方式的人，都会认为他说的话像福音一样正确，实际上就是正确。凡是公正对待国王阿方索这部传记的人肯定都会相信，他为我们树立的这一人生榜样确实值得效仿。

我所写下的这一切，都是从值得信任和身居高位的人那里听说的，并非花言巧语，说的都是实话。他的回忆录已经用拉丁语出版了，我觉得用俗语方言记下一些他的生平也不错。如果我没有严格按照时间先后顺序来写，请不要感到奇怪，因为我是想到哪里就写到哪里，并没有考虑日期的先后。

83

费代里戈，乌尔比诺公爵（1422—1482）

最不可战胜的乌尔比诺公爵费代里戈言行录
绪言

致最杰出的公爵圭多阁下，费代里戈之子：

最伟大的君主，在这篇简短的传记中，我记下一些值得记住的事，这些事与令尊大人、最杰出的公爵费代里戈有关。促使我这样做的是他的杰出才能，我和他还生活在同一时期。除此之外，没有一个人像他这样既是军人又是文人，知道如何用智力增强军力。他仿效法比乌斯·马克西穆斯[①]，法比乌斯在与汉尼拔作战时，明智地拖延了汉尼拔的行动，挽救了罗马共和国。令尊大人也是这么做的，以此方式夺得了新的领土，立下了很多赫赫战功，所以我们可以把他看作最值得赞扬的人，他从未失败过，伟大的将领之中很少有人可以得到这样的赞美。

然而，是意大利的主要大国和最精明的战士最终成就了他，这从他的生平中可以看出来。除了军务之外，他证明自己是最优秀、最英明的统治者之一。他不仅审慎地统治着自己的国家，而且意大利的主要首领在行使最高统治权时，都得到过他准确的判断和忠告的引导。您会看到这些以及很多其他事情，本传记中都有简单的描写。有些事情是我亲眼所见，有些事情是我从可信赖的人那里听说的。我已派人给您送去，以便让您看看我忠实的劳动成果，您是他当之无愧的继承人，继承了他所有非凡的美德。我是用托斯卡纳方言写的这部传记，以便让不懂拉丁语的人能知道这位伟大君主的英

---

① 旧译"费边"，古罗马政治家、将军，采用拖延战术抵抗了迦太基军队的入侵。——中译者注

名，让懂拉丁语的人也能知道。

所以，最伟大的阁下，请从您忠实的仆人韦斯帕夏诺手里接过　84
这部短篇传记。如果我不能给您更有价值的东西，我会很乐意地把
这部传记送给大人，尤其是把自己托付给您。

费代里戈，乌尔比诺公爵

关于乌尔比诺公爵蒙泰费尔特罗家族的费代里戈大人，虽然已
经有人写了他的传记，我还是忍不住要记下一些值得记住的事，因
为我已经写了当代最著名人物的传记。他像"非洲征服者"西庇阿
一样，从小就参了军，一开始在著名将领尼科洛·皮奇尼诺麾下服
役。费代里戈大人有很多值得赞美的品质，像他这样在各方面都贞
洁的人，这个时代无法造就出第二个人来。

他第一个职业是军人，是当时最为活跃的军事首领，集力量和
最完美的谨慎于一身，取胜与其说是凭借武力，不如说是凭借智
慧。他夺取了很多地方，有的在王国①，有的在意大利的其他地方。
他攻城略地靠的是深谋远虑，从未打过败仗。凡是研究他生平的
人，都会读到他打过很多场胜仗，征服了很多地盘，风光无限。我
不会提圣法布里亚诺之战②，当时公爵正生病发烧，战斗就打响了，
一直打了三个小时，大家全都担心公爵的队伍会败北。公爵发现有
危险，而且知道农民军更强大，就跨上战马，虽然发着烧，但还是
冲到战场上，很快就恢复了士兵们失去的勇气，因为战局对他们不

---

① 那不勒斯。——英译者注

② 1460年，费代里戈与亚历山德罗·斯福尔扎被皮奇尼诺率领的安茹军队
打败。在打这一仗之前，费代里戈在一次比武时致残，这一事故可能影响
到这次战役的结果。——英译者注

利。在这个事例中，凭借他常用的技艺和谨慎，仗打胜了，不是打败了。他要是不出马，就会一败涂地，尽管军官们都很卖力。

85　　接着我会记述围攻法诺。[①] 法诺是一座坚固的城池，由西吉斯蒙多阁下的儿子、里米尼的罗伯特占据着，装备有火炮和其他防御武器，部署有西吉斯蒙多阁下最优秀的士兵。公爵凭借突袭策略拿下了这座城池，另外还有西吉斯蒙多阁下的其他地盘，西吉斯蒙多阁下本人就是一代名将。然而公爵夺取了西吉斯蒙多阁下的大部分领土，这是教皇庇护和国王阿方索以前给他的，这二人都是西吉斯蒙多的死敌。

在他突出的美德之中，我要记下他的诚信，他从来都没有失信过。凡是得到他承诺的人，都证明他从未食言过。他为国王阿方索和国王斐迪南效劳三十二年多，对此二人他不仅信守写下的书面承诺，就连口头承诺他也信守。

当时，贝加莫的巴尔托洛梅奥的行为看样子肯定伤害了佛罗伦萨人，乌尔比诺公爵为国王斐迪南效力的期限也已经过了，可以按照自己的意愿行动而没有任何失信问题了。这时，一贯直来直去的威尼斯人决定安排晋升巴尔托洛梅奥，目的是赢得在意大利的领导权。他们知道，一切都取决于乌尔比诺公爵，他支持哪一方，哪一方就会取胜，所以他们派出一位特使去见公爵。

公爵当时在伊莫拉和法恩扎之间，和国王陛下、米兰、佛罗伦萨的特派员在一起。特使到了以后，说他想见乌尔比诺公爵，他有话要说，他知道公爵的盟约到期了，愿意和任何人签约都可以了。他被带到公爵面前说明了来意，希望公爵能为威尼斯执政团效力。公爵回答说，他要说的每一句话，都要当着各位联盟特派员的面

---

① 1463 年。西吉斯蒙多·潘多尔福·马拉泰斯塔是当时主要的雇佣军将领之一，一生与费代里戈为敌。——英译者注

说；他的盟约虽然到期了，但他的诚意没有到期，他仍然忠于国王
陛下。

特使一看达不到目的，就去了切尔维亚，从那里派信使给乌尔
比诺公爵送去一封信，说战争时期为他提供十万达克特，和平时期
提供六万达克特。公爵不愿意看信，而是把信交给了联盟的各位特
派员，没有回复一句话就把信使打发走了。他曾对特派员说过，对 86
特使也说过，说他愿意继续为陛下效力。他就这样证明了自己是不
会违背诺言的，受和约约束时不会违背诺言，不受和约约束时也不
会违背诺言。①

巴尔托洛梅奥在与佛罗伦萨人交战时，统帅联盟军的乌尔比诺
公爵采取法比乌斯·马克西穆斯打击汉尼拔时所用的战术，也就是
步步紧逼，从来不让敌人占领任何阵地，与敌人保持两三英里的距
离，占领敌人腾出的任何驻地。他这样做时非常小心，因为威尼斯
军队是意大利的精英，法恩扎抛弃了联盟，投靠威尼斯了。这样，
失去了法恩扎领主的军队②和法恩扎城，公爵现在必须谨慎行事，
将来也必须谨慎行事。

领主阿斯托雷·曼弗雷迪统领法恩扎军队时是公爵支付的报
酬，所以他现在最期望的就是公爵及其军官们进入法恩扎。当时是
三月，住在乡村很不舒服，所以大家都想进城，但公爵不同意。如
果公爵同意的话，威尼斯人就会赢得一场大捷，因为按照计划，阿
斯托雷不会透露他投靠威尼斯一事，直到公爵及其军官们进入法恩
扎，一进去就把他们逮捕。这一危险得以避免全凭公爵的谨慎，他
不让进入法恩扎。这事公开以后，人人都知道是他挽救了军队，使

---

① 韦斯帕夏诺几乎从来都不标注日期。这件事好像是发生在 1467 年。——
英译者注

② 1449 年。由于阿斯托雷伯爵的这一背叛行为，阿方索拒绝签署洛迪条约，
除非允许他惩罚阿斯托雷伯爵。——英译者注

佛罗伦萨和罗马涅免遭威尼斯人占领。

　　另一个危险也是由于他的谨慎才得以避免的，这只是无数危险之中的一个。这一次也是他将意大利从威尼斯人手里解救出来，威尼斯人以后再也没有这样成功的机会了。

　　威尼斯人曾说服伊莫拉领主加入他们的行列，公爵要是不想办法亡羊补牢，伊莫拉领主就会投靠威尼斯了。公爵听说伊莫拉领主的意图之后，就把他最信任的几个代理人派到领主那里。他这样做了之后，就把这件事搅黄了。为了把事情办得更加牢靠，他把国王的五百雇佣兵派到伊莫拉。由于当时瘟疫肆虐，这些雇佣兵每人每月领到十达克特。如果伊莫拉加入了威尼斯——法恩扎已经加入了——博洛尼亚就会处于非常危险的境地，就不得不加入威尼斯。假如这样的话，博洛尼亚就会进入穆杰洛，因为其营地已经在敌人地盘里了。

　　公爵躲过了很多危险，赢得了很高的声望。有一次，联盟军在莫利内拉安营扎寨，距离巴尔托洛梅奥的军营大约有四里格①，位于费拉和博洛尼亚之间。这时，公爵得到特工禀报，说巴尔托洛梅奥即将向他发起攻击。他扎营的那个地方更适合于步兵作战，很不适合骑兵。而巴尔托洛梅奥有五千步兵，联盟只有一千五百步兵，另外还有来自其他国家的几支队伍。

　　公爵等待的时候意识到了危险，就对他手下的将领们说，意大利的命运就掌握在他们手里，如果他们的队伍打败了，这片领土就会落到威尼斯人手里，再也收不回来了。公爵设计了很多方案来帮助联盟：他派国务秘书皮耶罗·德·费利奇到博洛尼亚，向十六人

---

①　1467 年。野炮就是在这里首次使用的。巴尔托洛梅奥·科莱奥内军队的主要支持者是被流放的佛罗伦萨人和美第奇的敌人。该战役并没有决定意义。——英译者注

委员会要五百雇佣兵。但博洛尼亚人觉得威尼斯人的兵力强于联盟的兵力，而且他们还担心自己的国家，就拒绝了公爵的要求，并派人向公爵解释原因，说联盟与巴尔托洛梅奥相比明显处于下风，公爵必须与威尼斯人和解。

公爵得到这一答复后觉得有些奇怪，就想出一个办法来摆脱困境。向博洛尼亚求救失败以后，公爵将联盟的各位特派员和军队指挥官召集到一起，向他们预测了敌人的行动计划，分析了他们自己应该怎么办，是等着敌人来进攻还是向敌人营地发起进攻。不管怎么说，他们面临着迫在眉睫的危险，要由他来找到捍卫联盟的最佳方案。无论选择哪一种方案，他们都要考虑周全，因为即使他们能获胜，也无法让威尼斯人放弃这一幻想：威尼斯人认为他们可以夺取佛罗伦萨，占领意大利的大部分领土，凭借其征服不仅可以任意摆布联盟，而且可以任意摆布整个意大利。

88

大家提出了各种建议，有人主张等待，有人主张发动进攻。公爵的意见是，在这种情况下，应该采取行动来扭转颓势，不能按兵不动，不采取行动的危险是显而易见的。如前所述，在这样的战场上，步兵比骑兵回旋的余地要大得多，威尼斯人比联盟多三千步兵，联盟的骑兵更多。毫无疑问，要摆脱困境就要追击敌人，不能等待敌人。

但有些人认为，应该派人向博洛尼亚的十六人委员会要步兵，但这些人不知道公爵已经派人去过了。于是公爵就向他们说明了这一点，让在场的皮耶罗·德·费利奇把发生的一切告诉大家。皮耶罗就把情况说了一遍，说求救被拒绝了，对方说博洛尼亚还需要军队自卫，由于局势对他们不利，他们应该与威尼斯人和解，所以根本不考虑任何更好的计划。

然后公爵说："认真考虑一下联盟的状况，现在联盟就在你们手里掌握着。这件事非常重要，人人都要畅所欲言。大家看得都很清楚，巴尔托洛梅奥一定在营房里等着我们。由于前面提到的原因，我告诉大家，如果我们想挽救联盟，就要攻打他而不是等待他，联盟的命运就在你们手里掌握着。对付实力这么强大的一个敌人，我们唯一的希望就是向敌人阵地发起进攻。即便是你们觉得我们是在不利的情况下发起进攻的，选择进攻也是两害相权取其轻。如果你们赞成我的意见，这就是挽救我军和联盟的唯一办法，我们都是联盟的士兵。

"所以，战友们，准备将联盟的希望变为现实吧，你们的英名将传遍整个意大利。你们总是以光荣、体面的方式完成摆在你们面前的任务。你们的勇敢我从来没有怀疑过，将来也永远不会怀疑，你们已经证明了自己的勇敢，证明了自己的力量和勇气。在这一需要我们的时刻，我愿意和大家一起冒生命危险。我希望在上帝的保佑之下，为正义和理性而战的人，能够战胜那些反对正义和理性的人。所有的盟国都对自己的状况感到满意，都在尽全力来维护它。而敌人则与此相反，他们对自己的政府不满，正试图以非法手段夺取不属于自己的东西。所以，这些因素应该能够激励我们勇敢地打击敌人。由于这些原因，上帝也会让我们获胜，我们要相信上帝。"

首领们领会了公爵的意图，听了他提出的有说服力而且无可辩驳的理由之后，回答说对他所说的理由感到满意，知道照他说的做有好处，也愿意像他那样为了挽救盟军而献出生命。公爵听了以后对他们大加赞扬，又说他相信大家，料想大家也不会说二话，并向大家表示感谢。

然后公爵整队向敌人发动进攻，把队伍部署到四英里开外的地方，出发时他依照惯例向大家讲话，让大家记住忽视必要的队形会招致危险，并对大家说胜利会给他们带来最高的荣誉，这一荣誉多年来任何士兵都没有得到过，因为他们是在如此不利的情况下打这一仗的。他还提醒大家，他相信大家会服从他的命令，如果不服从的话，联盟就会立即陷入危险之中，他们就会蒙受无可挽回的耻辱，从此声名狼藉。

然后他命令队伍向敌人营地进攻，敌人没有想到会遭受攻击，他们认为进攻太不利了。大约十九点时 ①，他们靠近了敌营。他们很快就准备好了武器，公爵命令队伍发起进攻，双方的战斗十分激烈，因为意大利所有的优秀人物都在这里，一会儿这一方占上风，一会儿另一方占上风。公爵将队形整得非常好，禁止任何人破坏队形，违者处死。双方都有很多人倒下，但大部分是威尼斯人。费拉拉公爵表现得很勇敢，要不是敌人一枪打伤了他的脚后跟迫使他离开了战场，他还会进一步表现其优秀品质。很多伤员被送到费拉拉，城里到处都是伤兵。

战斗就这样从十九点一直打到夜里一点，也就是打了六个小时，双方每个人都已累得半死。

巴尔托洛梅奥·科莱奥内那天也表现出了大将风范，虽然他们对他发动的是突然袭击，而且非常猛烈。他冲到前线大声喊道："勇敢的指挥官们，天色晚了，双方都打累了，到收兵的时候了。"

公爵同意了。后来他常说，是敌人祈求停战的，但谁也打不动了。而且要不是怕丢面子，他自己也会要求停战的。是他运气好，敌人先喊的停战。还有炎热的问题，他们离开自己的军营去袭击敌人的军营。这一仗打过之后，联盟确立了优势，公爵的决定非常英明。

打过仗之后，队伍立即回到营地。最危险的军事行动就是平安离开营地和平安回到营地。由于公爵判断力强，他做到了这一点。结果，威尼斯人发现公爵有能力，就不想再和他兵戎相见了。他总是在兵力处于严重劣势的情况下，在敌人地盘上站稳脚跟，在联盟

90

———————————

① 下午一点。——英译者注

领土之外调遣部队与敌人对峙。①从此以后，威尼斯人就泄了气，因为他们是在骑兵与步兵都处于优势的情况下让公爵获胜的。

这一战绩让公爵和联盟声威大震，证明了一个积极主动的主帅在制订作战计划时的价值，胜利与国家安全就取决于他。这件事会有人用拉丁语写出来，但我觉得也应该在这里提一下，因为我是听一个参加了这场战役的人说的。肯定会有人用更典雅的风格把它写下来，但我在这里没有遗漏任何真相。

91　　　现在转谈保卫里米尼。西吉斯蒙多阁下死后，教会要求得到里米尼。高贵的罗伯托②当时在罗马，便在无人知晓的情况下悄悄回到里米尼，到了以后便先占领城堡，然后占领周围的乡村。教皇保罗发现受了骗，便决定夺取那里的领土，为此而雇用了大批士兵。罗伯托当时还得到国王的支持，国王决定投入全部兵力保卫里米尼，所以他请求盟邦帮助他完成这一任务，盟邦也同意了。

于是乌尔比诺公爵接到命令率领军队去里米尼，国王答应派卡拉布里亚公爵③率领所有能召集起来的队伍去。兵力必须多，因为他们要穿过教皇国，不需要固守关口。国王还要求米兰和佛罗伦萨两国派出他们许诺的队伍，但有些人许诺之后并不守信。

卡拉布里亚公爵骑着马拿着长矛，日夜兼程穿过敌人的领地，到了里米尼才发现答应派来的军队并没有来，不得不留下军队来守卫后方，留下的兵力比可以留下的还要多。这样，答应派来的军队没有来，险些将卡拉布里亚公爵置于险境，要不是乌尔比诺公爵谨慎，里米尼就失守了。卡拉布里亚公爵及其队伍安全到达，把大部

---

① 这肯定是费代里戈最后一场战争中的一次战斗，即1482年的费拉拉战争。下面韦斯帕夏诺又转谈到1469年。——英译者注
② 西吉斯蒙多死于1468年。罗伯托是他儿子。——英译者注
③ 国王斐迪南的儿子，继位后称阿方索二世。1495年，面对查理八世的进攻他逃走了，一枪未放便逊位了。——英译者注

分队伍留了下来，就像前面提到的那样。国王陛下对一些盟友失信感到非常伤心，这给他儿子带来了极大的危险，他本以为盟友们都会守信。

乌尔比诺公爵成为这些队伍的首领，他面前的教会军比他多十四个中队，但看到教会军的阵列他一点也不惊奇。他决定与他们打一仗，要挽救里米尼没有其他办法。在打仗的前一天，他对阿方索阁下和其他首领说："明天你们就会得到你们所知道的最高荣誉了。教会军虽然比我们多十四个中队，我们还是会把他们打得落花流水。" 92

第二天，他按照计划整队，挑选了五百精兵组成一个大中队。然后他一个连接着一个连地派出去投入战斗，要求每个人都必须服从命令，违者处死，于是所有人都从了命。时间一到，他命令那个挑选出来的大中队投入战斗。敌人无计可施，开始四散奔逃，敌兵很快就从战场上消失了。实际上他们想抓住多少敌人都可以，敌人的每一个中队都被驱散了。这一切公爵都是凭借惯用的战术取得的，打胜仗主要靠知识而不是靠蛮力。[1] 我要是把他所有的战绩都讲一遍，就能证明他可以与以前任何一位将领相媲美。

至于佛罗伦萨执政团得到沃尔泰拉[2]，这完全得益于公爵的远见。由于这一地方的特点，仅仅凭借武力是不可能得到它的。当时公爵受雇于国王和佛罗伦萨人，沃尔泰拉人和佛罗伦萨人有过节，就起来造反并夺取了政权。国王听说以后马上给公爵写信，命他率领自己的队伍和盟军出发，这是佛罗伦萨人请求的。如果罗马涅军力不足，就从那不勒斯再派十二个中队，国王已命令这支队伍服从

---

[1]　里米尼战役，1469 年。——英译者注

[2]　马基雅维利:《佛罗伦萨史》，第 7 卷，第 362 页。这场战争源于 1472 年发现了一座明矾矿。——英译者注

公爵指挥，就像服从国王一样。

公爵收到这封信之后，立即写信把国王的委托告诉了佛罗伦萨人，然后又提醒他们要慢慢来，不要着急，开始容易放弃难，这件事要是办不好国家就毁了。他得到的回答是，他们会在适当的时候来拜访他，几天以后他们就决定与沃尔泰拉交战，并通知了公爵，又派邦希安尼·詹菲利亚齐带着钱赶快把公爵带到佛罗伦萨。

93　　公爵从邦希安尼那里听说了执政团的打算，意识到拖延会给他的处境带来危险，就率领着能够召集起来的所有骑兵上了马。出发之前他给皮耶罗·德·费利奇写信，皮耶罗是他在佛罗伦萨的代理人，他命令皮耶罗在沃尔泰拉战争期间不得向佛罗伦萨人索要报酬，因为他想让佛罗伦萨人明白，他为他们效力是出于好意，不是为了钱。沃尔泰拉人向意大利所有的国家和君主求援，希望不要让他们落到佛罗伦萨人手里，但找不到一个人帮忙。连教皇也派了好几个骑兵中队来援助佛罗伦萨执政团。意大利的每个国家都参与了这一争端。

公爵来到沃尔泰拉近前，占据了一个看上去难以防守但实际上却很稳固的阵地，因为它在任何一侧都坚不可摧。他将自己的队伍和教皇军排列成一个看上去易于攻击的阵型，而实际上却很难攻击。他在营地里用各种办法做出要攻城的样子，但又像往常那样精明地等待着达成某种协议。他经常派士兵去和敌人商谈，看看能不能从沃尔泰拉士兵那里得到一些有助于休战的信息；向沃尔泰拉人讲明，他们在这场战争中是孤军奋战，不可能挡得住佛罗伦萨人。

谈判正这样进行的时候，他以各种可能的方式日夜不停地对城进行围攻。他与一些敌军继续进行交易，引诱他们投奔过来，让他们看看他的状况。沃尔泰拉人对得到更好的条件不再抱有希望，便接受他的建议开始谈判。佛罗伦萨方面的意见是，其他解决方案都不行，他们求公爵务必解救他们脱离危险。公爵让他们不要害怕，他很快就去解救他们。士兵们向执政团抱怨说，让他们待在那里一年多会造成很大损失，执政团应该达成妥协，以便解救他们，把士兵们送到医院，要关心他们而不是冷落他们。对公爵来说，只要不实现和解，一天就像一年那样漫长。

　　沃尔泰拉人发现自己被团团围住，城被封锁，虽然出入还没有完全被阻止，便开始考虑和解。他们派出谈判代表拿着通行证来到营地，公爵知道他的危险处境，就立即切入正题，商议持续了好几天。最后这个地方被移交给佛罗伦萨人①，财产和人身安全得到了保障，选举行政长官（Podestà）和执政团的权利被剥夺，民众处于佛罗伦萨的领导之下。

　　公爵与佛罗伦萨的特派员邦希安尼·詹菲利亚齐大人和雅各布·圭恰尔迪尼一起进了城，禁止任何人乱动任何东西，违者处死。但米兰雇佣军开始抢劫，于是公爵和特派员们拿着武器前去制止，但制止不住。接着士兵们也开始抢劫，城里大乱起来，谁也挡不住。公爵竭尽全力，但也挽救不了局面，为此他大为恼火，甚至哭了一场。要不是这场骚乱，一切都很好，特派员们和在场的所有人都可以作证。

　　沃尔泰拉收复了，佛罗伦萨人承认公爵做了一件几乎做不成的事，他当时处境非常困难，那里的人也邪恶。他们是在沃特利陷落之后更清楚地认识到危险，而不是在陷落之前，把这个地方夺下来全凭公爵的谋略和谨慎。沃尔泰拉执政团以前常说，他们的五百步兵就足以抵挡整个意大利的进攻把城守住。

　　获胜之后，公爵进了佛罗伦萨城，享受到最高礼遇。所有公民都出来迎接他，他下榻在宗主教家，所有随从全都免费，任何人都没有享受到比这更高的荣誉。他们给了公爵两块金线织花的锦缎，

94

---

① 1472 年。——英译者注

两个属于执政团的碗，价值一千达克特甚至更多。后来，为了纪念这场胜利，他们把鲁夏诺宫及其所有的附属物都给了公爵，所有的主要公民都到那里去拜访他。佛罗伦萨周围所有的地方都庆祝了好几天，公爵在主要公民的陪伴之下走过他们的庄园。

描写过沃尔泰拉，描写过公爵谨慎地夺取沃尔泰拉之后，我再说一说他仅凭一己之力，就把意大利从威尼斯人的统治之下解放出来。费拉拉公爵加入了国王陛下、米兰和佛罗伦萨结成的联盟，只要他受到意大利任何一个国家的攻击，大家都会保护他。[1]这时，威尼斯人以有争端为借口，计划对费拉拉宣战，并说服教皇西克斯图斯与他们联手打击公爵。

这一计划的准备情况让米兰、佛罗伦萨人和费拉拉公爵知道了，他们就派出大使去见国王陛下，告诉国王要小心提防，别让费拉拉公爵丢了领地，因为威尼斯人决心称霸意大利。费拉拉、博洛尼亚、曼托瓦一旦失守，威尼斯人就可以为所欲为了。几位大使在那不勒斯交换意见后一致认为，没有乌尔比诺公爵的谋略和实力，就不可能实施防卫。他们还碰到这么一件事：罗伯托·马拉泰斯塔由于和米兰发生了争执，现在已经投靠威尼斯并领取他们的报酬了[2]，这对威尼斯人完成计划是一个极大的鼓舞。

联盟的大使在那不勒斯待了几天，与陛下商量该怎么办，大家一致同意由国王的一位特使陪同去找乌尔比诺公爵，听听公爵的意见，由国王、米兰和佛罗伦萨出资聘用他。协议达成了，但教皇仍在攻击费拉拉公爵，把公爵的领地交给威尼斯人，而公爵本人则准

① 1474年。1471年，费拉拉公爵在帕拉·斯特罗齐之子弗朗切斯科的劝导之下，与威尼斯联手攻击了佛罗伦萨。斯特罗齐被流放到费拉拉以后死在了那里。公爵对后来达成的和解条件感到失望，便加入了联盟打击威尼斯。——英译者注

② 1479年。——英译者注

95

备把他与威尼斯人的所有争端都委托圣座处理，依照惯例来解决。但教皇拒绝了。实际上所有的盟国都求教皇答应下来，但他们无法改变教皇的决定。

于是联盟所有的大使都离开了罗马，对圣座对待他们的态度表 96 示不满，然后去找乌尔比诺公爵，就组建突击队一事与公爵达成一项协议，安排各方共同承担费用，而一开始是由国王一人承担的。他们来到福松布罗内见到了公爵，公爵盛情款待了他们。谈判开始了，由于所有的大使都享有全权，很快就达成了一项协议。

威尼斯人知道，只有乌尔比诺公爵一人能够阻止他们夺取费拉拉，于是他们派人给公爵传话，说如果他待在家里不动，每年就给他八万达克特——这足以让他认可威尼斯对他的雇用。①

威尼斯信使在乌尔比诺办这件事的时候，正好公爵的一位主要官员在公爵密室里。威尼斯人走了以后，这位官员就对公爵说："仅仅待在家里就能得到八万达克特，真是太划算了。"公爵则明智地回答说："守信用更划算，比世界上所有的黄金都更有价值。"

条件商定好之后，他们就仔细斟酌费拉拉的防卫问题，大使们提出了各种防卫方案，也提到如何攻打威尼斯人的问题，以便将他们从领土上赶走，粉碎他们在伦巴第的行动计划。同时他们也让卡拉布里亚公爵攻打教皇，阻止教皇援助威尼斯人打击费拉拉，迫使威尼斯人派军队援助教皇。这些计划取得成功的希望很大，如果在费拉拉能够像预计的那样做好准备的话。有了费拉拉和曼托瓦的军队，再加上伦巴第的部分队伍，费拉拉就可以守住了，乌尔比诺公爵就能够阻止威尼斯人在伦巴第的行动了。公爵的这一方案是历来提出的最佳方案。

公爵集合好队伍，整好队形，将一切安排就绪之后，打响了意

---

① 1482年。——英译者注

大利有史以来最漂亮的战役之一。[①]他与佛罗伦萨人兵合一处，把队伍拉到卡斯泰洛城下，以迫使教皇撤出军队去保卫他自己的边界。

97　　公爵的儿子安东尼奥率领一支队伍去了弗利，想在那个国家制造动乱。而佛罗伦萨人在尼科利·达·卡斯泰洛的率领之下前去攻打卡斯泰洛城，尼科利走的是内线。

　　公爵率领一部分队伍来到佛罗伦萨，在那里停留了两天，然后告辞到费拉拉，想看看那里的局势如何，然后再去伦巴第，他以为一切都会顺利，这是他根据别人提供的信息所做出的预料，安排在那里的队伍足以守卫费拉拉。他走得很快，发现整个地区一片混乱，要不是他早有预见，那里肯定落到威尼斯人手里了。

　　他一到费拉拉就大为恼火，事情根本就没有按照他听说的那样进行，如果他去伦巴第，对这里的情况不管不问，费拉拉肯定会失守，因为熟悉这里情况的罗伯托阁下[②]从柴捆桥上穿过了沼泽地，占领了波河下游大部分地区，并夺取了基奥贾及其附近的一些地方。不久之后，罗伯托又占领了波河下游的罗维戈，这个地方很难防守，而且他远远地走在了敌人前面，将所到之处洗劫一空。

　　乌尔比诺公爵看到罗伯托阁下的这一举动，看到罗伯托的斩获，意识到他如果不干预，费拉拉肯定要陷落。于是他去了曼托瓦，说服侯爵占领某个路口，阻止敌人从那里通过。他还往米兰写信，叫他们赶快派兵增援，如果他们不想让费拉拉失守的话。四百名士兵派来了，公爵将曼托瓦侯爵安置在那个路口之后，亲自来到一个名叫拉斯泰拉塔的地方面对罗伯托阁下，挫败了罗伯托一个很

————————

①　1482年。——英译者注
②　罗伯托·马拉泰斯塔，教皇军统帅。——英译者注

有希望成功的计划。公爵要是不到费拉拉，一切都完了。

　　罗伯托阁下调兵去夺取菲凯罗洛，这是个非常重要的镇，因为它坐落在交战双方之间。公爵一发现这一动向，就开始采取防范措施，把他所有的精兵都派到这个镇，这都是他熟悉和信任的人。罗伯托把射石炮运到那里，点燃了一堆火，日夜不熄，他知道拥有这个镇对他夺取费拉拉会有多么大的帮助。

　　费拉拉公爵采取守势。由于一再打仗，射石炮和小炮日夜响个不停，公爵不断重新部署镇里的守备部队，罗伯托阁下很难守住阵地。攻击者开始修建一座堡垒，罗伯托阁下的副帅马尔恰诺伯爵安东尼奥有一天企图占领它，公爵获悉后就派最优秀的士兵去抵抗他。敌人开始靠近堡垒时，乌尔比诺公爵的队伍就猛烈地向他们发起进攻，双方都有很多人伤亡。公爵最优秀的士兵之一皮耶罗·德利·乌巴尔迪尼大人阵亡了，马尔恰诺伯爵安东尼奥和很多士兵被俘虏了，所以堡垒没有建起来。

　　罗伯托阁下还在向菲凯罗洛发起猛烈攻击，但镇里人英勇地守卫着。罗伯托发动攻击之前，一些威尼斯人认为已经攻下来了，那个镇当时已经在他们手里了。特派员就给威尼斯写信，说已经占领了那个镇，于是威尼斯人大肆庆祝这场胜利。但镇里人在镇外的人援助之下一直固守着镇子，那一天总算守住了。威尼斯人感到沮丧，他们过早地庆祝占领那个地方了。公爵每天都想出新花样来扰乱威尼斯人，让盟军可以畅通无阻地骑行到帕多瓦，掠夺和糟践沿途各地，抓了很多俘虏和家畜。

　　罗伯托阁下泄了气，因为公爵每天都有新的有效办法来攻击他。他们竟然防守菲凯罗洛那么多天，而且还不是个坚固的地方，大家都认为是个奇迹。最后，与公爵的期望相反，敌人发起猛烈进攻，同时想办法收买一些守备人员。这样一来，防守了那么多天之后，

98

这个镇陷落了。但假如没有内奸，他们还可以再抵挡十五天。[①]

99　　　我描写了公爵的一些军功，把他更大的功绩留给将来为他写传记的人去写。现在该说说他的拉丁语知识了，他学拉丁语与军务有关，因为一个像公爵这样的首领要是没有文化，是很难取得赫赫战功的，因为过去就是现在的一面镜子。一个懂拉丁语的军事统帅，比一个不懂拉丁语的统帅具有明显优势。公爵所取得的大多数战绩，都是凭借古代与现代的战例。他通过研究历史向古人学习，他从小就接受尼科洛·皮奇尼诺的军事训练，以此向现代人学习，皮奇尼诺是当时最优秀的军事将领之一。

　　　现在还说文化。乌尔比诺公爵有文化，不但通晓历史和宗教经典，而且还通晓哲学，跟着一个名师拉扎罗大师学了多年哲学，后来拉扎罗凭其业绩当上了乌尔比诺主教。他师从拉扎罗大师学习亚里士多德的《伦理学》，有时凭借注释，有时不凭借注释，对于难理解的段落他还与老师讨论。他以最敏锐的领悟力开始学习逻辑，以人们所见过的最敏捷的智力与人争辩。他听了多次《伦理学》之后，完全弄明白了其中的意思，连老师都很难与他争辩。接着他又刻苦学习《政治学》。夺取沃尔泰拉之后在佛罗伦萨逗留期间，他请多纳托·阿恰约利注释《政治学》，阿恰约利已经注释过《伦理学》了。于是阿恰约利就注释了《政治学》，并把他的注释送给公爵看。公爵看过之后又想读《自然史》[②]和《物理学》。实际上可以这

---

① 9月11日，费代里戈死于费拉拉。1484年，巴尼奥洛和约结束了这场战争。公爵的对手罗伯托·马拉泰斯塔在同一天死于罗马。有人怀疑教皇的侄子吉罗拉莫毒死了罗伯托，以便夺取里米尼。教皇西克斯图斯或是出于感激，或是为了消除人们的怀疑，立即在圣彼得大教堂为罗伯托建了一座豪华陵墓。教皇加入了联盟，与威尼斯决裂，也开除了威尼斯人的教籍。参见"科洛尼亚主教传"，本书第197页。——英译者注

② 罗马作家老普林尼的名著。本段中提到的其他著作均为亚里士多德的作品。——中译者注

么说：在领主中，他是第一个学习哲学并具有哲学知识的人。他一直注意保持自己的才智和品德，每天都学习一些新知识。

　　学习哲学之后，他又想学习神学，每个基督徒都要依据神学来 100
规划自己的人生。他读了圣托马斯的第一部分[①]及其他一些作品，
对圣托马斯的学说产生了强烈的爱好，他觉得这一学说清晰易懂，
能够自圆其说。他认为圣托马斯的学说比司各脱[②]的还要明晰，虽
然没有他玄乎。不过他还想了解司各脱的作品，读了司各脱的第一
部著作。他非常熟悉宗教经典和早期权威神学家安布罗斯、哲罗
姆、奥古斯丁、格雷戈里，他想拥有这些人的著作。

　　希腊神学家如巴西尔、圣约翰·赫里索斯托姆、格雷戈里·纳
齐安曾、阿萨内修斯、西里尔、厄弗雷姆等人的作品，他想让人翻
译成拉丁语，诗集和史书他读了一遍又一遍。他读了李维、萨卢斯
特、昆图斯·库尔提乌斯、查士丁、恺撒的战记等，对这些作品赞
不绝口。他读过普鲁塔克所写的四十八人的全部传记，由多人翻译
而成，还有埃利乌斯·斯巴提亚努斯，以及罗马衰落时期一些作家
的作品。他还读了阿米利厄斯·普罗伯斯、科尔涅利乌斯·塔西佗，
以及苏维托尼乌斯写的皇帝传记，从恺撒开始一直到以后的时期。
他也读过优西比乌斯的《编年史》（ De Temporibus ），以及吉罗拉
莫·普罗斯佩罗和马泰奥·帕尔米耶里增添的内容。

　　至于建筑，可以说他那个时代没有一个人像他那样知道得一清
二楚，无论其地位高低。我们可以看看他主持建造的建筑物，气势
宏伟，尺寸比例适当，尤其是他的府邸，在当时没有一座建筑能超
过它，大家对任何建筑的评价都没有对它的评价高，任何建筑的精

----

① 当指托马斯·阿奎那的《神学大全》。——中译者注
② 当指邓斯·司各脱，十三世纪时的英国神学家，中世纪盛期最重要的神学
　　家之一。——中译者注

美装饰都没有它的多。虽然他身边有建筑师，但他总是第一个领悟到设计的奥妙，然后解释比例及其他一切。听他谈论建筑，人们会以为那是他的主要才能所在，他清楚地知道如何阐明建筑原理，如何将其付诸实施。

他不仅建造府邸之类的建筑，也在他的领土上建造很多堡垒，比以前的堡垒坚固得多。有一些堡垒太高，公爵就大大降低其高度，免得炮火将其损坏。他是个很有水平的几何学者和算术学者。德意志人帕格洛大人[1]是个大哲学家和占星家，公爵死前不久和他

101 在一起读数学书，就像一个很懂数学的人那样谈论数学。他非常喜爱音乐，既懂声乐也懂器乐，供养着一个非常好的唱诗班，有优秀的音乐家和很多男歌手。他府邸里有各种乐器，他很喜欢听乐器的声音，也很喜欢最熟练的演奏家。他更喜欢精致的乐器，不太喜欢音量大的乐器，对长号之类的乐器没有多大兴趣。

他很懂雕塑，对他府邸里的雕塑作品操了很多心，雇用的都是当时第一流的大师。听他谈论雕塑，你会以为那是他的老本行。他对绘画很感兴趣。他在意大利找不到适合他口味的油画家，就派人到佛兰德去找，从那里带回来一个大师[2]，此人在乌尔比诺画了很多非常有气派的画，尤其是在费代里戈的书房里，画的有哲学家、诗人、教会神学家，技艺非常高超。这位大师画了一幅公爵的写生像，只差一口气就活了。

他还请来一些佛兰德挂毯织工，为一个寓所织出一套华丽的作品，是将金线、银线与羊毛线混合起来织成的，任何画笔都画不出来。他还让这些大师制作其他装饰品，所有门上都装饰有艺术品，像室内的艺术品一样精美。他的一个橱柜装饰得富丽堂皇，谁也说

---

① 参见"科西莫·德·美第奇传"和"帕格洛传"。——英译者注
② 贾斯特斯·冯·根特。——英译者注

不清楚是用画笔画的、用银做的还是浮雕。

回头还说文学研究。从教皇尼古拉和国王阿方索时代起，文学家与学者所受到的尊重和得到的报酬，都不及乌尔比诺公爵时代，乌尔比诺公爵从来都不吝惜花费。他那个时代的文人，几乎没有一个没有从他那里得到过厚礼。学者坎帕诺陷入贫困以后，乌尔比诺公爵给了他一千多达克特。很多人把优秀作品送给他。他在佛罗伦萨的时候，给了文人们一千五百多达克特。至于他在罗马、那不勒斯和其他地方送了多少礼我没法说，这些情况我都不知道。从未有人像他这样保护学者。教皇西克斯图斯迫害西蓬蒂诺主教[1]时，公爵要是没有保护他，他可就惨了。他总是喜欢让一些学者到他府上，凡是去找乌尔比诺公爵的人，在他府上无不待若上宾。

现在看看公爵是如何尊重所有的希腊语作家和拉丁语作家的，无论这些作家是神职人员还是平信徒。只有他一个人想做一件一千多年来从未有人做过的事，那就是建造一座自古以来最好的图书馆。他不惜花费钱财和人力，一听说有好书，无论是在意大利还是在其他地方，都会派人去买。从他开始建图书馆到现在有十四年多了，无论是在乌尔比诺、佛罗伦萨还是在其他地方，他总是雇有三十到四十个抄写员为他效力。

他筹建好图书馆只用这一个办法：从拉丁语诗人开始，包括对这些诗人所作的任何有价值的注释；然后是演说家，包括图利[2]的作品以及任何有价值的拉丁语作家和语法学家的作品。这样，这一领域任何一位主要作家都不遗漏。他还寻找所有已知的拉丁语历史著作，不仅如此，而且还包括翻译成拉丁语的希腊语历史著作，另外还有演说家的著作。公爵还想得到所有用拉丁语撰写的道德哲学

---

[1]　参见下文这位主教的传记，本书第181页。——英译者注
[2]　即西塞罗。——中译者注

102

和自然哲学著作，或是从希腊语翻译成拉丁语的著作。

至于权威神学家的拉丁语著作，神学四大家[①]的作品他都有，这是多么经典的一套作品啊，这是他不问价钱买下来的。弄到这四位神学家的作品之后，他又想弄到圣伯纳德以及古代所有神学家的作品，无一例外全要，德尔图良、希拉里乌斯、雷米吉乌斯、圣维克托的休、伊西多尔、安瑟姆、拉巴努斯等所有的神学家。

搜集到拉丁语作品以后，他又搜集翻译成拉丁语的希腊语作品，雅典最高法官狄奥尼修斯、巴西尔、西里尔、格雷戈里·纳齐安曾、大马士革的约翰、圣约翰·赫里索斯托姆、尼西亚的格雷戈里，还有优西比乌斯、修士厄弗雷姆、优秀作家奥利金的所有作品。

说到拉丁神学家的哲学与神学作品，有托马斯·阿奎那和艾伯塔斯·马格努斯的全部作品，有亚历山大的亚历山德罗、司各脱、博纳文图拉、梅迪亚维利亚的理查德、安多耐诺斯大主教以及所有公认的现代神学家的所有作品，一直到圣弗朗西斯的《顺从》，所有民法方面的善本书，巴尔托洛写在羊皮上的讲稿。

103

他有一个版本的《圣经》，分为最漂亮的两卷，有最精美的插图，由金线织花的锦缎做封面，用银装饰得很豪华。这部书有如此贵重的装裱是因为它是万卷之首。这本书还有警句大师[②]、尼古劳·迪·里拉以及所有希腊神学家和拉丁神学家的注释，另外还有尼古劳·迪·里拉编的词汇表。

他还有占星学、几何学、算术、建筑、军事方面所有作家的著作，有关于绘画、雕塑、音乐、教会法方面的书，有对奥斯蒂亚的

---

① 指基督教会早期最负盛名的四位神学家圣奥古斯丁、圣哲罗姆、圣安布罗斯、圣格雷戈里。——中译者注

② 指经院哲学家、巴黎主教彼得·伦巴德，因著有《警句四书》而负有盛名。——中译者注

《万象》及同一领域其他作品的注释和讲义。医学方面有阿维森纳、希波克拉底、盖伦的全部著作，有艾尔曼瑟的《大陆》，有阿威罗伊在逻辑和自然哲学方面的全部著作。有自古以来所有宗教会议的文件汇编，有波伊修斯的逻辑、哲学和音乐作品。

　　还有教皇庇护以来所有现代作家的作品，有彼特拉克、但丁的拉丁语和俗语方言作品，有薄伽丘的拉丁语作品。有科卢乔、莱奥纳尔多·德·阿雷佐的作品，有原著也有译著。有安布罗焦修士、詹诺佐·曼内蒂、圭里诺的作品。有帕诺尔米塔、弗朗切斯科·菲莱尔福、坎帕诺的散文和诗歌。还有佩罗托、马费奥·韦焦、尼科洛·塞孔迪诺（此人在佛罗伦萨希腊教派召开的宗教会议上担任希腊语和拉丁语翻译）、蓬塔诺、巴尔托洛梅奥·法齐、加斯帕里诺、彼得罗·帕格洛·韦尔杰里奥、乔瓦尼·阿尔吉罗波洛（包括亚里士多德的哲学与逻辑学，还有政治学）、弗朗切斯科·巴尔巴罗、莱奥纳尔多·朱斯蒂尼亚诺、多纳托·阿恰约利、阿拉曼诺、里努奇尼、克里斯托法诺·达·普拉托、韦基奥、波焦、乔瓦尼·托尔特洛、弗朗切斯科·德·阿雷佐、洛伦佐·瓦拉等人的所有作品。

　　除了古代和现代神学家各个学科领域的作品之外，他还搜集了所有已知的希腊语作品，还有亚里士多德全集和柏拉图全集（写在最好的羊皮上），一卷本的荷马，包括《伊利亚特》《奥德赛》、《蛙鼠之战》。[①]有诗人索福克勒斯、品达、米南德的作品，以及其他所有希腊诗人的作品。有普鲁塔克的传记和伦理作品，漂亮的一卷本。有托勒密的《宇宙志》（Cosmography），附有希腊语插图，有希罗多德、波桑尼阿斯、修昔底德、波利比乌斯、德摩斯梯尼、埃斯奇纳斯、普罗提诺的作品。所有的希腊语注释，如对亚里士多德的注释，对《植物志》和泰奥弗拉斯托斯的注释。所有的希腊语

104

---

① 假托荷马之名的伪作。——中译者注

词汇汇编，从希腊语到拉丁语。希波克拉底、盖伦、色诺芬、圣巴西尔、圣赫里索斯托姆、圣阿萨内修斯、圣约翰·达马谢纳斯、圣格雷戈里·纳齐安曾、尼西亚的圣格雷戈里、奥利金、雅典最高法官狄奥尼修斯、约翰·克里马尔库斯、修士圣厄弗雷姆、诡辩家艾伊尼阿斯、约翰·卡夏努斯校对的作品、天堂之书、《埃及圣徒传》（ *Vite sanctorum partum ex Aegypto* ）、巴拉姆与约萨法特传，优美的希伯来语、希腊语、拉丁语诗篇，一首接一首，有关几何学、算术、占星术方面的所有希腊语作品。

　　他发现还缺少很多作家的希腊语作品，就派人出去寻找，不能缺少任何一部能找到的希腊语作品。另外还有所有的希伯来语作品，从《圣经》和拉比摩西以及其他注释家注释的作品开始。除了宗教经典之外，还有医学、哲学及其他学科的希伯来语作品。

　　公爵花费了三万达克特巨资完成了这一宏伟工程，除了提供很多优良的设施之外，他还决定给每一位作家提供足以配得上其身份的最后一道润饰：将其作品用鲜红色和银色封皮包装。他从万卷之首《圣经》开始，用金线织花的锦缎做封面，然后又把希腊神学家、拉丁神学家、哲学家的著作、史书、医书、现代神学家的著作用鲜红色和银色装裱，看起来富丽堂皇。

　　这座图书馆里所有的书都是最好的，都是用笔写成的，如果有一卷是印刷出来的，它会羞于和这些书为伍。书里都有漂亮的插图，写在羊皮纸上。在所有的图书馆之中，这一座是特别引人注目的，因为你找遍所有作家的书，无论是宗教书籍还是世俗书籍，是原著还是译著，你找不到一页是有缺陷的。没有任何一座图书馆可以和它相比，在其他图书馆里，都有一些作家的书在个别地方有缺陷。

　　公爵在去费拉拉之前不久，我正好和他一起在乌尔比诺，我身上带着意大利主要图书馆的总目——教皇图书馆、佛罗伦萨圣马可

图书馆、帕维亚图书馆，甚至还有牛津大学图书馆的总目，那是 105
我从英格兰搞到的。将这些图书馆的书目与公爵图书馆的书目一比
较，我发现它们全在一个方面逊色，也就是它们的同一部作品有很
多复本，但缺少同一位作家的其他著作。另外，它们所收藏的作家
并没有囊括所有的学科，比不上这一座图书馆。

　　我一开始谈及公爵的军功，然后又把他的战绩和文学成就结合
起来谈，想以此来显示：谁要是想成为像公爵这样的优秀将领而不
得益于文学，想成为这样的优秀人才而又不把二者结合起来的企图
必将落空。

　　现在我想提出第三种品质，也就是明智地治理国家和贵族的才
能，这一能力是那些具有我刚才提到的两种品质的人很少具备的。
在治国和治家方面，他那个时代无人能和他相比。

　　首先，为了把他的治理与宗教结合起来，他首先最虔诚、最严
格地尽到宗教义务。做不到这一点，自己不以身作则，他的统治就
绝对不会持久。每天早上他都跪着听弥撒，在教会规定的宗教节日
和整个四旬斋期间斋戒。

　　他死的前一年，奥塔维亚诺阁下①从罗马为他搞到一份豁免证。
奥塔维亚诺阁下非常爱他，觉得在四旬斋期间斋戒对他的健康有
害。四旬斋期间的一天早上，这份豁免证放在了他面前的桌子上，
他对着奥塔维亚诺笑了，谢过奥塔维亚诺后说："我要是能斋戒，你
为什么想阻止我斋戒？我会为臣民们树立一个什么样的榜样！"从
那天起，他还像以前那样斋戒。每天早上，他和全家人以及想参加
的城里人一起听布道，然后望弥撒。一到斋戒的日子，他就让人
为他读经书，或者读圣利奥的作品。要是读到某个重要段落，他
就会让停下来，让大家仔细琢磨一下。每天他都让拉扎罗大师为他

_____

① 　贝尔纳多·乌巴尔迪尼与费代里戈的姐姐安娜的儿子。——英译者注

读《圣经》里的某个段落。

　　他最为严格地坚持施舍。他每天都在家里分发大量的面包和酒，从不间断。他对学者、名门世家、圣地、对自己的状况不好意思说出口的穷人慷慨解囊，对来找他的任何一个臣民都有求必应。只要有可能，他就在自己的领地里建立严守教规派修道院，由他出资让他们发放救济品，以维持当地的秩序。他引进了奥利韦托山修士、耶稣修道会①修士和斯科佩托修士，像所有这些教派的修道院长一样。公爵对任何到他身边来的神职人员都很尊重，拉住对方的手，交谈时总是坐在对方旁边。他对这些人的尊重超过了我所见过的任何人。

　　乌尔比诺有一座女修道院，里面住着大约六十名修女，公爵为这座修道院提供了很多帮助，让修女们过得舒适。他每个星期都单独到那里去一次，坐在那里的一个格栅旁边。院长是位年长有威望的女士，她会与公爵交谈，公爵会询问修女们缺不缺东西。实际上公爵为这座修道院和严守教规派的修士们提供了他们所需要的一切。

　　他管理自己的府邸和他管理修道会是一样的。他虽然要自己出资养活五百多口人，但他住宅周围根本没有棚屋之类的房子，像任何一座修道院一样井井有条。这里没有嬉戏喧闹，没有拌嘴吵架，每个人说话都很礼貌得体。

　　一些贵族把儿子交给公爵，让公爵教他们学习军事，他们就一直待到学好本领才离开他。这些年轻人由一个人品优秀的伦巴第绅士管理，这位绅士在公爵手下受训多年，管教这些年轻人就像管教亲儿子一样。年轻人对他极为尊重，对自己的行为举止约束得很严

---

① 1367 年由圣詹·科隆班创建。蒙田在其《游记》里写道："他们不是教士，既不望弥撒也不布道，而是会熟练地蒸馏香橼和其他溶液。"——英译者注

格，就像一座好学校里的学生一样。

公爵有一个很有出息的婚生儿子伯爵圭多，其他几个婚生子女由巴蒂斯塔夫人所生，她是佩扎罗的亚历山德罗阁下的女儿，一位杰出的女士。她死时几个孩子还小，公爵就把儿子交给两位家庭教师。这两位绅士年龄适当，教给他需要掌握的课程。后来，公爵又把儿子交给一位博学的年轻人，跟着他学习希腊语和拉丁语。公爵明确要求这位老师，不要让儿子与年轻人混在一起，这样他才能表现出天生的庄重气质。

世子有极好的记忆力，我能举出很多例子来。有一次，奥塔维亚诺阁下把托勒密的一本书放到他面前，他能指出世界上各个地区的位置，问他任何一个地方或地区在哪里，他马上就能找到，而且还能说出一个地方到另一个地方的距离。公爵有一本带有历史注释的《圣经》，每一卷中发生的事都有讲解，没有一个人名或地名是世子所不知道的，连不常见的希伯来人名他都知道。世子接受教育是为了能够接父亲的班，他仍在继续相同的训练。

另一个儿子安东尼奥阁下出生时公爵还年轻，还没有结婚。安东尼奥阁下一心习武，长得仪表堂堂。几个女儿由很多高贵的淑女侍奉，住在宫里的一侧厢房里，除了奥塔维亚诺阁下和世子之外，任何人不许进去。世子来到厢房门口时，侍女们都在门外，走进等待室直到世子出来。他在举止上最注意得体。

说完他治家之后，再说说他是如何统治臣民的。他对待臣民就像对待自己的孩子一样。他不喜欢任何人代表其他臣民来和他说话，因为任何人都可以在每天的任何时候来和他说话，他会最为亲切友好地倾听大家的意见，说这并不会给他带来麻烦。只要是他能为大家办的事，他都会尽心去办，他们就不需要回头再来找他，几乎每个人的事当天都会得到处理，以免耽误时间。他要是发现想找他说事的人之中有谁磨不开面子，他就会把这个人叫来，鼓励此人把想说的话说出来。

108　　看他对大家如此厚道，臣民们极为热爱他，在乌尔比诺碰见他就下跪，说："上帝保佑您，大人。"他经常在他的地盘上走动，从一家店铺到另一家店铺，问工匠们是干哪一行的，有什么需要没有。他是那么善良，大家爱他就像孩子爱父母一样。他统治的国家是一大奇观：所有的臣民都丰衣足食，通过为他启动的工程劳动而富裕起来，一个乞丐也见不到。如果有人因行为不端或不守法而应该受到惩罚，公爵出于仁慈就会干预，把事情处理得让各方都满意。所有的犯罪行为他都会宽恕，只有一项行为除外，那就是亵渎上帝，或亵渎圣母、圣徒。对此他绝不宽恕。

　　他对待陌生人就像对待本国人一样仁慈。有一天逢集，我看见他到市场去，问那里的人卖的货物要什么价。然后，他开玩笑似的说："我是领主，从来不带钱，我知道你们不相信我，怕我不付给你们钱。"这样，他的兴致把大家都逗乐了，无论身份高低。和他说话的农民们走的时候极为高兴，公爵会这么随意地与他们相处。

　　他骑马外出的时候，所碰见的每一个人都会向他致意，向他表示问候。他外出时带的侍从很少，没有一个人佩带武器。夏天的时候，他会在黎明时分骑着马从乌尔比诺出发，带着四个或六个骑士、一个或两个仆人，不带武器，他一踩马镫跑出去三四英里，回来时其他人才起床。下马的时候该望弥撒了，公爵就会去望弥撒，然后走进一个花园，所有的门都开着，在那里会见想见他的人，一直到就餐时间。公爵落座以后，门都打开，这样任何人都可以进来。餐厅里人不满他绝不吃饭。总有人为他朗读，四旬斋期间读宗教作品，其他时间读李维的史书，全是拉丁语的。他吃的是便饭，没有甜食，不喝酒，除非是樱桃、石榴或苹果等水果酿造的酒。

109　　任何想向他禀报的人，都可以在两道菜之间或饭后和他交谈。上诉法官是个非常有名的人，他会把诉讼事由在法庭上一一摆到公爵面前，然后由公爵用拉丁语裁定。这位法官对我说，公爵的裁决那么公正，即便是让巴尔托洛或博都①来裁决，也不会裁决得更公正了。我看到一封为一位医生说情的信，这位医生想在安科纳谋职。公爵说："加上这一句：他们如果想要医生就要他，如果不要的话就请他们自便，我不想让他们因为我的信而做不情愿做的事。"

在夏季，吃过饭、听完禀报之后，他就到内室处理自己的事，听别人为他朗读，朗读的内容随季节而变化。到了傍晚，他又出去听取禀报，然后如果还有时间，他就去他建的圣基娅拉修道院看望修女，或是去圣方济各女修道院，那里有一大片草地，景色很好。他坐在地上，三十到四十个年轻人脱得只剩下紧身上衣，用长矛对着苹果或树枝扔过去，煞是好看。公爵要是发现跑或是抓的动作不规范，就会训斥他们，让他们改进动作。在这样的练习中，任何人都可以向他禀报，实际上他就是为此目的而来到这里的，当然也可以做别的事。

快到吃晚饭的时候，公爵就让年轻人穿上衣服，回到宫里时，吃饭的时间就到了，他们就像我在前面描述的那样在一起吃饭。公爵会在那里停一段时间，看是否有人向他禀报。如果没有人禀报，他就和为首的贵族和侍从一起到内室自由交谈。有时候他会说："明天大家都要早起，趁着凉快散散步。你们这群年轻人爱睡懒觉，嘴里说会来，但根本就不来。好吧，晚安。"

有一天他对我说，每一个人，无论身份高低，如果担任任何国家的元首都应该宽宏大量，凡是不宽宏大量的他都要谴责一通。有些人因为性格缺陷而缺少仁慈并为此表示歉意，他们应该采取强有力的措施来改正错误，因为伟人应该把仁慈作为最重要的品质来培养。仁慈可以化敌为友。意大利很久没有产生过像乌尔比诺公爵这

①　两位都是著名法学家。——英译者注

110

样在各方面都值得效仿的君主了。

他对取悦他的人采取一种最为慎重的态度。有一次，他和一个商人做了一大笔交易之后，他的一个家人过来对他说，这个商人赚了他一大笔钱，所提供的货物根本就不值索要的价格。公爵笑着说，他对商人赚钱感到很满意，商人要是不该赚那么多钱，他就不会赚那么多了。公爵接着说，他对这位商人非常感激，此人以前还穷的时候刚得到五千或六千弗罗林，就把这笔钱交给公爵，当时没有一个人愿意借给他一个弗罗林。由于这一原因，他很高兴让这位商人赚到应该赚的钱。听了这番话，仆人无话可说，不好意思地走了。

有一天，他在米兰与公爵加莱亚佐商量事情，加莱亚佐对他说："阁下，我总是愿意去打仗，有你支持我，我就永远不会吃败仗。"乌尔比诺公爵回答说："我打仗的知识，都是从令尊大人公爵弗朗切斯科阁下那里学来的。"公爵加莱亚佐没有回答，显然是无话可说。有人指责公爵过于仁慈，但这一品质应该大力赞扬，没有几个恳求他的人走的时候没有得到宽恕，无论他们犯了什么罪。他憎恨各种形式的残酷行为。

公爵具有一种令人赞叹的品质：不说任何人的坏话。他宁赞扬而不责备，很讨厌有人在他面前说别人的坏话，认为这是一件丢人的事。他不喜欢听人自夸，实际上他对自己的功绩最为谦虚，总是让别人去说而不是自己说。他生性爱发脾气，但他知道如何克制，最为小心地软化自己的态度。他全身心地投入到国务之中，让民众感到满意。他最大的长处之一，就是一听说有人吵架就把双方都叫过来，想方设法让双方和解。

他在消除分歧方面做了很多善事，其中有一件是一个老实人出身的臣民娶了个与他门当户对、亲戚众多的妻子，夫妻二人产生了矛盾，丈夫对妻子没有了好感。最后闹到他要维护荣誉的地步，这意味着他有可能被她家的某个亲戚砍死。公爵意识到事情要闹大，为了防止事态扩大，就确定个日子让双方解决争端。大家来到他面前，他首先对女方家良言相劝，给出很多有说服力的理由告诉他们怎么做。

没有受过教育的人都是这样，公爵说得越多，他们就越抵触。公爵一看女方家是这个态度，就转身对小伙子说："如果我想让你成为我的亲戚，你不会顾忌我的身份而不同意吧？你不觉得这是一门好亲戚吗？"小伙子回答说，这样并不合适，你贵为公爵，我是一介草民。公爵说："你就不想做一件让我满意的事吗？"小伙子在公爵的劝说下表示愿意，于是公爵说："这位少妇贤惠善良，我看很好，好像我女儿似的。这么说你成了我的亲戚，不是她家的亲戚了。"公爵用这话约束住了他，他不得不同意接受她，满足了所有人的愿望。公爵拉住二人的手，祝他们好运，说他们的亲戚关系现在就开始了，他希望二人永远记住这一关系，有事就找他。他为二人举办了盛大的婚宴，二人心满意足地走了，从此以后夫唱妇随，相敬如宾。像这样安抚臣民的事，配得上一位君主。

公爵多么坚定地承受住了费拉拉的失守！他在费拉拉逗留了很长时间，以便赶走围攻的威尼斯人，他知道这对意大利的其他地方是多么重要。他凭借谨慎，一直把威尼斯人控制在边界之内，而现在威尼斯竟然把军营扎到了猎园，他知道要是在城里不密切监视，就会非常危险。

由于生活非常不方便，空气又不好，公爵阁下发烧病倒了。几天以后，他虽然凭借有节制的生活习惯退了烧，但身体非常虚弱，所有的朋友和医生都劝他去博洛尼亚，那里空气好一些。公爵意识到这里面临的危险，他关注更多的是公众的利益而不是个人的病情，只要他一走，费拉拉就会由于缺少必要的防范措施而失守，负责守城的人曾疏于防范。

112

他的家人、朋友、奥塔维亚诺阁下和伯爵圭多的信使都一再劝他，让他离开那里的瘴气。而他虽然知道自己有生命危险，还是对他们的祈求置若罔闻。他已经失去了求生的欲望，患了湿地病的人通常都是这样。公爵总是回答说，他虽然知道自己有危险，也不会做任何危及费拉拉城的事情，他知道这对意大利的其他地方意味着什么，对联盟给予他的信任意味着什么。威尼斯人如果夺下费拉拉，阻止他们称霸意大利的最后一道障碍就排除了，曼托瓦和博洛尼亚就会有迫在眉睫的危险。博洛尼亚一旦被占领，附近与它相连的佛罗伦萨就会任由威尼斯摆布。

与此类似的还有法恩扎和罗马涅的其他地方，除了乔瓦尼·加莱亚佐和菲利波·玛利亚·维斯孔蒂之外，没有人争夺这些地方并阻止其从米兰人手中丧失。现在要是落到威尼斯手里，情况会糟糕得多。至于卢卡边境上的其他地区，他们会采用这种办法进攻，还会骚扰比萨，所有这些对佛罗伦萨人来说，都意味着极大的危险。

公爵是个非常聪明、非常虔诚的人。他被前面描述的理由所打动，决定首先考虑公共利益，拒绝放弃对费拉拉的防守，虽然这会让他的性命置于危险之中。这样拿定主意之后，谁也无法让他离开费拉拉。他知道自己必死无疑，所以愿意留下来救城，不愿意为了挽救自己的性命而离开，让城陷落。这样就会丢人现眼，大家会说是他的所作所为让意大利置于威尼斯的统治之下。

公爵下定决心之后，当地的有害空气使他病情加重，那里不适合他养病。他发现病情日益严重，便开始考虑灵魂的幸福，安排好国家事务，免得将来出现麻烦。无论是世俗事务还是宗教事务，他都安排到最微小的细节，就像他在遗嘱里规定的那样。他命令，由方济各严守教规派占据的在乌尔比诺外面大约一英里的圣多纳托修道院再次改造为教堂，并提供所需要的一切，这些后来都照办了。他想把自己安葬在那里，位于伯爵圭多旁边。他没有必要在遗嘱里为崇拜上帝或治家做出任何安排。他要是没有做到这一点，他的所作所为就可能留下遗憾。但事实显示，无论是他的家人还是臣民，都没有受到任何伤害。

他为几个儿子的未来做出安排之后，他开始考虑自己的灵魂问题，像一个虔诚的基督徒那样多次忏悔，安排好得救所需要的一切，在适当的时候做了圣事。承蒙天恩，他在清醒的状态下把这些事情都做完了，仔细考虑了每一件要做的事，该做的事一件也没有遗漏。他在每一件事上都是最虔诚、最仁慈的，所以他可以当之无愧地被称为不幸者的父亲和保护人。

公爵死后，他的遗体依据他在遗嘱里的要求，由方济各严守教规派教徒出面，以最为体面的方式运到圣多纳托教堂。他大部分遗产都交由他外甥奥塔维亚诺阁下处置，公爵对他完全信任，二人关系非常好。公爵还委托奥塔维亚诺阁下管理国务，甚至是与世子有关的国务都由奥塔维亚诺阁下处理。公爵极为喜爱奥塔维亚诺，如果伯爵圭多死后无嗣，他想让奥塔维亚诺掌管国家大权。

公爵还有很多事情值得记下来，但这要由为他写传记的人来记述。我所写的只是一篇短评，以便让平民百姓对公爵也有所了解，懂拉丁语的读者也可以看。这里所写的所有事情大部分都是我亲身经历的，当时我在宫里。有些事情不是我亲眼所见，而是我听声誉良好的人说的，这些人就在公爵大人身边。

亚历山德罗·斯福尔扎（1404—1466），佩扎罗领主

亚历山德罗·斯福尔扎是米兰公爵弗朗切斯科的弟弟，也是佩扎罗领主。他是个才华出众的人，善于领兵打仗，在伦巴第和托斯卡纳的很多地方充分显示出他的勇猛。他也在那不勒斯国王斐迪南

麾下效过力，参加过国王发动的收复王国的战争。

他除了军功卓著之外，还很有学问，是学者的朋友，身边总有一些博学的神学家，尤其是那些擅长于圣托马斯·阿奎那推理原则的神学家，因为他很喜爱这一学说。如果时间允许，他会让人为他朗读阿奎那的作品，或是与某位神学家辩论，或是与最著名的哲学家加斯帕里诺辩论。他即位时搜集了一大批图书。他向佛罗伦萨传话，命人把能找到的所有书籍都买下来，买不来的都抄写下来，无论花费多少都在所不惜。他要四大拉丁神学家的所有著作，要很多从希腊语翻译成拉丁语的作品，要圣托马斯、博纳文图拉、亚历山大、司各脱的所有著作，另外也要最优秀的诗歌、历史、占星学、医学、世界志方面的著作。这些书籍是在米兰、威尼斯、博洛尼亚以及意大利各地为他制作的，这种方式似乎不太适合一个收入非常有限的统治者，而是适合一位国王。《圣经》和每日祈祷书都很漂亮。

他的其他优秀品质包括了勤奋。一个博学而又薪酬丰厚的人喜欢藏书，一点钱也不乱花。他管理这批藏书直到去世，为每一门学科都增添了大量图书。

他是个非常虔诚的人，喜爱穷人，尤其是喜爱严守教规派教徒。他在佩扎罗为方济各严守教规派教徒建了一座适用的修道院，以吉罗拉莫的名字为其命名。他不让这里缺乏做礼拜所需的任何东西，无论是书籍还是教堂的装饰品，所以这座修道院配得上意大利的任何一个国家。现在这里有二十五到三十个修士。然后他把佩扎罗的圣多明我严守教规派教徒转移到圣戈斯坦萨，现在他们有了一座漂亮的修道院。

他对路过那里的所有上流人士都最为慷慨，总是渴望在家里招待名人，给予他们最高荣誉。在家里或在他领地上的其他地方款待皇帝及其一行，他也并不怯场。他给予客人最高礼遇，每一件事都做得滴水不漏。作为对他这一好意的报答，他的家族免费得到一个族徽，另外还有很多特权。

他身边总是有很多杰出的文人武士。身为统治者他享有很高的威望，公正处理一切事情。他在家里、在日常生活习惯上树立了最好的榜样，因为他做一切事情都是想为上帝增光，都是为了维护神圣的宗教。别人说话时，他总是洗耳恭听，尤其是他的下属说话时，这些人都非常喜爱他。他美化自己的领地，维护良好的秩序，任何人都可以看出来。

我在前面说过，他是个非常优秀的军事统帅，在意大利他打过仗的很多地方，他麾下的军人都极为尊重他：在收复王国[①]的战斗中，在特罗亚大败公爵乔瓦尼[②]的战斗中。那一天，指挥一支雄师的伯爵雅各布[③]也是他的对手。他对这几位指挥官的打击，是意大利战场上多年以来所取得的最大战绩之一。

亚历山德罗发现公爵乔瓦尼向前挺进，同时还有优秀将领雅各布指挥的队伍，他知道公爵乔瓦尼的队伍比国王[④]的队伍人数多，也更加训练有素。国王丧失了大部分领地，也缺钱，还要面对几乎所有那不勒斯男爵的叛乱。[⑤]所以，他断定王国的得失当天就会见分晓。

他把队伍集合起来，盘算好如何开战以后，突然去对付正准备占领一座小山的敌人。亚历山德罗的主要目的是把敌人从这里赶走。他发动攻击去占领小山，从两侧紧紧包抄，终于将其占领。亚

116

---

① 那不勒斯。——英译者注
② 安茹的让·勒内的儿子。——英译者注
③ 尼科洛·皮奇尼诺的儿子。——英译者注
④ 斐迪南一世。——英译者注
⑤ 参见波尔齐奥:《男爵的阴谋》（*La Congiura dei Baroni*），佛罗伦萨，1884年。——英译者注

历山德罗觉得这一战收获很大，于是就向国王陛下那里转移，他知道如果再打下去会有危险。他向国王建议，当天的战斗就到此为止。但国王却认为，当天他定要与敌人决出雌雄，就回答说仗还要继续打下去。

所有的队伍都在平地上，但公爵乔瓦尼的队伍仍然更强大，不过国王说："今天我要么为王，要么为囚。"亚历山德罗又重新开战，鏖战了几个小时后，国王的队伍开始占据上风，压住了公爵乔瓦尼的队伍。伯爵雅各布那天无心恋战，他发现没有获胜的机会。然而公爵乔瓦尼看得很清楚，他要是打败国王的队伍，王国就是他的了。

结果公爵乔瓦尼的队伍被打败了。[①]那一天，国王和亚历山德罗充分展示了他们的勇猛，打败敌人后国王斐迪南收复了他丢掉的王国——从公爵乔瓦尼手里夺回来的，乔瓦尼占据了王国的大部分领土。亚历山德罗肯定知道，是他把斐迪南丢掉的王国归还给斐迪南的。他打败了公爵乔瓦尼的军队，在很短时间内就把整个王国交还给了国王。公爵乔瓦尼很高兴地走了，又回法兰西去了。

117　亚历山德罗阁下在各方面都值得高度赞扬，是他那个时代造就的第二大将领[②]，既懂军事，也爱学问，名列第一的是乌尔比诺公爵。我们这个时代只有这二人文武双全。他在世时战功卓著，指挥过很多军队。他最后一场战役是在莫利内拉与贝加莫的巴尔托洛梅奥交战，表现得勇猛顽强，巴尔托洛梅奥为威尼斯效力。这一仗从十九点打到夜里一点[③]，每一支军队都可圈可点。

---

① 参见西斯蒙第：《法国史》，第 14 卷，第 118 页。这事发生在 1462 年。——英译者注
② 1460 年，亚历山德罗在萨诺惨败在尼科洛·皮奇尼诺手里，韦斯帕夏诺对此只字未提。——英译者注
③ 下午一点至六点。——英译者注

　　据说他在治军、治国、治家方面都很出众。他像聪明人所做的那样，无仗可打的时候就刀枪入库，考虑到年龄就过起平静的生活，学着自省。所有这些事情亚历山德罗阁下都做到了，撤离战场后致力于国务，和聚集在他家里的很多著名文人一起度过时光，一直读书，尤其是经书，每天都让他们为他读日课，反复做礼拜。他每天祈祷两次，望弥撒一次。他一心一意敬神，拜访圣吉罗拉莫修道院，那是他为严守教规派教徒建造的，经常与神职人员交谈，慷慨地发放救济品。他把全部时间都用来为上帝增光添彩，用来拯救自己的灵魂。

　　他德隆望尊，谁要是为他写传记，就会因此而获得殊荣。我在这里简要记下几笔，使这位优秀人物的英名不至于湮没无闻，而且我相信总会有人把他的生平写下来。

戈斯坦佐·斯福尔扎，佩扎罗领主

　　亚历山德罗阁下的儿子戈斯坦佐·斯福尔扎大人是个文人，也是个优秀的指挥官，举止正派，有宗教情怀，是所有好人的朋友。

　　他生活在父亲留给他的国家，是个贤明的统治者，受到民众的爱戴。他对一些修道院进行了改革，尤其是佩扎罗的方济各严守教规派修道院，他让这一修道院接受圣多明我教派的教规。他还是虔诚的神职人员的好朋友。118

　　他将佩扎罗治理得秩序井然，建了好几条新街道，给很多居民建房的地方，以便让他们随意使用。他计划建一座漂亮的城堡，打好了基础，完全是按照他自己的宏伟设计建造的。他父亲留给他一座图书馆，他又增添了很多图书，都是他让人写的。

　　他非常喜爱文学家，有一些由他供养着。他出手大方，让每一位从国外来的有身份的人到他家里做客。他习惯于讲排场，服装、马以及周围的一切都很讲究。他长相英俊，熟悉战争艺术。要不是英年早逝，他一定会在军事、文学以及一切有价值的技艺上出类拔萃。可惜他刚要成名就过早地去世了。

　　我觉得我可以在这部传记里记下一些我知道的事情。名人时常犯错误，那是他们身边的人造成的，他们过于相信这些人了。所以，教皇尼古拉说得一点不错：统治者遇到的最大不幸，就是对于自己关注的问题，从来没有人去告诉他们真实的想法。教皇庇护说，所有的人都愿意去皮亚琴察或洛迪，但没有一个人愿意去维罗纳。

第三卷

枢机主教

枢机主教布兰达（1341—1433）

皮亚琴察枢机主教布兰达大人出生于米兰的卡斯蒂廖内家族。他在罗马教廷住了多年，在枢机主教阿恰约利时期住在阿恰约利家里。他熟悉所有的国务。但凡重大事务，不听取他的意见就处理的寥寥无几。

我记得在巴塞尔宗教会议期间，教皇尤金试图解散会议，需要对谴责教皇的一些法令作出回复，法令已送到佛罗伦萨。回函写好以后，教皇尤金让几位枢机主教审阅一下，然后送给皮亚琴察枢机主教。

几位枢机主教审阅完毕以后，由于皮亚琴察枢机主教正生病，他们就到他家里读给他听，他想让他们把回函留下来。他觉得不满意，就重写了一份。我后来听说，他起草的回函既不需要增一字，也不需要减一字。回函送到巴塞尔，为首的几个神学家看了以后感到困惑，因为它依据的是教会法，皮亚琴察枢机主教对此有渊博的知识。

这时，皮亚琴察枢机主教已年过九十，但身体依然硬朗，还经常步行到教皇府邸。他的家庭生活最为简朴。他家里有三十人，其中两个是他侄子，是他抚养大的，由一位非常优秀的教师照管。全家人在一起共同生活，以满足他这样的高级教士的需要。他有一个侄子是个非常博学的主教，在府邸里供养着门徒和其他一些有身份的人。枢机主教切萨里尼是由他提拔上来的，成为上帝教会里一名优秀成员。皮亚琴察枢机主教常说，如果教会只拥有圣阿尼奥洛枢机主教一个成员，他也足以从根本上改革教会。

120　　　他养有几头骡子，没有马，所以高级教士们以及家里的仆人就恳求他寻找一种更高雅的生活方式。当时仆人不穿制服，也不用点燃的火把。他们穿着蓝色或深色衣服，头戴一种教士帽，兜帽垂到肩上。主教和枢机主教坐在一起吃饭，也有请来的其他主教或名人，门徒和教士坐在对面一张餐桌上吃饭，旁边一张餐桌上是他几个侄子，肩膀上搭着餐巾站着。

依照修士们的习惯，有个人在餐桌旁大声朗读。结束的时候，一做完感恩祷告，有人就会提出神学方面的问题，或良心方面、教会法方面的问题。枢机主教提出解释并参与辩论，每天上午总要持续两三个小时。枢机主教年事已高，晚餐只吃一匙软面包和放有胡椒粉的鸡汤，另外还有两半杯葡萄酒。

他房间里的家具很普通，一张普通床上铺着一条花毯，床架也只是普通木材做的。门帘是一块蓝布，上面绣有他家的徽章。

我记得有一天晚上，我拿着一本方济各会成员、皮耶罗·迪·干地亚（后来当选为教皇）[1]的书，书里附有警句大师[2]的注释，枢机主教坐在卧室里他那张装有小轮的矮床上，只有一支蜡烛照明。他身体非常强壮，尽管已过耄耋之年，也只是在夜里才戴眼镜（他

---

① 亚历山大五世。——英译者注
② 彼得·伦巴德。——英译者注

把眼镜放在房间里的一个盒子里）。他拿起我这本书，让我把他那副只在夜里戴的眼镜递给他。枢机主教身为教会特使肩负重任，所有任务他都完成得非常出色。无论把他派到哪里，他都公开讲道，认为这样做无损于他的尊严。他非常喜爱对学者表现出好感。在伦巴第，他创建了一座图书馆，对任何希望学习文学知识的人免费开放。

他憎恨所有的邪恶，尤其是撒谎。有一天，他一个侄子撒了谎，枢机主教立即派人把负责照管侄子的教师叫来，让教师当着他的面扒光侄子的衣服，以便让侄子以后不要撒谎。

121

他所有的部门里都有一些聪明谨慎的人，这些人都在罗马教廷周围。他恢复了很多教堂，大部分都是他担任圣职的教堂，为这些教堂提供家具设备，为唱诗班提供书籍。

我不会详述他其余值得赞美的品质，免得太啰嗦，而且我相信，优秀作家已经提供了有关他美德的详情。有一件事我不会不说：他对罗马教廷以及整个教会产生了巨大影响，对教皇本人和所有枢机主教都产生了巨大影响，他对任何事情做出的判断都得到赞同。

枢机主教安东尼奥·德·科雷里

教皇格雷戈里的侄子、威尼斯科雷里家族的安东尼奥大人是个虔诚的年轻人，与教皇尤金一起在威尼斯的圣乔治·达尔加修道院出家当修士。过了一段时间，他叔叔当选为教皇，立即提名安东尼奥大人担任枢机主教，但安东尼奥并不愿意放弃修行去当枢机主教。在教皇的督促下，他同意了，条件是加布里埃洛大人也要担任枢机主教，教皇答应了。加布里埃洛大人后来成为尤金四世。

　　从此以后，安东尼奥大人以其圣洁的生活树立了一个好榜样。巴塞尔宗教会议对教皇尤金产生敌意时，很多枢机主教都去了那里，其中有安东尼奥大人，当时他已经是博洛尼亚枢机主教了。他去的时候带着侄子格雷戈里奥，一个文雅、博学的小伙子。

　　在宗教会议上，还不到二十岁的格雷戈里奥在大会上发言，其中有非难教皇尤金的内容。他的发言受到热烈欢迎，大家认为了不起，不但内容好，而且发言的方式也好。格雷戈里奥因此而名声大震，如果宗教会议有权册封枢机主教的话，大家肯定会提他的名。

122　　过了一段时间，枢机主教安东尼奥载誉回到罗马。教皇尤金在佛罗伦萨时，枢机主教安东尼奥去了那里，想说服教皇册封格雷戈里奥为枢机主教，他甚至想把自己的枢机主教职务让给侄子，但教皇拒绝了，具体原因我不知道。但格雷戈里奥无论是其生活还是学识，都肯定配得上当枢机主教。

　　枢机主教安东尼奥享有两座修道院的收入，一座在帕多瓦，一座在维罗纳。他把这两座修道院都给了严守教规派教徒，把收入的一半给了修士，另一半自己留作生活费。他还规定，他死以后，这两座修道院都免费送给修士。

　　他直到八十二岁时身体都很健康。教皇尤金离开佛罗伦萨回罗马时，枢机主教安东尼奥决定离开教廷去帕多瓦修道院，在那里祈祷度日。两个月以后，他决定处理掉自己所有的财产。他要清算两座修道院的全部收入，把两座修道院的庶务员叫来和他一起商量。然后他依据账目计算出他的收入，也算出他的贵金属、书籍、家具、服装的价值，连他身上穿的衣服也算了出来，让估价者告诉他一共价值多少。算清楚价钱以后，他把这笔钱分给两座修道院，自己只留下一个杯子、一件弥撒礼服和两个浅银碗。

　　把所有这些东西都分给两座修道院以后，他把两位院长叫过来对他们说："我给了你们一笔钱，还有我从这两座修道院得到的

钱。我要是还有更多的钱，就会多给你们了。要有耐心，别忘了
为我祷告。"两位院长吃了一惊，衷心感谢了他。然后，枢机主教
为自己所做的一切向上帝表示感谢。让所有的伟人和高级教士都
向这位枢机主教学习吧，他愿意这样处理财产，而不是把财产留
给继承人。

处理完财产之后，他又活了大约四个月。处理财产的事我是听
他侄子格雷戈里奥·科雷罗大人说的，处理的时候他就在现场。

枢机主教阿尔伯加蒂（圣十字教堂），1395—1443　　123

尼古劳大人是阿尔伯加蒂家族的，其头衔来自罗马的耶路撒冷
圣十字教堂。他出生于博洛尼亚，成为一名加尔都西会教士，在毫
不知情的情况下被教皇马丁五世册封为枢机主教。他过着圣洁的生
活，总是穿着加尔都西会教士的法衣，不穿衣服睡在草垫子上，无
论是身体健康时还是生病时都不吃肉。

他当上枢机主教以后，被教皇尤金召到博洛尼亚，教皇与萨尔
扎纳的托马索一起去了那里，托马索是阿尔伯加蒂的学生——人人
都知道他的大名，都知道他出于对枢机主教的尊重而取名尼古拉。

一回到罗马，他便由于生活圣洁、博学、熟悉教会法而广为人
知。当时教皇正在设法让法兰西国王、英格兰国王和勃艮第公爵和
解[1]，再也找不到比阿尔伯加蒂当大使更合适的人选了，于是就派
他去斡旋。阿尔伯加蒂刚正不阿，赢得了贵族和平民的尊重。他费
尽心机寻求和解，但英格兰人太顽固，无法说服他们，而对于法兰

---

① 这一差事在尼古拉五世的传记里有记载。1431 年，法兰西与勃艮第签署
　　休战协议。——英译者注

西人和勃艮第人，他的工作成效更大一些。他在罗马和整个法兰西、勃艮第声誉鹊起，因为他消除了那里很多日常生活中的陋习，这些陋习就是他们的祸根。他带回罗马的和约又使他的声望大增。

　　教皇看出他有能力，又派他去德意志解决一些君主之间的争端，这一任务他又顺利完成了。完成这一任务之后，他载誉回到罗马，于是教皇就希望让法兰西、勃艮第和德意志实现和解的人也能为意大利带来和平。公爵菲利波与威尼斯人已交战多年，所以教皇就下令交战双方派特使到费拉拉，在那里把争端提交给教皇解决，并派枢机主教阿尔伯加蒂为教皇代理人。双方把分歧摆到枢机主教

124 阿尔伯加蒂面前，枢机主教就起草一份协议，这份协议对各方都大有好处，也增加了他自己的声誉。

　　他出使法兰西时带了一个伙伴，此人是尼科洛·达·科尔托纳大人，一个圣洁的人，在教皇尼古拉的传记里对他多有赞扬。

　　由于长途跋涉，斋戒，没有肉吃，还有他戴的头巾，他的健康受到严重损害，另外他还默默忍受着多种疾病的折磨。在罗马，关于宗教事务出现了很多争议，提交给枢机主教以后都得到了解决，因为他享有盛誉。教皇尤金去了博洛尼亚，在那里住了一段时间，但主教邸宅破败不堪，枢机主教就让托马索大师去维修。邸宅修得并不豪华，但成为主教合适的住所，直到现在仍然如此。

　　教皇在博洛尼亚逗留一段时间之后去了费拉拉，安排希腊教派前来实现两大教派联合。离开费拉拉以后，他取道佛罗伦萨去了锡耶纳，发现锡耶纳的水有害健康，浑浊，像白垩似的。他在那里病倒了，犯了严重的结石病，于是他立即把事情安排好。他并没有很多遗产要处理，他把一切几乎全给了上帝。他把很多书留给了佛罗伦萨的切尔托萨修道院，其中有一本《圣经》是他花费五百达克特买来的，他想把自己埋葬在这里。

　　他病情极为严重，医生们只能想出一种办法来救他——一种很

危险的办法——也就是喝一大杯公山羊血。但他一听说就拒绝了，说他一直都是切尔托萨修道院的修士，从来都没有违反过修道院的任何一项规定，他知道自己的病情，相信自己已无药可救。教皇尼古拉从未像这位枢机主教一样坚定，枢机主教没有流一滴眼泪。这样拿定主意以后，枢机主教转向旁边的教士，几天以后就把灵魂交给了救世主，死得和活着时一样圣洁。

　　他死后，萨尔扎纳的托马索想把他剖开，剖开以后发现他体内有一块结石，像鹅蛋一般大小，重十八盎司。托马索带着这块结石回到佛罗伦萨，把它放到我手里，让我看看枢机主教遭受了多么大的痛苦，说医生们都错了，要把它击碎是不可能的。让那些责备教 125 士的人都看看，教会在任何情况下都造就出了杰出人物。

枢机主教切萨里尼（圣阿尼奥洛），1398—1444

　　圣阿尼奥洛枢机主教朱利亚诺·切萨里尼大人是一位优秀的枢机主教团成员。他是穷人家的孩子，被送到佩鲁贾去上学，当时佩鲁贾在布拉乔的统治之下。布拉乔是著名的曼托瓦军官，以宾达乔·达·里卡索利为其代理人。宾达乔是位绅士和学者，也是学者的朋友。

　　朱利亚诺从家人那里得到的只是有鞋穿、有衣穿。他经常到宾达乔家里去，以一个优秀民法学家的身份为宾达乔增光添彩。在人文学科方面，他的散文和诗歌写得很好。他把一些诗呈献给宾达乔，宾达乔就给他一两个达克特，以帮他解决困难。夜里，他写作没有灯光，蜡烛一拿走，他就刮下来一些动物油脂碎块用来照明。像他这样的优秀人物，会利用很多富人从来没有想到的方法。

　　他不得不借书学习，但很讨厌在别人书上写批注，所以他就买一些便宜的法律课本。其中有一本是法令全书，没有注释，他把这本书拿给我看，上面有他的亲笔批注，字写得很漂亮。

他拿到博士学位以后，便离开佩鲁贾去了罗马，住在皮亚琴察枢机主教家里。他很快就在最著名的学者中间出了名，没过多久就被册封为枢机主教。巴塞尔宗教会议召开的时候他去了那里，见到了基督教世界最著名的人物。大家一致推选他为大会主席。

经过一番辩论，大会明显倾向于解除教皇尤金的职务，想选举圣阿尼奥洛取而代之。他把这一提议搁置一旁，尽全力来铲除弊端。他发现大家对事务的看法存有严重偏见，无法实现他的改革，就决定离开巴塞尔，他知道大会非得解散不可。但他觉得自己是大会主席，不便插手这件事，于是就到佛罗伦萨，和教皇尤金待在一起。在佛罗伦萨，教皇、诸位枢机主教以及意大利的所有首领都恳求他要三思而行，一个像他这样重要的人物退出大会可不是一件小事。

我们要在这里谈谈他的美德。在罗马，在他生活过的任何地方，大家都认为他从来不近女色，睡觉总是穿一件哔叽布衬衫，每逢星期五、宗教节日以及整个四旬节期间都要斋戒。他每天早上都做礼拜，夜里叫醒专职教士和他一起做。有时候他会在附近的圣母玛利亚教堂做。他建了一段天梯，从天梯上可以越过修道院，来到圣体面前做子夜祷、晨祷和三时祷。① 他每天上午都向一个非常谨慎小心的德意志神父忏悔，这位神父就住在他家里。

他生性大方，为了上帝他把所有的钱都花完了。凡是来找他索要的人，没有一个是空手而回的。有一天，一些正在乞讨的严守教规派修士走了，当时我正和管家谈话。"你要是看见枢机主教阁下没有披斗篷，"管家说，"不要感到奇怪，因为他为了上帝把一切都

---

① 指日出后第三个小时。——中译者注

（左侧页边）126

给了别人，连他没有的也都给了别人。"

他自己曾是个学生，吃过缺东少西的苦头，这在前面已经提到过，所以就同情穷学生。他在佛罗伦萨的时候，询问过罗马或佛罗伦萨有没有称职的教师，他听说一个有才能的年轻人由于贫穷而上不起学。他让这个年轻人到他家里来，款待了他两个月，看看他是不是一块学习的料，言谈举止如何。他发现小伙子有出息，就把民法的所有文献都教他学习了。

后来，在佩鲁贾、博洛尼亚或锡耶纳，在学者常去的其他地方，他依照惯例付给了萨皮恩扎大学七年的学费，给小伙子民法和教会法课本，也给零花钱，以及上萨皮恩扎大学的全套服装，小伙子最终去了萨皮恩扎大学。然后他对小伙子说："孩子，我为你做的这一切，以前从来没有人为我做过，我这样做是为了把你培养成才，首先要敬畏和热爱上帝。这样你会取得成功。只要我活着，你就永远不会缺少需要的东西。"他以这样的方式对待好几个年轻人。这是真正的慷慨大方，每一个有钱人都应该这样做。所有读这部传记的人都应该记住，他只有枢机主教和格罗塞托主教这两个圣职的 127 薪俸，并无其他收入。

他家里陈设得很简单，没有奢侈品，也没有摆设餐具柜。吃饭时他只吃一道菜。有时候他自己在卧室里吃饭，把饭拿到屋里去。在餐桌旁坐定以后，他只留两三个人服侍他，让其他人去吃饭。在整个教廷，他的家是管理得最好的。他在佛罗伦萨度过的第一个夏季，家里大多数人都生了病。他无限仁慈。他首先命令那些管事的人，医生要在早上和晚上看望病人，药剂师要为病人送去他们需要的东西。他也关心病人的灵魂，命令每一个生病的人都要立即向神父忏悔。家里身份最低的马夫生了病，枢机主教也去看望他，就像看望其他人一样。

还有那些临死之前需要帮助的人。枢机主教的秘书巴蒂费罗临死时，我看见枢机主教守护在他床前，最后一刻枢机主教坐在床上，用脸贴着巴蒂费罗的脸，一直安慰巴蒂费罗到最后咽气。我认识很多名人，但没有一个人比得上圣阿尼奥洛枢机主教。皮亚琴察枢机主教常说，如果整个教会都消亡了，只要圣阿尼奥洛枢机主教还活着，他一个人就能够重建教会。

大约这个时候，佛罗伦萨有一个犹太医生，枢机主教对他是个希伯来人感到不满，就不断想办法让他皈依基督教。此人精通法律，论国籍是西班牙人，枢机主教每天都劝他信奉基督教。最后在詹诺佐·曼内蒂的帮助之下，他终于说服这个希伯来人接受了洗礼。

这个希伯来人一皈依基督教，枢机主教就想在圣乔瓦尼教堂举行隆重仪式，由阿尼奥洛·阿恰约利、詹诺佐·曼内蒂和他本人主持。洗礼仪式在大圣水盆举行，水盆上覆盖着一块白布。仪式结束以后，枢机主教让受洗者穿上一套红色的新衣服，一行人在塞尔维美餐一顿，庆祝这位希伯来人接受真正的信仰。枢机主教想让这位皈依者住在他家里，和他同桌吃饭，待他如同上宾，还为他配一个仆人和两匹马。

他尤其喜爱所有生活虔诚的人。莱莫救济院有一批虔诚的人——圣吉罗拉莫会，他们每个星期六晚上都到一起祈祷和训导，枢机主教经常和一些家人一起参加他们的聚会。他走进祈祷室，坐在桌子旁祈祷，像其他人一样遵守教规。我年轻的时候，有一天他问我加入了佛罗伦萨的哪一个协会。我回答说，我哪一个也没有加入，于是他说："我希望你加入安东尼奥·迪·马里亚诺先生的协会。我正要为此事去找他。"我写这件事是为了说明，他把大事和小事一样放在心上。后来，他又问我愿不愿意当神父，如果愿意的话他会帮助我学习，为我安排一个圣职。我请他给我十五天时间考虑一下，到了十五天头上他又问我，我就谢绝了。然后他又说："如果你还有其他事需要我帮忙，我会帮你把事情办成。"

枢机主教总是积极纠正坏习惯，尤其是那些与上帝荣耀有关的习惯。他好像觉得圣母玛利亚会修士不再敬畏上帝了，否则其做法教皇尤金会感到满意的，尤金希望所有修士都应该成为严守教规派。于是在教皇的支持下，他改革了这一修道会，将其改造为严守教规派。所有修士都被打发走，取而代之的是同一修道会中生活虔敬的人，所以这一修道会成为一个信仰真正宗教的修道会。他在佛罗伦萨期间，这一修道会和圣马可是当之无愧的教会组织。

他总是尽其所能，留意关心他直接管辖的人的精神健康。他常常突然到家里的一些房间去，问他们在忙什么。有一天，他发现秘书正在读帕诺尔米塔的《雌雄同体》(*Ermafrodito of Panormita*)。[①]秘书一看见枢机主教在房间里，就马上把书扔到一个箱子里，但还是没有逃过枢机主教的眼睛，枢机主教立即问他看的是什么书。秘书羞愧难当，站在那里一言不发。生性诙谐的枢机主教说："你把书扔到箱子里，相当于招出实情了。"于是秘书把书拿出来，满面羞愧地让枢机主教看。枢机主教接过书，压低了声音说这书不适合看，教皇尤金下过命令，凡是看这本书的人一律开除教籍。然后他让秘书把书撕掉，撕了以后他笑着说："你要是恰当地回答我的话，也许这本书就不会毁掉了。你本应该对我说，你正在一堆粪便里找珠宝。"他说得慢声细语，免得让这个年轻人受怕，担心惹得枢机主教生气了。

有一天，一个仆人把枢机主教喜爱的一头骡子弄丢了。枢机主教回来后问他，听说骡子丢了以后勃然大怒。他转向这个仆人，让他去找骡子。他要是能找回来，万事皆休；要是找不回来，他就要耐着性子继续找。然后他解雇了这个家伙。

[①]　当时最淫秽的书之一。——英译者注

他喜欢所有善良诚实的人，尤其是光明磊落、不虚伪的人，如洛伦佐·德·美第奇，科西莫的弟弟，一个杰出的公民。洛伦佐经常来看望他，亲切地和他交谈。洛伦佐生了一场病（他后来就死于这种病），枢机主教以其惯常的仁慈之心经常去看他，鼓励他要有耐心，要顺从上帝的意志，尤其是劝他要关注灵魂，就像一个善良真诚的朋友一样。上帝让洛伦佐解脱以后，枢机主教参加了在圣洛伦佐教堂举行的葬礼。他还派家人带着他的旗帜和三十把火炬送到洛伦佐家里。枢机主教也非常喜爱教皇尤金。

他坚持让所有的人敬拜上帝，尤其是那些犯了错的人。他竭力打击波希米亚异端①，到波希米亚去驳斥他们的论点，与主要的波希米亚人会面，尽最大努力行使他的权威，因为他除了其他方面的学识之外，还是个大神学家。但他不想孤军奋战。他要求参加巴塞尔宗教会议的所有神学家都出面干预。他已经在他的府邸看过三卷书——是手稿而不是书——一个卡梅尔派的托钵僧反驳波希米亚人的作品。这部作品写得很好，先摆出波希米亚人的论点，再用拉丁神学家和希腊神学家的权威论点来推翻他们的论点。枢机主教尽全力去改变他们的信念，但不起作用。波希米亚人就是那么固执，长期以来他们一直得到教会的好处，现在并不想将其放弃。

教皇尤金竭尽全力，试图将希腊教会和罗马教会联合起来。现在他想自己出资，请大牧首、皇帝和帝国的主要人物渡海到意大利来，在费拉拉实现联合。圣阿尼奥洛枢机主教积极参与这件事，以其勤奋、仁慈和善意发挥了很好的作用。

在费拉拉待了一段时间之后，瘟疫爆发了，他们就去了佛罗伦萨，教皇也要希腊人到那里去。经圣阿尼奥洛及其他枢机主教提议，巴塞尔宗教会议也转移过去，与佛罗伦萨的会议联合召开，因

---

① 指胡斯及其追随者的宗教改革思想。——中译者注

为没有更好的办法来解决这一重要问题而不冒重新分裂的危险。

在佛罗伦萨，希腊教会与拉丁教会的主要神学家见了面，圣阿尼奥洛枢机主教总是为罗马教会辩护。雅各派和埃塞俄比亚人也来到这里与教会和解。枢机主教在萨尔扎纳的托马索的陪伴之下与他们见了面，纠正了他们的错误。后来他与希腊人辩论，希腊人最终让了步，加入了罗马教会。

经各方同意，希腊人的基本权利被公开宣读、验证和批准。亚美尼亚人、雅各派和埃塞俄比亚人的情况也是这么处理的，但我不知道其契据是否也用这几种语言写了出来。所有这些文件都经过枢机主教的手，他想保留原件，把抄件送给各方。所有这些文件都由执政团保存。除了这些基本权利之外，拉丁派和希腊派的高级教士还签字确认他们同意这一联合，于是联合得到所有方面的确认。

要是没有圣阿尼奥洛的谨慎处理，这一决议不可能通过。另外，由于希腊人穷，他就从自己微薄的收入中尽可能多地拿出钱来送给希腊人，自己出资把他们送回希腊。

两大教派实现联合之后，每个人都回国了，教皇尤金又册封了两位希腊枢机主教，一位是圣巴西尔的著名修士贝萨里翁，另一位是罗斯大主教，他成为枢机主教鲁泰尼奥，一位最优秀的高级教士。册封这两个人是为了永久纪念两大教派的联合，也是由于他们的功绩。

教皇尤金将从教会分裂出去的各派联合起来之后，便准备动手打击基督教会的敌人，并与那位高贵的君主匈牙利国王①达成了谅解，他借给这位国王一大笔钱，帮助国王打击土耳其人。匈牙利国王将土耳其统帅引诱到一个危险地带，但一些没有出息的基督徒自称商人，仅仅是为了赢利，就把一大批土耳其人运送到一条狭窄的

_____

①　乌拉迪斯拉斯六世。——英译者注

海峡那边。这对基督教军队造成了极大伤害，这一伤害很快就会显示出来。

　　教皇尤金把卡皮斯特拉诺一位非常圣洁的修士乔瓦尼派到那里去，让他向人们布道，唤起大家对基督的热爱，去打击异教徒。这一做法大获成功，人们自愿赶来了。打击异教徒取得这一良好开端之后，教皇尤金决定派一位特使，赋予他更大的权力，并选中了圣阿尼奥洛枢机主教担任这一职务。

　　圣阿尼奥洛枢机主教接受了教皇的提议，说如果需要的话，他会心甘情愿地为基督教献出生命。离开佛罗伦萨时，他向所有的朋友一一道别，恳求大家为他祈祷，请求上帝给他最好的用武之地。

　　圣阿尼奥洛取道匈牙利，走遍了那里的所有地方，每天都按照习惯望弥撒和忏悔。在匈牙利的基督徒军营里，他向那里所有的人布道。有一天，他到离军营几英里远的一个地方去主持赦免，他和所有的士兵一起虔诚地赤脚步行。他每次去打击土耳其都是先布道和望弥撒，前面有人拿着圣体和一百支小蜡烛。我听一些可靠的人说，在他的带动下，所有的士兵都入了教，后来他们在军营里过着132　贞洁的生活，望弥撒，忏悔，赤脚步行，就像枢机主教和他们在一起时所做的那样。

　　通过这一做法，凭借上帝的恩典，再加上军中有那么多虔诚的人，他们征服了大部分土耳其领土，从这一军营走了五天到达阿德里安堡。①这样，凭借国王和枢机主教的谋略与智慧，他们一帆风顺。要不是土耳其人设置障碍，这一战役就取得彻底胜利了，土耳其人渡海到了对岸。国王和枢机主教听说土耳其人占领了一个地方，计划向他发起进攻，因为敌人占据了非常有利的战略要点，希望大获全胜。枢机主教将生死置之度外，准备完全顺从上帝的

---

①　即现在的埃迪尔内，在土耳其境内。——中译者注

意志。

有一天，据在现场的一些人说，枢机主教以遗嘱的方式宣布了自己的打算。然后他转向家人，勉励他们行为端正，为他向上帝祈祷，虽然他本人置身于险境之中，但希望他们不要跟随他。然后他一一拉住每个人的手，含着眼泪吻了他们，勉励大家要好好活着。他这样做好像是预见到将要发生的事情，也就是要加入为基督而死的殉教者之列。要说的话说完以后，他向家人道别，不希望他们遇到任何危险。然后枢机主教加入国王和其他人的行列，来到预定的地点，这里处于基督徒的掌控之中。

这时，一些被当作商人的假基督徒①用船运来了一支土耳其大军，每个人收费几个达克特。这支军队人数太多，基督徒措手不及，国王、枢机主教和所有的贵族全部战死沙场，没有一个人活下来讲述战斗的真实情况。②据推测，由于一些基督徒背叛，匈牙利人投入战斗以后，以前没有预料到的数千名土耳其人加入战斗，把匈牙利人包围了。于是大屠杀开始了，国王与枢机主教阵亡。局势这样一逆转，导致君士坦丁堡和大片领土丧失。

枢机主教卡普拉尼卡（费尔莫），1400—1458　　133

费尔莫枢机主教多米尼科大人是个优秀和圣洁的人，出生于罗马，父母身份卑微。他极有才华，教皇马丁在晚年提名他为枢机主教，但后来才得到枢机主教的帽子。他去参加了巴塞尔宗教会议，但不是以枢机主教身份去的，而是以费尔莫主教身份去的，同去的

---

① 为威尼斯效力。——英译者注
② 这就是1444年的瓦尔纳战役。——英译者注

还有枢机主教团的几位首领。他在会上声誉鹊起，所以由于其业绩，大会任命他为枢机主教。

　　这时教廷在佛罗伦萨，教皇尤金请卡普拉尼卡过来。卡普拉尼卡戴着枢机主教的红帽子到了佛罗伦萨，尽管教皇尤金希望他不戴帽子来，这样教皇可以亲自为他戴上，但卡普拉尼卡不同意。[①]卡普拉尼卡精通教会法，在他是否应该戴着帽子来这个问题上经过一番争论，教皇尤金同意了他的意见，因为教皇无法改变他的主意。

　　卡普拉尼卡在枢机主教团全体成员的陪伴下隆重进入佛罗伦萨，赢得高度赞扬。他讨厌摆阔气讲排场，住着一所普通的房子，在教会里身居高位，被任命为教养惩戒院总长。他过着苦行僧式的生活，和衣而睡，穿一件刚毛衬衣[②]，对教廷里的所有虚礼客套不屑一顾。不知道他习惯的人来和他说话时，常常会脱帽并向他下跪，说："在下拜见最尊敬的枢机主教大人。"这样一开口，他就会说："不要提这些头衔了，找我有啥事你就说吧。"如果来访者还这样说，枢机主教就会离开房间，说："你并不需要我。"还有人会对他："我们有一件什么什么事想请阁下办。"他听了后会说："我明白你的意思了。"要是这件事能办，他就说他会办的；要是不能办，他就打断对方的话，说："由于某种充足的理由，这事办不成。"

　　禧年节时，他在教皇尼古拉手下担任教养惩戒院总长，全世界
134　都来到这里讨论与教廷有关的各种问题，每天早上枢机主教都会见要求见他的人。他把这些人的请求记下来向教皇禀报，不能禀报的问题他就用一个十字标注出来。每天早上与晚上，他都要听取很

---

① 教皇不同意他戴帽子是因为卡普拉尼卡是由巴塞尔宗教会议任命为枢机主教的，这一任命可能是合法的。——英译者注

② 当时苦行者穿的一种衬衣，用粗布或动物毛发制成，有时布里还夹有金属丝或树枝一类的东西，贴身穿以使人不舒服，作为忏悔或赎罪的象征。——中译者注

多有关教廷的问题。然后他来到教皇尼古拉面前，教皇一看见他就笑，然后对身边的人说："费尔莫阁下驾到，手里拿着连祷文。"然后他就向教皇读那些请求，教皇想批准的就表示同意，不想批准的就做个记号。

第二天早上，请愿者来要答复，请求没有得到批准的人就问原因，枢机主教就会回答说："因为教皇觉得不合适。"如果请愿者继续纠缠下去，枢机主教就会做出忙碌的样子回答说："如果我对每个人都答复，把拒绝的理由都说一遍，我哪有那么多时间？即便我能活到玛士撒拉①那么大的岁数，也不会让人感到满意。"

他掌管司法效率极高，凡是去找他的人，没有一个不受到应有的重视或公正对待。两任教皇好几次派他担任特使，无论走到哪里，他都凭借正直的品性和所掌握的法律知识而极受尊重。他的仆人有礼貌、诚实，可以和罗马教廷里的任何人相媲美，其中有各国的杰出人物。

卢卡的雅各布大人通过阿尼奥洛·阿恰约利大人搭桥，成为枢机主教阁下家里的一名成员。枢机主教知道他是个有点傲慢的人，就想教训他一番。枢机主教任命他担任秘书，让他写几封信。雅各布是个熟练的书记员，非常善于写信。但他把一封信拿给枢机主教时，无论信写得如何好，枢机主教都会说写得不行，把信撕碎让他重写。枢机主教这样做只是为了训诫。

雅各布在枢机主教阁下这里待了一段时间之后，他那傲慢的态度有了很大变化，同时他也不能忍受俯首听命的束缚，就离开了枢机主教阁下，单独生活去了。他在费尔莫枢机主教这里居住的一段时间对他非常有用。如果没有这一经历，没有通过与卡普拉尼卡联

---

① 《圣经·创世记》里记载的一位族长，诺亚的祖父，据说活到 969 岁。——中译者注

系而得到的与其他枢机主教的友谊，没有他态度的改变，他就绝不会被教皇庇护册封为枢机主教。

威尼斯人与公爵弗朗切斯科和佛罗伦萨人和解了，在与国王阿方索仍然结盟的情况下就撤离了阵地，这让国王非常生气。教皇尼古拉和其他国家都希望意大利恢复秩序，如果像国王阿方索这样强大的君主袖手旁观，为期二十五年的联盟就会化为泡影。

由于这一原因，有关国家就派出大使到罗马求教皇帮忙，把教皇当成朋友与和平捍卫者，不仅是意大利和平的捍卫者，而且是全世界和平的捍卫者。他们也希望教皇派一名特使到那不勒斯，赋予这名特使适当的权力以便与国王打交道。他们考察了所有枢机主教的能力，认为费尔莫枢机主教最有影响力，最适合应付这一局面，所以他们请求圣座让费尔莫枢机主教陪同他们的大使一起去那不勒斯。教皇希望稳定意大利的局势，就派人去把费尔莫枢机主教召来，命他和大使们一起去那不勒斯找国王商量，说服国王参与实现和解并加入为期二十五年的联盟。于是枢机主教就去了那不勒斯，同行的还有意大利的所有大使。[①]

到了那不勒斯，身兼教皇特使的枢机主教由于威望很高、生活圣洁以及举止文雅，国王给予他的礼遇超过了其他任何人。国王陛下、王国的贵族以及大使们都出来迎接他，国王为一行人安排了住宿，依照习惯为他们支付了所有费用。

枢机主教马上就试图说服国王加入联盟，但国王陛下不愿意加入。国王觉得威尼斯人对他没有礼貌，不和他商量就与米兰和解并撤出阵地，而他们本应把他放在第一位才最合乎情理。枢机主教先向他说明加入联盟以后的好处，这是最能让教皇尼古拉高兴的事了。其他大使谁都不提这一档子事，他们知道如果枢机主教说服不

136

---

① 1455 年。这次和解在其他一些人的传记里也都提到过。——英译者注

了国王，任谁也没有办法。和国王磋商了很长时间之后，卡普拉尼卡终于说服他加入联盟，但条件是他可以发动战争攻打热那亚人，攻打西吉斯蒙多阁下①以及任何为联盟制造障碍的人。

枢机主教立即写信给罗马以及有关国家的所有大使，把国王的想法告诉了他们，他们全都得到授权，同意照这些条件签署条约。如果有必要的话他们还会做得更多，大家对枢机主教的做法大加赞赏，没有一个人表示异议。大家全都夸赞枢机主教坦率，以充足的理由说服了国王。这样，和约就依照这些条件签署了，组成了一个为期二十五年的联盟。要不是国王阿方索驾崩②，针对西吉斯蒙多阁下的目标就会实现，热那亚人就会处境不妙。

教皇立即表示赞同，并为和约祝福。他以基督教首领的身份进行干预，希望各国可能出现的所有争端都由他本人及其继承人来裁决。另外，他祝福所有遵守和约的人，诅咒那些不遵守的人，希望大家都凭政府授权书起誓遵守合约，大家都照办了。所有这一切，都是费尔莫枢机主教凭借其判断力和智慧极力促成的，并以此确保了意大利多年的和平。

这件事过后不久，教皇尼古拉驾崩。③到选举新教皇的时候，很多枢机主教都投票选举费尔莫枢机主教，这有几个原因：他品性正直，博学，不仅精通他从年轻时就学习的法律，而且还具有渊博的学识，这是他从生活阅历中积累的，或是通过博览群书而得到的。他们认为，枢机主教团里没有一个人比他更配担任教皇。

但经常出现这样的事：一位老人当选，这样很快就要举行下一次选举。这次教皇选举会议选出了一个加泰罗尼亚人，一个八十岁

---

① 西吉斯蒙多·潘多尔福·马拉泰斯塔。阿方索从未批准洛迪和约。——英译者注

② 1458 年。——英译者注

③ 1455 年 3 月 24 日。——英译者注

137　的人，自称教皇加里斯都。但枢机主教团大受谴责，说他们没有选意大利人费尔莫，而是选了一个八十岁的加泰罗尼亚人。

　　然而在康斯坦茨，教会要恢复统一时，意大利人只是第三方，也就是在宗教会议上只占少数，但他们影响力很大，一位意大利人当选，即教皇马丁。

　　费尔莫枢机主教是个幽默的人。有一天，他正路过圣阿尼奥洛桥到宫里去，一个从加泰罗尼亚人那里逃出来的穷人乞求他施舍，请他为了上帝的爱而施舍一个卡利诺①，因为他刚从加泰罗尼亚人手里逃出来。枢机主教笑着说："你倒是给我一个吧，我的情况比你还惨。你从加泰罗尼亚人手里逃出来了，而我还在加泰罗尼亚人手里。"教皇加里斯都虽说是个优秀人物，但他无法统治教会，因为他岁数太大，几乎整天躺在床上。

　　任何人想写费尔莫枢机主教的传记，都能找到丰富的材料。

枢机主教尼切诺——希腊人（卒于 1472 年）

　　希腊人贝萨里翁大人是个枢机主教兼主教，是教会里一个很有影响力的人物。他是圣巴西尔修道会的一名修士，跟随东方的皇帝一起来到意大利，是第一批到访意大利的希腊名人之一。后来，罗马教会与希腊教会统一以后，他因为功勋卓著，与其他十八人一起被教皇尤金册封为枢机主教。另外还有一个罗斯的枢机主教兼大主教，人称枢机主教鲁泰尼奥。

　　贝萨里翁名气很大，当时出现的所有疑难问题，人们总是向他请教。他是图斯库卢姆主教，以教皇特使的身份去过很多地方。无

---

① 一种意大利硬币。——中译者注

论走到哪里，他都因为公正和值得赞许的举止而赢得信誉。他在博洛尼亚待了很长时间，在那里的施政非常成功，在法兰西也赢得广泛赞扬。

他精通希腊语和拉丁语，喜爱文学和文学家，对柏拉图学说很感兴趣，对亚里士多德学说也感兴趣。他捍卫柏拉图学说，批驳一些反对柏拉图的人 ①，撰文为柏拉图辩护，是一部很有价值、很有权威的作品。他也翻译了一部作品，他称之为《圣迹圣言录》(*De factis et dictis memorabilibus Sacratis*)。

138

贝萨里翁在枢机主教之中地位非常高，教皇庇护去世之后，他实际上当了一夜的教皇。② 他在选举会议第二轮投票中当选为教皇之后，反对他的人说："他是教皇了，这事就与我们没有关系了，明天第一轮投票就宣布他当选。"但他们在一起商量好，策划了一整夜来阻止他当选，说那些推选他的人以后是要吃苦头的。他们一个接着一个地找枢机主教，说几年以前尼切诺是个异端分子。"我们能让大家说了个异端分子当教皇吗？那真是太丢人了。"

他们这样一说果然见效，最后他们把自己相中的人选为教皇。第二天，他们选举了保罗，人选得好，没有任何秘密协议，符合教规。保罗明智，没有张扬，一切顺其自然。这位教皇以其品性保持着他一直享有的好名声，寿终正寝后由西克斯图斯继任。

---

① 1458 年，特拉佩尊蒂奥斯出版了一本谴责柏拉图的书，指责柏拉图毁掉了希腊，认为穆罕默德是一位伟大得多的哲学家。还有一些人加入了这场旷日持久而又激烈的争论，尤其是西奥多·加沙，至少引起了意大利人对希腊学术的兴趣。——英译者注

② 韦斯帕夏诺把事件的顺序完全搞错了。贝萨里翁是在尼古拉五世死后才被推向前台的。他从未当过一夜的教皇，枢机主教们最终选举一个年迈的西班牙人阿方索·博吉亚为教皇，号称加里斯都三世。1471 年，贝萨里翁又得到提名但又被否决，当选的是西克斯图斯四世。这两次他没有当选教皇都是因为他祖籍希腊。——英译者注

　　尼切诺住在罗马教廷的时候，安排人抄写了很多希腊语和拉丁语书籍，涉及所有的学科，除此之外他还买了他自己没有的书，把大部分收入都花在值得赞许的图书购买上。买了大批图书以后，包括希腊语的和拉丁语的，宗教的和世俗的，他决定找一个合适的地方来放置这些书，尤其是希腊语图书。万一这个不幸的国家毁于一旦，这里的所有图书都面临毁坏的危险，他认为应该把这些书存放在某个合适的地方。他思来想去，觉得在意大利没有比威尼斯更合适的地方了。威尼斯是个海港，旅行者当然会到那里去。他与威尼斯人的关系最为友好，所以他决定在这座城市创建一座公共图书馆，免费对任何想利用图书的人开放。

　　尼切诺与威尼斯执政团和总督经过认真磋商，最后同意建一座公共图书馆，馆里始终有两位管理员，这样所有想去的人都可以去，于是就这样做出安排。尼切诺在有生之年，把六百多本希腊语和拉丁语书籍运到威尼斯，花了一笔巨款。在整个枢机主教团，没有任何一位枢机主教有这座图书馆的创建人这么慷慨。他这样做并非仅仅考虑他自己方便，而是觉得这样可以为文人提供服务，为他们提供所需要的图书。[①]

　　他总是关心文人，提拔文人。劳罗·基里诺大人是位威尼斯绅士，通晓希腊语和拉丁语，也是个杰出的哲学家，在尼切诺家里住了一段时间。西蓬蒂诺主教尼科洛·佩罗托大人与英格兰国王代理人威廉·格雷大人一起来到罗马。尼科洛·佩罗托非常想学希腊语，就恳求其资助人安排枢机主教尼切诺教他。这样安排好以后，佩罗托成为一名博学的希腊语学者，而且枢机主教还任命他为主教，让

---

① 贝萨里翁于1468年将他的书送给了威尼斯，但他提议创建的图书馆将近一个世纪之后才建成。参见迪拉保斯基，第6卷，第1部分，第3章。——英译者注

他当上了枢机主教家的主管，让他父亲和亲戚也担任了圣职。佩罗托不但学到了知识，在枢机主教家享受到尊严，还由于担任很多职务而富裕起来，他父亲也被册封为骑士。

学者和有才华的人都非常感激他。弗朗切斯科·达·萨伏伊大人①后来成为教皇西克斯图斯。他当初来到教廷的时候，尼切诺把他领到自己家里，安排他讲授司各脱，因为他是个研究司各脱的大家。教皇保罗看出他有学问，就任命他为枢机主教，这样他可以一直得到教皇的帮助。但后来他对自己的做法非常懊悔，因为事情并非像他想象的那样。

教皇保罗死后，弗朗切斯科·达·萨伏伊大人当选为他的继承人，他是如何当上的我不想评判。在这次选举中，贝萨里翁认为弗朗切斯科不配当教皇，就放弃了投票。西克斯图斯当选以后基本上不理他。

有一天，教皇西克斯图斯到城堡去看教皇保罗的珠宝，在那里遇见两位威尼斯枢机主教，二人都是前教皇的侄子，在选举会议上得到一些承诺之后都投了西克斯图斯的票。现在他们跪在西克斯图斯面前，要求得到他答应给的流苏。于是教皇转向尼切诺——面对这么一位大名鼎鼎的人物教皇有点敬畏——说："这两个人要的是教会的财产。"枢机主教回答说："那确实是教会的财产，保护它完好无损、不把它扔掉是你的职责。"于是教皇就把这两个枢机主教打发走了，什么也没有给他们，这完全是依照尼切诺的决定。

尼切诺是枢机主教，是个人品高尚的人，教皇在他面前局促不安，很不好意思。所以，为了把他打发走，教皇任命他为驻法兰西

---

① 他是萨沃纳一个渔民的儿子，与萨伏伊毫无关系。他是个有才华的年轻人，为德拉·罗韦雷家族的一个成员效力，后来他就随了德拉·罗韦雷的姓。马基雅维利在《佛罗伦萨史》第 354 页上说他是"一个身份卑贱的人"。参见格雷戈罗维乌斯，第 7 卷，第 242 页。——英译者注

特使。但尼切诺年老体弱，受到结石病的严重折磨，结果差一点死在路上。他动身前往法兰西，对这一使命并不太满意。到了法兰西，他受到冷遇，国王怀有敌意，性格刚愎自用。所以他觉得必须离开这里，这对他的声誉没有一点好处。[①] 他珍视荣誉，把荣誉看得高于一切，就回到意大利，年老有病，烦恼不安，不久就死了。

人世间的事到头来都是这个样子，尤其是取决于荣誉的事。所以，我们做任何事都应该求助于上帝。尼切诺枢机主教功绩卓著，141 这些事我并没有亲身经历，凡是熟悉这些事的人都可以写好他的生平。

枢机主教罗维雷拉（拉文纳）（卒于 1461 年）[②]

巴尔托洛梅奥·罗维雷拉大人是费拉拉人，拉文纳大主教。他在教皇尤金任职期间到了佛罗伦萨，因身份低贱而跟着希皮奥内主教学习，希皮奥内主教在文学上造诣很深。学完之后他当上了神父，成为主教的专职教士。当时的宗主教是枢机主教路易吉，希皮奥内大人经常到他家里去，枢机主教路易吉是教廷里的主要人物。巴尔托洛梅奥大人经常陪着他，由于文化水平高而受到宗主教器重。

这时，教皇尤金的公署里有两个圣朱斯蒂娜修道会的修士，还有两个阿祖里尼修道会的修士，教皇本人在成为枢机主教时也是这个修道会的。此外，帕伦扎戈的安德烈大人一死，其私人秘书的

---

① 参见西斯蒙第:《法国史》，第 14 卷，第 419 页。路易十一对他极为不敬。尼切诺死于 1472 年。——英译者注

② 巴尔托洛梅奥·罗维雷拉（Bartolomeo Roverella，1406—1476），1461 年当选为枢机主教，英译本标注的卒年有误。——中译者注

职位经宗主教推荐，就由巴尔托洛梅奥大人担任。无论谁想求见教皇，都要通过巴尔托洛梅奥去见他。

巴尔托洛梅奥得到所有枢机主教和整个教廷的好感，教皇尤金死后，这一好感也没有减少。教皇尼古拉即位以后，巴尔托洛梅奥成为拉文纳主教，尽管他已经担任了其他职务。教皇多次派他代表教廷出使各地，他总是能赢得赞誉。后来，教皇庇护派他到那不勒斯王国，授予他全权支持国王陛下打仗，当时公爵乔瓦尼①占据着他夺取的国王陛下的部分领土。他博得国王的好感，被教皇庇护册封为枢机主教。

他的良心是纯洁的。他爱上帝，为上帝效力，讨厌任何形式的炫耀和迷信，生活简朴，看不惯任何高傲和摆阔行为。在罗马，他会不拘礼节地接待他邀请的任何客人。他赢得教皇和整个教廷的普遍好感。教皇庇护死后，他们选举了教皇保罗，保罗继续青睐枢机主教罗维雷拉，维持平等权利，彻底废止买卖圣职。在这些事情上，枢机主教完全同意教皇的做法。

教皇保罗死后，舆论强烈赞同巴尔托洛梅奥继任，召开选举会议之前，人人都同意他当教皇。选举会议第一轮投票中，他得的票数最多，要不是一些枢机主教让他支持他们赞同的一些提议，他肯定会当选的。但拉文纳大主教太诚实了，认为这是买卖圣职行为，不可能为了获得支持而答应他们的提议，所以就回答说他不能答应，只说他会支持任何他觉得公正、体面的提议，不公正、不体面的他绝不会答应。他们一看他没有一口答应下来，就不再投他的票了。按照上帝的安排，参与这件事的人都遇到了麻烦，有的倾家荡产，有的丢了性命。

我不会漏掉詹诺佐·曼内蒂说过的一句名言。他常说，据他一

---

① 安茹的让。——英译者注

辈子的观察，那些干坏事伤害同伴的人终究会在这个世界上受到惩罚。他举了很多例子，其中有一个我在这里讲一下。

教皇尤金在佛罗伦萨的时候，有传言说要打仗，于是教皇想离开这座城。佛罗伦萨人与威尼斯人结了盟，正等待着威尼斯人的指示，看是否让教皇离开。消息传来了，说要把教皇扣留住，必要时可以动用武力。这一要求佛罗伦萨人拒绝了，而四个提出这一要求的威尼斯人当年全都死于非命，这件事詹诺佐大人可以作证：一个是阿莫罗·多纳托大人，被人砍成好几块；还有一个人的名字我忘记了，在上马的时候被一条法兰西小狗咬了一口，后来发了疯死掉了；另外两个人不久以后也惨遭横祸而亡。这些事例证明，存心伤害教皇、枢机主教或其他神职人员有多么危险。

这件事过后不久，枢机主教度过了有益、有德行的一生后去世了，他一辈子都看不起炫耀和虚名浮誉。

143　波托加洛枢机主教雅各布（1413—1439）

葡萄牙的雅各布大人是圣欧斯塔基奥教堂的名义主持，也是枢机助祭，父母双方都出身于基督教世界最显赫的家族。他父亲这一方属于葡萄牙王室，他姑姑嫁入勃艮第家族。他的子孙说来话长，但他家太有名，没有必要再提了。

雅各布大人少年时期就喜爱文学，在葡萄牙跟随最好的教师学习。他不仅学习拉丁语，而且还打算过有节操的生活，决定出家独身，尽管他比任何一个同龄人都更受人喜爱。凡是不违背他誓言的事，他都积极主动地去做，但避开不得体的谈话，不与女人交往，嫌恶跳舞、音乐和唱歌。

这样在葡萄牙接受教育之后，父母让他将来当教士，就把他送到意大利学习教会法。十七岁时，他去了佩鲁贾，陪伴他的是一批与他身份相称的随从。

他在这里过着同样的生活，信念日益坚定。有时候邻居家会有人唱歌、跳舞，他一听见就躲到其他听不见的房间里去。四旬斋的第一天，他到佩鲁贾附近奥利韦托山上的修士那里去，和他们一起在餐厅吃饭，和衣而睡，白天和夜里每一个钟头都到教堂去，一直到四旬斋结束他回到家里。

大约十八岁时，他被任命为教士监督员。他经常做礼拜，每天都望弥撒，斋戒，睡觉穿着衣服，以身作则。他几乎每天都到圣奥利韦托祈祷。法兰西国王、皇帝、葡萄牙国王、勃艮第公爵都劝教皇册封他为枢机主教，但按照程序，他先被任命为教士监督员。

这次晋升之后不久，他被册封为枢机主教，但他在生活行为方式上没有任何变化。一个只有二十岁的小伙子，长得非常英俊，出身高贵，品行端正堪称典范，竟然选择这样一种苦行僧式的生活，人人都觉得奇怪。如果这个高贵富有、论长相远超过同龄人、享有为所欲为的自由、不需要自我克制的年轻人可以控制住自己，任谁也不要找借口为自己开脱，说自己生来没有自制力。他是个勤奋的学生，望弥撒，读过很多经书，一直忙忙碌碌。他绝对不能容忍在他面前说不三不四的话，从来没有和女人交谈过，从来不去女人可能去的地方。我曾在一部传记里见过一个旁注，是枢机主教雅各布的笔迹，讲到圣哲罗姆的一句话，说女人无人陪伴绝对不能走进任何房间。枢机主教雅各布又补充了一句，说女人不许进入有男人的房间，无论是否有人陪伴。

他在罗马待的时间不长，然后就去了托斯卡纳。二十二岁那年，他胸部一条血管破裂了。症状变得危险的时候，别人建议他去洗温泉，但这样做后来证明没有多大效果。到了佛罗伦萨，他发现住在这里对他的身心都有益处，就交替居住在这里或城市附近的奥

144

利韦托山上。在佛罗伦萨时，他想找不同的医生看病，但对于这样一个显要人物，他们不好意思说什么。他就对医生们说，他们觉得怎么对他的身心最好就怎么做。他不辞辛劳地忏悔、领受圣餐，做一切对灵魂有益的事。

在治疗过程中，疗效似乎不大明显，还出了一次很奇怪的事故，一个医生莫名其妙地犯了个大错。有一天，这名医生来了，试图劝他接受一种疗法，权当一次特殊的试验，这一试验让他反感，对他的精神是一种伤害。据这个医生说，如果枢机主教与一个年轻姑娘睡一觉，会对他的健康大有好处，再也找不到比这更好的疗法了。一听这话，枢机主教再也忍不住了，医生竟然出了这么一个馊主意，他是知道枢机主教生活方式的。枢机主教理所当然地把医生训斥了一顿，问他良心哪儿去了，竟然把身体看得比灵魂更重要。然后他禁止这位医生进入卧室，再也不许此人为他治疗。这件事我是听阿尔加维主教说的，当时在场的其他人也说过。

枢机主教雅各布继续住在奥利韦托的修士们那里，修士们的首领阿尔加维主教和他在一起。枢机主教这时已经知道他的病治不好了，就开始把他良心上任何有害的东西清理出去。他生性最为仁慈，为了上帝而慷慨帮助穷人，关心为他效力的人的幸福，在家里最为谦虚，痛恨炫耀和奢侈，坚持中庸的生活方式，中庸才是幸福之道。他的家人希望在一切事情上都以他为榜样。

不久之后，他按使徒的方式立下遗嘱，嘱咐把他埋葬在佛罗伦萨圣米尼亚托教堂，这座教堂属于奥利韦托山修道会。他下令捐建一座小礼拜堂，供人每天望弥撒，并提供做礼拜所需要的一切。他希望所有为他效力的人和穷人都能从他剩余的财产中得到好处。他收集的珍品很少，几件物品、书籍、衣服、动产等不会超过三千弗罗林，所以他剩下的财产并不够建造一座小礼拜堂。但主教西尔文塞负责安排一切事宜，勃艮第公爵夫人支付了大部分费用。

他生命的最后时刻和他在世时一样圣洁。这是个二十二岁的年轻人，出身高贵，有财力做他想做的任何事情，却自愿放弃了所有尘世间的乐趣，考虑到这些，我们不得不认为这是凭借了基督的恩典，他纯洁的生活上帝乐于接受，让他跻身于上帝的选民之列。他的坟墓在圣米尼亚托教堂[①]，墓上面的手就是仿照他自己的手做成的，面部制作得惟妙惟肖，因为是在他死后立即临摹下来的。他身体和灵魂的美无与伦比。我身为传记作者，只要一想起这些事就会惊叹不已，因为我亲眼见到过这些事情，或是从可靠的见证人那里听说过这些事情，这些见证人一直在他身边。

146

让所有读过这篇传记的人都记住：每个人都有权利走枢机主教雅各布走过的路，他们都可以自愿这样做，以同样的方式去做。枢机主教雅各布因其生活行为圣洁、具有所有的美德，可以和以前的任何人相媲美。如果他的生平可以用与其相称的高贵语言写出来，这可以被看作一个奇迹。如果能用拉丁语写出来，让世界各国的人了解他的生平，就是一个更大的奇迹。

吉罗纳枢机主教

乔瓦尼·德·马尔盖里蒂大人，在教皇尼古拉时期成为吉罗纳主教，后来被教皇西克斯图斯册封为枢机主教。教皇想把这个主教区给科西莫·德·里科大人，但阿拉贡国王一定要让乔瓦尼大人得到这个主教区。由于这一争执，相当有势力的科西莫大人就去了巴塞罗那，煽动人起来反对国王，但他一直没有当上吉罗纳主教。

---

① 　这座墓由安东尼奥·罗塞利诺建造，是世界上最漂亮的墓之一。——英译者注

　　乔瓦尼大人得到晋升的时候是个年轻人，受到教皇尼古拉的青睐，教皇任命他为教廷财务院（Camera Numeraria）文书，命他到教廷财务院任职。当时路易吉大人是总管，乔瓦尼在教廷财务院一露面，路易吉一把就把他的斗篷扯下来，不允许他进去。乔瓦尼忍住一句话也没有说，但马上就去找教皇，说："圣座，如果您觉得我配不上这个职务，您就不会派我到教廷财务院了，您也不想让总管把我的衣服从背上扯下来，让我受到这样的侮辱了。"

　　圣座一听说这一无礼行为就非常生气，马上就把总管叫过来。总管一来，教皇就说："阁下，你知道，我让你担任总管职务的时候犹豫了一阵子，我知道你的脾气。现在，我因为乔瓦尼大人的业绩而任命他为教廷财务院文书之后，你做的第一件事就是把他的衣服扯下来，不让他进门。你本该受到惩罚，但我不愿意惩罚你，否则我就让你知道你错在哪里，做一个教皇在这个时候能做的一切。"

147

　　于是路易吉大人意识到自己犯了大错，便求教皇宽恕他。乔瓦尼又来上班的时候，他立即让乔瓦尼进去，发现乔瓦尼按教皇的要求做得很好。乔瓦尼在这件事上表现得非常谨慎，于是教皇尼古拉常说，他从来都无意动用教皇权威，除非是和总管一起动用，目的是控制一下他的急躁脾气。陪同教皇的所有枢机主教，在教皇坐着时都不得不站着，唯有总管除外。

　　教皇尼古拉死后，吉罗纳主教住在纳瓦拉国王胡安那里，在那里教育现在的国王[①]及其几个兄弟。兄弟几个都非常喜爱他，尤其是年轻的国王。国王除了在生活习惯上有节制之外，还公正、虔诚，每天早上都望弥撒，每个星期都忏悔。国王家里住着几个多明我修道会的教友，熟悉神学和哲学，他经常在吃饭时和他们讨论问题。他的王国长期动荡不安，因为没有人能够平息动乱。另外，国

———————

① "天主教徒"斐迪南。——英译者注

王最近娶了年轻女王伊莎贝拉，由此才继承了西班牙和加泰罗尼亚的王位。在这些王国，女人和男人享有同样的继承权。国王想平息他领地里的战争，这样就能够实现国内和平，于是就开始惩罚流窜各地的叛乱分子，取得了明显成效，人们可以拿着金子到处旅行了。以前贵族可以按照自己的意志在领地里行使统治，根本不理会国王，现在则遵照谨慎的政策回归正常的地位。所有这些成就都是国王斐迪南凭借其严格公正取得的，无论是谁，对任何地方的贵族和农民都一视同仁。①

吉罗纳主教谈到当时发生的几个司法案件。

有一次，国王陛下在西班牙的某个地方。依照当地习俗，君主经常从一个地方到另一个地方。像平时一样，国王无论走到哪里，哪里就有一大批要办事的人。有一位绅士来见国王，住在一家客栈，这家客栈像当地的其他客栈一样，也是很简陋，他走的时候把所有的物品都放在客栈老板那里了，其中有一个装有钱和文件的行囊。他让老板小心保管好，他有事去找国王了。在国王那里办完事以后，他回到客栈里，向老板要他留下的东西，尤其是那个装有钱和文件的行囊。但老板说他没有行囊，并装出吃惊的样子。那位绅士还是要行囊，说老板要是不马上拿出来，他就把这件事禀报到国王那里。老板说，他没有属于那位绅士的任何东西，随便上哪儿告都行。

于是那位绅士就去找国王，把整个事情讲了一遍。国王从这位绅士的言谈举止上来判断，认为他肯定把物品交给老板了，于是就相信了他的话，并立即派人去把老板叫来，对老板软硬兼施，让他把行囊归还给那位绅士。但老板即便在国王面前也矢口否认，说他根本就不知道这回事，从来没见过行囊。国王仍然相信那位绅士是

---

① 参见"阿尔瓦罗·迪·卢纳传"，本书第338页。——英译者注

诚实的，就以上帝为楷模，认为总有水落石出的时候。

国王想出一个办法，又把老板叫来，催促他归还物品，但老板还是毫不屈服。于是陛下一把将老板的帽子从头上揪下来，命几个随从看管住他，国王不回来就不让他走。陛下回到自己房间，让一个仆人把帽子拿到客栈去交给老板娘，以她丈夫的名义让她把行囊交出来，行囊当初是交给老板看管的。老板娘马上就把行囊交给了那个仆人，仆人就把行囊拿回来交给了国王。

行囊打开一看，发现里面的东西一样也不少。然后国王又去找老板，老板当时被人控制着，国王就让老板把实情说出来，国王现在已确信无疑，又说如果老板罪名成立，就要把他的脑袋砍下来。老板仍然嘴硬，国王就把行囊拿出来，问老板认识不认识。

149

老板一看见行囊就大叫起来，求国王宽恕他，国王说现在不是宽恕的时候，而是伸张正义的时候。国王把钱数了一遍，发现一点不少，就把钱还给绅士，然后就让他走了，而那个窃贼则被判绞刑。老板一再求饶，但国王回答说："你知道我有多少次让你说出实情，现在不会饶你了。"随后，国王让老板在上绞架之前解决灵魂的归宿问题。这是一次又高明又慎重的判决。

吉罗纳主教还给我讲过另一件事。一位绅士走到扎莫拉附近时在路上遭到攻击，被人抢走了二百五十达克特和六枚戒指。到了扎莫拉以后，他认出了那个抢他的人。他到总督那里陈述了这一案子，总督就下令把那个强盗抓起来。强盗被押上来以后招了供，把赃物交给了总督。此事办完以后，总督叫来一个陌生人为那个强盗做保释人，这样他自己就可以骗那位绅士了。绅士觉得自己冤枉，就到国王那里陈述这一案子。

国王把扎莫拉总督召来，问他为什么把那个贼放了，那个贼手里有绅士的钱和戒指。总督回答说，他有权利保释并释放那个贼，国王说："你保释的这个贼是谁？他用什么贿赂你了？总督长回答说根本就不认识他。国王发现这个人说谎，就叫来一位法律博士，让他说总督是对还是不对。

与此同时，那位绅士吵闹着要求归还他的东西。国王就当众把总督和法律博士召到他面前，乔瓦尼·马尔盖里蒂大人也在场。国王命法律博士回答，法律博士就说，他了解了这一案子之后发现，总督有权利保释人。国王对这一回答很失望，以为博士与那个骗子是一伙的，于是就勃然大怒，让扎莫拉总督归还绅士所丢失的所有东西，还要赔偿绅士在等待判决期间的一切开销，然后就判总督绞刑。他又对他安排处理这一案件的博士说："我也要惩罚你，让你以后知道如何断案。"绅士所丢失的一切都归还给了他，总督上了绞架。这样判决之后，埃尔瓦主教对国王说："无论是巴尔托洛还是博都，都不会做出其他判罚。"

吉罗纳枢机主教被教皇和国王胡安派出去好几次完成外交使命。公爵乔瓦尼①占领了王国②的大部分领土时，枢机主教去佛罗伦萨担任大使，国王胡安派他去要求佛罗伦萨人遵守协议，那是佛罗伦萨人与国王斐迪南、国王阿方索及其继承人签署的。这样，国王斐迪南身为阿方索的继承人，他们就与斐迪南连在一起了。他去向委员会陈述情况时，我是和他一起去的。我冒昧地问他是想用拉丁语陈述还是用俗语方言陈述，他对我说他想用拉丁语。我回答说，没有几个人懂拉丁语，用托斯卡纳方言陈述效果会更好一些。他去了宫里，执政团和很多被召集来的人都在那里，他用流利的俗语方言讲述了情况，受到高度赞扬，既因为他演讲有术，又因为讲得有说服力。他竭尽全力来说服执政团和公民们遵守条约，依据这些条约，他们有义务支持国王斐迪南。

150

---

① 安茹的让。——英译者注
② 那不勒斯。——英译者注

　　然后他去了罗马，又去了那不勒斯，又从那里去了加泰罗尼
亚。巴塞罗那陷落以后，他在加泰罗尼亚不懈地努力达成了这些协
议，后来证明很有好处。最后他回到那不勒斯，国王刚丧失了奥特
151　朗托海峡。[①]他又以西班牙国王大使的身份去了罗马，劝说教皇支
持国王斐迪南打击异教徒。圣座接受了这一意见，派出一名教皇特
使，做出一切必要的努力来维护安全。

　　然后吉罗纳主教离开罗马去劝说威尼斯人。威尼斯是海上最强
大的国家。由于土耳其人占领了奥特朗托海峡，在基督教世界犯下
暴行，上帝的圣名遭到侮辱，国王斐迪南面临险境，在这一档口上
威尼斯人应该愿意伸出援手，免得已经开始出现的灾祸一发而不可
收拾。但威尼斯人不为所动。天哪，他们帮的忙要是不比制造的障
碍小就好了！主教对威尼斯人所犯下的闻所未闻的暴行感到义愤填
膺，威尼斯人做事好像既不畏惧上帝，也不敬重上帝。无论是劝告
还是其他任何方法，对他们都不起作用。最笃信基督教的国家法兰
西的大使支持他，但两个人都说不动威尼斯人。

　　但上帝不愿意让基督徒灭亡。突然，土耳其人遭到大屠杀，这
件事帮了忙。如果这个忙不是上帝帮的，那也不会是其他人，因为
很多没有出息的基督徒本来可以帮忙却保持中立，甚至暗中帮助敌
人。邪恶的民族啊，闻所未闻的罪恶行径啊！主教像个真正的、虔
诚的基督徒一样，只能是鼓励总督和执政团去做这一善事，除此之
外他无能为力，但他所有的祈求和威胁都毫无作用。他甚至提出由
西班牙国王出资为他们提供四十条战舰，一直到与土耳其的战争结

_____

[①]　1480年，土耳其人在威尼斯人的援助之下占领了奥特朗托海峡。国王斐
　　迪南怀疑教皇也与他们串通一气。吉罗纳枢机主教向西克斯图斯描述了基
　　督教世界所面临的危险，西克斯图斯害怕了，于是就与威尼斯人决裂。一
　　年以后，波斯人向土耳其人发动攻击，奥特朗托海峡遂得以收复。参见
　　《威尼斯史》，达鲁，第3卷，第216页。——英译者注

束，获得的任何好处都归威尼斯人所有。为了确保这一说法可靠，他拿出了国王、女王以及主要贵族的契约，但威尼斯人什么都不答应，只是笼统地回应了一句，然后他们的船只继续与土耳其舰队交往。

对于这一不守信用和忘恩负义行为，主教再也无法忍受，但就像前面说过的那样，上帝干预了。法兰西大使和主教听到土耳其人失败的消息后就去找总督和执政团，向他们表明对全能上帝的感激，上帝使这个国家没有遭到邪恶残忍的土耳其的暴政统治。他们举行了庄严的列队行进，感谢上帝的大恩大德，但总督和执政团仍然麻木不仁，什么话都听不进去。大使们说的话足以让他们感到羞耻，但他们所做出的唯一让步是加入感谢上帝的行进队伍。大使们想敲钟、放烟火，这本是合情合理的，但这一要求遭到拒绝。

152

所有这一切都发生在耶稣升天节的上午。当天夜里，依照习俗，广场上搭起很多木棚，上面覆盖着帆布，然后一个棚子凭借天恩着了火，火蔓延开来，把那里的所有东西全烧光了。然后城里所有的钟开始敲响，彻夜响个不停。圣马可教堂前面着了火，那里有座圣母像，上帝创造了这一奇迹：圣母像周围所有的装饰品都烧光了，而圣母像本身完好无损。

第二天上午，大使们听到钟声响了一夜，看到了大火，就去找总督，吉罗纳主教对总督说："最尊贵的君主，尽管殿下不让为土耳其人的失败而鸣钟，不让放烟火，上帝却让钟响了一夜，让烟火放了一夜。"总督没有答话，但执政团听了却十分不悦。法兰西大使支持主教，因为人人都对威尼斯人的表现感到愤怒。

谈判正在进行的时候，威尼斯人派大使去找土耳其新统帅，以确认与上一任统帅签署的协议。[①] 主教听说这件事以后再也忍不住

---

① 参见《威尼斯史》，达鲁，第 3 卷，第 122 页。——英译者注

了，就把自己的想法说了出来，重申了他以前坚持的观点，然后就愤怒地离开了，说他无论走到哪里，逢人便说威尼斯人对待基督教的态度。

吉罗纳主教到了佛罗伦萨，向诸位大使以及有关人员讲述了他这次出使的结果。他从这里又去了罗马，把威尼斯人的所作所为告诉了所有没听说过的人，然后又去了那不勒斯，在那里住了一段时间。

153　　　与此同时，威尼斯人与教皇①结盟，要占领费拉拉。所以，国王斐迪南派吉罗纳主教与教皇协商，劝教皇与国王陛下、米兰公爵和佛罗伦萨人联手打击威尼斯人，阻止他们夺取费拉拉。主教在罗马与教皇商议，以有力的论据向教皇说明，费拉拉是教皇领地，保卫费拉拉对圣座来说是非常必要的，并向教皇揭露了威尼斯人的背信弃义行为以及这样做的目的。

吉罗纳主教这一番话对圣座和所有的枢机主教都产生了很大影响，这样事情开始出现转机，他推理的力量促成了合约的签订，促使教皇、国王、米兰国和佛罗伦萨共同保卫费拉拉、打击威尼斯。众所周知，教皇派去援助威尼斯的军队又接到命令，要他们调转枪口打击威尼斯。教皇看到吉罗纳主教有很多美德，就征得枢机主教团的同意，册封他为枢机主教。

吉罗纳枢机主教既精通教会法也精通民法，同时也精通神学、哲学、文学、历史和宇宙学。他写过一本书《王冠》（*Corona del Principe*），确实写得很好，是送给国王的一顶王冠，所有的宝石都在里面，每一枚宝石都是国王某种职能的写照。他还写有《西班牙史》，忠实可靠地记录了到他那个时代的事件。

吉罗纳枢机主教死于罗马，他的死无愧于他的一生。现在这样

---

① 西克斯图斯四世。——英译者注

优秀的人物太少了，都消失了，无人取代他们的位置。他要是活下来，就会做出更大的业绩，可惜他在罗马死于结石病发作。

列蒂枢机主教

　　列蒂枢机主教安吉洛是费尔莫枢机主教的兄弟，在神学和教义方面非常博学的一个人。他极为谨慎，像他兄长一样是个正直的人，他就是效法兄长的。他在家里供养着罗马的马里亚诺修士，一 154 个严守教规派的奥古斯丁修士，在他的慷慨帮助下学习神学，成为一名令人难忘的讲道者。马里亚诺修士在每一次布道时都为他祈祷，就是以他为榜样，马里亚诺修士才找到了宗教信仰，学到了教义，才取得这么丰硕的成果，如果全能的上帝让他活着，他还会取得更加丰硕的成果。

　　这位枢机主教多才多艺，可以给他很多赞美，但简要地说说也就够了。

斯波莱托枢机主教

　　贝尔纳多·埃鲁利·达·纳尔尼大人是斯波莱托枢机主教，长期担任圆屋法庭法官。他是个大法学家和圣典学家，一个正直的人。他就凭这些才能当上了枢机主教，不是凭友谊或国籍。他长期担任这一高位，操行最为端正。

　　很多人到他这里打官司，要他裁决，任何一方都不必担心不公正，无论是皇帝还是教皇，都无法改变他的是非标准。这种天生的美德伴随了他一生。他始终如一，无法再给他更高的赞扬了。他有教养，不能容忍任何形式的炫耀，无论是在家里还是在外面。他家里人也是这样，其他做法他都看不惯。

圣马尔切洛枢机主教

圣马尔切洛枢机主教安东尼奥·卡西尼大人是锡耶纳人，大法学家和圣典学家，精通文学和教会事务。枢机主教团最称职的时候，每一个成员加入进来都是凭借其德行，不是凭借其他任何原因。就是在这一时期，他受到教皇尤金的高度器重。这些称职的成员之中就有安东尼奥大人，他是由教皇马丁册封为枢机主教的。马丁是位称职的教皇，把教会治理得很好。他册封的枢机主教全是杰出人物，其中就有安东尼奥大人。由于他的才能，让他加入这一名人行列是应该的。

圣西斯托枢机主教，加泰罗尼亚人

155

圣西斯托枢机主教名叫图雷克雷马塔，生活在教皇尤金时代。他是加泰罗尼亚人，通晓哲学和神学，教会里的重量级人物之一。他写有很多神学著作。在巴塞尔宗教会议上，就教皇权力大还是宗教会议权力大这一问题大家讨论了很久，他写出一本论述教皇权力的有价值的著作。

他很忠诚。教皇尤金从罗马逃到比萨，又从比萨逃到佛罗伦萨时，圣西斯托枢机主教是唯一陪伴他的人。他是多明我修道会成员，担任枢机主教之后穿上了法衣。他在各个方面都表现出绅士风度，不喜欢炫耀和张扬。他写了很多书，但我对这些书一无所知。

梅利亚枢机主教，西班牙人

梅利亚的乔瓦尼大人是个大圣典学家和法学家，出生于西班牙。他到意大利之后主要在罗马，凭借其学识而成为圆屋法庭法官。这一职务他担任了很长时间，干得很出色，结果挑选枢机主教的时候他被选中，成为完全凭借其智慧而当选的第一批法学家和教廷法学家之一。他写的作品我一无所知，但考虑到他的才能，他应该位居名人之列。

门多萨枢机主教，西班牙人 ①

皮耶罗·迪·门多萨大人出身于西班牙贵族，凭借其才华而被教皇西克斯图斯册封为枢机主教。他精通教会法，也精通人文学科和神学，在罗马期间赢得很高的荣誉和尊重。

他让人抄写了很多书，既有经书也有世俗类的书，想建造一座图书馆。他父亲是西班牙主要的绅士之一，虽然不是学文学的，但也懂托斯卡纳语。由于这一原因，门多萨枢机主教在佛罗伦萨时，命人用托斯卡纳语写了很多书，以便将其翻译成西班牙语。他在西班牙的家里收藏了很多托斯卡纳语书籍，谁想利用都可以。皮耶罗大人及其家人都是当地最高贵的人物。自从担任枢机主教以后，他

156

---

① 他于1473年被册封为枢机主教，卒于1495年。这位枢机主教显然比韦斯帕夏诺活得时间长。——英译者注

就再也没有回过罗马。他写的书我一无所知，所以就不提了。

库萨枢机主教，德意志人（1401—1464）[①]

库萨的尼古拉大人是德意志人，有名望，是个大哲学家、神学家和柏拉图学者。他是个生活圣洁的人，擅长文学，尤其是擅长希腊语。他游遍了法兰西和德意志，收集了很多图书，每一个学科的都有。他还在神学方面著述甚丰。

他是个精明的辩论高手，以最为绝妙的论点提出主题，所以他的著作被认为非常有权威。他对身份和财富毫不在乎，是最穷的枢机主教之一，所以在各方面都是楷模。他以其美德应该被列入名人之中。他的死无愧于他的一生，因为他死得最为圣洁。

到现在为止，我以评论的形式描写了我所认识的所有枢机主教。

---

① 他于 1448 年被册封为枢机主教。他主要以数学家的身份而为人所知，提出了一个有独创性的地球运动假说。他认识到试验的价值，在这方面走在了时代的前面，但他的推理并不总是令人满意。韦斯帕夏诺对他这方面的学识似乎并不懂。他一旦知道一个人是圣典学家和神学家，就觉得对此人已经足够了解了。——英译者注

第四卷

大主教与主教

大主教安东尼诺（1389—1459）
（佛罗伦萨人）

他是佛罗伦萨人，父母都是诚实的人，是严守教规派修士。后来，他与圣伯纳迪诺一起确定了这一修道会的教规，一直沿用至今。该分支获得自行选举神父的权利之后，就独立于总会了。

他是位博学的神学家，尤其熟悉与善恶观念有关的问题，这在后面可以看出来。忏悔与布道是他特别喜爱的宗教仪式。他在善恶观念问题上享有很高的声誉，很多这类案件都提交给他裁决。

他在那不勒斯度过一段时间，在那里写有一篇关于忏悔的论文。这时，佛罗伦萨大主教区出现了职位空缺，于是执政团就给教皇写信，求教皇为这一教区选出一个让公民们满意的人，科西莫·德·美第奇也写信表达了同样的意思。教皇尤金回信说，他会派一个品性好的人，并马上提名安东尼诺修士。

但这一消息传到了那些修士的耳朵里，安东尼诺和另一个修士便躲到一个外人找不到的地方，那是科尔内托附近一片人迹罕至的树林。携带任命敕书的官员听说以后，就到那片树林里去寻找他。他找的是一个富裕的"好手"，不知道安东尼诺修士非要拒绝这一教区和高薪不可。最后他找到了安东尼诺修士，把敕书交给了他，安东尼诺修士读过敕书以后，没有把"好手"拿出来。那位官员就要"好手"，安东尼诺回答说："接到坏消息我不会给任何报酬，你带来的消息只有那么坏了。我们没有钱，除了斗篷之外什么也没有。"官员发现受了骗，并注意到安东尼诺打开敕书时惶恐不安的样子，里面写的是他必须接受这个教区，否则就把他开除教籍。

158　　　我要讲讲这件事，这是我听教皇尼古拉说的。教皇尤金对尼古拉说，他只册封了三位问心无愧的高级教士：威尼斯牧首、费拉拉主教和安东尼诺修士。尤金对安东尼诺赞不绝口，他早就认识安东尼诺。教皇尼古拉也早就认识他。

　　　安东尼诺当选以后去了菲耶索莱的圣多明我，他从那里又给教皇尤金写信，请求解除他的职务，但教皇不为所动。很多佛罗伦萨人去提醒他，对他说接受这一职务是多么大的福分。

　　　至于他的法衣，很多人给他出主意，有人建议要一件带下摆的长斗篷，但他不接受，说要毛料的，触地即可，不能再长了。但他们把法衣做得比修士的长袍长两个指头，他就把它剪短了，因为有一次他碰见一个穿破袍子的修士，他一把将破袍子从修士身上扯下来，把自己的法衣给了那位修士，然后又得到一件新的。

　　　他穿一件修士法衣，身着一件亚麻布衬衫睡在一张修士床上。他门上既没有挂毯，也没有门帘，他想让门开着，谁想见他都可以进来。他让仆人把板凳擦干净，这样坐上去就不会把衣服弄脏。他雇了一个和他自己秉性一样的代理人（Vicar），在整个意大利找不到更好的人了。他手下的仆人不超过他需要的人数，没有配马鞍的马，只有一头小骡子，还是他从新圣玛利亚借来的。他还养一些马供使役，还有那头带着镀金浮雕的骡子。[1]

　　他这个教区的收入是一千五百斯库多[2]，但他自己只花五百弗罗林，其余的他都给了穷人。他禁止任何形式的买卖圣职，只有那些配得上的人他才授予勋章，改革了那些急需训诫的宗教团体。他禁止穿带底的鞋，让所有的神职人员都穿草鞋，剪下长发。每一位神职人员都要带一本每日祈祷书，每本书都签名登记以免将其出售。他开除了很多肆意放纵的神职人员和拒不服从的人，一旦发现积习难改就剥夺其圣职。他不分穷富，总是一视同仁。有一天，科西莫·德·美第奇来找他，请他对手头的一桩案子做出有利的裁决。他回答说，如果科西莫有理，就不需要任何人帮忙。

　　这时，佛罗伦萨出现了粮食短缺，无论是城镇还是乡村，都遭遇到大饥荒。安东尼诺让人烤了大量的面包，命令官员们不仅送给显而易见的穷人，还要送给那些羞于让别人知道自己有难的人。他创建了"难为情的穷人"（*poveri vergognosi*）协会，现在仍然存在着。要做这件工作，他自己的收入还不够，他就从教皇尤金和一些公民那里获得资金。他私下里做了很多慈善工作，所有的人好像都在精神上和物质上满足了需要。

　　人们来找他商量合同问题，问他合同是否有效。有一天，有几件案子交给他裁决，他命人念给他听，念的时候他低着头像睡着了似的。念的人叫他醒醒注意听，大主教就叫他继续念。念完以后他当即裁决，说哪份合同是有效的，说明他清醒得很。有些年轻姑娘的嫁妆是这样安排的：如果姑娘死去，资金就由父母继承，这一安排方式他坚决反对。他建议那些在钱山[3]里存有钱的人最终把钱留

159

---

① 意思是骡子瘦得皮包骨头。——中译者注

② 当时意大利的一种银币。——中译者注

③ Monte，佛罗伦萨的公共金融信贷机构，发放可转让的有息私人公民信贷，数额等于公民们向"钱山"贡献的公债数额。——中译者注

给公社 ①，多纳托·阿恰约利接受了这一建议。

　　他把闲暇时间用来做礼拜、会见来求见的人，他总是在日出之前起床。他撰写《大全》，一本很有用的书，对基督教信仰很有益处。他虽然公务繁忙，但还是在担任大主教期间写完了一大部分，他充分利用了时间。他出席大教堂的所有礼拜仪式，总是坚持到最后。

　　一天下午，在圣斯特凡诺教堂主持完仪式之后，他路过布翁德尔蒙特的凉廊，把几个赌徒的赌桌掀翻了，当时他们正在赌博。好几个赌徒都向他下跪，因被人发现赌博而面露愧色。他布道结束离开圣母百花大教堂时，所经过的几条板凳上坐着一些妇女和说话粗鄙的年轻人，他转过身朝向他们时，所有的人都起身离开座位，大家是多么尊敬他。

160　　他的名声传遍整个意大利和基督教世界，传言错误百出，尤其是说他垂涎别人的财物。他的那本《大全》谈到各国的腐败行为和走样的合同，尤其是详细谈到一些地区，给整个世界带来了光明，传播了他做善事的美名，同时也为正确治国理政制订了很多有价值的规则。

　　教皇尤金一死，教皇尼古拉继任。尼古拉想公正治理教会，就派人把大主教安东尼诺召到罗马，请他在各个重大事务上出谋划策。大主教一到罗马，就表示不同意高级教士铺张摆阔是为了赢得民心这一说法。他穿一件修士的法衣，骑着一头半死不活的骡子，随从寥寥无几。但他无论走到哪里，人们都向他下跪行礼，对他表现出的尊重远远超过了那些骑着装饰华丽的马和骡子、随从浩浩荡荡的高级教士。每一个罗马人都对他颇为敬重。有几个枢机主教对一些有关善恶观念的案子感到困惑，向他请教之后茅塞顿开。大家

---

① 　Comune，当时意大利的基层行政单位。——中译者注

普遍想让他当枢机主教，但他告诉大家他会拒绝这一荣誉，说他一旦接受下来就会危及自己的灵魂。他不想当枢机主教，而是宁愿回去当个修士。听他说完这话，大家就走开了，不再打扰他了。

任何人对他的尊重都不及教皇尼古拉。尼古拉不仅被他的圣洁生活所感动，而且从教皇尤金那里听到的情况也让尼古拉感动。安东尼诺特别幸运，因为他品行正直，在罗马得到的尊重超过了任何一位高级教士。

教皇尼古拉死后，教皇加里斯都当选。按照惯例，佛罗伦萨要派出大使去表示臣服，大主教安东尼诺被推选为大使的首领。教皇下令要在枢机主教大会上接见大主教，以表示对佛罗伦萨的尊重。大主教身穿普通法衣，尽管别人劝他穿上主教的袍服。参加会议的人很多，大主教发表了精彩演讲，受到教皇和所有听众的高度赞扬，为演讲者带来了很高的荣誉，也为派他来的城市带来了很高的荣誉。

大使们的任务完成以后，他们按照惯例去拜访枢机主教，大主教受到枢机主教们的亲切接见。拜访完以后，他们就回到了佛罗伦萨。　　　　　　　　　　　　　　　　　　　　　　　161

任何事情也无法让他偏离严格公正的正道。这时，佛罗伦萨有一位有势力的公民，他把一个有关他儿子的案子提交给大主教。这个人有错，大主教试图向他说明他的错误，他就老是说些难听话刺挠大主教。这家伙的恶言恶语让人无法忍受，但大主教总是耐心地回答他。最后，一天晚上，他发了火，动手打了大主教，大主教仍然耐住性子。但上帝是不允许他的仆人遭到戏弄的，所以就让这个人陷入困境。他被赶出城去，后来被宣布为叛逆者，从荣华富贵跌入灾难之中，失去了所有财产，只能勉强糊口。父子俩胡作非为，这成为他们垮台的原因，其儿子曾经非常得宠。他们在贫困中客死他乡，所以父亲造的孽会降临到儿子头上，宗教经典上就是这么说的。

佛罗伦萨人有发誓之后不打算遵守的习俗，大主教安东尼诺强烈谴责这一做法，经常撤销执政团的有关决定，要求将其交给民众，并表示反对执政团这样做。他还谴责发誓保密之后又公开使用投票豆的做法。1458 年，由于违反誓言的做法普遍受到忽视，投票公开举行，他提出一项纠正措施，在所有的教堂张贴通告，要求投票秘密举行，违者开除教籍。

一些首领看到这一通告后非常不安，就给大主教设置障碍。他们选择最简单的办法，以为这样最有效，也就是派一些有名望的公民去威胁他。有五个人去找他，谴责他的做法。他回答说，他只是尽了一个好神父的本分，免得他们因发伪誓而让灵魂受到惩罚。这话让他们更加恼火，尽管大主教话说得很客气、很谦逊。于是他们就威胁要夺走他的教区，他一听就笑了，说："看在上帝的面子上，求你们马上就给我夺走。你们这是帮了我一个大忙，解除了我一个沉重的负担。我会回到圣马可的小屋，我身上还带着房门的钥匙，在那里安静地休息。这样做比啥都让我感到高兴。"威胁他的人以为他这样说是为难他们，就非常生气，觉得他们这一招不起一点作用。他们看到大主教软硬不吃，就回到宫里向执政团禀报了他们的做法。

当天晚上，一个朋友来看他，大主教笑着向他讲述了发生的事情，朋友听了大笑，说门口有个人想和大主教谈谈，又说此人是政府首领之一。大主教让朋友到内室去和代理人待在一起，并等他回来。他这样做是预感到要出事，因为来访者马上想知道屋里的同伴是谁。他拒不回答，担心对方会动武。

来访者走了，留下人盯着是谁会从屋里走出来。于是大主教为了救朋友，就让他们从圣塞尔瓦托教堂出去，还吩咐他们继续往前走，从新圣玛利亚过去。这样他们就安全地离开了。

162

庇护二世一当选，大主教又被推选为佛罗伦萨大使，这第二次使命给他带来的荣誉比第一次还要大。他现在老了，由于斋戒和夜里起来祈祷而身体大为衰弱。六位大使受到教皇的光荣接见，大主教起身说明他的使命时摔倒了，他年纪大了，再加上旅途劳累和长时间的等待，他吃不消了。教廷和其他大使都觉得他的病情很严重，但他在临近的房间里经人按摩，喝了一杯马姆齐甜酒后又恢复了生机，回到枢机主教大会上发表了演讲，比上次在教皇加里斯都面前的那次演讲还要精彩。会议结束之后，他依照惯例拜访了各位枢机主教，然后回到佛罗伦萨。

他做任何事时都是最谦卑的人。他凭借其圣洁的生活和行为而到处赢得好感，尤其是在罗马教廷。在一次选举教皇时，他得了三票。他要是当选的话，肯定会改革教会的。经过长期不间断的辛苦劳作，他身心都感到疲惫，就住在圣加洛门外面的一所房子里。

但上帝决定解除他的诸多烦恼，把他召到自己身边来。在身体衰弱的情况下，他稍微发了一点烧就倒下了，问心无愧地静静等待着最后一刻。他归还了那头小骡子，那是新圣玛利亚的主持借给他的，他向主持表示了感谢。他自己没有书，连每日祈祷书也没有，把所有的摘要都写在旧废纸上。他需要的书都是从圣马可或圣多明我借来的，死的时候他所有的财产价值一百二十里拉。能这样生活的人是幸福的！

说到他，还可以提到圣哲罗姆对第一位隐士圣安东尼奥的描述。圣安东尼奥说，他宁要圣保罗的棕榈衣，也不要大流士的所有财富。他的亲戚生活富裕，他没有将教区的任何财产给他们，说这些财产不是他的，而是属于穷人的。

按照他的请求，他被安葬在他所喜爱的圣马可教堂，没有任何张扬。他在停尸架上躺了两天，身上覆盖着一件普通斗篷。所有的佛罗伦萨人，以及碰巧在佛罗伦萨的陌生人，都来吻他的手和脚。

我相信他很多值得记述下来的业绩，都由弗朗切斯科·达·卡斯蒂廖内写进他的生平里了。

圣伯纳迪诺·达·马萨（1380—1444）

他出生于马萨，父母都是知名人士。他八岁时被送到锡耶纳学语法，后来父母决定让他学教会法，他学了三年。但这几年是白费了，因为他不喜欢法律，但喜欢神学，要得救就需要神学，所以他夜以继日地学习神学。他只关注全能的上帝希望铲除人类邪恶的方式，对穷人最为慷慨，为体弱者着想。

164　有了这种思想倾向，又认识到尘世间的诱惑，他就越来越讨厌世俗生活，觉得过世俗生活很难得救，俗人都生活在一片苦海之中。他经常冥思苦想永生和死亡，这样生活了多年之后，他感到非常害怕。思来想去，他开始厌恶世间的浮华和虚幻，把这些全都抛弃之后过上了宗教生活。他拿不定主意是追随圣方济各还是追随圣多明我。二十二岁那年，他给自己提出这样一个问题，把他所有的东西都卖光，完全脱离了这个世界。

经过多次与人交换意见，他决定加入圣方济各修道会，立即开始在精神生活上完善自己，出家当了修士。他发现布道修士的生活最有助于得救，就当了布道修士。经过实践之后，他凭借其声音、方法、憎恶邪恶、劝人向善而成为一名杰出的布道者。

没有任何一个人能像他这样集多种才能于一身，这些才能好像不是天生的，而是全能的上帝特意赋予他的。他做任何事情都得心应手，但尤其擅长于布道，通过布道把光明洒向人间，这一时期世界是一片黑暗，尤其是意大利，那里所有公正的生活规则都被抛弃，人也不再承认上帝。人们完全沉溺于各种邪恶之中，对邪恶早已习以为常，既不畏惧上帝，也不畏惧世间的道义。可恶的愚昧啊！事态已经发展到了这样一个档口：由于世间邪恶肆虐，作恶者横行无阻，再也没有人出来谴责这些罪恶了。

在圣伯纳迪诺的时代，意大利某些城市无恶不作，尤其是沉溺于可恶至极的鸡奸。人们对此趋之若鹜，不能自拔，所以需要上帝将火和硫磺石降落到他们身上，就像降落到所多玛和蛾摩拉[①]一样。圣伯纳迪诺发现世间恶贯满盈，就开始诅咒这些作恶的人，凭借其布道、诅咒、谴责这一可恶的罪行以及其他罪恶行径，把这些罪恶从这座城市以及整个意大利清除了出去。

他到佛罗伦萨时，发现那里严重堕落，就马上投入工作，就像 165 在其他城市那样，谴责邪恶，表达对邪恶的厌恶。佛罗伦萨人本性上是向善的，经他一宣传，大家就改变了生活方式。所以，圣伯纳迪诺可以说是给了这座城市新生。为了让妇女放弃无价值的东西、消遣物和假发，他让人在圣十字教堂广场上点燃篝火，然后命拥有这些东西的妇女给他带来，把这些东西全都烧了。那些被虚荣迷住了眼睛的人，思想观念上发生了很大变化。圣赫里索斯托姆说，让威力强大的上帝创造一个新天地，比改变一个得到自由意志的人的观念还要容易些。

圣伯纳迪诺布道四十年，走遍了国内的每一个村庄，让意大利一些不知道上帝的地方知道了上帝。他救赎了人的灵魂，唤醒了他们，很多以前从未忏悔过的人现在开始忏悔了。他把非法剥夺的财物归还给其合法主人，为很多受到诽谤的人辩白，化解了敌意。他抚慰统治者、城市和民众。他所想的只有恢复善意，别的什么都不想。很多放荡邪恶的人改变了生活方式，加入了圣方济各修道会和

---

① 《圣经》中提到的两个罪恶之城。参见《圣经·创世记》18—19。——中译者注

严守教规派。他提升了敬神的品质，为严守教规派建了很多修道院，其影响力和名声比以前大多了。可以这么说，是圣伯纳迪诺使这一修道会达到它现在的规模，因为众所周知，现在这一修道会的会长是修士，而在圣伯纳迪诺之前，所有的修士都在会长领导之下，无论是否是严守教规派。

做了这一善事、扩大了宗教影响之后，圣伯纳迪诺就考虑如何使其巩固下来，让每个人各得其所。为了做成这件事，他说服教皇尤金任命一位代理人，人称"总代理"，但这一职务并非永久性的，而是只由严守教规派任命。每年他都要参加教士会，修士们可能重新任命他，但一共只能任职三年，到年底的时候解除其职务，再选举另一个人。总代理只能管辖严守教规派，其权力与会长相当。会长不能干涉修士的事，对修士也没有任何支配权，除非通过代理人，代理人在一定的条件下服从会长。

圣伯纳迪诺名声远扬的时候，锡耶纳主教死了，于是锡耶纳人恳求圣伯纳迪诺答应当他们的主教。教皇尤金选了他，他到威尼斯参加选举，四旬斋期间他在威尼斯布道。很多公民前来支持他，劝他接受这一教区，其中有一个很有名望的人——米凯莱·迪·皮耶罗·本尼尼大人，一个文学家，极力劝说圣伯纳迪诺接受下来，说接受以后会得到很大好处。米凯莱说完以后，圣伯纳迪诺对他说："无论你在任何时候看见我身上穿的不是圣方济各的法衣，你就说：'这不是伯纳迪诺修士。'这就是我的决心，如果上帝愿意，我不会改变。"他又提出很多理由，米凯莱无言以对，于是米凯莱就给教皇尤金写信，让教皇另派他人到这一教区，让伯纳迪诺还像以前那样布道。

教皇看出了圣伯纳迪诺的心思，也知道他布道所取得的成绩，所以并不想强迫他。后来圣伯纳迪诺又被选到其他两个教区，结果还是一样，证明了他的正直和不可动摇的决心。

圣伯纳迪诺谴责所有的罪恶，尤其是可恶的深渊高利贷，它毁灭了城市、地区和村舍。一天上午，他在佛罗伦萨大教堂布道，谈的是契约、赔偿、银行和姑娘的嫁妆。当天晚上，他按习惯又去了他的文具店，在那里碰见詹诺佐·曼内蒂，曼内蒂对他说："你把我们大家都罚下地狱了。"圣伯纳迪诺回答说："我没有把一个人罚下地狱。罚下地狱是因为人的罪孽和邪恶。"然后曼内蒂就说到嫁妆契约，嫁妆的资金是固定的。但圣伯纳迪诺以清晰的推理证明这些契约是不合法的，如果资金固定的话，嫁妆契约就比犹太人在红羊皮纸上立的契约还要恶劣。

167

这样，圣伯纳迪诺极为谦虚地解决了所有疑问，詹诺佐大人以及其他人全都非常满意。每天都有很多人来征求他的意见，或谈论契约、赔偿等其他问题，他都给出合理的解释。最后，为了让大家都了解这件事，他写了一本书《论归还》（De restitution），谈论所有的契约，无论是合法的还是不合法的，谈得甚至比大主教安东尼诺还要透彻。

圣伯纳迪诺采取了一种布道方式，这种方式对听众有用，很适合听众，尽可能地谴责罪孽、赞扬美德。为了在他死后别人能够获益，他写了两本布道书。一本叫作《永远的福音》（Vangelo Eterno），主要谈论美德以及罪孽的邪恶本质，以便让所有人都避免犯罪。另一本书叫作《布道词》（Sermoni）。在这两本书中，他收录了足够一年用的布道词，引起了广泛关注，几乎所有的严守教规派修士都采用了他的方式。那时到处都是罪孽，无论是圣托马斯还是博纳文图拉都不够用了，需要像圣伯纳迪诺和主教安东尼诺这样的新作家，这些作家凭借其作品可以消除世间的愚昧。

圣伯纳迪诺在城镇和乡村布道四十四年，传播上帝的福音。他虽然身体强壮，但由于难以忍受的疲劳，他患上了痛风，身体一侧疼痛，还受到痔疮的折磨。他虽然身患这三种严重疾病，但只是在剧痛的时候才躺下来，身体一恢复就继续布道、写作，为找他的人出谋划策。这三种疾病之中，任何一种都可能让人烦躁、易怒，但对他没有一点影响，他默默地忍受着。

七十四岁那年，他在米兰布道，代理人命他去阿奎拉，那里出现了骚乱让他去平息。但他还没有到达就发烧病倒了，再加上多种疾病的折磨，几天以后就去世了，死得像他生前一样圣洁。他死后，阿奎拉出现了很多奇迹，乡下形势稳定，这让阿奎拉受益匪浅。他的遗体被运到阿奎拉，停留三天以后下葬。全国各地来了很多人，又出现了很多奇迹，封他为圣徒时也有很多奇迹，经过一番正式调查后，他被封为圣徒。

168

后来，当局想知道他的出生地、他父亲的名字以及导致他死亡的疾病，以便让大家都知道。这些奇迹的名声传播出去之后，朝圣者从各地来到他的圣陵①前。于是教皇尼古拉在枢机主教团和其他名人那里经过仔细调查，于1450年在圣彼得大教堂正式封他为圣徒。② 想详细了解他生平的人，可以阅读马费奥·韦焦用拉丁语写的传记，或阅读詹诺佐·曼内蒂撰写的书《驳犹太人和异教徒》（*Contra Judeos et gentes*）。

---

① 位于阿奎拉大教堂的一座大墓，由德西德里奥·迪·塞提涅亚诺的一名学生西尔韦斯特罗建造。——英译者注

② 基督教封圣是一件很慎重的事。除了殉教者和为教会做出重大贡献的神学家之外，大都是那些过严苛生活并在广大教徒中有广泛影响的修士或修女才有机会被封圣，而且是在死后才能享有这一殊荣。早期的圣徒都是大家公认的。到中世纪后期，封圣的权力被教皇收走，其程序大致是先由教徒向教会申报、教会组织调查，最后由教皇认可，然后才能正式成为圣徒。所以这一过程会很长，一般要数年，有时甚至是数百年。如英格兰的托马斯·莫尔死后四百年才被封圣，法兰西的圣女贞德死后近五百年才被封圣，英格兰"可尊敬的比德"甚至死后一千多年才被封圣。——中译者注

奥兰多·博纳利——佛罗伦萨大主教

他出生于佛罗伦萨的一个世家，大法学家和圣典学家，各方面都是个正直的人，提出建议时很谨慎。他在博洛尼亚任教多年，薪俸很高。后来他被调到佛罗伦萨的教室里教书，一度为很多听众讲课。罗马教廷发现他有能力，就任命他为圆屋法庭法官，这一职务只有名望很高的人才能担任。在罗马任职期间，他凭借操行端正而赢得了大家的信任，尤其受到教皇和枢机主教们的喜爱。

他在罗马居住期间，大主教安东尼诺死了，于是教皇选他到这一职务出现空缺的教区，这有两个原因：一是他配得上接替安东尼诺的职务，二是他出生于佛罗伦萨的世家，声望很高。为了让他奉行安东尼诺的既定路线，教皇希望所有的下属全都留任。

奥兰多就任大主教以后施政十分谨慎，但有些公民反对他，因为所有人都有抗拒执法的倾向。他总是恪尽职守，无论是什么人，在法律和正义面前一律平等。他把这一教区治理得颇为出色，离任的时候整个教区井然有序。他的继任者也这么做就好了！我觉得有必要简单记述一下这位名人。

169

费拉拉主教

帕多瓦的弗朗切斯科大人在教皇尤金手下担任要职，要不是因为年轻（当时这一重要职务不是人人都能担任的），他就会被册封为枢机主教了。就是因为他年轻，教皇把他放弃了。但费拉拉教区出现空缺时，他就被任命到那里了。

他博览群书，既熟悉宗教文献，也熟悉世俗文献，从阅读中得到极大的乐趣。可能是他年轻时走入歧途①，不过他总是笃信宗教，从来都没有完全离开正道。教皇尤金死后，他决定离开罗马。教皇一死，他在教廷的处境就不妙了，这时他就想起他的主教辖区，认识到他既没有对上帝尽到责任，也没有对人尽到责任，这一教区急需整顿。

到了费拉拉，他开始处理教区事务，很快就了解到如果他本人不改变生活方式，不做出一个主教的样子，任谁都无法尽职，他的这个教区是那么重要。所以，他到费拉拉以后，就过起了宗教生活。他什么闲心都不操，一心斋戒、勤勉地祈祷、阅读神学家的著作，过上了圣洁生活。对于一个有正常理解力和判断力的人来说，只要愿意就能改弦易辙。

他在转变生活方式初期，派人到佛罗伦萨找一本弗朗切斯科·彼特拉克大人写的小册子《冲突的焦虑》(*De conflictu curarum suarum*)。

170　　作者在书中以对话形式向全能的上帝忏悔自己的罪孽，得到圣奥古斯丁的答复，圣奥古斯丁对他忏悔的罪孽感到伤心。彼特拉克就这样泪流满面地向全能的上帝忏悔自己的罪孽，乞求上帝宽恕。弗朗切斯科大人在这本书的帮助下心向上帝，所以凡是认识他的人无不吃惊，在这么短的时间里，他的生活和习惯就发生了这么大的变化。

有了空闲时间，他就用来读书、祈祷、做礼拜、与任何找他征求意见的人交谈。他就这样坚持到生命的终结，树立一个任何人都可以效法的榜样，他的言行和生活方式发生了如此大的变化。出

---

①　巴尔托利在注释中说，韦斯帕夏诺在这里委婉地表达了他对弗朗切斯科早年的看法。乌杰利引述韦斯帕夏诺的手稿时这样写道："佛罗伦萨人韦斯帕夏诺可以证明，这个人［弗朗切斯科］在罗马居住了一段时间，在那里无恶不作。"——英译者注

于对上帝的爱，他把自己剩余的一切都最为慷慨地送给了穷人。在罗马教廷，在费拉拉，在人们认识他的每一个地方，他都是大名鼎鼎，大家所谈论的只有他那令人赞叹的行为举止。

他死得最为圣洁，像他在世时一样。任何想不辞辛劳地描写他的人都会发现，影响他生平的肯定是超自然力而不是自然力。我觉得应该写出他的小传，任何想为上帝增光的人都可以以他为榜样。

维罗纳主教（1410—1471）

埃尔莫劳·巴尔巴罗大人是威尼斯人，由教皇尤金任命为主教。他粗通教会法和民法，熟悉神学，后来又学习人文学科，文笔漂亮。

他是个生活高尚的人，在教皇尤金领导下兢兢业业地治理维罗纳教区，四处宣扬对上帝的崇拜。他对任何人都有礼貌，将他的教区治理得秩序井然，无论是世俗事务还是宗教事务。

他在家里供养着很多博学的人，他经常与这些人讨论文学问题，把家治理得很适合一个高级教士。如果他写了什么作品（我相信他的确写了），我也一无所知。他是个有才能的人，我觉得应该把他的名字写到这里来。

帕多瓦主教（多纳蒂）（1380—1447）　　　171

皮耶罗·多纳蒂大人是位威尼斯绅士，熟悉教会法与民法，一个明智的神学家，精通希腊语和人文学科。他在罗马教廷很受青睐，熟悉罗马要处理的一切问题。教皇尤金发现了他的长处，就任命他为帕多瓦主教。他在帕多瓦生活得很自在，无论是他的秉性还是他出生在威尼斯的缘故，他都喜欢这种生活方式。

巴塞尔宗教会议召开后与教皇尤金作对，所以需要派一位大臣代表教皇到那里去，针对指控教皇的言论来为教皇辩护。主教多纳蒂身为教廷最有能力的人之一，被推选出来担任这一职务。他在大会上发挥了很好的作用，赢得了很高的荣誉。很多人认为他应该被册封为枢机主教，但他为何没有得到这一荣誉我并不知晓。

教皇离开佛罗伦萨以后，主教回到了他的教区。这是个重要的教区，收入可观。他在那里住了一段时间用来学习，同时也收集了很多图书，他打算建一座图书馆，但不知道建成了没有。

在城外几英里的地方，帕多瓦主教有一座漂亮的房子，他经常到那里去做礼拜。瘟疫传播到帕多瓦的时候，他把很多财物和大量纯银运到那里。他在那里的时候，上帝让他感染上了瘟疫。他的一些亲戚听说以后到了那里，看到他病情严重，就把所有值钱的东西一抢而空，尤其是银器。亲戚们害怕染上病都走了，家里的大部分人也都走了。

留下来的只有一个专职教士，一个忠诚的老人。主教发了高烧要喝水，专职教士看到所有的银器都没有了，就用一个陶杯端来一点葡萄酒。主教看到以后大声说道："为啥不把银杯给我端来？"专职教士是个率直的人，于是就回答说："阁下，杯子没有了，碗也没有了，你的亲戚全都拿走了。"主教一听，既没有喝酒，也没有说话，而是面向墙壁极度悲伤，不大一会儿就死了，连一句话也没说。这一致命的悲伤来源于他的性格缺陷，那就是他不大方，太看重财物。

我在这里写的有关他的死亡情况是从他一个家人那里听说的，这个人当时就在现场。让贪财的人考虑一下他们的下场吧，但愿没有一个人到他们床边去偷东西，让他们不相信任何人，既不相信朋友，也不相信亲戚。而且我担心这位主教既失去了财物，也失去了灵魂，所以他肯定处于极度的危险之中。从先例中长见识好，不要从经历中长见识。

我写这件事不是为了责难这个人，而是为了警示大家，无论是主教、君主或普通公民。我相信这位主教写过几本书，但我就不再提了，我根本就没有见过。

帕多瓦主教

雅各布·泽诺大人是威尼斯人，后来成为帕多瓦主教。年轻时，他在尤金四世手下声誉鹊起。他熟悉神学和人文学科，文笔漂亮，这可以从他的作品中看出来。每逢重大场合，例如基督降临节、圣诞节、星期日和大斋节，他经常得到在教皇和枢机主教面前布道的殊荣。他多次在公共场合发表演讲并赢得赞扬，这有两个原因：一是演讲优雅，二是演讲方式完美。实际上他就是凭借演讲的名声而得到了帕多瓦主教区，那是他的家乡。

他总是致力于文学，既阅读又写作，后来就写了卡洛·泽诺传。卡洛·泽诺是他本家族的一位名人，在世时多次英勇作战，既参加过海战，也参加过陆战。关于这些战斗，雅各布大人写了十本书。据看过这些书的人评价，书写得风格典雅、辞藻华丽，为大多数当代作家所不及。这套书让他名声大震。

他还写了教皇列传，一直写到他那个时代，鸿篇巨制，有很高的价值，另外还有很多我没有看过的专著。他达到如此高度应大加赞扬，这一高度很少有人能够达到。我不想在这里漏掉他的名字，尽管他有一件事会让读到的人感到震惊。他太热衷于尘世间的虚名浮誉，他在自己府邸里散步时突然死去了，读者仔细想想会为他感

173

到担心。[1]

布雷西亚主教

皮耶罗·达·蒙特大人是威尼斯人，布雷西亚主教，一个优秀的、学识渊博的人，民法和教会法博士，通晓所有的人文学科。他放弃了法律转向神学。他想建一座图书馆，就把他能找到的所有合适的书都买下来，手下一直雇有抄写员，抄写各种买不到的书。在佛罗伦萨，他让人为他抄写了很多珍贵文献，各个学科的都有，尤其是神学类的书。

教会改革终结教会分裂的时候，他正在康斯坦茨，为教会联合做了不少工作，所以他在出席会议的名人之中享有很高的声望。教皇尤金派他到英格兰，他在那里当了好几年的收税员[2][3]，然后载誉而归。除了拥有主教辖区之外，他还在教会里担任很多职务。他当了好几年佩鲁贾总督，受到普遍赞扬。他是个英俊的人，口才很好。

他著述甚丰，其中有一本是教会法与民法汇编，很有名，以作者的名字命名为《布雷西亚集》。这本书马上就出了名，他现在的名声仍然凭借这本书。他几次被提名为枢机主教，但都没有成功，一次是有人要阴谋，一次是他的死亡，他眼看就要成功时突然死了。

世界上的事就是这样。当一个人以为他可以收获劳动果实的时

---

① 即担心他死后升不了天堂。——中译者注

② 征收"彼得便士"。——英译者注

③ 彼得便士最初是各国自愿捐纳的一种税款，后来有了封臣纳贡的意义，主要由英格兰与北欧诸国缴纳。——中译者注

候，死神就会干预。如果一个人做事是为世人增光，不是为上帝增
光，这件事就做不成。大多数人都是愚昧的，皮耶罗大人也有一点
愚昧。他为世人增光想得太多，为上帝增光想得不够。由于这一原
因，大多数人也得到了同样的报应，老想着这个世界，想着世上的
虚名浮誉。他要是多想一点全能的上帝，其下场就会好一些。他突
然死了，而这样死是危险的。

布雷西亚主教

接替上一位主教的多米尼科大人是威尼斯人，由博洛尼亚枢机
主教抚养成人，博洛尼亚枢机主教是教皇格雷戈里的侄子，一位非
常圣洁的人。多米尼科大人熟悉所有的人文学科，是当时最出色
的神学家。在教皇尼古拉、教皇加里斯都、教皇庇护和教皇保罗时
期，教会里鲁莽的人一闹出疑问来，他就会派上大用场。由于他名
气大，总是派他来解决这些问题。

他在教廷的影响力迅速增加，他非常想当枢机主教。但眼看红
帽子就要戴在他头上了，他就像很多人一样，在伸手就要够着奖赏
的时候突然死了，一切希望都落了空。多米尼科大人担任布雷西亚
主教多年，死神毁了他所有的希望。但我们要把一切都交给上帝处
理，把我们遭遇到的一切都看作上帝的旨意，要认识到无论上帝做
什么，都是为了取得最好的结果。

耶路撒冷牧首

比亚焦·迪·穆利诺大人是位威尼斯绅士，耶路撒冷牧首。他

致力于研读经书，在这方面非常博学。他由于生活圣洁而极受教
皇尤金器重。他管理教廷和档案室的时候，让人把很多经书抄写
175 下来，又购买了其他书，这些书他全都送给他下属的神职人员，
有《圣经》、布道词、关于耶稣受难的书和圣格雷戈里的道德
说教。

他治家有方，教育几个侄子，想把他们安置在教会里，尽最大
的努力培养他们一心侍奉上帝，不沾染任何恶习。他想当枢机主
教，好几次都答应让他当了，但死神没有让他实现这一愿望。

劳贾主教（1437—1510）

蒂莫泰奥·德·马菲大人是维罗纳人，圣奥古斯丁修道院受教
规约束的教士之一。他是个有影响力的布道者，为教会取得了丰硕
成果。他从二十五岁起开始在整个意大利布道，让很多人皈依了基
督教。很多布道者前来向他请教，他出于对上帝的爱而自愿努力工
作。

在他的影响之下，科西莫·德·美第奇在建造菲耶索莱修道院
时采纳了他的建筑计划和想法。他对科西莫的影响力简直不可能再
大了，因为他的方法既稳妥又有效力，尤其受到科西莫及其身边人
的赞赏。

他用一种漂亮的文体写作，这可以从他的文章中看出来。他的
布道合情合理，与我们现在听到的很多人的布道都大不一样。现在
的布道常常让人迷惑不解，没有遵循肯定的表述方式，而是用辩论
的方式，这样就会引起疑问。他以当仁不让的语气来布道，没有任
何疑惑，所讲的都是哲罗姆或奥古斯丁等权威所确定下来的问题。
实际上他就是个奥古斯丁神学大师，完全精通奥古斯丁的学说。如

果他不涉及现代学说，他就不会用疑问的语气攻击现代学说，就像那些用循环论证法来辩论的人那样。他对罪孽的谴责强烈而有说服力。

他风度翩翩，很有威严，这本身就很有感染力。他走到哪里都能赢得尊重，多次到访过罗马。他特别受到斯波莱托枢机主教的青睐，斯波莱托枢机主教是个很有影响的人。劳贾主教区的职务出现空缺时，人们请他接受这一职务并住在那里，这样人们就能感受到他布道带来的好处，教区的事务就可以管理得井然有序。

176

到了劳贾，他发现那里的生活与他期待的差别很大，要承担的任务太重，他要接触的人与他本人的性情完全不一样。他无论如何尝试，其努力总是受挫，没有任何办法可以改变当地人的志向和习惯。他曾经过着和平宁静的生活，现在则要过动荡不定的生活，他一点办法也没有。他带了一个他自己修道会的修士来到这里，他经常和这个修士在一起悲叹，他不该放弃宁静的隐修生活来到这个混乱的地方，一点益处也没有。他日夜都为自己的不幸感到伤心，后悔不该接受这个主教职务，一点也得不到心灵的安慰。

他这样伤心焦虑了很长时间之后生了重病，他最大的遗憾是不能回到菲耶索莱修道院，与修士们一起过仁爱和平的生活，他愿意在那里过一个小时比这个教区更安宁的时光。他一悲痛就泪流满面，向他的同伴诉苦。

他病了几天——得的是腰痛和发烧——之后病情恶化，为离开他的修士同伴而感到遗憾，死得和他生前一样圣洁。他的布道得到了丰厚的回报，让那么多人皈依了基督教，为教会服务了四十年之后，希望全能的上帝会怜悯他的灵魂。所以，让严守教规派的所有教徒坚持下去，不理会权力和地位。

菲耶索莱主教

古列尔莫·贝基大人是佛罗伦萨人，少年时期就加入了奥古斯丁修道会。他学习了语法、哲学和神学，凭借其才华成为一名优秀的学者。他学习是在巴黎，在七艺和神学方面出类拔萃，能在辩论中巧妙地应对神学问题。

177　　他在佛罗伦萨和其他地方布道，吸引了大批听众，上过学的和文盲都有，因为他有取悦所有人的才能。他讲述亚里士多德、逻辑和哲学，在节日里被指定朗读圣保罗书信。他天生的好口才，把时间都用在阅读、写作和布道上。他成为奥古斯丁修道会的会长，在法兰西、德意志和英格兰显示出他教育的价值，在整个意大利也是如此。

他在罗马很受尊重。回到罗马以后，他被任命到出现职务空缺的菲耶索莱教区。接受任命以后，他便不再担任会长职务，有空余时间写他对亚里士多德《伦理学》的注释了，这是一本很受重视的著作，另外他还注释了《经济学》。他写了各种布道词，有的用在四旬斋，有的用在节日，全都赢得博学者的赞扬。他写了很多书，也买了很多书，建成了一座图书馆，在佛罗伦萨的圣斯皮里托修道院。他还把一些书给了圣母百花大教堂图书馆，那里写有他的名字以示纪念。

他以这种值得称道的方式度过了一生。他死在佛罗伦萨，佛罗伦萨为他举行了隆重的葬礼，由罗马的马里诺修士致悼词，这位修士是严守教规派的。他的一生是圣洁的一生，很多公民参加了他的葬礼来悼念他。

科罗内主教

圣多明我修道会的巴尔托洛梅奥·拉帕奇大师出生于佛罗伦萨

的一个穷人家。他懂希腊语、拉丁语和人文学科，富有布道才能，去听他布道的人成群结队。他以博学而闻名，当时的修士没有几个人能比得上他，各个阶级的人都去听他讲学。他很受教廷的青睐，无论是在城里还是在乡下，他都很受欢迎。他收藏有很多希腊语和拉丁语书籍，写有很多精彩的布道词。

他死于佛罗伦萨，被隆重地安葬在那里，把一些图书留给了新圣玛利亚修道院，他是那里的修士。他的教区很穷，所以他一生过得既贫穷又正直。在佛罗伦萨召开的希腊教派会议上，他以辩论而出了名。

卡帕乔主教

178

他是卢卡的弗朗切斯科·贝尔蒂尼，那不勒斯王国的卡帕乔主教。他与葡萄牙枢机主教有联系，葡萄牙枢机主教是个最为圣洁的人，对他非常好。葡萄牙枢机主教死后，他又去找拉文纳枢机主教。拉文纳枢机主教去那不勒斯的时候，就带着弗朗切斯科·贝尔蒂尼一起去。

他具有优秀的品质，那不勒斯国王就把职务出现空缺的卡帕乔主教区给了他，并把他派到英格兰国王那里担任特使。他在英格兰待了一段时间，在王宫很受青睐。后来，国王斐迪南派他到勃艮第公爵那里担任大使，勃艮第公爵很有礼貌地接待了他。在努依遭到可怕的围攻时，主教与公爵一起在军营里。

有一天，一批人被判处绞刑，生性最为仁慈的主教就对公爵说："大人，处死这些可怜的人是一种野蛮行为。"公爵给了他一个奇怪的回答："意大利人有一种说法：死人不会打架。"主教说："这是一句粗俗的玩笑话，聪明人不这样说。"几天之内，一百多人不问青红皂白就被绞死了。

勃艮第公爵有一些美德，以节俭而树立了一个好榜样，但他又极其残忍。由于这一原因，上帝让他在打仗时死于无名氏手下，赤身裸体地暴尸于战场上。有一个年轻人服侍过他，因此记得他一条胳膊下面有个斑点，否则根本就无法把他辨认出来。

卡帕乔主教与公爵一起在宫里的时候感到很不舒服，年纪轻轻就生了病，死在了勃艮第。他是个精明、高尚的政治家，超过了他那个时代的大多数作家。他总是辗转漂泊，留下来的作品很少。他要是活得再长一些，就会担任重要职务了。

伊莫拉主教

博洛尼亚的加斯帕尔大人是属于严守教规派的多明我修道会修
179　士，伊莫拉主教。教皇尤金在佛罗伦萨时，加斯帕尔以博学而著称，尤其是熟悉亚里士多德《伦理学》中的道德哲学。他每天在大学①讲学时，很多博学的人、教廷的人以及公民都去听讲，在行政长官的府邸里举行辩论会。加斯帕尔大人是个头脑灵活、思维能力强的人，在这些辩论中总是赢家。

这一时期，由于聚集了那么多博学的人，每一个学科都有优秀教师。奇奇利亚修道院院长和罗马的卢多维科大人是主要讲师。另外还有加斯帕尔大师、尼古劳·尼科利、詹诺佐·曼内蒂、卡洛·德·阿雷佐大人以及当时所有博学的人。

他除了博学之外，还是一个生活最为高尚的人。他写了一些

---

① 当时叫"佛罗伦萨书院"，到二十世纪才改名为"佛罗伦萨大学"。——中译者注

书，但我不了解，这里就不评论了，让那些比我更了解情况的人去
写吧。

沃尔泰拉主教（卡瓦尔坎蒂）
（卒于 1449 年）

罗伯托·卡瓦尔坎蒂大人出身于名门，是个了不起的人，法学
家和圣典学家，在他所读书和任教的意大利各个大学都大名鼎鼎。
除了他的才能和学问之外，他享有很高的威望，罗马需要任命一名
圆屋法庭法官时，他们从这一领域为数众多的名人之中遴选出罗伯
托·卡瓦尔坎蒂大人。在这类选举中，他们不仅仅看一个人的脸，
而是选举有才能的人。他的职责履行得很好，受到高度赞扬。要不
是他英年早逝，大家认为他能当上枢机主教。

沃尔泰拉主教

安东尼奥·德利·阿利大人熟悉希腊语和拉丁语，是个生活圣
洁的人。教皇尤金在佛罗伦萨的时候，安东尼奥大人是教皇保罗的
总管。尤金在担任枢机主教之前，曾称赞安东尼奥是个博学和正直
的人。保罗一当选教皇，就把安东尼奥召到罗马，他在罗马得到
大权。

菲耶索莱主教区出现职务空缺时，教皇就把这一职务给了他，　180
后来又把劳贾给他，但他谢绝了，因为他的教区虽然在那里，但他
不能住在那里。这惹得教皇发了火，教皇认为安东尼奥懦弱。据认
为，要不是因为劳贾这一档子事，他就能当上枢机主教了。

沃尔泰拉主教区出现职务空缺时，教皇把这一教区给了他，同时还把普鲁内塔的圣玛利亚教堂给他留着，因为这一教堂可以说是他恢复起来的。他对身份毫不介意，大部分时间都是在那里度过的，偶尔去走访他的沃尔泰拉主教区。他生活十分简朴，时间都用来做礼拜、读书与写作。

他把收入都花在帮助穷人上，以此来为上帝增光，离开他那里时没有得到救助的人寥寥无几。他不仅花圣玛利亚的薪水，而且还把他教区剩下的薪水都花光。他想做得公平公正。普鲁内塔的圣玛利亚收入很高。他现在怀疑自己能不能保存这一笔收入，担心他死后薪俸就让人代为保管，教会就没有经费了。所以，他在世时就任命了九位专职教士，每个人都有一笔适当的收入和住处，其花费来自教区的收入，担任职务者的薪水也要支付。他让布翁德尔蒙蒂家族的一名成员加入圣母百花大教堂的教团，他死的时候，该家族中想进入修道院的姑娘都可以得到九百弗罗林。

他留下了美名，无论是在生活上还是在习惯上，像一个优秀的高级教士那样度过了一生。没有人比他更好学了，没有人比他更有效率了。他是个优秀的布道者，经常坐在他的布道坛上布道。我看过他写的一本《圣徒传》，每一位圣徒都按照一年当中的日期排名。他把这本书呈献给了教皇尼古拉。

马萨主教（达蒂）（卒于 1471 年）

莱奥纳尔多·达蒂大人是佛罗伦萨人，出身于名门，年轻时学习文学，写出过优秀作品。他趣味高雅，既善于写诗，也善于写散文，知识面非常宽广。他生性温文尔雅，受到所有伙伴的喜爱，尤其是安东尼奥·德利·阿利大人。

181

他担任很多圣职，最后一个是马萨主教。他是教皇保罗的秘书，因担任教皇文件签署厅首脑而受到大家的喜爱，所有这些文件都要过他的手。他是在教皇庇护任职期间到罗马的，庇护非常器重他。教皇保罗不允许买卖圣职，要求他身边的人也都不许这样做。莱奥纳尔多大人履行秘书职责时诚实、勤奋，深受教皇喜爱。他有耐心，教皇和枢机主教们都非常喜爱他。要是教皇保罗还活着，他就能当上枢机主教了。他对家人和所有的佛罗伦萨人都很友善。

我在这里讲一件事。有一天，他依照惯例抱着一大摞书信文件去找教皇签字，教皇正坐在火堆旁。教皇问他有什么事，他回答说有书信文件要签字。教皇接过书信文件，莫名其妙地全都扔到火里去了。莱奥纳尔多看到了发生的事情，就戴上眼镜盯着火光。教皇问他在干啥。"我只是看着这些书信文件着火。"教皇一听笑了，思想上好像很轻松。

莱奥纳尔多大人的书我只看过一本《伊特鲁里亚战争》(*De bello Etrusco*)，写得非常好。他写讽刺短诗，是个有才华的诗人。他留下一笔不太多的遗产，那是他在教廷勤奋工作挣来的，教皇保罗任职期间他一直担任秘书。他是个有经验的廷臣，在两任教皇任职期间都身居高位，但让他成名的是教皇保罗，以表彰他对交给他的重要事务所给予的指导。

西蓬蒂诺主教（佩罗托）（卒于 1430 年）

尼科洛·佩罗托大人出身于一个贫困家庭，熟悉希腊语和拉丁语，年轻时就被送到费拉拉，跟着圭里诺学习。他头脑敏捷，很快就成为高材生，成为用典雅风格写作的大师。

182

尼科洛在费拉拉的时候，伊利主教威廉·格雷也是那里的一名学生。格雷是王室后裔，听说尼科洛大人的优秀品质以后，就请尼科洛过来和他住在一起。他明显看出尼科洛的美德，就供给尼科洛所需要的一切，让尼科洛买书。

格雷刻苦学习了几年之后，英格兰国王给他写信，让他到罗马担任国王代理人，于是格雷就带着尼科洛去了。格雷在罗马忙得不可开交，而尼科洛急于继续学习希腊语，虽然他的希腊语已经学得很不错了，但还是求其资助人安排他跟着枢机主教尼切诺①继续学习。格雷知道了尼科洛的愿望之后，经枢机主教尼切诺允许，就把尼科洛带到枢机主教家里，当时尼科洛是二十岁。尼科洛在枢机主教家里夜以继日地学习希腊语，成为一名知识渊博的学者。枢机主教尼切诺是个非常爱才的人，对尼科洛非常喜爱。

尼科洛最终决定当神职人员，在枢机主教尼切诺的帮助下得到了一个圣职。他父亲很穷，但尼科洛有薪俸，可以生活得很好，就设法让父亲当上了骑士，因此可以得到国家发放的一份薪水。这样他就能够帮家里的忙了。

尼科洛大人由于其作品及漂亮的文笔而在教廷赢得了很高的荣誉。教皇尼古拉看过他的一些作品，就让他把《大都市波力比阿》（*Polibio Megalopolitano*）从希腊语翻译成拉丁语。他以娴熟的技艺翻译了这部作品，所有读过的人都感到吃惊，说在本届教皇任职期间没有一个作家这么博学，写得这么典雅。②然后他把这部译作呈献给教皇，教皇看了非常满意，给了尼科洛一个钱袋，里面装有六百达克特。这部作品非常好，在佛罗伦萨面市时，波焦大人及当时的其他学者给予高度评价。碰巧在此之前，波焦大人与尼科洛大人分歧极大，而现在——真理的力量真大——他不得不毫无保留地

---

① 参见"枢机主教尼切诺传"，本书第 137 页。——英译者注
② 他还写了一部《丰饶角》，是对罗马诗人马休尔的注释。——英译者注

赞扬它，说他从未见过文笔如此漂亮、条理如此清楚的作品。这部 **183**
作品让他在罗马教廷和整个意大利赢得了声誉。

　　他在罗马住了几年，负责管理尼切诺枢机主教的家务。但他仍
能找到时间学习。西蓬蒂诺主教区出现职务空缺时，教皇就把这一
职务给了他。于是他自己安了一个像样的家，为他父亲和几个兄
弟全都安排了职务。他翻译了好几部作品，有圣巴西尔的《论仇恨
与嫉妒》(*De Odio et Invidia*)、普鲁塔克的《论罗马人的运气与亚
历山大的德性》(*De fortuna populi Romani et Virtute Alexandri*) 等。
他写了一部论诗歌格律的书，还有一部供学习希腊语使用的语
法书。

　　最后，他写了一部皇皇巨著，论述所有的拉丁语作家和希腊语
作家。他把这部作品叫作《军事评论集》(*Commento di Marziale*)，
但实际上是一部按字母顺序排列的所有拉丁语作家名单，篇幅比李
维的十卷书还要长得多，他不借助语法或词汇就能完成，可见他的
拉丁语知识是多么渊博。他是应乌尔比诺公爵的嘱托写这本书的，
后来乌尔比诺公爵保护他避免了一场灾难。

　　尼科洛直到教皇西克斯图斯上任前都一帆风顺，被提名担任好
几个公职。但西克斯图斯一上任，就立即开始迫害他、打击他，夺
走他的一切，甚至比这还要严重。要不是乌尔比诺公爵出于好意
提起他并出手救他——像个保护一切优秀人才的人一样——他的下
场会很惨。多亏了乌尔比诺公爵强有力地控制着教皇，尼科洛才得
救。尼科洛在各方面都是清白的，只是由于遭人妒忌才受到攻击。
这场灾难让他损失惨重，再也无法享受他劳动的果实，因悲伤而病
死了。他留下了一些作品，这里没有提及。

　　有一天，尼科洛·佩罗托与西克斯图斯在枢机主教尼切诺家里，
佩罗托的不幸就此开始了。西克斯图斯是凭借尼切诺的影响力才被
册封为枢机主教的。几乎可以肯定的是，西克斯图斯在与佩罗托的

交谈中产生了恶意，佩罗托是这一家的主管，这导致西克斯图斯当上教皇后对他进行迫害。西克斯图斯在尼切诺那里时是个修士、神学家和枢机主教的读经师。

184　　到目前为止，我们仅仅关注了与意大利有关的教皇、君主、枢机主教和主教，下面谈谈当代其他一些国家的主教，这些人物也值得纪念。

伊利主教（格雷）（1408—1478）

威廉·格雷大人是英格兰王室后裔[①]，父母送他到科隆学习逻辑、哲学和神学，在所有这些学科科隆都有优秀的师资。他在科隆待了好几年，学习颇为勤奋。身为王室后裔，他有体面的仆人和马匹。他在那里待了一段时间，牢固地掌握了逻辑、哲学与神学之后，他又想学点人文学科，他知道这只能到意大利去学。

到了离开科隆的时候，他必须最为小心谨慎地做出安排，因为大家都知道他是个富人，是个可以出一大笔赎金的人。而且科隆有很多人在关注着他何时离开，打算在路上袭击他。这里还到处都是小男爵，旅行很危险。

他依据得到的禀报，制订出一个可以安全旅行的计划。他觉得最好是装病，让医生每天都来看他，然后只带一个旅伴，装扮成爱尔兰朝圣者的模样，神不知鬼不觉地悄悄上路。同时他又安排医生，在以后七八天的时间里，照常到他寓所里来。他和医生就这样说定了，因为他是外国人，做这些事一定要保密。和医生以及家里人商定好以后，他选了一个旅伴，二人拿着棍子，穿着爱尔兰人的

---

① 没有证据显示格雷与王室有关系。——英译者注

那种斗篷，悄悄地离开了科隆。医生又去看望了八天，直到他们走过了危险地区，他凭借这一精心策划的计谋躲过了危险。

他到了佛罗伦萨以后派人去找我，向我讲述了这一冒险经历。　185
他订购了很多书，是专门为他抄写的，然后去帕多瓦学习人文学科。他在帕多瓦待了一段时间，有人建议他去费拉拉，最为博学的圭里诺正在那里任教，于是他就去了那里。

他在费拉拉安顿下来之后，就去听圭里诺讲课，成为圭里诺的学生。他在那里遇见一个名叫尼科洛·佩罗托的人，一个二十岁的年轻人，很有学问。格雷想让一个有学问的年轻人到他家里去，就提出接纳尼科洛大人。尼科洛很穷，就一口答应下来，为资助人提供了非常好的服务。

格雷住在费拉拉期间，让人为他抄写了很多经典著作，还有哲学和神学方面的书籍。在帕多瓦，在科隆，在他到过的每一个地方，他都是这样让人抄写。他的很多善本古书，还有他在各地让人抄写的书，成为后来他在英格兰创建的一座大图书馆①的基础书籍。

他在费拉拉学习几年之后，英格兰方面来信要他去罗马，担任国王②的代理人。他已经完成了人文学科的学业，取得了丰硕的学习成果，然后就去了罗马，带着尼科洛·佩罗托大人，佩罗托很想继续学习，尤其是想学希腊语。佩罗托求资助人安排他住到枢机主教尼切诺（贝萨里翁）家里，这样可以满足他对希腊文学的喜爱。格雷愿意让他继续深造，于是就和枢机主教尼切诺商量，把佩罗托安排到枢机主教家里。这一安排成就了佩罗托，使他在希腊文学方面硕果累累，也让他全家飞黄腾达，我在佩罗托的生平里已经提到过。

---

① 在牛津大学贝列尔学院。参见本书"导言"第4页。——英译者注
② 指英格兰国王亨利六世。——中译者注

他在罗马居住期间赢得了很高的声誉，因为他是英格兰国王亨利的亲戚，所以很受青睐。碰巧这时英格兰伊利主教区的职务出现空缺，英王就恳求教皇 ① 给他点面子，教皇就看在英王的面子上，提名格雷担任这个著名教区的主教。他在罗马教廷待了几年，获得了大家的交口称赞。

186

后来，英格兰方面召他回国，让他担任国王身边的顾问。他大名鼎鼎，成为国王最信任的顾问之一，担任了这一职务好几年。两派爆发冲突 ② 时，他就回到他的主教区，哪一派也不参加，主教就应该这样。国王亨利一死，他这一派便一蹶不振，威廉·格雷大人就专注于学问，管理他的教区。他把教区管理得很好，一直平安无事，他本人也赢得了荣誉和尊重。他在那里创建了一座宏伟的图书馆，所有学科的书都有。他在死前不久把图书馆遗赠给他的继任者，一直沿用至今。

维科主教

维科主教科西莫大人是帮助教皇加里斯都审查神职候选人资格的主教。他是个非常有能力的人，几乎完全控制了教皇。他是法学家和圣典学家，在神学和其他学科方面有渊博的知识。

有一天，我和维科主教在一起讨论一些问题，尤其是伟人犯错误的问题，伟人犯了错误没有人去纠正，因为没有任何人敢谈论这些错误。后来，我听说加里斯都当教皇的时候只懂民法和教会法，而且他也老了，没有可靠的判断能力了，而一个担任教皇职务的人

① 指尼古拉五世。——中译者注
② 指约克王室与兰开斯特王室之间的玫瑰战争。——中译者注

是必须具备可靠判断能力的。他继承了教皇尼古拉良好的记性，尼古拉非常热爱学问，从世界各地收集了各个学科的书籍，希腊语的、拉丁语的都有。加里斯都当上教皇以后看到这么多好书，很多都是用深红色和银色封皮装帧的，这让他感到非常吃惊，因为他只见过用帆布做封皮的书，根本就没有见过其他封皮。可以这么说他，就像说法学家一样，一个单纯的法学家或圣典学家，如果不具备其他方面的知识，就是一个常识严重不足的人。他看到这么多好书以后，不是夸奖这么一位值得尊敬的教皇具有智慧，而是说了这么一句："现在我总算知道他是如何糟蹋教会的钱财了。"然后他开始把希腊语书籍扔掉，给了枢机主教鲁泰诺好几百本，鲁泰诺是个又老迈精神又不健全的人。这些书很多都落到仆人手里，下场很惨，有些价值很多弗罗林的书只卖了几个卡林。他还把很多拉丁语书送人了，好像这些书没有价值似的。

187

　　有价值的东西落到不识货者手里就是这个下场，教皇尼古拉收藏的宝石和珍珠也是同样的命运，其中有很多非常昂贵。有一天，教皇的侄子博尔格斯大人来看望教皇，教皇糊里糊涂地喜爱他。教皇让人去把维科主教叫来，让主教拿出一些珍珠来，他把珍珠送给了博尔格斯大人。后来，主教发现这些珍珠缝在博尔格斯大人的紧身裤上了。不过教皇死后，博尔格斯的下场很惨，这也是他自作自受。

　　吉罗纳主教区出现职务空缺时，教皇加里斯都把它给了科西莫，这违背了国王乔瓦尼①的意愿，国王想把它送给乔瓦尼·德·马尔盖里蒂大人。科西莫主教在其他方面是个很随和的人，在这件事上却立场坚定。他不愿放弃自己的权利，国王也不准许科西莫拥有。科西莫是巴塞罗那的绅士，在那里有很多亲朋好友，对巴塞罗那反叛国王负有部分责任，他绝对不会与国王达成一致。这一纠纷

---

① 　阿拉贡和纳瓦拉国王胡安。——英译者注

给这个国家造成了很多苦难和不幸。巴塞罗那人与国王还有其他分歧，因为国王不遵守他们的基本权利。

教皇加里斯都死后，科西莫主教去巴塞罗那接管他的主教区，但国王仍然不通融。科西莫觉得这是对他的侮辱，既然到了巴塞罗那，就利用他的一切影响力来阻止国王与民众达成协议。国王一定要让乔瓦尼·德·马尔盖里蒂大人当主教，终于如愿以偿，因为科西莫大人仰仗的教皇死了，新教皇不得不讨国王的欢心。

科西莫是个有才能的人，但过于固执。他在意大利写了很多书，他把这些书都带到了西班牙，还有教皇尼古拉的很多书他也带到了巴塞罗那，那是教皇加里斯都送给加泰罗尼亚侍从的。如前所述，科西莫主教死的时候，这一主教区仍然在乔瓦尼·德·马尔盖里蒂大人手里。

188

斯特里戈尼亚大主教

斯特里戈尼亚大主教乔瓦尼大人出生于斯洛文尼亚，熟悉所有的人文学科，也是个大神学家，既熟悉古代学派，也熟悉思辨学派。他就任大主教之前在国内就极受尊重，想做什么就可以做什么。

1457年，国王拉迪斯拉斯①在波希米亚时，西利亚伯爵与总督约翰·胡尼亚德斯的一个儿子拉迪斯拉斯发生了争执，二人打了起

---

① 拉迪斯拉斯·波斯图穆斯，皇帝艾伯特四世之子，生于1439年。他虽在皇帝、波兰的乌拉迪斯拉斯的监护之下，但还是夺取了匈牙利。科菲努斯派和西利亚伯爵派使匈牙利进一步分裂。科菲努斯死于1455年，其子拉迪斯拉斯不久之后就在一次争斗中杀了西利亚伯爵。国王拉迪斯拉斯下令将拉迪斯拉斯·科菲努斯斩首，将科菲努斯的兄弟马蒂亚斯投入监狱。1458年，年轻的国王去布拉格成亲，但突然死去，很可能是中了毒。参见科明:《回忆录》，第6卷，第13章。——英译者注

来，西利亚伯爵被对手杀死了。国王听说以后大为震怒，下令将拉迪斯拉斯公开斩首，把拉迪斯拉斯的弟弟马蒂亚斯投入了监狱，马蒂亚斯现在是国王。

1458年，国王拉迪斯拉斯在波希米亚中毒身亡，马蒂亚斯获释出狱后去了匈牙利，在斯特里戈尼亚大主教以及高级宗教人士和世俗显贵的影响之下当上了国王。大家普遍认为，是斯特里戈尼亚大主教运用其影响力才使他当上国王的。两兄弟的命运有天壤之别，一个被斩首，一个在大主教的帮助下当上了国王。

大恩大德得到的报偿往往是忘恩负义。国王得到了这一意想不到的宝座以后，他知道大主教是个聪明人，就把国家大权完全交到大主教手里掌管，没有大主教的裁决和建议，任何事情都办不成。国王对大主教非常信任，几乎没有一天不去拜访大主教，大主教也几乎没有一天不去拜访国王。

斯特里戈尼亚大主教是个敬畏上帝、认真负责的人，想把一切事情都办好。他最先做的事之一就是筹建一座大图书馆，为此他从意大利以及其他各国收集图书，很多找不到的书他就让人在佛罗伦萨抄写，根本不考虑花费，只要书好、校订得仔细。他把能找到的书全都集中到国内，包括原作和译著，充实了他们国家的藏书，几乎所有的拉丁语书籍他都有。

这还不算完。他还自掏腰包，把很多年轻人送到意大利去学习，为他们提供书籍、钱和所需要的一切。他对希腊学术与对拉丁学术一样喜爱。比如说，他把芬夫基兴主教乔瓦尼大人派到费拉拉，跟随圭里诺学习。乔瓦尼大人是个优秀的希腊语和拉丁语学者，既擅长于写诗，又擅长于写散文，是这个国家所造就的最值得敬佩的人之一，这从他的生平里可以看出来。

接下来，大主教在布达建了一所学院，把意大利最有学问的人都集中到那里，给予他们优厚的待遇。他还引进了很多画家、雕塑家、木雕匠以及各种手艺人，以此来提升其国家的品味，直到他那个时代，他的国家都很落后。

做了这些善事、把名人召到家里来之后，他又注意把家治理得有条理、有品位、宗教气氛浓。他惩恶扬善，在整个王国以及意大利都是大名鼎鼎，尤其是在罗马教廷。由于他名气大，要是活着的话他肯定能当上枢机主教。

让所有相信好运的人当心灾难降临吧。国王像大多数统治者一样，改变了他的政府体系。他不理会大主教的劝告，而是听从一个德意志神职人员出的主意，此人曾是大主教的一个下属。不过他是个无足轻重的人物，大家普遍认为他不适合做这一档子事。

190　大主教发现自己被一个下属取代了，就很不高兴，觉得自己不应该受到这样的待遇。不过他尽可能做出妥协，但其影响力却日益下降，主要因为他经常在国王面前以充足的理由指责这个人的做法，不仅大主教本人讨厌这个人，国内有身份的人全都讨厌他。

大主教发现自己在国王面前失宠了，所有的事情都由这个主教掌管，就再也忍不住了，国王连王位都是自己给的，竟然对自己如此忘恩负义。他决定让国王知道自己还是个有分量的人物，就开始与波兰国王①交往，让波兰国王也当上匈牙利国王。波兰国王是个强大的君主，坐镇匈牙利边界可能成为一个非常危险的敌人。于是大主教就劝他调动一支大军，马蒂亚斯便发现他的王国处于危险之中，而且眼下还无计可施。

马蒂亚斯意识到危险之后，便试图与大主教和解，把自己完全交到大主教手里，说如果波兰国王撤退，他会做出各种可能的赔偿。但芬夫基兴主教几次给大主教传话，求大主教不要相信马蒂亚斯，否则就会上当，断言只要波兰国王一撤退，大主教就会遭殃。

---

① 拉迪斯拉斯三世，波兰国王，1440年。——英译者注

芬夫基兴主教是在意大利长大成人的，比大主教更懂得人会藏奸耍滑，而大主教生性有点耳软心活。芬夫基兴主教提出警告不是一次，而是好几次。马蒂亚斯面对危险不知所措时，只能用发誓和许诺来乞求大主教说服波兰国王撤军，而且最终取得了成功。

后来马蒂亚斯知道了，是芬夫基兴主教劝大主教不要介入协商的。这个不幸的年轻人预见到马蒂亚斯一旦发火自己会有什么下场，便不顾身体有病还在发烧就逃出了王国。

马蒂亚斯发现波兰军队撤退了，迫在眉睫的危险解除了，就开始考虑如何再次迫害大主教。而大主教就凭马蒂亚斯一句话，在没有采取其他任何措施确保自身安全的情况下，就稀里糊涂地让波兰国王离开了。

马蒂亚斯没有耽误实施自己的计划。他在布达时，把大主教召到那里，答应给他通行证。但这并没有满足乔瓦尼大人，马蒂亚斯就答应了其他一些条件。这些条件由一位信使送交过来，大主教立即出发去了布达。国王一听说大主教到了，马上命人把他的住所包围起来并逮捕了他，根本不考虑他是大主教，是最值得尊重的神职人员，也不考虑自己做出的承诺，不考虑这个王国就是大主教给他的，不考虑国王的信誉，不考虑他发放并亵渎的通行证。

不幸的大主教被捕以后被带到国王面前。他发现自己的好运变成了厄运，现在沦为阶下囚，便开始感到绝望。现在大多数主教都有防卫森严的城堡，有一个哨兵来保护安全，而斯特里戈尼亚大主教的城堡是世界上最漂亮的城堡之一。他自己建造这座城堡是保护自身安全的，城堡里布置有舒适的寓所，其中一座房屋是个大图书馆，他所有的财产都在这座城堡里。

国王命人把大主教押送到斯特里戈尼亚，把他囚禁在那里，并亲自到那里去夺取他的城堡。大主教让堡主把城堡交出来，但堡主不屑地拒绝了。然后国王装出要杀大主教的样子，如果不把城堡交出来的话，但堡主仍然不让步。

　　我们可以想象一下大主教的情况。堡主是个有经验的人，不释放大主教他就拒绝交出城堡。国王发现城堡非常坚固，只能通过协商才能将其弄到手，就决定把大主教放了先得到城堡，再派几个随从严密监视着他。于是大主教进了城堡，把城堡交给了国王。

　　大主教虽然得到允许，可以在监护之下住在自己家里，但他只活了几天，这是由于这次厄运的打击，由于国王不讲信誉，由于他精神苦闷。他极度悲伤而死，他所有的财产都落到了国王手里。相信民众的人是要遭殃的！大主教一直都是所有人的朋友和保护者，但在他最需要的时候却没有一个人来帮他。

　　大家都通过他的遭遇长点见识吧，他就是命运反复无常的一个受害者。

192　　芬夫基兴主教

　　斯洛文尼亚人乔瓦尼大人是芬夫基兴主教，斯特里戈尼亚大主教的侄子。乔瓦尼家里穷，大主教就自己出资，把乔瓦尼送到费拉拉，跟着圭里诺学习。

　　乔瓦尼是个漂亮的小伙子，生性品德高尚，在费拉拉期间凡是认识他的人都喜欢他。他好像具有全部的美德，没有一个缺点，大家都感到吃惊。可以这么说，不仅阿尔卑斯山那边像他这样的人从未到过意大利，而且意大利的同龄人也没有一个能比得上他。大家普遍认为，他从不近女色。他在学习希腊语和拉丁语的时候，时间安排得很好，从未浪费过一小会儿，拉丁语文章和希腊语文章写得都非常漂亮。他不仅在大学里有名，而且在整个意大利都有名。很多斯洛文尼亚人智力低下，但这个人却超过了他所有的同胞，也超过了所有的意大利人。

他在费拉拉掌握了希腊语、拉丁语和哲学以后，大主教叫他回匈牙利，要帮他个忙，以发挥他的长处。他马上就同意了，但他决定先走访佛罗伦萨，去结识当时在那里的很多名人，他以前只是听说过这个地方。

他带着马和仆人到了佛罗伦萨以后，第一个想见的人就是我，因为他可以通过我把他引荐给城里博学的人。他穿一件紫斗篷，仪表堂堂，我一看见他就说："你就是那个匈牙利人吗？你来得正是时候。我觉得你肯定是，因为我以前听说过你，觉得我已经认识你了似的。"于是他拥抱了我，用我听过的最亲切、最得体的话语和我说话，说我猜得对。他又说，他有很多原因要在回匈牙利之前先走访佛罗伦萨，尤其是想见见乔瓦尼·阿尔吉罗波洛大人、科西莫·德·美第奇、波焦大人、多纳托·阿恰约利以及其他所有博学的人。

他第一个想见的人是科西莫，但当时科西莫在卡雷吉，我带着乔瓦尼大人去了那里，说这个匈牙利小伙子想与一个他已经知道名字的人说说话。科西莫立即让他进屋坐下来。科西莫又让其他人都退下，二人在一起很长时间，然后乔瓦尼大人与科西莫告辞走了出来，我接着走了进去。科西莫对我说，他与这位年轻人谈得非常愉快，小伙子表现出的判断能力比他见过的阿尔卑斯山那边所有的人都更强，他绝对不会失去与这样一个人结识的机会。然后他嘱咐我尽全力帮助这个年轻人，他愿意做我的后盾。

同一天，小伙子又去乔瓦尼·阿尔吉罗波洛大人家里拜访了他，他家里聚集了很多学生，正等着听他每天开讲的逻辑课。二人相互寒暄之后，乔瓦尼大人说他想听听当天的逻辑课，再听听第二天的哲学课。他对阿尔吉罗波洛讲的课评价很高，对阿尔吉罗波洛身边的那些学生（佛罗伦萨的精英）评价也很高。他在佛罗伦萨逗留期间，与这些人在一起待了很长时间。

次日，他去看望波焦大人，随身带着他前一天晚上写的四十首诗。这些诗受到波焦的高度赞扬，所有读过诗的人也都给予高度赞扬，他写的诗和散文一样好。他又游览了城里所有的图书馆，买了很多书，把手头所有的事情都处理完了，走的时候为他祝福的不仅有和他交谈过的人，还有那些看见过他的人。

在斯特里戈尼亚大主教的催促之下，他从佛罗伦萨去了费拉拉，为返回匈牙利做准备。一到匈牙利，他发现与意大利人比起来，这里的人生活习惯很奇怪，他在意大利人中间居住过。虽然他受到国王、大主教和名人们的热烈欢迎，虽然他的名声几乎不可能更大了，但他好像对自己的处境还不满意。他实际上具备了一个流浪者所有的品味和情绪。要不是大主教劝他，他就会到另一个地方定居去了，有人仰慕他的名声邀请他到那里去。不过他还是答应了大主教的要求，留在了匈牙利。

这时，芬夫基兴主教区出现了职务空缺，这是个非常重要的职194 务。国王给罗马教廷写信推荐他，这个主教区就给了他，他兢兢业业地履行职责，不过他把所有的业余时间都投入到文学上。这时，匈牙利国王发动了好几场战役打击土耳其，在这些战役中主教一直陪王伴驾，不辞劳苦地为上帝效力。我听他说过，十二月他与国王一起在军营时，必须把雪铲走才能离开帐篷。

他最为忙碌地做善事，赢得了所有优秀人物的尊重，但心存邪念的人则不喜欢他、妒忌他。一天早上，有位高级教士往他餐桌上送了一盘烤肝作为礼物。乔瓦尼大人是个生性谨慎的人，马上怀疑肝里可能下了毒。他取下一点肝扔给一条狗，狗一嘴就吞下去了，然后肚子就鼓起来，后来就死了。主教装着不在乎这件事，把其余的肝扔掉了，一点也不声张，免得引起闲言碎语。

教皇庇护死后，保罗当选。国王不久前才登上王位，听到这个消息以后就派一个使团去表示臣服。他还急于派一个有名望的特使，以便给意大利留下一个好印象，尤其是给罗马教廷留下个好印象。于是他挑选了芬夫基兴主教，还有王国之中最显赫的贵族，为他们配备了三百匹马，实际上意大利有很多年都没有见过如此壮观的队伍，没见过这么多马、这么排场的阵势，尽管世界各地都派了声势浩大的使团。为了更招眼，国王让人把两万金达克特装在两匹马上，全是在匈牙利和威尼斯刚铸造出来的金币，是人们所见过的最漂亮的钱币。

使团来到佛罗伦萨，住在所有的客栈里，休息一下并参观游览。离开佛罗伦萨以后他们去了罗马，枢机主教们到城外迎接，他们进入罗马城成为一幅壮观的景象。由于芬夫基兴主教在整个意大利大名鼎鼎，教皇依照惯例在枢机主教大会上接见了他，然后整个教廷都聚集起来听他演讲。他讲得最为得体，教廷从来都没有听到过更精彩的演讲。主教在逗留期间，一直享有正直、能干的名声。

195

然后他开始与教皇会谈，请求资助国王打击土耳其，说明资助会有什么结果，不资助又会有什么结果。如果没有圣座和其他基督教国家的援助，国王就抵挡不住。碰巧对教皇尤金影响力很大的教廷秘书长最近死了，结果有一大笔钱可用，于是教皇就给了匈牙利国王大约八万达克特。教皇还向大使们答应每年都给一笔钱。主教受到教皇和枢机主教们的喜爱，他要什么马上就会兑现。

他决定筹建一座漂亮的图书馆，所以他在罗马把能找到的所有希腊语和拉丁语书籍都买下来，各个学科的都有，到了佛罗伦萨又买了一大批，付钱最为大方。他走的时候留下几百弗罗林，让人抄写他没有的希腊语和拉丁语图书。就连在旅途中，做过礼拜之后，人们总是见他手捧书本勤奋地阅读。

　　有一天，他和我一起吃过饭以后，拿着一本普罗提诺①的书去书房读了起来。他全神贯注地读着，因为内容难懂，他坐了三个小时一动不动，眼睛一直没有离开书本。他和阿尔卑斯山那边的人都不一样，那些人通常对仔细研读没有兴趣。他更像是雅典人养育的，雅典人是在苏格拉底的教导下长大的。他回过神来以后转身对我说："你要是想知道芬夫基兴主教在忙什么，就说他除了翻译普罗提诺、照管他的教区之外，其他什么事也不做。"

　　他在佛罗伦萨安排好他想做的事，然后就去了费拉拉，在那里又买了很多书，在威尼斯也买了很多书。他的时间过得最有意义，或是学习，或是与博学的人交往。他对漂亮衣服或说东道西毫无兴趣。

196　　他回到匈牙利以后，国王与所有的贵族都给了他很高的礼遇，因为他在罗马为国王赢得了荣誉和好处，维护了基督教的利益。无论什么时候需要派大使代表国王去找皇帝或其他君主，他都是不二人选。只要是打击土耳其，他都在第一批参与者之列。他在匈牙利创建了一座漂亮的图书馆，收藏有他购买的各种希腊语和拉丁语书籍。

　　尘世间的事总是变幻莫测。斯特里戈尼亚大主教与国王出现了分歧，于是大主教鼓动波兰国王入侵匈牙利，只不过是为了让马蒂亚斯认识到自己的错误和荒谬。马蒂亚斯面对入侵陷入困境，就千方百计利用大主教的影响力来促使波兰撤军。但芬夫基兴主教查明事情原委以后，就提醒大主教当心他为国王做的事，否则他就会上当。主教是个非常谨慎的人，把他要寻找的目标看得一清二楚。但大主教听信了谗言，便接受了国王的劝告。

　　这时，主教患了间日热，无法与大主教商谈并劝他改变策略。

―――――――――――

①　罗马哲学家。——中译者注

甚至在波兰国王撤军之前，他就预见到了即将发生的事情。大主教促使波兰撤军，这成了他毁灭的根源。主教看到事已至此，就对未来极为担心。他知道国王已经听说他介入其中，听说他为大主教出谋划策，于是就在仍然生病发烧的情况下，离开了匈牙利前往斯洛文尼亚。由于一路上鞍马劳顿，又发着烧，不幸的主教死在了路上。

这样，在很短的时间之内，大主教与主教双双惨死。这二人是为王国增光添彩的主要人物，把各个学科的很多名人都吸引到那里。[①] 二人一死，这些人便各奔东西，因为国王不会为他们的作品付给足够的报酬。

197

科洛尼亚主教——匈牙利人

科洛尼亚主教乔治大人由斯特里戈尼亚大主教抚养成人，大主教送他到帕多瓦学习民法和教会法。他在帕多瓦声誉鹊起，获得了博士学位，掌握了各个学科的知识以后回到匈牙利，住在大主教家里。

大主教非常器重他，芬夫基兴主教出使罗马的时候，乔治大人是随从之一。他住在大主教家里时，时局动荡不安，乔治大人显示出极强的审时度势能力。国王[②] 一开始对他持怀疑态度，后来认识到宫里没有比他更有能力的人了，认为他是个不可缺少的人。

他被派到皇帝和其他君主那里担任大使，后来佛罗伦萨人遭到

---

① 斯特里戈尼亚大主教和芬夫基兴主教的图书馆都落到国王马蒂亚斯手里。这一著名的图书馆后来拆散了，很多善本书并入梵蒂冈图书馆。——英译者注

② 马蒂亚斯·科菲努斯，1458—1490。——英译者注

贝加莫的巴尔托洛梅奥攻击时，又把他派到意大利。于是他代表国
王去了威尼斯，力劝威尼斯人停止这场战争。威尼斯人对他说，这
场战争不关他们的事，是巴尔托洛梅奥挑起的。他分辩说，这样一
件花费昂贵的事超出了巴尔托洛梅奥的能力，而且人人皆知，巴尔
托洛梅奥是从威尼斯人手里拿报酬的，所以不会违背威尼斯人的意
愿。另外，威尼斯政府要求其指挥官严格服从接到的命令。他还证
实，是威尼斯人挑起这场非正义战争的，他们本可以用来打击基督
教敌人的军队，却被他们用来打击基督徒。这一决策是否公正，他
让他们自己说。而且他们还把两名特派员派到他们军营①里，等于
是向全世界表明了自己的立场。在上帝和世人面前，没有比这更不
光彩的事了，违背了教皇尼古拉签署的合约。教皇强烈谴责那些违
背合约的人，说："你们是首先违背合约的。"

198   乔治大人用威尼斯人无可辩驳的论点证明了这一切。他还说，
就像前面提到的那样，如果他们像严厉打击基督徒那样严厉打击土
耳其人，事情就不会到今天这一步，他们在这场与土耳其的战争中
无动于衷，等于是助长了敌人的勇气。他们不得不这样做，首先因
为他们是基督徒，其次是因为他们在曼托瓦承担了这一职责②，答应
完成这一任务。

乔治大人想尽办法要避免这一不光彩行为，但基本上不起作
用，威尼斯人已铁了心要这样做。他一看在威尼斯不起作用，就去
了他们的军营，但结果也好不到哪里去。然后他去了佛罗伦萨，向
执政团通报了匈牙利国王派他到威尼斯去完成的这一使命，这样做
对佛罗伦萨是有利的，还通报了威尼斯人顽固不化，再在他们身上

---

① 显然是指土耳其军营。这指的是 1467 年的战争，由 1434 年和 1466 年被
  流放的佛罗伦萨人所发动。——英译者注
② 1459 年由庇护二世召开的宗教会议。——英译者注

浪费时间毫无作用。

教皇保罗任职期间，他离开佛罗伦萨去了罗马，鼓励圣座支持国王的军队打击土耳其，但教皇不能采取行动，只是口头承诺，最终没有作出决定。国王向基督教世界每年要十万弗罗林，答应维持一支强大的军队打击土耳其人，而不必害怕他们。主教在这件事上花费了很多时间。他是个明白人，发现说了半天一点也不管用，便求教皇允许他在枢机主教大会上发言，教皇答应了。

一天上午，他准备好充足的理由到了会上，说基督徒根本就不懂如何打土耳其。他们的打法只能让土耳其人更加大胆地攻击基督徒，如果做好必要的军事准备，土耳其人就不会如此胆大妄为了。但到目前为止，基督徒的所有打击都是不痛不痒，只能让敌人更加嚣张。他接着说："我的主公匈牙利国王与土耳其人多次交手，他只用两万兵力，但总是能把敌人打垮，或是把他们打跑。所以，为了让圣座明白这些土耳其士兵到底如何，我们就要记住：在他们号称战场上有十万人时，实际上只有大约两万能打仗，其余的都没有枪支，只拿着盾、弓和弯刀，派不上用场。所以，只要匈牙利国王有两万武装人员，这十万土耳其人就不在话下，其原因我已经说过了。"乔治大人向教皇和枢机主教们证明，只要他们每年提供十万弗罗林，就不需要威尼斯或其他任何国家参战。①

乔治大人在罗马住了一段时间，为斯特里戈尼亚大主教争取枢机主教职务，也筹集打击土耳其所需要的部分资金。他和教皇以及枢机主教们一致同意晋升斯特里戈尼亚大主教的职务，要不是出现一些想不到的事，大主教就当上枢机主教了。

---

① 教皇保罗是威尼斯人，在这一重要关头很可能是不冷不热。他肯定对打击波希米亚异端分子比击退土耳其人的进攻更热心，因为马蒂亚斯在多瑙河畔正打胜仗的时候，教皇则命他把军队调到波希米亚去惩罚格奥尔·普瓦德布拉德，此人拒绝铲除其持异端邪说的臣民。——英译者注

　　他在罗马时收到国王的信件，国王让他到那不勒斯去，商谈国王斐迪南的女儿与匈牙利国王的婚事。这件事没有费多大功夫，凭他的审慎与灵活，很快就缔结了这一婚约。

　　他回来时路过佛罗伦萨，在那里买了价值三千弗罗林的图书，他正准备在芬夫基兴为他的堂区筹建一座图书馆。国王已经给了他掌玺大臣的职务，所有的事情都要经过他的手，在他这个职务上很少有人能做得像他一样。他又给一座教堂（他是这个教堂的教长）增添了一座宏伟的小礼拜堂，有四个入口，每天上午要望四次弥撒。他每年都增加一些节日，规定任何人都不得置身于节日之外。他为这座教堂也建了一个很漂亮的藏书室，里面藏有各个学科的书，共三百多本，布置得很合理。他把这个藏书室交给一位神职人员来管理，付给管理员优厚的薪俸。他让教堂里布置有宗教装饰物、诗篇、《圣经》、布道词、殉教者书以及教堂所需要的其他物品，并希望凡是这座教堂应付给他的钱一律免除。不仅如此，他还把担任掌玺大臣期间所得到的报酬全都捐给了这个藏书室。

200

　　回到匈牙利之后，他发现这趟旅行花了他一万多弗罗林。他曾命人从匈牙利给他送钱，但没有及时送到，他就缺钱花了。他不习惯请任何人帮忙，但这时他不得不找他以前帮助过的人借一大笔钱。借二百达克特，人家要一些信物、契约、银盘等东西作抵押，但这些条件让他既生气又困惑，结果他拒绝接受。

　　这时，我正好听说一位神父有钱，就让他借给乔治大人二百达克特，乔治大人有良好的信誉，这样他就会知道值得尊敬的、有感恩之心的人在佛罗伦萨还可以找到。于是神父就把二百达克特装进一个钱袋，我们一起去了乔治大人住的客栈，乔治大人心神不安。我们找到他以后，我说："我不想让阁下为了二百达克特而欠任何人的人情。看看这位可敬的神父，他会凭借你的良好信誉而借钱给你。"他简直高兴得说不出话来。他把书和其他物品发送出去以后就去了威尼斯，在那里见到两位仆人拿着一大笔钱，然后就立即把钱从银行寄到佛罗伦萨。这样，在十五天之内就归还了那位神父的钱。

他回到匈牙利以后，国王又任命他为掌玺大臣，这一职务仅次于国王。他担任这一职务期间，科洛尼亚主教区出现了职务空缺。国王立即给罗马写信，为他要来了这一职务。他是个慷慨、高尚的人，其品德得到了证明，因为他得到国王的厚爱，尽管他是由斯特里戈尼亚大主教养育和塑造的，而斯特里戈尼亚大主教遭到国王马蒂亚斯的迫害。这并不令人感到惊奇，因为国王手下他所有的同代人都无法与他相比。国王给予他最高的评价，对他完全信任。

201

米利都主教

纳尔奇索大人得到国王阿方索的厚爱。他出身于加泰罗尼亚的一个世家，在哲学与神学方面有广博的知识，通晓所有的学科。他还有极好的记忆力，能记住所读过的所有内容，能引用正确的文本，知道在哪里能找得到。他是个健谈的人，坦率大度，从不骗人。

国王阿方索死后，他继续得到国王斐迪南的垂爱，在陛下面前有求必应。在德意志召开的一届国会有很多名人参加，陛下派纳尔奇索去了，纳尔奇索是他王宫里最优秀的人物之一。一同前去的还有安东尼奥·钦钦内洛大人，一个举止文雅的廷臣，善于处理最重要的事务。

他们途径佛罗伦萨，在那里停留了几天，因为他们想参观一些图书馆，见见那里所有博学的人。我在前面说过，纳尔奇索记忆力惊人。他路过一些佛罗伦萨教堂时，谴责在里面埋葬死人，说上帝的教堂是纯洁干净的，不应该被尸体玷污。他说，修道士是最先接受这一习俗的，早期教会是不允许不分青红皂白就把所有人都葬在教堂里的，连圣徒也不许埋葬在里面。他引用教令里的一段话来证明这一观点，说一位主教请求教皇允许他把两位殉教者的遗体埋葬在教堂里，得到的答复是可以把遗体埋在教堂门廊里，不能埋在其他地方。但现在乱套了，随便把放高利贷的人埋在任何地方，什么都不尊重，好坏不分。

有一次我听他说，他认识一个聪明绝顶的人，一个人只要让此人看上一眼就能知道这个人的想法，又说这事并不稀罕，古人早就知道。然后他让我看圣奥古斯丁论学者一书中所说的一段话，其中圣奥古斯丁谈到天意，说有一天他和两位同伴散步时，来到一位朋友阿尔比切里奥家里。阿尔比切里奥有预言能力。为了试一试此人的能力是否与他们听说的一样，奥古斯丁就问他能否说出奥古斯丁这一天做了什么。阿尔比切里奥说："可以。"然后就说出一件事来："你今天买了一块地，签署了一份地契。"还说出了他做的其他事情，把所有事情都说了出来。然后他转向一个人说："你能说说我正在想什么吗？"回答说他正在想《埃涅阿斯纪》的开头"我要说的是战争和一个人的故事"（ Arma virumque cano ）。他什么都能预言，让他们惊讶不已。奥古斯丁问一个同伴这是不是天意，同伴不知如何回答是好。这就是看面相知道想法的能力。

乔瓦尼·阿尔吉罗波洛大人听说了纳尔奇索的大名之后，就到科尔博利诺区的圣雅各布去看他，二人辩论了很长时间，主要辩论柏拉图的理念问题。纳尔奇索这时是个硕士，一个最有激情、最精明的辩论高手，我不相信他那个时代还有比他更博学的人。二人辩论了很长时间之后一起走了。后来，我在阿尔吉罗波洛家里时问他对这个硕士的看法，他回答说："他是我见到的最博学的人。没有任何人对柏拉图理解得这么透彻，尤其是那令人不可思议的理念问

202

题。肯定没有一个拉丁人能比得上他。"

纳尔奇索离开佛罗伦萨去了德意志，到国会去执行一项任务，发现最博学的德意志人都聚集在那里。他每天都与这些人辩论，国王和博学的对手都高度赞扬他。他从国会去了那不勒斯，不久之后国王就把米利都主教区给了他。

阿方索·迪·波托加洛——主教

阿方索大人被任命为葡萄牙枢机主教的家庭教师，葡萄牙枢机主教是王室成员之一。他当选凭借的是才能，是他的审慎和对民法、教会法的广泛了解。他的学生从小就归他照管。凭借他的精心照料，他可以控制年轻人天性中的冲动欲望。但他的学生生性孝顺，在这一点上基本上没有给他惹麻烦。

203

阿方索大人管理年轻的枢机主教的家务，罗马任何一个家庭都没有他照管得好，去别人家里拜访的人都没有到他家里来的人有才华。他一直跟随枢机主教，直到枢机主教死于佛罗伦萨。他满足了枢机主教的所有需要，无论是物质需要还是精神需要。

就像枢机主教的传记所描写的那样，他在耐心方面是个约伯[①]，从来都不抱怨，而是一切都服从上帝的意愿。他不平凡的才能很多都是来自他的美德，但主教阿方索所树立的榜样和谆谆教诲，肯定对他生活这么高尚起到很大作用。

枢机主教临死前指定主教阿方索为遗嘱执行人，让他处理善后事宜，尽管枢机主教留下的财产很少，因为枢机主教担任这一职务

---

① 《圣经·约伯记》中提到的人物，上帝的忠实仆人，以虔诚和忍耐而著称。——中译者注

的时间非常短。枢机主教希望将部分财产捐给教会，部分财产送给
仆人，作为仆人辛苦的酬报。他留下还债的钱和给家人的钱同
样多。

　　主教阿方索遵照枢机主教的遗愿处理完后事以后，就开始为圣
米尼亚托教堂建一座小礼拜堂，要配得上枢机主教的墓。建小礼拜
堂没有资金，主教就花了一部分他自己留在葡萄牙的钱，还有枢机
主教的姑姑勃艮第公爵夫人①送的一大笔钱。他让建的这座小礼拜
堂非常宏伟，现在还可以见到，家具、祈祷书等配套的东西一应俱
全。他每年还捐赠给它四十弗罗林，这笔钱来自一所房子的租金，
只用来作为报酬支付给为小礼拜堂服务的修士。但如果有一天望弥
撒少于两次，修士们就得不到任何报酬。

　　这样，主教在这里进行了一些整顿，类似的做法在其他地方都
见不到。凡是与枢机主教的灵魂和荣誉有关的事，他都是一丝不
苟，无论是在枢机主教生前还是死后，主教阿方索都一样热心。他
204 的确是个优秀的人。他在佛罗伦萨一直待到处理完枢机主教的后
事，然后在教皇庇护任职期间去了罗马。他凭借其才能和一个法学
家、圣典学家所具备的丰富知识，被任命为秘书厅主管。这是个非
常重要的职务，他做得非常出色。

格雷戈里奥，荣誉主教

　　格雷戈里奥大人来自于威尼斯贵族科雷罗家族，是博洛尼亚枢
机主教的侄子，博洛尼亚枢机主教（安东尼奥·科雷里）也是教皇
格雷戈里的侄子，威尼斯的蓝衣修士，与教皇尤金一起被册封为枢

---

①　菲利普三世的妻子伊莎贝尔。——英译者注

机主教。

这个年轻人是他那个时代的榜样，小时候是比托里诺·达·费尔特雷的学生，在比托里诺家里长大。他比其他年轻人长得都漂亮，熟悉所有的学科，尤其是哲学，他学得非常刻苦。他做任何事情都堪称楷模，加上长得漂亮、举止彬彬有礼，所有认识他的人都坚信他一直都保持节制。他睡觉总是穿着一件衬衫，领子和袖口都是细麻布做的。他为罗马教廷树立了一个好榜样，所有认识他的人都觉得他有点不可思议。

他的诗和散文写得都很漂亮，这从他的遗作中可以看出来，尤其是他写的两封信，其中一封写给了曼托瓦侯爵的女儿塞西莉亚夫人，当时的大美女之一，其思想和性格更美。塞西莉亚夫人与年轻的乌尔比诺公爵①订了婚，也就是公爵费代里戈的前任。有一天，这位美女从父亲家里逃到一座女修道院，父亲和母亲帕戈拉夫人都劝她回去，但她不听，立场毫不动摇。格雷戈里奥大人也劝她坚定信心。他的恳求极为感人，受到所有人的称赞，像是圣哲罗姆亲笔写的一样。他的这一劝说极有说服力，再加上她本人虔诚的愿望，她的立场就更加坚定了，一直到死都没有变，得到了她的福分。

205

他另一封劝说信写给了一位年轻人，此人和他在一起长大，后来成为加尔都西会修士。他写了很多典雅的诗歌。他与尼古劳·尼科利友情甚笃，喜爱尼古劳不同寻常的美德，只要一提到尼古劳就说，无论他什么时候去看望尼古劳，都会见到尼古劳手里拿一本书，尼古劳还会把书给他看。尼古劳还以同样的方式对待其他来看望他的青年才俊，因为这一时期罗马教廷有很多这样的人，佛罗伦

---

① 奥丹托尼奥，第一任公爵，被刺身亡，原因一直不明。1444年，他的非婚生弟弟费代里戈继承了他的职位。这场婚姻根本就没有缔结完成。——英译者注

萨也有很多。只要任何一个年轻人一进来，他就马上给客人一本书，让客人看上一阵子。然后他会问客人看到了什么内容，这样客人就不会虚度光阴。

教皇尤金任职期间，很多枢机主教从罗马来到巴塞尔参加宗教会议，商讨教会改革事宜，其中有教皇的密友博洛尼亚枢机主教，同行的还有代理人格雷戈里奥大人，一个二十岁的年轻人。格雷戈里奥大人为这次会议写了一篇致词，会议一开始他就宣读了，所有听到的人都夸赞，为此他赢得了很高的声誉。

他的生活方式显示他是个有德性的人。他代为保管圣泽诺内修道院，他在这座修道院制定了严守教规派的规章，收入的一部分归他本人，其余的归修士们。他发现教廷的运作方式不合他的口味，就到这座修道院来过圣洁的生活，规定他死后修道院就不再是代为保管。他把很多钱财都奉献给了上帝，自己花得很少。

他有个叔叔是枢机主教，由于他的优秀品质而非常喜爱他，但只要教皇尤金还活着，叔叔就不可能为他争取到枢机主教头衔，尽管叔叔愿意把自己的头衔让给侄子。教皇尤金不喜欢他，因为他去参加了巴塞尔宗教会议，而且教皇绝不改变自己的看法，也就是不相信格雷戈里奥所声称的去参加会议的理由。

他的枢机主教叔叔死后，帕多瓦主教死了，神职人员一致同意送一封快信给罗马，请求选举格雷戈里奥，但威尼斯执政团推出了凡蒂诺·丹多洛大人，写了六封信推举凡蒂诺。这样，由于格雷戈里奥大人在这件事上没有费周折，而且想让灵魂得到安宁，教皇尼古拉就很不情愿地接受了执政团推出的候选人。格雷戈里奥大人就这样失去了这一主教职务。

另一个圣职出现空缺以后又给了他，但公文还在路上的时候他就过世了，没有为宗教事务操过一点心。我们希望他正在享受天堂之乐，他的一生在各个方面都值得赞美。

206

英格兰荣誉主教 ①

安德烈·奥尔斯大人是英格兰人，长期担任国王代理人。他是个大名鼎鼎的人，既由于他学识渊博，又由于他生活圣洁。确实，在习惯和生活方式上，我所认识的外国人没有几个能比得上他。

他是教皇的助手，由于善良而受到所有人的喜爱。他把时间都花在做正经事上：做礼拜，然后待在寝室里锁上门，双膝跪地祈祷两三个小时。其余的时间他用来阅读经书。他雇有很多抄写员，为他抄写了很多书，他准备把这些书带回到他英格兰的教堂里。

教皇尤金离开佛罗伦萨以后，安德烈大人留在了佛罗伦萨，完全是为了他所喜爱的书。另外，他愿意离开罗马教廷，以便全身心地拯救灵魂。安德烈大人与普通人的做法截然相反，远离名誉，做自己的事情。凭借他的才华、美德与鼎鼎大名，他不仅可以当上主教，甚至可以当上枢机主教。但他总是不愿抛头露面或担任要职，尤其是不愿担任主教，因为主教要操心人的灵魂。

他的其他品质还包括对穷人的怜悯，他在公开场合和私下里都 207 慷慨捐助救济金。他的家里收拾得井井有条，所有待在那里的人都要注意仪表，因为收拾布置房间就是生活的宗教，他在举止上是谦虚和节制的楷模，放弃了英格兰人在餐桌旁坐四个小时的习惯。他

---

① "英格兰荣誉主教，演说家，英王代理人，一个人留在了佛罗伦萨。他有很多优秀品质值得学习，是个非常博学的人，在大学待了很长时间才回不列颠。"（Orator quidam Britannici Procutorque Regis, nomine Andreas, Florentiae relictus est. In quo multa quidem egregia laudeque dignissima esse discerentur; multae doctrinae vir, et qui ante illa temporadiu in Gymnasio Britanniae fuisset.）参见穆拉托里：《意大利共和国》，手稿，第 20 卷，第 546 页。他名叫安德鲁·霍利斯。参见本书"导言"。——英译者注

按意大利方式生活，只吃一道菜，他和家人都不过量饮酒。

他非常喜爱有学问的人，尤其是生活高尚的人。[①] 他住在佛罗伦萨时，一天上午他宴请朋友，邀请的有詹诺佐·曼内蒂大人、卡洛·德·阿雷佐大人、马泰奥·帕尔米耶里以及其他博学的人，另外还有他一些经商的朋友，其中有罗伯托·马特利。他们辩论了很多问题，詹诺佐大人坚持这一论点："真正的经书中记述的一切都是真实的，就像一个三角形就是三角形一样，也就是两条直线与一条和它们相交的线。"他遭到激烈反对，而这些反对意见是通过非常巧妙的推理得出的，但他依然坚持自己的结论。经过长时间的辩论，他的对手觉得无法驳倒他的论点。英格兰特使和所有在场的人听了以后都感到吃惊。

辩论结束以后，安德烈大人非常礼貌地感谢了詹诺佐大人，让他一起吃晚饭。后来我从他那里获悉，他认为詹诺佐大人是个不同寻常的人，除了辩论技术高超之外，还具有丰富的宗教经典知识以及其他百科知识。卡洛·德·阿雷佐大人在告辞时对安德烈大人说，他不必对马泰奥·帕尔米耶里没有发言感到吃惊，因为帕尔米耶里保持沉默是出于对发言者的尊重。[②]

安德烈大人在佛罗伦萨住了一年半还要多，在此期间他买了很多书，也让人写了很多书，以便实现他那有价值的目标。他的书太多，走陆路没法运送，他就等着用船运。结果他用船把书运到英格

208

---

① "欲望可以暴露这一点。我要宴请佛罗伦萨所有博学的人，除了其他人之外，我邀请的还有詹诺佐。"（Is quum in hanc incideret cupiditatem, ut doctis omnibus convivium pararet, qui sedes suas Florentiae posuere, praeter ceteros Jannotium invitavit una cum multis aliis apud se caenaturum .）参见穆拉托里：《意大利共和国》，手稿，第20卷，第546页。——英译者注

② 帕尔米耶里由于在其《生命之城》一书中的一段话而被人怀疑有异端思想。参见本书第418页。——英译者注

兰，任务完成后他也回去了。

回到英格兰以后，他立即抛开一切俗务，带着他的书来到属于他的一座教堂，放下尘世间的一切烦心事，就像一个为了爱上帝而愿意从这个世界上消失的人一样。他认真地祈祷、斋戒，心里想着有困难的人，维修那些需要修理的教堂。但很多本应该赞扬他的人却责难他，因为在这些人看来，他到那个地方去工作是违背他们意愿的事。

安布罗焦修士

他是卡马尔多利修道会的修士，出身于罗马涅波蒂科一个贫穷家庭。他早年加入了阿尼奥利修道会，严守教规隐居了很长时间。

他在曼努埃尔·赫里索洛拉斯指导下先学习拉丁语，后来又学习希腊语。赫里索洛拉斯是在帕拉·斯特罗齐大人、安东尼奥·科比内利及其他名人的帮助下，从希腊来到这里的。熟练掌握了这两种语言之后，他又开始学习希伯来语，也掌握了这种语言。储备了这些知识之后，他开始从事翻译，其文体比得上当时最优秀的作品。

他的生活也很圣洁。这座修道院住有四十个修士，都是十分圣洁的人，是佛罗伦萨的楷模。人人都认为他是童贞男子，从小就来到这座修道院，没有失过身，在这里离群索居四十年。

他以圣洁的生活和博学而出了名。实际上有名望的人只要到访佛罗伦萨，没有一个不到阿尼奥利修道院去拜访他。他们认为，不看看安布罗焦修士，就等于什么也没有看。

他生性谦虚，小个子，有一张很有魅力的面孔。当时几乎所有的大人物每天都去看望他，而那时佛罗伦萨名人云集，比如说尼古劳·尼科利、科西莫·德·美第奇及其弟弟洛伦佐、卡洛·德·阿雷佐、詹诺佐·曼内蒂、帕格洛大人、乌戈利诺先生、菲利波先生等。

有一天，科西莫·德·美第奇对我夸奖安布罗焦修士，说他精通希腊文学，有一次他正翻译圣约翰·赫里索斯托姆论保罗书信的时候，尼古劳和科西莫本人和他在一起。他翻译着，写作快手尼古劳就用流行的字体将其写下来，但跟不上修士那辞藻华丽的译文速度，修士一气呵成，文不加点。尼古劳一再说："再慢一点，我赶不上你。"尼古劳写有两部几乎没有任何修改的译文，现在存放在圣马可教堂。安布罗焦修士要是没有受到打扰，肯定会翻译得更多。

安布罗焦修士在佛罗伦萨与很多学生一起读希腊语作品，与修道院里的修士一起读拉丁语作品。他还和雅各布·托尔纳昆奇修士、米凯莱修士，与教区僧侣和詹诺佐·曼内蒂大人一起读希腊语作品。

1433年，教皇尤金来到佛罗伦萨，听说安布罗焦博学以后，就任命他为卡马尔多利修道会的会长，当时会长职务空缺，把他从阿尼奥利修道院调走了。这对他的研究工作很不利，因为致力于文学更对他的口味，而不是担任管理工作，他不喜欢搞管理。

这时，巴塞尔宗教会议开始对教皇表现出敌意。教皇看出安布罗焦修士能力非凡，决定派他到皇帝西吉斯蒙德那里担任大使，也让他参加巴塞尔宗教会议，他在巴塞尔受到应有的礼遇。

怪事经常发生在名人身上，因为名人也会像普通人一样犯错误。安布罗焦请求在大会上发言，获得许可来到听众面前。来参加会议的有很多博学的人，其中大部分是慕这位著名学者的大名而来的。他发到到中间时失去了头绪。面对这么多名人他感到很窘迫，便从袖筒里拿出了发言稿，找到出错的地方之后纠正了过来，一直到讲完没有再语塞。

安布罗焦修士认识到，对于一个像他这样博学的人来说，在公共场合抛头露面有很多风险，在这样一个庄重场合很容易坏了名

声，他多年来积累的成果就会毁于一旦。他在发言中纠错的做法受 210
到高度赞扬。离开巴塞尔宗教会议之后，他去了西吉斯蒙德的皇
宫，在那里以令人赞叹的话语阐述了他的使命。

　　后来他又回到教皇那里，教皇深深感受到他的品德和文采，尤
其是他的翻译才能。安布罗焦绝对不会翻译宗教以外的作品，如果
他不欠科西莫·德·美第奇那么多人情的话。他应科西莫的请求为
科西莫做了很多事情，在此过程中他得到科西莫很多好处。可以这
么说，安布罗焦修士能走到这一步，尼古劳·尼科利和科西莫·德·
美第奇起到很大作用。尼古劳借给他希腊语和拉丁语书籍，劝说科
西莫和洛伦佐两兄弟帮他解决困难，对他帮助很大。要不是尼古
劳，安布罗焦修士绝不会开口要任何东西，因为他生性腼腆。

　　他翻译的宗教作品中，有一本是圣厄弗雷姆的布道词，他把这
本书送给了科西莫，科西莫又想让他翻译第欧根尼·拉尔修的《名
哲言行录》(*De vita et moribus philosophorum*)，从希腊语翻译成拉
丁语。科西莫知道，安布罗焦修士只喜爱翻译宗教作品，他就问尼
古劳，安布罗焦修士会不会接受下来。请他翻译时，他有些不想接
受，因为他觉得这本书不适合他翻译，但最后还是同意了。在他翻
译过程中（他在很短的时间内就完成了），他的一个学生对我说，
他对做这件事颇有怨言。翻译完成以后，这本译著成为一部优秀作
品，无论是当时还是现在都极受推崇。他为这部译著写了一篇序
言，然后送给了科西莫。

　　教皇尤金离开佛罗伦萨去费拉拉以后，他把渡海来到意大利的
希腊人召到费拉拉，以便纠正希腊教会的错误。希腊人在费拉拉的
生活费用由教皇支付，教皇要求希腊人加入罗马教会。费拉拉爆发
瘟疫以后，教皇和希腊人又躲到佛罗伦萨，在新圣玛利亚教堂举行
辩论，希腊人为一方，拉丁人为另一方。大批名人参加了辩论，其
中有安布罗焦修士。还有一个名叫尼科洛·塞孔迪诺的口译员，内

211　格罗蓬特人，以前曾为威尼斯人效力，到国王阿方索那里担任过大使。有时候尼科洛不在现场，安布罗焦修士就代他翻译，因为其他人都不具备足够的双语知识，不能胜任这一任务。

　　他由于生活圣洁和博学而赢得了很高的声誉。由于他的研究，文学的影响进一步增强，所有学者都坚信，是安布罗焦修士和莱奥纳尔多大人使埋没了一千多年的拉丁语得以复兴。当时，没有任何一位作家能够和安布罗焦修士和莱奥纳尔多比肩。彼特拉克为复兴拉丁语做了很多工作，但他绝对比不上这二人。

　　但二人的态度却截然不同。阿雷佐的莱奥纳尔多总以为是他自己一个人复兴拉丁语的，但他看到安布罗焦修士迅速成名以后就十分不悦，妒忌安布罗焦修士，尤其是在尼古劳·尼科利、科西莫·德·美第奇和洛伦佐以及其他很多学者对安布罗焦修士表现出赞赏时，尽管对安布罗焦修士的资助违背了他本人的意愿，与他的本性格格不入。安布罗焦修士在佛罗伦萨赢得了很高的声望，有身份的人来到佛罗伦萨没有一个不去拜访他的，或是由科西莫、洛伦佐引荐，或是由尼古劳引荐。

　　莱奥纳尔多听说这些事以后，虽然他与尼古劳最为友好，虽然他把《西塞罗传》和《德摩斯梯尼传》以及很多译著都题献给了尼古劳，虽然他考虑到尼古劳的学识而提名尼古劳为拉丁语学监，现在则出于对安布罗焦修士的妒忌而对尼古劳十分恼火，匿名写文章辱骂尼古劳。这是莱奥纳尔多所犯的最严重的错误，为此他应该受到谴责。罗马教廷里有很多有影响的人物，他们都是尼古劳的朋友，由于这件事他们都非常生气，对莱奥纳尔多持强烈反对的态度。有人提到过，洛伦佐·迪·马可·本韦努蒂撰文骂了莱奥纳尔多一通。我不知道这篇文字是否有人抄写，我从来没有见过。洛伦佐博学，能言善辩，但这对莱奥纳尔多大人来说还不算完，莱奥纳尔多又犯了一个同样严重的错误，发表了一场名叫驳伪君子（*Contra*

hypocritas）的演讲，人人都认为这是攻击安布罗焦修士的。但安 212
布罗焦修士怎么能是伪君子呢？他从来都不追求名誉。他最为关心
的是自己灵魂的健康，其他什么都不在乎，这从他的所作所为中可
以看出来。

　　关于安布罗焦修士还有很多话可说[①]，他生前和死时都是圣洁
的。他去世几年之后，我听一些有信誉的人说，他的遗体埋葬在一
座修道院里，遗体上盖着厚木板，因为天气非常冷。木板拿走以
后，大家都说花奇迹般地开了，尽管是在冬天，而且空气不可能进
入坟墓上面的土里，因为土被木板盖着。这显示出上帝是多么看重
安布罗焦修士的丰功伟绩。

---

①　参见《安布罗焦·卡马尔多利［安布罗焦修士］书信集》，附有梅休斯院
　　长的引言，1759 年。——英译者注

第五卷

政治家

科西莫·德·美第奇（1389—1464）

科西莫·迪·乔瓦尼·德·美第奇出身颇为高贵，是一位非常著名的公民，在共和国非常有影响。他熟悉拉丁语作品，包括宗教作品和世俗作品，在所有事情上都有良好的判断力，可以说服人。

他老师是罗伯托·德·罗西，一位优秀的希腊语和拉丁语学者，仪表堂堂。这一时期，很多有地位的年轻人都是罗伯托的学生和同伴——多梅尼科·迪·莱奥纳尔多·博宁塞尼、巴尔托洛·泰巴尔迪、卢卡·迪·马索·德利·阿尔比齐大人、亚历山德罗·德利·亚历山德里大人以及其他很多人，他们定期聚到一起学习。罗伯托住在自己家里，未婚，外出的时候通常由上面提到的人陪同。这些人很受尊重，既由于他们品行好，又由于他们有学问。而且罗伯托经常请这些学生吃饭。他立下一份最了不起的遗嘱：把他自己亲笔写的很多书分给他的学生，他是最优秀的抄写员之一。

回头还说科西莫。他对拉丁语掌握的程度，很难让人相信他是一个事务缠身的主要公民。他性情严肃，倾向于和不喜欢轻浮、身居高位的人物交往，厌恶所有缺乏教养的人、演员以及碌碌无为的人。他非常喜欢文学家，和这些人交往，主要和安布罗焦·德利·阿尼奥利修士、莱奥纳尔多·德·阿雷佐大人、尼古劳·尼科利、卡洛·德·阿雷佐大人、波焦大人交谈。他生性喜欢谈论重要问题。

214 这一时期佛罗伦萨虽然名人云集，他还是凭借其值得赞美的品质而得到大家的认可，开始在各个行当找事做。到二十五岁时，他已经在城里大名鼎鼎。与此同时，由于大家都知道他想谋取高位，人们也对他极为反感，了解内情者传出来的话让人担心他可能成功。

当时康斯坦茨宗教会议正在召开，与会者来自世界各地。科西莫既熟悉外国事务、也了解佛罗伦萨的情况，就去那里参加了会议。他有两个目的：一是缓解对他的恶意，二是想见识一下大会的阵势，当时大会正准备改革教会，教会受到了分裂的困扰。他在康斯坦茨待了一段时间，亲眼看到了大会的程序，然后就游览了几乎整个德意志和法兰西，旅行了大约两年。他希望这样可以使反对他的情绪降温，这一情绪已急剧增强。他知道自己的秉性，他生性对地位低不满，总想在普通人中间出人头地。

很多人觉察到他这一倾向，便提醒他这样会使他面临死亡或遭到流放的危险。为了缓解这一怨恨情绪，他就离开了政府，和那些既没有钱又没有地位的下等人混在一起，只不过是顺应时势。但他的仇人把他往坏处想，坚称他这是装模作样，其目的是消除别人的怀疑。

在这种情况下，大约在科西莫遭到流放两年之前，弗朗切斯科·达·彼得拉帕内修士来到了佛罗伦萨。弗朗切斯科修士是个生活最为圣洁的人，与尼古劳·尼科利非常熟悉，尼古劳知道他是个善良的人，是个希腊语和拉丁语学者，后来也成了科西莫的朋友。他去拜访科西莫，提醒科西莫要当心，说科西莫很快就有被处死或遭到流放的危险。科西莫知道弗朗切斯科修士是个圣洁的人，就把他说的话很当一回事，非常害怕起来。科西莫知道佛罗伦萨人的脾气，于是就不再出入政府，这在前面已经提到过。

但科西莫的仇人知道他是多么受人尊重，无论是在城里还是在城外，知道他的声誉与日俱增。所以他们制订了一项计划，后来这一计划把佛罗伦萨城给毁了。名签袋②给封住了，装到袋子里面的正义旗手③的名字没有几个。在圣乔瓦尼区，竟然只有两个公民具备担任这一职务的资格，即贝尔纳多·瓜达尼和另外一个人。但贝尔纳多在黑名单④上，于是他那一派就有人替他还了债，以便取消对他任职资格的限制。这样，他们可以用这种办法在国内发动一场革命，把科西莫的头砍下来。贝尔纳多答应照他们说的做。抽签的时候抽中了贝尔纳多。八人委员会⑤召开的时候他依计行事，与同僚们采取一致行动，派人把科西莫召来结果他的性命。

1433年9月8日，他们派人叫科西莫立即到执政团。科西莫走到半路上，在圣米凯莱教堂附近碰见他的亲戚和朋友阿拉曼诺·萨尔维亚蒂。阿拉曼诺叫他不要去，去了就没命了。科西莫回答说："无论如何，我要服从执政团的命令。"他并不怀疑执政团对他的态度。

215

---

① 后来对科西莫的指控是与卢卡交战期间侵吞公款。在攻打卢卡时，菲利波·布鲁内莱斯基受雇担任工程师，放水淹没周围的乡村。参见马基雅维利:《佛罗伦萨史》，第205页。——英译者注
② 装合格者名单的袋子。——英译者注
③ 中世纪意大利共和国的最高行政长官。——中译者注
④ 黑名单（Specchio）上列有欠国家债务的人，这样的人没有资格担任任何职务。参见马基雅维利:《佛罗伦萨史》，第211页，伦敦，1905年；西斯蒙第:《意大利共和国》，第9卷，第58页。这笔钱是由里纳尔多·德利·阿尔比齐垫付的。——英译者注
⑤ 参见本书"附录"。——英译者注

　　他一到宫里，不由分说就被投入钟楼里的监狱，钟楼名叫贝尔盖蒂诺。执政团仍然要结果了他，认为不这样做他们就不能掌权，科西莫无论是在城里还是城外，都有很大的影响力。科西莫在监狱里听说了仇人的意图，就非常担心会丢了性命，不吃送给他的任何食物，怕他们毒死他。

　　事情悬而未决的时候，科西莫的一些朋友试图说服正义旗手留他一条命，把他流放算了，如果把他流放就答应给正义旗手五百达克特。推选正义旗手这一派的首领叫嚷着要处决科西莫，说如果心慈手软留他一条命，他很快就会从流放地被召回，那样他们就毁了。但正义旗手说服了同僚，留科西莫一条命，把他流放到威尼斯。这样，科西莫与洛伦佐就去了威尼斯，其他一些公民去了阿奎拉，包括普乔兄弟二人。1433 年 9 月 8 日，他们改变了国家的政体。他们提议成立一个"巴利阿"①，举行了资格审查，名签袋开启了好几个月。然后他们就成立了巴利阿，封闭了名签袋。

216

　　科西莫被流放以后，他的敌人在佛罗伦萨千方百计败坏他的名誉，包括他在罗马和佛罗伦萨的名誉。但科西莫拥有巨额财富，可以送给罗马足够的钱来恢复他的地位。实际上他在各地的名誉都大为提高。在罗马，很多取了钱的人又把钱存到他的银行里。在威尼斯，科西莫最受推崇，那些流放他的人根本就不知道他们要对付的是这样一个强大的敌人，这些人都是无名之辈，不懂国家的治理。他们对管理艺术还很陌生，没有实践经验，不知道如何统治。一出现麻烦，他们很快就改变方针，希望恢复和平手段，让城里重新过上宁静舒适的生活，没有任何一个公民的权利超过另一个公民，除

①　1382 年支持教皇派复辟以后，执政的一派觉得有必要成立一个有时人称"巴利阿"的组织。这是个临时的享有最高统治权的公民议会代表团，人数不等，由公开选举产生，任期也不确定。最后一届巴利阿在 1466 年召开。参见本书"附录"。——英译者注

了靠抽签担任要职的人之外。他们虽然成立了巴利阿，停止了投票，但下令再一次举行资格审查，这次审查并不剥夺任何公民的基本权利，但把权利赋予那些有权利得到的人。

科西莫在威尼斯逗留期间，受到所有威尼斯人的尊重，威尼斯人决定派一位大使，去说服执政团和掌权者把他从流放地召回。他们开始在私下里以各种方式帮助他，为他回国做准备。佛罗伦萨也有很多人支持科西莫，不到一年他们就在行政长官的帮助下制订计划让他回来[1]，行政长官对他很友好。到了年底，科西莫的对手担心他回来的后果，就拿起武器造反，于是教皇尤金像个好神父一样从中斡旋，安排两派和解。1433 年的政府，也就是拿起武器的这一派，相信了教皇的良好信誉，放下了武器。他们虽然得到教皇的担保，科西莫回来以后，他们还是被流放了。教皇尤金在这件事上受了骗，他以为双方都会守信誉，佛罗伦萨城就平安无事了。

科西莫回到佛罗伦萨以后，公民们非常满意，他那一派的人也非常满意，他的朋友流放了那些反对他回来的人，也流放了那些保持中立的人，同时也引进新人。科西莫奖励了那些召他回来的人，借给这个人一大笔钱，送给那个人一笔钱让其嫁女儿或买地，而大批的人则作为叛乱分子遭到流放。他和他那一派步步为营，巩固自己的地位，仿效 1433 年政府的做法。

佛罗伦萨有很多在政府有影响的人物，他们对科西莫友好，帮忙把他召了回来，所以其影响力得以保留。科西莫发现他必须注意让他们一直支持他，便顺水推舟，假装愿意让他们享有与他同样的

[1]　里纳尔多·德利·阿尔比齐发现这次选举对科西莫有利，就试图宣布选举无效，再成立一届巴利阿，但帕拉·斯特罗齐及其他温和派人士拒绝支持他。经恳求教皇，又成立了一届巴利阿，这届巴利阿将科西莫召回，将科西莫的敌人流放。参见马基雅维利：《佛罗伦萨史》，第 215—219 页。——英译者注

217

权力。与此同时，他尽量掩盖他在城里的影响力的来源。我不想在这里把我所知道的一切都写下来，我所写的只能用作备忘录。我把其余的留给任何为他写传记的人去写。但我要说的是，任何想引进新政体的人，那些促成 1433 年变革的人，既导致了自己的毁灭，也导致了国家的毁灭。很多有影响的主要公民根本不想要这样的变革，说他们不愿意自掘坟墓。[①]

218　　　科西莫解决了政府问题之后，便召开了一届巴利阿，流放了很多公民。这时，公爵弗朗切斯科正率领着佛罗伦萨和威尼斯联军来到卢卡附近。这两个共和国原本同意共同支付士兵们的军饷，但这时威尼斯却拒绝支付他们应该出的那一部分。寄去了几封信都没有用。由于科西莫在威尼斯极受尊重，他就被派去请求威尼斯人兑现诺言，把欠公爵弗朗切斯科的那笔钱付给他。

科西莫一到，所有的公民都认为执政团会改变路线，遵守许下的诺言。科西莫以最强有力的理由提出要求，向对方施加压力，但威尼斯人固执己见毫不动摇，因为他们拿定了主意，佛罗伦萨人不付钱就别想得到卢卡。科西莫发现了威尼斯人的这一意图，不愿意承认已经得到的好处，就因其不守信用而开始恨他们。于是他就给佛罗伦萨写信，请求取道费拉拉返回，教皇尤金和整个教廷都去了费拉拉。

科西莫一到费拉拉，就依据他接受的委托晋谒教皇，投诉了威尼斯人的背信弃义行为。但尤金知道威尼斯人的脾气，不把这当成一回事，枢机主教团也是同样的态度。威尼斯人对待教皇的态度让教皇大为恼火，这从后来发生的事情上可以看出来。科西莫几次担

---

① 参见马基雅维利:《佛罗伦萨史》，第 215 页。这时是 1434 年，公爵菲利波攻击了伊莫拉，中断了与佛罗伦萨的联盟。1436 年，里纳尔多·德利·阿尔比齐去了米兰，敦促公爵对佛罗伦萨宣战。最终威尼斯、佛罗伦萨、米兰签署了一份为期十年的和约。——英译者注

任大使，为佛罗伦萨城带来很大的荣誉。

科西莫投入国家的世俗事务，这样做肯定会抛下一些良心问题没法办，所有愿意从政并身居高位的人都是这种情况。他意识到了这一问题，很想让上帝宽恕他，让他拥有自己的世俗财产。于是他认为必须敬神，否则他的财富可能会丧失。他感到良心不安，因为他有一部分财产来路不正——怎么来的我不能说。

为了减轻这一负担，他与教皇尤金商量，教皇当时在佛罗伦萨，看看这一良心上的负担如何处理。教皇尤金在圣马可成立了严守教规派修道会，但他们的住房不够，教皇就对科西莫说，如果他决意解除灵魂的负担，可以建一座修道院。他花了一万弗罗林也没有提供所需要的一切，后来建成了修道院，一共花了四万多弗罗林。除了建房之外，他还配置了居住所需要的一切。他把所有的音乐书都给了教堂，其中大部分现在在图书馆，并为圣器收藏室提供了敬神所需要的一切。由于多明我派修士不允许拥有自己的财产，科西莫就支付了他们公共生活所需的所有花费，以便让他们在修道院能过上舒适的日子。对于日常开支，他安排自己的银行每一星期给他们多少钱，这样就解决了他们所需要的一切问题。为了避免直接去找他办事，他太忙，他就命令银行按票据上写的数目付钱，都算到他的账上。

他一建好修道院就想开建教堂，但他急于在征得主人完全同意的情况下拆除一些小礼拜堂，不过在这件事上受挫，于是他就把建教堂一事搁置起来了。科西莫所拥有的书不多，不够提供给一座图书馆，于是尼古劳·尼科利的遗嘱执行人就把尼古劳所有的书都转送给圣马可，以完成尼古劳的遗愿，让所有喜欢看书的人都可以看到。另外，每一本书里都注有说明，告诉读者这本书是尼古劳·尼科利的财产。尼古劳从这些书中留出四十本送给遗嘱执行人，即科西莫和洛伦佐两兄弟。

219

科西莫一得到尼古劳的那批书，就把总目看了一遍，看看还缺少哪些书。他到处找这些书，一找到就买下来，而且还让人抄写更多的书。筹建这座图书馆的所有花费，都凭朱利亚诺·拉帕奇诺兄弟的汇票由银行支付。图书馆照现在的样子建成以后，并没有让他感到满意，所以他愿意把所缺的图书都补齐，但由于突然去世而没有做成这件事。

220

圣马可教堂建成以后，他又开始在穆杰罗—博斯克为严守教规派的方济各修士建一座修道院，修道院连同教堂的一部分花去了一万五千多弗罗林。建造期间，耶路撒冷的一些修士来找他，说他们的圣灵修道院毁坏了，需要重建。科西莫把整个重建工作揽了下来，通过他在威尼斯的机构做出安排，要依照修士们的需要用他银行的汇票付钱。他们在教堂上面建了一个拱顶，对拱顶进行了装饰，任何去圣地的人都可以见到它，上面雕刻有科西莫的双臂。

巴黎有一所书院，叫佛罗伦萨书院，因为建造者是佛罗伦萨的一位枢机主教，所以就用我们的城市命名，这所书院就矗立在贝尔纳代托·德·美第奇家旁边。书院差不多全毁了，很多地方需要修理，有一口井也需要修，于是照管书院的人就恳求科西莫承担费用。科西莫同意了，该做的事全部做完了，现在书院仍在那里。

他兄弟洛伦佐开始建造圣洛伦佐教堂，在他有生之年建成了圣器收藏室，一项宏伟的工程，但他死时并没有全部建成。科西莫接管这一工程后，所做的第一件事就是拆除神父的住所，房子破败得连村舍都不如，然后再建新住所，这些住所现在还在。有人质疑他为何先建住所而不是先建教堂，他回答说，他要是不建住所，永远都不会有人去建，而建教堂的人则有很多，因为建教堂可以赢得荣誉。他接着开始建教堂，在死之前完成了一大部分。

与此同时，他忙于菲耶索莱修道院的事务。他正处理这两地的建筑工程时，佛罗伦萨银行的一名高级职员在结这一年的账，发现修道院花了七千弗罗林，圣洛伦佐教堂花了五千。他算这笔账是为了提醒科西莫，让他花钱时手紧一些。他去找到科西莫，把这件事告诉了科西莫，科西莫回答说："我明白你的意思。那些负责建造圣洛伦佐的人该受指责，因为他们出活很少，而负责修道院的人则应受到赞扬，因为他们出活多。"

科西莫知道这位职员无知、贪婪，想责备他算的这两笔账。正在这时，碰巧他的几个朋友去看望他，当时科西莫患了痛风卧病在家，他不停地埋怨那位职员，也就是在花钱上他刚教训了一通的那个人。科西莫在各方面都慷慨。圣洛伦佐的住所和一部分教堂他花了六万多达克特，然后又建修道院，建成了住所，对大部分教堂进行了扩大和装饰。他想尽办法赶快完成，他总是担心自己来日无多。

他接下来考虑的是如何把一批值得尊重和博学的人聚集到这两处住所。他决定先收集一批适当的书籍。有一天，我和他在一起的时候，他对我说："筹建这座图书馆你有什么高见？"我回答说，这些书要是买的话是不可能的，因为根本就找不到。他接着说："告诉我你会怎么办。"我说，这些书需要让人抄写，他就问我想不想承担这一任务。我说想承担，于是他回答说，我想什么时候开始做都可以，他把一切都交给我了。至于日常花销，他会命令修道院院长阿尔坎杰洛阁下把支票交给银行，由银行按时支付。他急不可待地催我尽快开工，图书馆一开始建，由于不缺钱，我就雇了四十五个抄写员，在二十二个月之内抄写完成了二百卷图书，以教皇尼古拉的图书馆为样板，按照教皇亲笔写的操作指南去做，先前教皇尼古拉已经把操作指南给了科西莫。

首先是《圣经》和《索引》，附有古代和现代的注释。第一个注释家是奥利金，他为后来的注释家指明了路径。他用希腊语写作，其著作《论摩西五经》由圣哲罗姆翻译过来一部分。有殉教者

222　圣伊格内修斯的著作，伊格内修斯也用希腊语写作，是福音书作者约翰的学生，也是作家和布道者，对基督教最为热心。有卡帕多西亚的圣巴西尔的作品，他是希腊人。有圣格雷戈里·纳齐安曾的作品，有他兄弟尼斯的格雷戈里的作品，有圣约翰·赫里索斯托姆、亚历山大的圣阿萨内修斯、修士圣厄弗雷姆、希腊人乔瓦尼·克利马科的作品，还有翻译成拉丁语的所有希腊神学家的作品。除此之外就是所有拉丁神学家的作品，从拉克坦提乌斯开始。

　　图书馆一建成，他就为教堂的唱诗班配备适当的图书，一部漂亮的诗集，分为很多卷。他为圣器收藏室提供了悬挂物、弥撒用书、圣餐杯，还有一切必要的器具。我听说总花费是七万达克特。在圣十字教堂，他建了见习教堂，还有一座小礼拜堂和唱诗班席位，紧靠着圣器收藏室，花费了八千多弗罗林。

　　他在城里建了府邸，从基础开始建，花了六万达克特。在卡雷吉，他建造了我们现在所看到的大部分房屋，在穆杰洛的卡法焦洛也是这样，花了一万五千达克特。这些工程供养了建房的很多穷人。他没有一年是不花钱建房的，花费达一万五千到一万八千弗罗林，所有房子都给了国家。

　　他付钱的方式最为特别。他把建设卡雷吉的契约给了一位总勘测师。建造工程过半的时候，科西莫发现在完工之前此人要赔好几千弗罗林。于是他对立契约的人说："洛伦佐，这一工程你已经接手了，我知道到最后你会赔几千弗罗林。这绝不是我的意思，我是想让你赚钱的。继续干吧，你是不会赔钱的，该给你多少我就会给你多少。"他兑现了诺言。大多数人都认为，既然总勘测师签了契约，他就应该遵守，但最为慷慨大方的科西莫却不这样想。无论他做任何生意，都不希望为他干活的人受到损失，而是为他们付出的劳动支付报酬。

　　有一次，我听科西莫说，他这辈子犯的一个大错是没有提前十

年花费他的钱财，因为他知道同胞们的秉性，再过五十年，他相信　　223
没有一个人会记得他的性格或家族，而他建造的一些房子则会被人
记住。他接着说："我知道我死以后，我的子孙会比多年来死去的佛
罗伦萨人的子孙状况都要惨。而且我知道，我并不比任何公民更应
该戴上桂冠。"

他这样说是因为他知道治国的艰难，他统治过佛罗伦萨，遭到
过有影响的公民的反对，这些公民以前自认为与他平起平坐。他在
私下里处处小心翼翼，以便保护自己；只要他想实现一个目标，他
就装作这是别人推动的，不是他本人推动的，以此来避免遭到妒忌
和失去民心。他的举止令人赞叹，从不说任何人的坏话，听到有人
诽谤就极为生气。他对来找他交谈的人态度和蔼、有耐心。他做得
多，说得少。他总是说到做到，做好以后就派人告诉恳求者，说你
的愿望实现了。他的回答简短，有时候含糊不清，让人觉得有双重
含义。

他有良好的记忆力，什么事都能记住。一天晚上在家里，他出
于对上帝的爱，想再给圣马可教堂一些书，这些书在一家印刷厂存
放很长时间了。他说出了所有的书名，尤其知道其中的一本《旧文
摘》(*Digesto vecchio*) 说："我记得书上有一个德意志人的名字，这
个人以前拥有这本书。"这样他把书名和那个德意志人名都记住了。
看到这本书的时候，他说："四十年以前我拥有这本书，从那以后就
再也没见过。"

他对所有事物都有广泛的了解，可以找到话题与各种各样的人
讨论。他会与文学家谈文学，与神学家谈神学，他通晓神学，生性
喜欢神学，喜欢阅读宗教经典。对哲学也是一样，占星学也是如
此，他精通占星学，与帕格洛大师及其他占星学家一起实践过。他
的确相信占星术，总是在办事的时候使用占星术。　　　　　　　　224

他好心地关注所有的音乐家，非常喜爱音乐艺术。他与画家和

雕塑家打过交道，家里有很多大师的作品。他特别喜爱雕塑，大力赞助所有杰出的工匠，是多纳太罗以及所有雕塑家、画家的好朋友。在他那个时代，雕塑家很难找到活儿干，科西莫为了不让多纳太罗手里的凿子闲着，就委托他制作圣洛伦佐教堂的铜布道坛，制作圣器收藏室的门。他命令银行每个星期支付给多纳太罗及其四个助手足够多的工钱。

多纳太罗平时穿的衣服不对科西莫的口味，科西莫就给他一件红斗篷和一条头巾，红斗篷下面还有一件外套，全是新的，在一个节日的上午送给了多纳太罗，以便让他穿上。多纳太罗穿了一天或两天之后就扔到一边去了，说他再也不穿了，这些衣服太好了，不适合他穿。科西莫对有才能的人就是这样慷慨，他非常喜爱人才。

科西莫对建筑非常熟悉，这从他留下的建筑物上可以看出来。没有一座建筑物在建造时没有请教过他。而且所有想建房的人都会去征求他的意见。

他在农业方面是行家里手，说起农业来好像他从来就没有干过其他行当似的。圣马可教堂的花园最为漂亮，那是按照他的指示设计的。在此之前那里是一片空地，属于一些修士，教皇尤金改革这一修道会之前由这些修士占着。在他所有的领地里，凡是农业经营活动几乎全都由他指导。他种植和嫁接了很多果树，了解他庄园里的每一个接穗，真是令人赞叹。而且只要农民来到佛罗伦萨，他就问他们果树的情况，问种在了哪里。

他喜欢亲手嫁接和剪枝。有一天，我和他在一起闲谈。他当时还年轻，从佛罗伦萨去了卡雷吉，因为佛罗伦萨有疾病流行。当时
225 是二月，他们正修剪葡萄树，我看见他正忙着做两件最了不起的事。一件是每天早上一起床就修剪葡萄树两个小时（他在这一点上效仿教皇卜尼法斯九世。每年一到季节，教皇卜尼法斯九世就在罗马教皇宫的葡萄园里修剪葡萄树。而且在那不勒斯，直到现在他们

还保存着他带有两个银环的剪刀，作为对教皇卜尼法斯的纪念）。

科西莫修剪完葡萄树之后，他的另一件事是阅读圣格雷戈里的《伦理丛谈》（*Moralia*）。这是一部杰作，共有三十五卷，完成这一任务花了他六个月的时间。他在别墅、在佛罗伦萨都过得很好。他不玩游戏，除了下象棋，晚饭后为了消遣他偶尔会下一两盘。他认识马尼奥利诺，当时最优秀的棋手。

有一次，一位主要公民生科西莫的气，就对很多人抱怨科西莫。有人把这话传给了科西莫，同时还添枝加叶，但科西莫钳口不言，对传话的人一句话也没有说，传话者把诽谤他的话都告诉了他。诽谤者是他最好的朋友之一，他对待这位公民的态度与对待任何人的态度都不一样。科西莫派人把这位公民叫来，让他确信他冤枉人了。这位公民是位很有影响的人，科西莫这样对他说："你操心的事太多，我操心的事很少。你的梯子通到了天上，而我的梯子在地上放着，我怕爬得太高会摔下来。现在我觉得应该维护我家族的名誉，不是维护你的名誉，我觉得这样做是公正、坦诚的，我要维护我自己的利益，不是维护你的利益。你我二人就像两条大狗，碰到一起时相互闻一闻，然后各走各的路，因为它们都有牙。所以现在咱俩井水不犯河水。"这一次，科西莫说得比以往任何时候都更坦率。这位公民小肚鸡肠，举止不端，听信谗言，把自己彻底毁了，科西莫直来直去的一番话所造成的后果让他始料未及，他原本打算让这位公民闭住嘴，以后不再与他说话了。

科西莫的一些对手对他说，这位公民仍然说他的坏话，他们是想挑拨离间，这一目的达到了。科西莫死后，障碍扫除了，这些人又损害他儿子皮耶罗的名誉，科西莫在世时他们是不敢这样做的。皮耶罗的父亲死后他们试图伤害皮耶罗，整个事情传到了他们耳朵里。他们要是更有节制一些，可能会有一个不同的结局，佛罗伦萨城就不会受到 1466 年议会的伤害。但对于后来发生的事情，我留

226

给别人去写。[①]

科西莫用最小心翼翼的话语来回答别人，这是一个谨慎的人的特征。有一天，我正在他房间里，进来了一个人，此人与另一个公民发生了争执，这个公民对他使用了暴力，占了他一些地。这个人言辞激烈地向科西莫抱怨，科西莫静静地听着，然后问他最近到这片地里看过没有，情况如何。此人回答说，他刚到那里去过，科西莫就说："经常到那里去，好好照料这片地，管理好，让它什么都不缺。"这一谨慎的回答实际上意味着他对此事一无所知。但来投诉的人回答说："看他说得多实在，谁也不得罪。说你要经常到别人占的地里去看看，等于是说那是你的地，你要捍卫地的所有权。"他所有的回答都充满智慧。

很多公民来找他商讨事情。有一天，一个结婚几个月的人来了，他曾向妻子发过誓。此时妻子的忠诚受到质疑，丈夫把情况向科西莫说了一遍，问科西莫该怎么办。科西莫停了一会儿说："你觉得头上戴了一顶绿帽子，你就先将就着戴上，然后沿着城墙去散步。到了你遇到的第一条沟旁边停下，把绿帽子拿下来扔到沟里埋掉，这样谁都看不见了。"那人马上明白了科西莫的意思，他谈论这件事是错误的，后来就不再提起，把妻子当成一个忠诚的女人。

227　　　罗伯托修士对一大群严守教规派教徒布道时，科西莫对他很好，给了他很多救济金，对他有求必应，这是他对待所有杰出教士的一贯做法。有一段时间罗伯托修士在米兰布道，公爵弗朗切斯科给了他很高的荣誉，还为他捐献了很多物品。

在这之后，罗伯托修士改变了生活习惯，离开了严守教规派，

---

① 作者在这里指的是 1466 年迪奥蒂萨尔维、卢卡·皮蒂、索德里尼、阿尼奥洛·阿恰约洛及其他一些人试图反对皮耶罗。参见马基雅维利：《佛罗伦萨史》，第 339 页；穆拉托里：《编年史》，第 9 卷，第 296 页。——英译者注

过上一种更自由的生活。公爵弗朗切斯科给了他一些佛兰德衣料，华丽而又昂贵，他用这些布料做了一件上好的长袍，离开米兰去了佛罗伦萨，把宗教事务放在一边，过上了平信徒的悠闲生活。

罗伯托修士去拜见科西莫，他不知道科西莫的脾气，而科西莫听说他改变生活习惯之后，对他的情感就变了。他让罗伯托修士坐在他旁边，打量着罗伯托的盛装，用手摸着漂亮的长袍，看起来像是丝绸的，然后问道："罗伯托修士，这是什么布料啊？"罗伯托修士回答说，那是公爵弗朗切斯科给他的，科西莫就说："我没有问是谁给你的，而是问你这是啥布料。"罗伯托修士把身子裹在衣服里，无言以对。科西莫对他改变生活方式进行了适当的批评之后，他凑上近前，在科西莫耳边小声恳求借给他二百达克特。但科西莫坦诚地对他说，他改变了生活方式，这钱不能借。以前给他的是救济金，现在不借钱是在提醒他犯了错误。这一责备很巧妙，在场的人没有一个看出来。罗伯托修士一走，科西莫就得体地解释说，罗伯托修士现在的做派是多么令人讨厌。

科西莫总是非常慷慨大方，尤其是对有才能的人。大多数舞文弄墨的人没有其他挣钱门路，经济上就贫困，比如说像安布罗焦·德利·阿尼奥利修士这样的人，一个教士，非常圣洁，献身于他的修道会。科西莫帮助他的修道院解决所有的困难，几乎没有一天不去阿尼奥利修道院，在那里他会见到尼古劳·尼科利，见到他兄弟洛伦佐，和他们在一起待几个小时。安布罗焦修士翻译圣约翰·赫里索斯托姆论圣保罗书信期间——这在他的生平里已经提到过——尼古劳把安布罗焦修士翻译的内容写下来，尼古劳尽管写得快，但其速度还不足以把安布罗焦修士口授的内容记下来，不得不经常求他慢一些。这是我从科西莫那里听说的，科西莫当时就在现场。

尼古劳把他大部分的钱都花在了书上，生活必需品不足，这在

228

他的生平里可以看到。科西莫听说以后，就叫他不要太抠门，说已命令银行预付给他所需要的钱，出纳员一见到他的汇票就支付。尼古劳充分利用了科西莫的慷慨，这是最值得赞扬的，因为这一安排满足了尼古劳的需要，尼古劳是一位非常优秀的人。尼古劳在有生之年从银行支取了五百达克特，向世人充分展示了自己的才华，要是没有科西莫这几乎是不可能的。科西莫去维罗纳躲避瘟疫的时候，既没有带滑稽演员，也没有带传令官，而是带着尼古劳·尼科利和卡洛·德·阿雷佐大人，他可以和这两个人讨论文学。科西莫并没有向尼古劳要这五百达克特，他已经把这笔借款当成了礼物，他以这种方式救助了所有遇到困难的好心人和博学的人。他们确实是好人，也像科西莫一样慷慨助人。

我不能不提他对托马索·达·萨尔扎纳大师的慷慨。托马索大师后来成为教皇尼古拉，当时是博洛尼亚主教，没有收入，因为博洛尼亚背叛了教会。教皇尤金派他出使法兰西，一起去的还有乔瓦尼·卡尔瓦贾莱大人，但由于资金匮乏，教皇只能给他们一点路费。托马索大人在佛罗伦萨，我以抄写员的身份去看他，于是他想让我代表他去求见科西莫，向科西莫借一百达克特，因为教皇尤金给的路费不够走这么远的路。我去找到科西莫，他几乎是不假思索地说："对他说我派罗伯托·马特利去找他，他想要多少钱就给他多少。"我刚回到托马索那里，罗伯托就拿着一张通用信用证过来了，这张信用证可以出示给科西莫的所有代理人，让代理人支付给托马索大师想要的钱，他要多少就付多少，没有限制。托马索大师一看到这从未听说过的慷慨——科西莫仅仅听说过他的大名——就向罗伯托表达了他的无限感激之情，因为他得到的比他想要的还要多。罗伯托说，这只是一点小意思，科西莫是出于好意。

229

在旅途中，他凭借信用证支取了二百达克特，回到佛罗伦萨以后还是缺钱，无法回罗马了。圣乔瓦尼教堂举行大赦，托马索大人在那里碰见从教堂里出来的科西莫，对科西莫所做的一切表示感谢。他又对科西莫说，他还需要一百达克特去罗马，科西莫就说，他会派罗伯托拿着委托书来，想要什么都可以。罗伯托来了以后，托马索只拿了一百达克特。

　　托马索在维泰博时，有人给他送来一顶枢机主教的帽子，为他的同伴、西班牙人乔瓦尼·卡尔瓦贾莱也送了一顶。还没到年底，托马索就当选为教皇，称尼古拉，这一名称来自提升他的圣十字枢机主教。

　　托马索当选教皇以后，所做的第一件事就是任命科西莫为教皇的银行老板，以答谢他从科西莫那里得到的好处。在禧年节那一年，教会收入了大约十万达克特，科西莫慷慨助人得到了丰厚的回报。科西莫有一双仁慈的眼睛，总是善待有才能的人，知道如何估算他们的价值并为他们效劳。他总是对人有求必应，另外还主动做了很多事情。

　　科西莫在卡雷吉的时候，去拜访一位很博学的布道僧，一个严守教规派的方济各会修士。他非常喜欢这位修士的谈话，临走的时候问修士是否有一本《圣经》，他想从中查找人们引述的一段话。修士回答说："没有。"科西莫又说，他有话一会儿再说。在此期间他买了一本漂亮的袖珍《圣经》，把它送给了修士，恳请为他祈祷。修士非常感激地接受了这一要求。

　　通过科西莫牵线搭桥，乔瓦尼·阿尔吉罗波洛才得以到佛罗伦萨讲课，让公民们受益匪浅。科西莫为乔瓦尼提供很多帮助，乔瓦尼也经常去看望科西莫，科西莫当时没有外出。过节期间，科西莫没有事的时候，乔瓦尼大人以及他的一些学生就去拜访科西莫。科西莫问他很多问题，有灵魂不死的问题，还有其他神学和哲学问题。

　　科西莫长年与文人打交道，具有准确的判断力，其回答非常令　230

人信服。但一个人要是想让科西莫感到信服，就必须技艺娴熟、考虑周到。有一天，乔瓦尼大人与奥托·尼科利尼大人和科西莫在一起，科西莫先问乔瓦尼大人，法学家的作品是否符合道德哲学，或者说法学家受到什么哲学的启发。乔瓦尼大人回答说，法学家的作品要次于道德哲学家的作品，因为法学家的作品没有一点哲学精华。但奥托大人持相反的观点，于是二人就激烈地争辩起来。科西莫本人相信法学必须臣服于道德哲学，但他想听听奥托大人的辩解。辩解很难，因为必须有合理论点的支撑。争辩到最后也没有任何结论，但科西莫感到极为满意，很多答辩手段都派上了用场。

科西莫还与费奇诺的儿子马尔西利奥交上了朋友，一个才华出众、仪表堂堂的人，通晓希腊语和拉丁语。马尔西利奥收入微薄，为了不让他受穷，科西莫为他在佛罗伦萨买了一所房子，在卡雷吉买了一片农田，为他提供的收入足以让他和一两个同伴一起生活，满足他的日常需要。

科西莫有一个仆人为他效力多年，商定了一个月工钱的数目。后来此人丧失了劳动能力，科西莫还是如数付给他工钱，而其他人一般都是只提供住所，或交给某个行会去赡养。科西莫愿意自掏腰包赡养这个仆人，不是掏别人的腰包，给了他一所房子和一片农田，这样他和妻子可以过自足的生活，作为对他劳动的补偿。

说过科西莫值得赞美的生活方式，尤其是他如何处理宗教事务和世俗事务，以及与上帝荣耀有关的事务，我还要再补充一句：他的大名传遍了整个世界，凡是有名望的人从他那里路过，都想去拜访他。

费拉拉有一位芬夫基兴主教[1]，匈牙利人，非常博学，威望很231 高。这位主教完成了学业之后被召回国，但他在回国之前先要游览

---

[1] 参见此人的传记，本书第192页。——英译者注

佛罗伦萨，并拜访住在那里的三位名人，即科西莫·德·美第奇、乔瓦尼·阿尔吉罗波洛大人、波焦大人。他到了佛罗伦萨以后对我说，他想见见这三个人再离开。当时科西莫在卡雷吉，我就陪主教去了那里。我把主教的愿望告诉了科西莫，把他引荐给科西莫，二人交谈了很长时间。主教离开以后，科西莫对我说，在他所见过的阿尔卑斯山那边的人之中，此人最了不起。主教对科西莫迷人的风度和敏捷的头脑惊讶不已，说在他一生中从未和一个更优秀的人交谈过。科西莫的风度一点也没有减损他的名声，而是大大增加了他的名声，无数有声望的人慕名来找他。

　　科西莫时代有很多名人，僧俗两界都有，各类学者都有。不仅在佛罗伦萨能见到这样的人，而且在意大利各地、在外国都能见到。当时首先有教皇马丁，他改革了长期遭受分裂与不和困扰的教会。其次有教皇尤金，教皇尼古拉也不比前二位逊色。

　　意大利之外有皇帝西吉斯蒙德，他除了拥有帝国领地之外，还拥有匈牙利王国，是异教徒土耳其人的死敌，这是显而易见的，因为在他统治期间，土耳其人被限制在自己的疆域之内，不容许他们像以前那样压迫基督徒。

　　然后是国王阿方索，他那个时代君主的典范，天生具有高贵的品质。还有米兰公爵菲利波，虽然他那毫无争议的业绩之中混杂有一些缺点，但他威震四方，同时与佛罗伦萨人和威尼斯人交战，给了他们很多要思考的东西。继承菲利波的是公爵弗朗切斯科，战争艺术大师，凭一己之力成为米兰霸主。威尼斯总督是弗朗切斯科·福斯卡里，凭借其英勇和妙计，让威尼斯人获得了大陆上的几乎全部领土。科西莫·德·美第奇具有优秀品质和杰出成就，与这些显赫人物之中的任何一位相比都毫不逊色。

　　科西莫做什么事都碰上好运气。他要与国王阿方索打交道，阿方索率领一支大军攻打佛罗伦萨。他要与威尼斯人打交道，威尼斯　232

人与公爵弗朗切斯科结盟。科西莫总是担心威尼斯实力增强的后果，这会使佛罗伦萨处于危险之中，所以他竭尽全力加以阻止。公爵弗朗切斯科看得很清楚，如果米兰人不向科西莫提供物资援助会是什么后果，后来米兰人就是没有提供。这是因为威尼斯人通过其大使帕斯夸里·马利皮耶里之手，在罗马交给詹诺佐·曼内蒂一份空白条约，威尼斯人答应在佛罗伦萨人将其整理好之后就会批准。

科西莫接手这件事大约六个月之后认清了形势，由于威尼斯人撤回到国内，他觉得没必要再找他们的麻烦了，他试图削弱威尼斯的实力是正确的。公爵弗朗切斯科正与威尼斯人交战时，佛罗伦萨战胜了国王阿方索，把阿方索的军队赶过了边界。[①]战争结束后维持了十二年的和平，科西莫以高超的手腕保持了意大利各国实力均衡，尤其是威尼斯。

只要科西莫活着，和平就持续。但他一死[②]，威尼斯就再次对佛罗伦萨宣战，科西莫在世时威尼斯是绝对不会走这一步的。他们派遣贝加莫的巴尔托洛梅奥率领一支大军，其实力非常强大，就是斐迪南国王陛下、公爵加莱亚佐、佛罗伦萨人的军力加在一起也难以抵挡。威尼斯人觉得他们是这次征战的胜利者，就违背了所有的誓言和诺言，那是在教皇尼古拉调解下发过的。他们也不顾教皇在宗教事务上对他们的责难，把这些统统抛在一边。

我以文字记录的形式描述了科西莫的这些业绩，并没有能够按照应有的顺序来描述他的生平，细节安排得很凌乱。但这一记录对于将来的传记作家来说已经足够了，可以为他们提供很多信息。

回头还说科西莫。他有一个亲戚——实际上很富有——只要一
233 见到科西莫就发牢骚，说他穷得不得了，每天都是这句话。科西莫

---

① 1448 年。——英译者注
② 1464 年。——英译者注

决定不再搭理他，免得招惹烦恼。有一天，科西莫在执政团广场碰见了这个亲戚，此人马上就开始老调重弹。他说完以后，科西莫叫了他的名字，对他这样说："你是我的亲戚，而你老是哭穷，没有比这更让我烦心的事了，因为哭穷的人总是会因此而受到伤害。在佛罗伦萨之外的其他地方，人人都装出比他实际上更富有的样子，而在佛罗伦萨情况正好相反。所以，一个人在某一方面有所得，在其他方面全失去了，这是个严重问题。回到你的问题上，一个人在伦巴第人手里放着六万弗罗林，在罗马、佛罗伦萨及其他很多地方有生意，像你这样到处都有财产，那都是你不问价钱买下来的，你出的价钱高于所有的人，你建豪华的城池和乡间别墅，你和家人养尊处优，养着马，穿着华丽的衣服，是整个佛罗伦萨最漂亮的衣服。这样一个人还能叫穷吗？"科西莫就这样把话都挑明了，他无言以对，科西莫所说的都是实话。这服药彻底治好了他的病，以后再也不抱怨了。

有一次，他的建筑工程勘测师骗了他一大笔钱。科西莫调查了这件事之后，像个明白人那样没有发火，而是把工程委托书从勘测师手里要走了，说不再需要勘测师效力了，他曾预付给勘测师一笔钱达十万弗罗林，勘测师当时是他的代理人。这个人的事及其所作所为很快就传遍全城，大家几乎不谈论别的事，他走到哪里都有人指责他。

有一天，这个人碰见了科西莫，他盗窃的钱就是科西莫的。他当着我的面对科西莫这样说："科西莫，整个佛罗伦萨都说我盗窃了你的钱，因此你把我解雇了，不让我担任你的工程勘测师了。"科西莫回答时没有再提这人盗窃了他的钱（实际上就是这个人盗窃的），而是说："你想让我怎么办？"那人说："要是有人问你我是不是盗窃了你的钱，我想让你回答'没有'。"于是科西莫说："找个人问我这个问题，我会把整个事情的原委讲一遍。"旁边的几个人听

234

见他这样说就开始笑，对这件事只字不提，对一个像科西莫这样的大人物说过的话，谁也不敢说三道四。没有一个人有他这么大的耐性。

科西莫常说，大多数花园里都长一种野草，对这种草绝对不能浇水，而是让它旱死。但大多数人都是对它浇水，不是让它旱死。这种草就是所有野草之中最坏的——妒忌。除了真正的聪明人之外，很少有人能在妒忌面前不摔跟头。

科西莫在晚年优柔寡断，常常一坐几个小时一言不发，陷入沉思之中。他妻子说他沉默寡言，他回答说："你打算到乡间去的时候，会用十五天时间来盘算到了那里要做什么。现在我该离开这个世界了，要到另一个世界去了，你不觉得我应该盘算一下吗？"

科西莫死前，大约有一年的时间喜欢让巴尔托洛梅奥·达·科勒大人为他朗读亚里士多德的《伦理学》，巴尔托洛梅奥大人是宫里的秘书长。科西莫让多纳托·阿恰约利整理论述《伦理学》的作品，那是他在乔瓦尼大人[①]指导下收集的。这些作品到了科西莫手里，经多纳托修订以后，巴尔托洛梅奥大人就读给科西莫听，这一经过修订的《伦理学》就是现在使用的这一版。

一个打算写科西莫传记的人，还可以再讲讲他的其他很多事情，但我不打算做这件事。我只是把我亲眼见到的、从可靠的见证人那里听说的事情记下来，把其余的事情留给任何为他写传记的人来写，他是这么优秀，为他那个时代增添了光彩。我所写下来的都是实情，都是依据我的耳闻目睹，没有添枝加叶，也没有删减。谁要是把他的一生都写下来，就会比我写的长得多，描述得也要更清晰。

---

① 乔瓦尼·阿尔吉罗波洛。——英译者注

帕拉·迪·诺费里·德利·斯特罗齐（1372—1462） 235

帕拉·迪·诺费里·斯特罗齐大人出身于贵族世家，这一家族出过很多著名的后裔。帕拉大人以其高贵的品质以及通晓希腊语和拉丁语而闻名。他致力于文学，极为推崇文学，把文学抬到一个非常高的地位，这一地位在佛罗伦萨历史上从来就没有达到过。

当时熟悉拉丁语的要比熟悉希腊语的多得多，他决心鼓励人们学希腊语，把希腊语提到和拉丁语同样的水平。为此他把希腊人曼努埃尔·赫里索洛拉斯带到意大利，支付了赫里索洛拉斯的大部分花费。赫里索洛拉斯没有书，帕拉大人就为他买了很多希腊语书籍，有带插图的托勒密的《宇宙志》，有普鲁塔克的《列传》，有柏拉图的作品，其他还有很多。

莱奥纳尔多大人依据帕拉大人提供的版本，将亚里士多德的《政治学》翻译过来。由于帕拉引进了曼努埃尔，莱奥纳尔多·德·阿雷佐、维罗纳的圭里诺、安布罗焦修士、安东尼奥·科尔比内利、罗伯托·德·罗西、莱奥纳尔多·古斯蒂尼、弗朗切斯科·巴伯罗、皮耶罗·帕格洛·韦尔杰里奥、菲利波·迪·塞尔·乌戈利诺先生等人都成了曼努埃尔的学生，其中菲利波先生是当时最优秀的拉丁语学者之一。尼古劳·尼科利也跟着他学习，尤其是学文学。

这是曼努埃尔来了以后取得的丰硕成果，现在正在收获着，为此我们应该感谢帕拉大人的慷慨大方与高尚精神。莱奥纳尔多·德·阿雷佐大人这样赞扬帕拉大人："有助于人类幸福的天赋之中，无论是精神方面的还是身体方面的，他都比他那个时代的任何人多。"他是个优秀的希腊语和拉丁语学者，能力非凡，长相漂亮，所以凡是不认识他的人碰见他，马上就会大声说："这肯定是帕拉大人。"

他已成家，有儿有女，拥有佛罗伦萨最美满的家庭。几个女儿跟着玛丽埃塔夫人学习，玛丽埃塔是当时最有才华的妇女。她们与最高贵的家族通婚，这从她们的家谱中可以看出来。内里·迪·多纳托·阿恰约利、弗朗切斯科·索德里尼、托马索·萨凯蒂，全是显贵。

帕拉在城里极受尊重，所能得到的荣誉他全得到了。他担任大使完成过所有最重要的使命，每一次都成功地维护了国家的荣誉和利益。除此之外，他严谨正直，非常希望几个子女也都像他一样。因此，他把几个孩子都交给乔瓦尼·达·伊莫拉大人照管，几个年轻人在城里走动时，所有的人都能凭借其出众的仪表辨认出来。

人们觉得有必要提高佛罗伦萨的教学质量，大家都知道帕拉大人喜爱文学，就让他负责改革，以提高城里的教育质量。他马上开班，讲授最高级的学科，他雇的教师大名鼎鼎，把全世界的学生都吸引到这里。从 1422 年到 1433 年，佛罗伦萨兴旺发达，学校众多，名人云集，大家竞相推出优秀作品，政通人和，受到全世界的敬畏。

帕拉大人总是在家里雇有博学、品行好的教师教他的孩子，他甚至把礼貌和举止看得比博学更重要。除了乔瓦尼·达·伊莫拉之外，他雇的还有托马索·达·萨尔扎纳大人，即后来的教皇尼古拉五世，当时由于贫困而从博洛尼亚来到佛罗伦萨。佛罗伦萨是一所真正的"母校"（*Alma Mater*），托马索大人在两个慷慨的公民家里住了两年，一个是里纳尔多·德利·阿尔比齐大人，另一个是帕拉·斯特罗齐大人。在此期间，他挣了很多钱，足够他返回博洛尼亚完成学业了。他当选教皇以后，有能力帮助佛罗伦萨恩人的儿子了。里纳尔多的儿子马索被人指控参与谋反，这并不全是他本人的错，于是教皇尼古拉就为他找到一个体面的职位。帕拉大人的儿子卡洛成为教皇的私人管家，不久之后就凭借其高素质而被册封为枢机主教。

　　回头还说帕拉大人。身为公民他平时很谦虚，他在做任何事情时，在管理公务时，他主要关注的是避免遭人妒忌，他知道在一个像佛罗伦萨这样的城市里，遭人妒忌是非常危险的，尤其是遭到身居要职者的妒忌。他总是避免引人注意。没有受人派遣，他绝对不到市政广场去，也绝对不去新市场。到市政广场去时，为了不让别人注意他，他走圣三一教堂，再拐进圣使徒，一直走到梅塞尔一比维利亚诺街。然后他才来到市政广场，立即进入大厦。他绝不来回溜达浪费时间，而是办完事就回家，把时间用在学习希腊语和拉丁语上。他非常喜爱文学，就买了很多书，存放在圣三一教堂一座漂亮的房子里，供大家阅读。他想把所有学科的书都放在那里，但由于他身遭不幸，这一计划没有实现。

237

　　帕拉大人在佛罗伦萨的处境很幸运。他儿子巴尔托洛梅奥是城里最有魅力的小伙子之一，举止彬彬有礼，情操高尚，父亲对他比对其他任何一个子女都更亲。他跟着父亲雇的家庭教师学习进步很快，不久就表现出真心喜爱文学的样子。但他在少年时代病死了，人们尽了一切努力也没有能够挽救他的性命。他受到人们的普遍喜爱和尊重，死的时候全城都感到极为惋惜。帕拉大人痛失爱子，所有的人都知道他有多么悲痛，整个佛罗伦萨都知道，没有比丧子对他更大的打击了。

　　但帕拉大人是个明白人，他知道必须与这一丧子之痛作斗争，让佛罗伦萨人都看看，他还是那个大家都知道的帕拉大人。受到打击的父亲仔细考虑了这件事，他决心让心灵安静下来，因为没有补救办法，这一打击是上帝的意愿，是为了某个好结果。帕拉大人坚定地把这一悲伤埋藏在心底，对每一个前来安慰他的人，他都说已经告别了巴尔托洛梅奥，希望大家不要再提巴尔托洛梅奥了，让全能的上帝高兴的事也会让他高兴。他就这样不再徒劳地悲伤下去，在这件事上显示出他精神的伟大，就像在其他事情上所显示的那样。

他又遇到另一件烦心事。他被课以重税，其收入不足以满足他的花费，所以不得不从很多公民手里借钱。他欠的债达到八百多弗罗林，他每个月还三个弗罗林，但这还不够。所以，他像每一个善良的公民所做的一样。他担任大使，凭借其判断力为他的城市带回成果，也得到还债所需要的钱。

238

他是乔瓦尼·德·美第奇的密友，和乔瓦尼一起到威尼斯担任大使，也和乔瓦尼的儿子科西莫一起担任过大使。1420年，城里爆发瘟疫，他从城里逃出去躲瘟疫的时候，在卢卡碰见了科西莫。科西莫对他说，他要是缺钱，可以从美第奇家的银行里支取，银行职员们已接到指示，他需要多少就付给他多少。帕拉大人也委托他的银行老板，在美第奇家需要的时候偿还这笔钱。

他从美第奇银行借了两万弗罗林，从其他人那里也借了很多，好像他挥霍无度似的——支付利息的钱不算在内——所以他决定把债还请，不再支付利息了。佛罗伦萨有帕拉和科西莫的一个朋友，名叫皮耶罗·邦恰尼，帕拉和邦恰尼商量这一计划，但邦恰尼考虑到帕拉的经济状况，就怀疑他是否有钱还账。帕拉让皮耶罗请科西莫第二天到莱莫救济院去见他，他可以结清所有的赊账，把欠的债都还了。

后来，一天下午，邦恰尼来见科西莫，真心诚意地对科西莫说，他借出去的钱会损失大部分。但科西莫对帕拉的情况相当熟悉，于是就笑道："欠我的每一个索尔多①我都能要回来，如果他还想要，我还借给他。"第二天，他去了约定的地方，了解了帕拉的财产状况以后，发现他清偿完债务以后还会很富裕。调查完以后，帕拉对科西莫说："我欠你两万弗罗林，现在请你不要再向我的银行

---

① 当时意大利的铜币。——中译者注

付钱，因为我要还你这笔债。我在恩波利和普拉托有财产。你可以
从这些财产中偿还欠你的钱。"科西莫就从这些财产中拿出足够的
钱偿还了欠他的账。帕拉也用同样的办法偿还了其他所有的债主。
他欠阿尼奥洛·迪·菲利波·潘多尔菲尼的钱，阿尼奥洛是他的亲戚，
曾帮助过他。帕拉给了他恩波利的一部分财产和一所房子，当时为
卡洛大人的子女所占有。这样，帕拉还了所有债主的钱，谁的债也   239
不欠了。他还支付给公社一大笔钱还债，那是他欠的税。

　　帕拉大人就这样度过了一生，学习，为共和国出谋划策，担任
大使，国家需要的时候在巴利阿十人委员会效力。

　　佛罗伦萨享受了很长时间的太平，民众过着安逸富足的日子，
他们很快就想扩大疆域，试图入侵卢卡，引起了最严重的政治冲
突。最优秀、最明智的首领反对这样做，如帕拉大人、科西莫·德·
美第奇、阿尼奥洛·迪·菲利波以及很多值得尊重的公民，这些人
想的是国家利益。想入侵的人之中，为首的是里纳尔多·德利·阿
尔比齐大人及其同党。这样，由于想法针锋相对，佛罗伦萨城分裂
了，就像莱奥纳尔多·德·阿雷佐大人在其《历史》一书中所描写
的那样，卢卡战争是内乱的开始，是佛罗伦萨一切灾难的祸根。尼
科洛·达·乌扎诺说得对。他说，第一个建议召开公众集会的人就
是在自掘坟墓。所以，身为一个有影响的明白人，他预见到即将到
来的灾难，反对国家的一切变革。

　　灾难过后，尼科洛死了，1433 年的巴利阿成立了。帕拉坚决反
对巴利阿颁布的法规，坚信这肯定会导致灾难。但潮流过于强大，
他抵挡不住。潮流是由一大批无知而又狂暴的公民推动的。这是佛
罗伦萨第一次尝试这样一种议会，这些人就是议会的推动者。① 帕

---

① 　韦斯帕夏诺忘记了 1378 年的巴利阿。参见马基雅维利:《佛罗伦萨史》，
　　第 165 页。——英译者注

拉看出了事态的走向，看出了必然导致的恶果。所以，无法做好事就算无意做坏事，既然无力阻止灾难的发生，他就听任疯狂的首领们随意发泄。身为所有内乱的仇敌，他肯定会这样做。

最后，1433 年的议会将科西莫流放。要不是帕拉帮忙，对科西莫的处罚会更严重。帕拉要是对这些推波助澜的人有足够的影响，他是绝对不会同意流放科西莫的，流放也不可能付诸实施。另外，240 他与乔瓦尼·德·美第奇及其儿子科西莫都有交情，他有困难的时候科西莫帮助过他，这在前面已经描述过。

科西莫等人被流放以后，佛罗伦萨城陷入混乱之中。1433 年派首领夺取了政权，停止了投票，成立了巴利阿，于是科西莫派开始准备在下一次选举执政团成员时赢得多数，以此争取把科西莫召回。1433 年派首领在最近的资格审查中做得还算体面，没有剥夺所有对手的政治权利。1434 年一到，科西莫的朋友们认为把他召回的时机已经成熟，于是就与执政团的成员们商谈，他们认为可以指望执政团在年底改变政局。

1433 年派首领听说以后立即拿起武器，让他们的朋友也拿起武器。市政广场上到处都是武装起来的人。帕拉听说聚集了这么多人，就像一个爱和平的人那样待在家里，害怕骚乱和抢劫。他还请军人过来为他看家护院。里纳尔多大人来看望帕拉，请他和他的军队加入自己一派，认为只要帕拉同意，这一增援会使自己实力大增，肯定可以获胜。但帕拉一口回绝了，说他不想毁掉自己还没有建造好的东西——国家，而里纳尔多派肯定将其毁掉。他还说，他想让所有的人都知道，他与他们的观点相左，根本不同意他们的变革。

有些人说他的难听话，因为他拒绝露面，说他懦弱，在这个时候不出头他就毁了。帕拉心意已决，他的一些亲戚，也是有影响的人，也劝他不要答应，不要与这些疯子打交道。对于劝他答应的人，他回答说他并不害怕因为做善事而受到伤害，而且大家都知道，他从来都不做不光彩的事，而是谴责所有挑起事端的人。

他态度这样坚决，极大地削弱了里纳尔多的地位和影响，实际上可以说是导致了里纳尔多的垮台。里纳尔多的敌人受到鼓舞，其朋友则垂头丧气。帕拉不仅损害了里纳尔多的声誉，而且由于这次变革离经叛道，所有的人都感到害怕，那些如果帕拉出头露面就会参加革命派的人，因为帕拉待在家里而袖手旁观起来。他们发现，无论革命派是征服别人还是被别人征服，全都取决于帕拉。但帕拉虽然做了那么多好事，却没有得到应有的回报。帕拉的追随者看清局势后受到鼓舞，教皇尤金也介入平息内乱。教皇把所有拿起武器的首领都召来，导致了事态的缓和。又新成立了一届巴利阿，科西莫以及所有被上一届巴利阿流放的人全都被召回。

241

科西莫回来以后，人人都以为事态会平息下来，但第一届巴利阿造成的麻烦过后又有很多麻烦。对科西莫有好感的人之中，大多数都高度赞扬他的所作所为，把他作为为国立功的人选进巴利阿。科西莫心平气和，对什么都不怀疑，但敌人的妒忌让他受不了。夺取政权以后，他们举行了投票，又成立了一届巴利阿，以"八人委员会"（Otto della Pratica）和军队指挥官为首。进入巴利阿的还有乔瓦尼·达·费尔莫，一个野蛮的家伙。大家刚以为城里太平无事了，他们就开始把一些公民流放，并威胁其他人。看到眼前发生的事情，所有的人都深感不安，这样抢夺执法权和通知新的选举。他们执行新政策，通过资格审查剥夺很多公民的选举权，追求个人目的，不顾国家利益。

这时，佛罗伦萨有一帮傲慢的人，认为科西莫肯定会承认他们是把他召回来的人，所以他必须有耐心，处事要谨慎，因为有很多人不能保持头脑冷静。帕拉大人和很多公民没有轻举妄动，因为这新措施并不是他们所期待的。城里一片混乱，大批公民被流放（他们可以流放任何人），所有善良的人都遭到主政派的排斥。

242　　有一天，阿尼奥洛·迪·菲利波大人和帕拉的亲戚巴尔托洛梅奥·卡尔杜齐听到消息，说有人想把帕拉流放出去。他们知道，帕拉拒不参加 1433 年派，在阻止这些不满分子拿起武器一事上立了大功，所以二人感到极为吃惊，愤愤不平地询问一些掌权者这一说法是不是真的。被问者回答说"没有这事"，以此来骗他们，但同时又建议帕拉到乡间暂避一阵子，几个月之内不要在城里露面，因为有人妒忌他。阿尼奥洛和巴尔托洛梅奥认为这是真的，就把这件事告诉了帕拉。

　　这件事过后不久，有人大言不惭地说，佛罗伦萨不需要上诉法官，还是把帕拉流放为好，虽然他是个好公民。他曾为佛罗伦萨城出谋划策，提供过财政援助——谁也没有他缴税多——但这些都不能救他。反对他的人势力很强，很多掌权的人都同意流放他，把他赶出去，认为只要他不在眼前，剩下的人就不会碍手碍脚了。

　　这样，帕拉及其儿子诺费里被流放十年，尽管他们是无辜的。帕拉听说流放的期限以后，感到双重悲伤，他还为儿子的命运悲伤，如果说他本人是无辜的，诺费里就是双重无辜。

　　帕拉六十二岁，正是其他人想在家里与亲人享受天伦之乐的时候，不过他还是希望上帝能延长他十年的寿命，让他回来与伙伴们过太平日子，以为他可以消除仇敌对他的妒忌，但他忘了害人者永远不会宽恕。他们把他流放到帕多瓦，在那里过着一个良民的日子。他致力于文学，包括拉丁语和希腊语，像古代的哲人一样正直地生活。他总是说家乡的好话，从不抱怨流放一事。

　　他把儿子洛伦佐留在佛罗伦萨管理他的财产，希望他做的事情不会导致其财产被没收。但他的好名声并不能帮他的忙。他被流放的第四年，他的仇人就把洛伦佐也流放了。厄运给他的第二次打击虽然沉重，但没有让他的精神垮掉，他还是照常过日子。其他的伤

害接踵而至，其目的可能是减弱他对佛罗伦萨的爱，减弱他回去的
欲望。我活着见到迫害他的人遭到同样下场，这一命运是他们从未
想到的。

　　内战和革命就是这样造成的——聪明人说过，我们的议会可能
让国家毁掉五十年。帕拉在帕多瓦学习，在船只失事多年之后发现
一个宁静的港湾。他以高薪聘请乔瓦尼·阿尔吉罗波洛为他读希腊
语，聘请的还有一名希腊学者。他和阿尔吉罗波洛一起读亚里士多
德的《博物志》，另一位希腊人读他选的其他著作。他不浪费时间，
而是将圣赫里索斯托姆的作品从希腊语翻译成拉丁语。诺费里也来
听讲，他是个勤奋的学生，轻易不出家门。而他一出去，所有的人
都向他脱帽致敬。

　　从佛罗伦萨来的流放者只要一来看望帕拉大人，帕拉大人总是
把他们打发走，因为他已经打定主意，决不让任何人听到他说对佛
罗伦萨不恭敬的话。佛罗伦萨驻威尼斯大使路过帕多瓦的时候，总
是去拜访他，和他交谈。我听詹诺佐·曼内蒂大人说，他无论如何
赞扬帕拉大人的礼貌都不过分。詹诺佐出使威尼斯的时候在帕多瓦
停留，在那里见到帕拉大人，帕拉大人经常到他的住所去拜访他。
詹诺佐吃惊地发现帕拉这么有勇气，情绪这么好，一点也不抱怨遭
到了流放，几乎不敢相信这是个被流放的人。

　　帕拉就这样度过了十年的流放时光，结束时他希望自己表现得
足够好，可以把他召回去了。但他在佛罗伦萨的仇人并没有断了邪
念，这些人担心他的存在会让他们难堪。既然打击了他一次，他们
决定再打击他一次。帕拉想回去的时候，听说他被判再流放十年。
他仍然忍受了这一打击。但他现在七十二岁了，这肯定让他极为悲
伤，因为他非常渴望回去。但他以前的谨言慎行没有给他带来一点
好处。他仍然有耐心，学习起来也相当轻松，把不幸抛到脑后。

　　流放的第二个十年过去了。他的仇人仍然不依不饶。他听说又

243

244　增加了十年时，只是回应了一句：他担心自己熬不过去了。除了流放之外，还有很多灾难降临到他头上。他儿子洛伦佐在古比奥被一个佛罗伦萨人谋杀了。儿子的死让他极为悲伤，担心自己要孤身一人度过晚年了。不久之后，他的另一个儿子诺费里也死了，这是个献身于学问的年轻人，最受父亲的宠爱。最让他悲伤的是他妻子也死了，妻子总是最温柔、最勤快地照料他。

　　然而，他的不幸还没有完。现在他把所有希望都寄托在三儿子卡洛身上，卡洛接受的教育是当神父。在目前的不幸之中，他几乎不指望任何一个儿子得到晋升，能在教会谋生就行了，因为卡洛是个品学兼优的小伙子，可能将来能靠他归还一些家里的财产。另外，以前在帕拉大人家里住过的托马索·达·萨尔扎纳，现在成了教皇尼古拉五世。尼古拉喜爱一切有才能的人，帕拉希望卡洛能在教皇的帮助之下取得成功。

　　卡洛去了罗马，像他父亲希望的那样平步青云。他立即得到教皇的青睐，被任命为教皇私人秘书。枢机主教团和教廷的人都很喜欢他，大家普遍认为，下一次枢机主教一出现空缺，教皇就会册封他为枢机主教。

　　但上帝想把小伙子召到自己身边。很难想象父亲痛失这位爱子时是多么悲伤，那是他全部的希望所在。失去了这最后一线希望，摆在他面前的只有死亡，已经没有任何人能要回家里的财产了。

　　卡洛大人死后，帕拉一心研读经书，不再想尘世间的事，让心安静下来。他被流放二十年之后已八十二岁，又为他增加了十年的流放期限。长期流放之后，妻子和几个儿子死后，他不再想回佛罗伦萨了，只操心灵魂的健康，其他什么都不想。他认识到今世的苦难，认识到只有投靠上帝才能最后得到救赎，便专心致志地默想天堂里的生活，做一名虔诚的基督徒应该做的一切来求得善终。

　　他到九十二岁高龄时仍然身心健全，像个虔诚的基督徒那样把

灵魂交还给上帝。如果他生活在伟人云集的罗马共和国，如果将他 245
的生平与其他名人的生平放在一起，他不会逊色于任何一个人。以
前没有任何人写过他的生平，我觉得应该把它写出来——即便我写
得不好——以便把这样一个人的英名保存下来，作为现在还活着的
人和后世的楷模。佛罗伦萨一个优秀公民的命运，应该教会他们不
要太相信命运女神。

马泰奥·斯特罗齐

马泰奥·迪·西莫内·德利·斯特罗齐是个出身颇为高贵的人。
他非常熟悉拉丁文学，但他并不以此为满足，又致力于学习哲学，
和安东尼奥·巴尔巴多罗、贝内代托·德利·斯特罗齐、亚历山德罗·
阿里吉以及其他公民一起，听詹诺佐大人讲授亚里士多德的《伦理
学》，他与这些人都很熟悉。他在城里得到了一个公民所能得到的
所有荣誉，其行为表现为他赢得了好名声。他全身心地致力于文
学，是个判断力非常强、眼界十分开阔、心胸颇为豁达的人。

对于1434年所发生的可怕事情，他和那些没有沾染派系思想
的人都非常反感。他做事总是有节制，从不支持城里的任何革命行
动，所以他认为自己应该得到好报，从未想到会被流放。

他根本就不知道自己做了什么而遭到流放。他的良心是清白
的，他想当正义旗手，他知道名签袋还开着，很快就会被封住，于
是就去找区里的登记官，和登记官商量他当正义旗手的事，登记官
答应会让他当。

然后他去找一个有名的朋友进一步征求意见，这位朋友住在圣
斯皮里托。二人商量的时候，朋友问他是不是和区里的任何一个人
谈过这事，他回答说谈过了，登记官告诉他这事可以办。这位朋友

246　是个老实人，回答说："他是骗你的。他和那些人一起做民意调查时把你的名字报了上去，要把你流放。这就是你的命运，在十五天之内，已经没有办法了。"

　　马泰奥一听大吃一惊，说他根本就不知道会有这一步。朋友回答说他很伤心，但没有办法。命运女神决定把他流放，这就是妒忌能够如何伤害他的证据。妒忌就是他被流放的祸根，他对国家并没有犯任何罪。他是个有身份的人，在他那个区身份比他高的人寥寥无几。他父母都是高贵、博学的人，他本人享有盛誉，完全可以当大使，可以享受国家给予他的任何荣誉，根本不应该流放他。另外，让他感到极为伤心的是，他和那些促使他流放的人在同一个区，这些人担心他会超过他们。他自己家里也有一些人，这些人如果听从了他的建议，也不会最终掉进陷阱里。

　　他看任何事情都洞若观火，当时斯特罗齐家族出的重量级人物，比佛罗伦萨任何一个家族都要多。我不提当时那些在曼托瓦的人，也不提在费拉拉的人，他们都是名人，是最有才华的人。佛罗伦萨有帕拉·迪·诺费里大人、马尔切洛·德利·斯特罗齐大人、贝内代托·迪·佩拉科内。曼托瓦还有罗伯托大人，一个身份颇高的人。佛罗伦萨有伯爵洛伦佐、提托大人、诺费里·迪·帕拉大人。帕拉大人的另一个儿子卡洛极为博学，差一点当上枢机主教，这在"帕拉传"里提到过。

阿尼奥洛·潘多尔菲尼（1360—1446）

　　他父母都是体面的人，凭借其正直而成为国内最优秀人物的亲戚。他熟悉拉丁语和哲学，包括道德哲学和自然哲学，超过了他的大多数同辈人，因为当时除了修士或教区僧侣之外，没有几个公民

具备这些学问。阿尼奥洛是当时所有学者的朋友，尤其是莱奥纳尔　247
多·德·阿雷佐的朋友。莱奥纳尔多非常看重阿尼奥洛的判断，不
听听阿尼奥洛的意见，他绝对不会出版任何翻译作品或原创作品。

　　阿尼奥洛对共和国有很大的影响力，为此而得到了一个公民所
能得到的所有荣誉，无论是在国内还是在国外。他曾担任过大使，
被派到教皇、皇帝和国王那里。他性格诚实、严肃，建言献策都经
过深思熟虑，说话坦诚，反对欺骗。他接受的意见必须是正确的，
然后毫不动摇地坚持下去，否则他就置之不理。他提建议时首先考
虑的是国家利益，他在国内外做的好事足以证明这一点。他总是喜
欢平心静气，决不刚愎自用，为了国家利益而奉献自己的健康、荣
誉和时间。

　　至于他的私人财产，由于当时征收的税，他所缴纳的税额在佛
罗伦萨排在第三或第四位。记录可以显示，他当时缴纳的是一笔巨
款。这笔钱是他父亲在那不勒斯挣的，父亲在那不勒斯经商，很受
女王乔万娜[1]和政府的器重。父亲在银行里所有的钱都转让给了他，
依照惯例兑换成当时流通的公社的硬币，一共有八万弗罗林。

　　这时，佛罗伦萨的自由受到威胁，锡耶纳和阿雷佐遭到国王拉
迪斯拉斯[2]的入侵。拉迪斯拉斯穿过一片乡村地区前往科尔托纳，
这片地区极为富饶，足以供养最大的军队。科尔托纳的统治者发生
了分歧，民众担心其农田被毁，就让拉迪斯拉斯自由通行。后来，
拉迪斯拉斯从谢西和佩鲁贾之间穿过，把他的一个家人派到佛罗伦
萨。此人是佛罗伦萨人，名叫加布里埃洛·布鲁内莱斯基，说如果
将大使派到国王拉迪斯拉斯那里，就可以安排和解。

---

[1]　指那不勒斯女王乔万娜二世，1414 年至 1435 年在位。——中译者注

[2]　那不勒斯国王，1375—1414 年，于 1409 年得到科尔托纳，1411 年将其
　　卖给佛罗伦萨。参见西斯蒙第：《意大利共和国》，第 61 章。——英译
　　者注

走这一步的原因是教皇格雷戈里死了，格雷戈里曾允许拉迪斯拉斯占领罗马。佛罗伦萨的一些首领赞成这一安排，一些首领表示

248　反对。赞成的人认为，任何人提出和解都是可以接受的，阿尼奥洛身为国王认识和信任的人，可以派去担任特使，于是就任命他为特使，任命托列利大人为其同僚。

他们在谢西见到了国王，受到隆重接待，然后开始商谈条件，阿尼奥洛同意这些条件。与此同时，佛罗伦萨的一些朋友提醒他，做这件事要小心，因为一些主要公民反对这一和约，而阿尼奥洛觉得没有理由改变方针。不过大多数佛罗伦萨人都不相信这一合约，或不相信他会承担这么大的风险。尽管如此，多数派和少数派都决心以信誉结束争端。阿尼奥洛与拉迪斯拉斯建立了良好关系，每天都和他讨论，所以最后达到了目的。

阿尼奥洛对国王说，和解对双方都极为有利，鼓吹打仗的人是想自己得到好处，不是想让国王得到好处。他在去觐见国王的路上，军事首领们经常奚落他，让他考虑停战的后果，他就让他们不要再为这档子事伤脑筋了，因为起草合约的是他，不是他们。面对所有这些困难，阿尼奥洛只考虑国家的荣誉和利益，这从他谈成的有利条件上可以看出来。

阿尼奥洛不顾一些公民的反对而签署和约有两个原因。其中一个主要原因是，他向国王提出的要求牵涉他自己的荣誉，也就是归还一笔钱，这笔钱是在国王的几个港口从佛罗伦萨商人手里收走的，这对佛罗伦萨来说是一件大事。在这件事上，阿尼奥洛有一项重要任务要完成，他必须用所有的技巧来达成和解，以便让佛罗伦萨人感到满意。

然而，他是依照自己制定的方针签署和约的，这在下面就会提到。阿尼奥洛要求的条件是，没收的价值六万弗罗林的货物应该归还给商人。但拉迪斯拉斯没有钱，阿尼奥洛提议不用还钱了，把科

尔托纳及其领地交出来就行了。^①这对佛罗伦萨来说是块肥肉，对国王来说是件头痛的事，国王不久前才得到这座城市，这在前面已 249 经提到过。执政团后来满足了民众的要求。

和约还明确规定，任何一项条款都不得损害佛罗伦萨、罗马和国王路易^②之间的联盟，他们都是拉迪斯拉斯的敌人。和约规定，拉迪斯拉斯必须离开罗马及其周边地区，锡耶纳必须加入联盟，因为锡耶纳拒绝为拉迪斯拉斯的军队提供食宿，拉迪斯拉斯的计划失败了。

拉迪斯拉斯从阿普利亚出发之前，想从锡耶纳领土上通过，但遭到拒绝，不得不从阿雷佐和他占领的科尔托纳旁边走。由于这一原因，佛罗伦萨人想报答锡耶纳人帮的这个大忙。

阿尼奥洛就这样签署了和约。他从国王的营房里出来时，以前嘲笑他参加谈判的一些士兵急切地问他情况怎么样，他告诉士兵们说和约已经签署了，他们可以回家种田了。这些人怒不可遏，要不是国王出来让他们安静下来，他们就会揍他一顿。

阿尼奥洛所取得的成果一公开，佛罗伦萨人人都感到吃惊，尤其是考虑到他面临的种种困难。所有善良的公民都感到高兴，大家觉得在多年战乱并承受了战乱带来的沉重负担之后，情况开始好转。阿尼奥洛声望大增，尤其是教皇和国王路易感觉如此。

但佛罗伦萨有些人不喜欢和平，他们对阿尼奥洛有敌意，阿尼奥洛处于危险之中。很少有人像他这样愿意承受这一负担，但他不顾危险，勇敢地承受着一切，他认识到国家利益要求他这样做。

签署和约之后，国王有一天邀请阿尼奥洛和托列利吃饭，阿尼

---

① 参见穆拉托里：《编年史》，第 9 卷，第 60 页。——英译者注

② 安茹的路易，由乔万娜二世收养为那不勒斯继承人，死于 1436 年。——英译者注

奥洛的两个儿子卡洛和詹诺佐也一同去了。"阿尼奥洛,"国王说,
"他们对我说,这些年轻的佛罗伦萨人都是餐桌上切菜的高手。"于
是阿尼奥洛就叫两个儿子为国王切菜,国王对他们大加赞扬。他们
和国王在一起待了好几天,把所有的文字材料整理好之后,他们就
250 回到佛罗伦萨,在那里受到热烈欢迎。

但在路上,离城还有大约两英里的时候,他们遇见一个公民,
此人对阿尼奥洛赞不绝口,夸奖他所做的一切。"城里很高兴,"他
说,"你给我们带来了很多好处,但回到佛罗伦萨以后你可要当心,
因为很多首领反对和约,这一不满有把你送上绞刑架的危险。"阿
尼奥洛笑着说:"我是要小心提防,看看我会不会掉脑袋,我为佛罗
伦萨带来了大家急需的和约。"他受到大家的热烈欢迎,让那些反
对他的人无法采取任何行动。

公爵菲利波上任之初,派了六名特使到佛罗伦萨,希望佛罗伦
萨与米兰和解,并表明他特别希望与佛罗伦萨共和国保持良好关
系,放弃他前任的敌视态度。几位特使想在公共场合表明其目的,
以便用甜言蜜语来哄骗民众。

但阿尼奥洛以及明智一些的国家领导人看出了公爵菲利波这一
提议的险恶用心,便拒绝了他的提议,认为他提出的和解只是个幌
子,以便使他夺取热那亚。热那亚是佛罗伦萨的盟友,而佛罗伦
萨签署这一和约之后,就不能阻止公爵菲利波夺取热那亚了。和解
是强权者使用的字眼,凡是想得到领土的人,都是假装和解来得到
它,这就是公爵菲利波玩的花招。

正像阿尼奥洛预料的那样,1421年和约一签署,公爵菲利波就
攻打热那亚并将其占领。然后他又派兵进入罗马涅,违背了他与佛
罗伦萨达成的协议,显示出他想控制这里。此前不久,教皇马丁离
开了佛罗伦萨,对佛罗伦萨在这场战争中保持中立大为恼火,公爵
在罗马涅的大军攻击了佛罗伦萨人,使他们处于危险之中。

要是民众只相信最明智的首领，拒绝与菲利波签署协议该有多好！那样的话菲利波就不敢进攻热那亚，就会丧失很多宝贵的时间，这都对我们有利。现在执政团发现要对付一个强敌，就想出了一个计划，派里纳尔多·德利·阿尔比齐、阿尼奥洛·潘多尔菲尼和内洛去找教皇马丁，请教皇安排与公爵和解。与此同时，他们又派洛伦佐·里多尔福大人到威尼斯，与威尼斯谈判结成互助联盟，这样两个使团可以相互帮助。

在此期间，里纳尔多和阿尼奥洛劝教皇尽快安排签署和约，否则佛罗伦萨就不得不与威尼斯签署协议。而威尼斯人并没有与公爵交战，所以不愿与公爵翻脸。于是洛伦佐大人对威尼斯人说，他们要是不与佛罗伦萨结盟，佛罗伦萨就与公爵联手。执政团尤其愿意与威尼斯结盟。 `251`

在罗马，里纳尔多和阿尼奥洛以协定的形式达成了和解，威尼斯人听说以后，立即与里多尔福大人达成了协议。达成这一协议的主要原因，是卡尔马尼奥拉①背叛公爵菲利波之后到达威尼斯，对威尼斯人说公爵计划先夺取佛罗伦萨，然后再进攻威尼斯。阿尼奥洛和里纳尔多的外交斡旋也促使威尼斯加入联盟，与公爵菲利波达成和解比与威尼斯结盟更加重要，因为这是他们强大的根源。

卢卡问题②出现的时候，民众发生了分裂，有人支持，有人反对，后来证明这是个具有毁灭性的事件。阿尼奥洛以及很多有影响的公民表示强烈反对，而里纳尔多·德利·阿尔比齐及其追随者则表示支持，他们错误地认为卢卡会立即屈服。阿尼奥洛指出了不可避免的危险，但对财富感到满足的人失去了理智，一句话也听不

---

① 弗朗切斯科·卡尔马尼奥拉，著名的雇佣军将领，1425 年从米兰撤军，转而为威尼斯效力。——英译者注

② 1428 年。——英译者注

进去。

　　在这混乱之中，执政团召开了全体会议，支持攻打卢卡。一个人发言表示支持以后，阿尼奥洛站了起来，但他的对手又是跺脚又是呼喊，声音大得听不见他说的话。执政团对这种做法非常吃惊，命令肃静。最后阿尼奥洛的话能听清了，他根本不理会里纳尔多及其追随者所说的一切理由，以令人信服的推理表明：这一问题正在城里造成大分裂，肯定会发生灾难。他最后说："我这样说是为了佛罗伦萨的利益，但我发现肯定会有人去攻击卢卡，不过鼓动攻击的人就是最先后悔的人。"

252

　　讨论过后，里纳尔多及其一派在民众的支持下受到鼓舞，民众就像牲口一样，只会跟着领头的，根本不考虑后果。瞎起哄的民众多，追随阿尼奥洛的人少。攻打卢卡成为召开1433年议会的原因，这届议会流放了科西莫·德·美第奇及其他持反对意见的首领。里纳尔多·德利·阿尔比齐是首领，阿尼奥洛很讨厌他，认为此人傲慢无礼，伤害了民众。

　　这时[①]，皇帝西吉斯蒙德途径意大利到罗马加冕，公爵菲利波是他的朋友，允许他通过。皇帝想穿过佛罗伦萨领土，但由于法律问题以及与公爵菲利波签署的条约而没有得到许可，于是皇帝便取道锡耶纳。

　　这在佛罗伦萨引起了恐惧，因为西吉斯蒙德是个强大的君主，由于这次没有得到允许通过而对佛罗伦萨大为不满。公爵菲利波也成了他们的敌人，明里暗里支持卢卡，为佛罗伦萨人进攻卢卡带来了灾难。由于这一原因，佛罗伦萨人对西吉斯蒙德到访锡耶纳深感不安，他们怀疑锡耶纳人会怂恿皇帝反对佛罗伦萨，因为锡耶纳人是公爵菲利波的盟友。

---

① 1432年。——英译者注

在这种情况下，忧心忡忡的执政团仓促做出决定，派一名享有全权的大使去觐见皇帝。执政团派的是阿尼奥洛大人，他们知道他有能力、正直，承担过其他类似的使命。阿尼奥洛在锡耶纳受到皇帝一行的亲切接见，在交谈中他平息了皇帝对佛罗伦萨的怒气，避免了以后可能出现的各种灾难。

阿尼奥洛按照接到的命令，要在一个适当的时机把一万四千弗罗林金币送给皇帝，金币要放在他们一直带着的一个银碗里，由阿尼奥洛以佛罗伦萨人的名义呈送给皇帝。一天上午，皇帝吃过饭以后，阿尼奥洛来到皇帝的房间，以得体的话语表达了佛罗伦萨人对皇帝陛下的好意之后，把银碗和弗罗林呈献给皇帝，皇帝笑纳了。然后西吉斯蒙德把硬币撒到桌子上，用手抓给廷臣们，一直抓到一个不剩。然后皇帝转过身来，笑着用拉丁语对阿尼奥洛说，他自己不想要钱，而是想让朋友们得到钱。

253

阿尼奥洛在锡耶纳待了一段时间，完成了交给他的全部任务。他回到佛罗伦萨，受到大家的热情迎接，因为他彻底消除了皇帝的恶意。

阿尼奥洛一直反对1433年的改革，那是攻打卢卡以后实施的，他只关心整个佛罗伦萨的利益。其他事情他抛到一边，那与一个公民个人的行为无关。他发现里纳尔多及其追随者想在国内发动革命，召开议会，抓捕科西莫·德·美第奇并企图将其处死，他就想把这样一位名人解救出来。他竭尽全力让里纳尔多看到这样做的危险，这样肯定会毁了国家，也会毁了他们自己。但这帮野蛮、从不替别人着想的家伙根本不理会他的警告。

不着急，向前人学习会明智一些。像乌扎诺的尼科洛这样的人一直反对变革，说倡导变革的人是在自掘坟墓。实际上里纳尔多就是把自己埋进去了，他是罪魁祸首，他的追随者和佛罗伦萨城也完了。阿尼奥洛意识到自己的处境，在所有这些变革中洁身自好，不出任何差错，从不参加八人委员会，也不担任可能要他流放公民的职务。他也不想再得到国家的任何荣誉。由于这些原因，他得到整个社会的拥护，大家认为他所做的是为了公共利益。

1433 年爆发革命，科西莫遭到流放之后，阿尼奥洛发现局势非常混乱，制造混乱的人非常弱小，就避开一切可能引起敌意的行为，以免给他自己和几个儿子带来麻烦。

改革后的政府统治还不满一年，执政团还没有辞职，民众于
254 1434 年 9 月就想再次改变政体，召回科西莫。里纳尔多听说以后，就和追随者一起拿起了武器，但他不敢去找阿尼奥洛，他知道阿尼奥洛的脾气。阿尼奥洛尽全力防止再发生灾难。里纳尔多动员帕拉·斯特罗齐把他的五百卫兵拉出来①，阿尼奥洛以及帕拉非常敬重的亲戚巴尔托洛梅奥·卡尔杜齐就劝帕拉，劝他不要参与里纳尔多的疯狂行动，让他为了佛罗伦萨城的和平而保持中立，不要管别人的事。于是帕拉按兵不动，这对里纳尔多的行动极为不利，因为帕拉的支持和五百士兵能起到最大的作用。

阿尼奥洛和巴尔托洛梅奥的忠告更坚定了帕拉的信念。1433 年的政府虚弱，注定要垮台，这一点显而易见，于是舆论要求召回科西莫，以便恢复佛罗伦萨城的平静。大家——除了 1433 年发动变革的少数人之外——都明白过来了，召回科西莫有很大好处，掌权者便决定避免 1433 年犯的错误，当时的主要参与者没有考虑到后来造成的伤害，如流放和破坏。资格审查开始了，政权交给了当选的人。资格审查完以后投票结束，成立了巴利阿。

回头还说阿尼奥洛。科西莫对他颇为尊重，经常到他家里去拜访，知道他德高望重，只是为了国家利益才动用权力。科西莫回来以后，发生了很多变化，他下令将很多公民流放，这一做法让阿尼

---

① 参见"帕拉传"，本书第 240 页。——英译者注

奥洛感到不满，尤其是这影响到他的亲戚和朋友帕拉·斯特罗齐。

有一天，一位政府官员对阿尼奥洛和巴尔托洛梅奥·卡尔杜齐说，如果没有人出面干预，帕拉就会遭到流放。事后二人找到政府的一位主要首领，问这一说法是真是假。首领回答说不是真的，但帕拉最好还是到乡下暂避一个月或两个月，这样可以平息一些人的怒气，这些人出于妒忌而诽谤他。阿尼奥洛和巴尔托洛梅奥都是讲信誉的人，他们相信了这一说法，没有采取行动，尤其是他们知道 255 帕拉为国家做出过重大贡献，知道他拒绝支持里纳尔多及其追随者，不让他的五百士兵参与行动。但几天之后，帕拉及其儿子诺费里就被流放了。

阿尼奥洛和巴尔托洛梅奥对这一不公正的判决非常气愤，所判的人在国内无与伦比。阿尼奥洛看到佛罗伦萨城变了，他不能像以前那样为国效力了，就开始考虑改变自己的生活计划。他决定退出政坛，致力于文学，但他要参与 1434 年政府的工作，还不能像他希望的那样马上退出。这时，他一如既往地履行职责，然后退出了政坛。

他退出政坛一点也没有犹豫，因为他两个儿子卡洛和詹诺佐都是有才华的人。阿尼奥洛对两个儿子说，到了他这个岁数，工作起来已力不从心。他劝两个儿子参与国家事务，并与官方商定，将来他就对二人放手不管了。

这样，为国家尽了力以后，他想过退休生活。他化解了科尔托纳的危机，将这一富饶地区并入佛罗伦萨。当时佛罗伦萨面对国王拉迪斯拉斯和维斯孔蒂毫不退让，以其智慧和资源保护了自己。当时是佛罗伦萨最辉煌的时候，实际上一些公民的巨额财富后来成了祸根。佛罗伦萨陷落时，阿尼奥洛在扎戈纳拉。[①] 他还碰到一次好

---

① 这是在 1424 年，为佛罗伦萨效力的卡洛·马拉泰斯塔被米兰人打败并俘虏。——英译者注

运气，他和一些公民在几个小时之内就挣了十万弗罗林。谁能支付
比这更多的钱，谁就是个幸运的人。

    阿尼奥洛做出如此大的贡献之后，决定过退休生活，把时间用
来读书[①]，用来与博学的人交谈，用来尽宗教义务。他在别墅里度
夏，过得像当时的任何人一样幸福，像个好公民那样过着有节制的
生活。在锡尼亚，他热情款待当时所有的名人。他的别墅里各种物
品用具一应俱全，可满足绅士的生活需求，还有马、狗、鹰以及猎
捕野禽的网、捕鱼网。所有的客人都受欢迎。他最为好客，佛罗伦
萨附近的人家都没有他慷慨大方。到那里去的有教皇尤金、国王里
涅里、公爵弗朗切斯科、尼科洛大师以及其他很多大人物。他儿子
从佛罗伦萨来的时候如果没带客人，他就会非常失望，把儿子责骂
一通。

    这所房子是真正的让名人休息的地方。阿尼奥洛就是另一个卢
库卢斯[②]，别墅里有客人们需要的各种物品。如果家里没有客人，他
就会让仆人到路上把任何一位过路的拉过来和他一起吃饭，洗完手
以后就和他一起到餐桌去。吃完饭以后，他就向他们表示感谢，然
后让他们继续赶路。

    绅士的所有活动他都参与。带着鹰和狗外出捕鸟时，有十五到
二十个骑手，另外还有仆人。他们还猎捕山羊和野兔，有时也捕
鱼。这都是他儿子们的娱乐项目。儿子从城里回来时，他对政府事
务几乎不闻不问，而是询问一些稀罕事，凡是对他口味的什么都
问。有时候他会说："这样执政肯定会导致灾难。"他这样无忧无虑

①　阿尼奥洛被认为是《论家庭》(Governo della Famiglia) 一书的作者，这
    部作品很像利奥·巴蒂斯塔的名著《治疗》(Trattata)。后来的批评家认为
    是阿尔贝蒂的作品。西蒙兹在《意大利文学》第 1 卷第 3 章详细论述过这
    一问题。——英译者注

②　古罗马将领，以举办盛宴而闻名。——中译者注

地生活了大约十二年。

他娶了斯特罗齐家族一个很有才华的女人为妻。第一夜，依照当时的习俗闲聊的时候，他把如何料理家务向她说了一遍，又说："记住这些嘱咐，我不再重复了。"她为他生了三个儿子：卡洛大人，骑士，共和国的一个重要人物，后来担任大使，得到了应有的荣誉；詹诺佐大人，也是个骑士，一个优秀、勤奋的公民，主持了威尼斯人、公爵弗朗切斯科与国王阿方索的谈判；另一个儿子潘多尔福英年早逝。他妻子生了三个儿子之后死了，他虽然还年轻，但没有再娶，而是鳏居了五十年。他两个儿媳分别是朱尼家和塔尔多·瓦洛里家的，二人待阿尼奥洛如同父亲一样。

257

他年过八十五的时候，其智力还相当于一个四十岁的人，身体没有疾病。他最后病倒的时候，脑子还非常清楚，亚历山德罗·德利·亚历山德里大人以及其他人来看望他的时候，他最后看了他们一眼，用最得体的话语把佛罗伦萨城托付给他们，劝他们尽心尽职，等他们再把佛罗伦萨交给自己的儿子时，要让它像他们接手时一样好。最后他又简单地说了句："但我知道，我的愿望实现不了。"他说这话时知道他们的处境，由于当时的形势，他的要求是他们无法做到的。

潘多尔福·潘多尔菲尼

潘多尔福·迪·詹诺佐·潘多尔菲尼大人出身于贵族之家，是个博览群书的人，阿尼奥洛·潘多尔菲尼的侄子。他是个为文学增光添彩的人，而且天赋极高，谦虚，有节制。他从小就严肃，以后终生都是如此，一言一行都配得上他。

他长大以后，由于正直而受到公民们的广泛尊重，无论是大人物还是小人物，他从来也没有背离过正直。他能言善辩，任何人说话他都洗耳恭听，随时准备帮助别人，所以结交了很多朋友。他对每个人都彬彬有礼，和当时所有的名人都关系密切，如莱奥纳尔多·德·阿雷佐、卡洛·德·阿雷佐、詹诺佐·曼内蒂以及当时所有的才子和文人。他的谈吐极有魅力，受到所有人的喜爱，得到普遍尊重。在文人聚会时他只要一说话，大家全都恭敬地听他讲，认为他是个有见解、有出息的年轻人。

　　他从小就显露出才华。他十八岁那年，他父亲被派到来亨担任总督，当时尼科洛·皮奇尼诺与公爵菲利波的军队一起在比萨。当时詹诺佐大人在来亨发烧病倒，医生建议他到比萨去。詹诺佐知道潘多尔福有能力，决定把他留在来亨担任总督职务，潘多尔福就上任了。

　　潘多尔福勤奋廉洁，职责履行得特别有效率。当时有两个恶棍沿着大路从比萨到来亨，看样子像是要拦路抢劫。由于战争的危险，内里·迪·吉诺被任命为特派员。潘多尔福听说以后，就下令把他们当作强盗抓起来。抓起来以后，他分别收到内里·迪·吉诺和比萨的（人民）首长的来信，命令将他们处决。但潘多尔福生性谨慎，办事往往慢条斯理，就把行刑推迟到第二天。他一整夜都不停地想着尤维纳利斯[1]的一句诗，大意是事关人命，就必须长时间审问。第二天，他对他们施以吊刑细细盘问。他认为，这两个家伙的所作所为是恶作剧，不是犯罪，就把他们关押几天后释放了。内里·迪·吉诺以及其他人对他判定二人无辜的做法大加赞扬，断言做出这一裁决的是个成年人，不是个十八岁的小伙子。

　　潘多尔福这样显示了他的能力之后，证明他是个有才华的人，由于很早就与有影响的人交往，与政府主要领导人研究和商量问

---

[1]　古罗马讽刺诗人。——中译者注

258

题，他的经验与日俱增。他还希望增加他已经掌握的知识。所以，他和很多有地位的年轻人一起，去听卡洛·德·阿雷佐讲课，卡洛讲的是亚里士多德的《政治学》，涉及国家治理问题。他已经听过巴蒂斯塔·法布里亚诺大人讲亚里士多德的《伦理学》，其中一部分他还听乔瓦尼·阿尔吉罗波洛讲过，所以他对这本书完全了解。

　　他把文学与实践结合起来，讲起话来可以和当时的任何演说家相媲美。他既致力于学习，又致力于实践，很快就被吸引到议会里去。他受到普遍好评，于是就让他演讲"论正义"，这是依照惯例应尽的职责。他接受这一任务后就开始准备，发表了一篇精彩演讲，听众无不交口称赞。他演讲的那天上午，执政团、议会、所有的神父和官员、各个行会的首领、佛罗伦萨所有的文学界人士和主要公民都来聆听。他讲了"论正义"，讲得极为精彩，听众觉得从未见过有人展示这样的演讲技巧。他的名声已经很大了，但这次演讲好像把他推到学问的顶峰，他在诚实的路上继续走下去，在他所做的一切事情上展示这一品质。他的判断力极为敏捷，无论任何事情，只要一对他说，他马上就能明白意思。 259

　　这时，执政团要重新选举，佛罗伦萨城以及那些掌权的人竭尽全力控制政府。这些人互不信任，千方百计争取自己的职位，考虑更多的是私利而不是公共利益。在选举行政长官时①，他们注意推选那些能够为自己帮忙的人。这一选举程序取决于投票管理员，这次的管理员是内里·迪·吉诺·卡波尼。管理员可以任命自己为正义旗手，如果没有其他候选人的话，也可以任命自己为执政团成员。已经选出了七个人进执政团，还要再选两人。有人赞成内里，有人反对内里，内里说："我想让人家选我，或选一个我信任的人。我希

———————————

① 这里描述的选举详情难以理解。——英译者注

望把一票投给潘多尔福，至于那个圣乔瓦尼^①的，六票投给执政团，一票投给潘多尔福。"大家同意让阿尼奥洛·阿恰约利大人当旗手，至于那两个候选人，其中一个应得到所有选票，潘多尔福只得到一票。但这一地区还有两个人被安排得全票，潘多尔福只得一票，所以看样子潘多尔福几乎不可能当选。但最后他当选了，他的对手失败了。^②潘多尔福当选以后，决心在任期内进行很多改革的政府成员发现，他并不是支持他们计划的人，尤其是在流放公民以及制定恶法方面。潘多尔福的先人从未这样做过，他不大可能动手去做。对执政团来说，潘多尔福当选让他们感到意外，但内里对结果感到满意，他考虑的是佛罗伦萨的利益。

260

　　与此同时，潘多尔福待在家里，很多公民到他家里拜访他，有人鼓励他态度要坚定，反对一切改革，也有人劝他接受政府首脑可能提出的建议，因为服从他们的意志，他们就会让他成为城里那一地区^③的一个首领，这一时机已经到了。潘多尔福已经拿定了主意，知道该怎么做。对所有来找他交谈的人，他回答得很谨慎，把一些看法藏在心里。他不是那种暗暗知道什么事要发生的人，也没有受任何协议的约束。任何知道什么事要发生的人都是多疑的，有人劝他要当心，不要反对可能提出的建议，否则他和家人都将会毁了。潘多尔福回答说，他永远不会背弃公平诚实的处事方式，他一直都爱佛罗伦萨城，不会停止为它尽心尽力。但他现在起了疑心，发现要出乱子，就决定露一手，避开迫在眉睫的灾难。

　　一天晚上，一位好朋友向潘多尔福致意，把他拉到他屋里。这个人此前已经被人告诉要怎么做，他哭着对潘多尔福说："难道我要

---

① 当时佛罗伦萨的一个地区。——中译者注

② 这段话的意思含糊不清，译者深感困惑。——中译者注

③ 当时佛罗伦萨分为四个地区：圣斯皮里托，其范围一直到亚诺河那边；圣十字；新圣玛利亚；圣乔瓦尼。——英译者注

毁掉佛罗伦萨城，毁掉我自己的家吗？"潘多尔福回答说："你要是
照我说的做，就不会像你担心的那样毁掉。"这句话说服了那位朋
友，他答应照潘多尔福出的主意做。二人暗中达成一致之后，又得
到两个人的支持，一共有了四个人。

执政团对两三个人聚在一起交谈很有疑心，潘多尔福就安排他
们在一天早上去了一个指定地点。几个人在那里碰面以后，潘多尔
福已经和每个人单独交谈过了，说："我们现在要为上帝、为世人
做一件大事，挽救佛罗伦萨城，也挽救我们自己。你们没有理由担
心。只要我们坚定不移地去实现目标，共同投出四票，那我们就做
了一件大事，就像我刚说过的那样。"他们都准备照潘多尔福吩咐
的去做，共同发誓投同样的票。做成这件事之后，潘多尔福相信他
已经捆住了阴谋分子的手脚，这些人已决心危害国家。

几天以后，旗手命令正在聚会的执政团：任何成员不得离开，
并马上转移到一个较小的会议厅，然后厅门上了锁，任何人也进不
去。这一消息一传开，人人都疑惑不解，担心会发生革命。潘多尔
福是主席，而旗手并没有告诉他自己要怎么做。执政团在小会议
厅，议会在会见室，无法向外面的任何人传递消息。

执政团成员们一落座，旗手就宣读如下命令：如果旗手不在场，
无论是现在还是将来，任何决议都无效；这样所有权力都集中在旗
手身上，按照旗手规定的这一形式，执政团就不起任何作用了。潘
多尔福弄明白这一命令的意思之后深感不安。旗手宣读完命令之后
又说，必须发布这一命令，因为这是首领们的意思，任何人不得
违抗。

到投票的时候，有五颗黑豆、四颗白豆，白豆是潘多尔福及其
同僚投的。票投了好几次，结果都是一样。越是争论，潘多尔福及
其同僚就越坚定。最后，投了好几轮之后，潘多尔福派的一个成员
眼神不好，没有看清楚就稀里糊涂地投了一颗黑豆。这样一点票，

261

结果成了六比三。

262　　投错票的这个人非常沮丧。执政团立即向议会呼吁，说这一决定给了政府他们想要的权力，那些没有投黑豆表示赞成的人就是政府的敌人。投票结果摆到了议会面前，议会出于畏惧而确认了。于是所有人都接到命令留下，钟声响起召集开会。大家匆匆赶了过来，全都急于知道结果。

　　旗手和执政团成员出来了。潘多尔福焦虑不安、怒容满面，大家一看就明白，他认为这一命令是不公正、不正当的。会议一开始就宣读了请愿书，一投票，基本上没有黑豆。旗手一看非常生气，宣布要再投一轮票。投完票以后一清点，结果比上一轮还要糟糕，第三轮投票仍然没有变化。但旗手要求再考虑一下建议，潘多尔福表示反对，说已经投三轮票了，不必再考虑了。议会再次商议之后，决定不让步。

　　旗手发现执政团成员心不齐，就试图再来一次，但不起作用。然后他转身对潘多尔福说："要是按我的意思，我会把他们全都锁在这个大厅里，直到他们答应再来一次才放他们走。"潘多尔福回答说："你可以这么做，但我不能，我从来没有要求他们帮过忙，我们没有权利因为不满而要他们帮忙。所以我无能为力。"随后钟声响起，议会解散，考虑到可能会出现多种灾难，请愿没有批准。

　　旗手发现潘多尔福要坚决扮演一个好公民的角色，就与执政团的其他人商量，决定给他父亲詹诺佐大人捎话，詹诺佐大人是皮斯托亚总督，请詹诺佐大人说服潘多尔福接受他们的计划，同时对这么年轻的一个人居然如此刚毅而感到惊奇。

　　詹诺佐大人是个好公民，热爱自己的国家，就回到佛罗伦萨，不仅不让潘多尔福改变态度，还鼓励他坚持下去。那些把他从皮斯托亚叫回来的人以为他们会赢，但他们又输了，潘多尔福准备坚定不移地站稳立场，他父亲身为一个有经验而又勇敢的公民，在各个方面都支持他。

几天以后，各种见不得人的行为都曝光了，潘多尔福及其三个 263
同僚了解到政府首脑的情况后，在每件事上都寸步不让，给未来带
来了无法估量的好处。

起草上述命令的人并没有放弃，城里所有的人都很担心，怕这
些人把一些公民流放出去，因为大家都明白，这就是他们的打算。
为首的公民吓得不敢上楼睡觉，害怕遭到流放的人让朋友去找潘多
尔福，求他出面调解。连我这个写本传记人，也代表城里的一些头
面人物去找他好几次。他总是回答说，只要他还在位，大家就不必
担心。整个佛罗伦萨城都惊恐不安，不但人发抖，连周围的城墙都
发抖。

政府主要首脑宣布要解决这一问题，所以让大家不必担心。他
们决定召开八人委员会，流放一些公民——不是下层人——然后确
定了日期。除了旗手之外，没有一个人去出席八人委员会，执政团
就宣称是他们自己想被召去参加八人委员会的，并向旗手写了一份
请愿书。每个人只投票选和自己想法一样的人。把请愿书交给官员
之后，旗手告诉他们每个人要选出几个人来组成八人委员。潘多尔
福写完以后交给了官员，他的同僚写好也都交给了官员。然后旗手
想查看一下，看到纸上只有一个他想流放的人的名字，就把它擦掉
了，然后写上另一个人的名字。

等到八人委员会召开的时候，潘多尔福去看看他提名的那个人
是否在场，一看不在，于是就派人去找地区的官员，让他把那张纸
拿出来，一看纸上的名字被划掉了，填上了另一个人的名字。他
问这位官员是谁干的，得到的回答是旗手，于是潘多尔福让他到市
政广场去找那个他提名的公民，以执政团的名义命他来参加八人委
员会。他一进来，所有在场的人都惊呆了，因为已经通过了一项决
议，要把这个人流放，其他人受到警告。煽动者发现计划败露，就

264　废除了决议，因为谁也不想承担这个责任。于是旗手就鸣钟解散了
会议。

　　这一幸运结果是潘多尔福的功劳，因为他既果断，又有远见。
他挽救了这位公民及其全家，也挽救了其他很多人。他得到这些人
的感激，他们知道其他人办不成事。通过这件事以及类似的其他
很多事，他的好名声四处传扬。实际上他挽救的不仅是这些公民，
而是佛罗伦萨这座城。这一家有很多人还活着，有一些遭到流放，
因为潘多尔福虽然救了他们一次，后来潘多尔福不在了，他们又遭
了殃。潘多尔福的生涯证明，一个像他这样的公民能够为国家做出
多么大的贡献。

　　一些支持变革（潘多尔福反对这些变革）的人到宫里去找潘多
尔福，以措辞谨慎的话语对他说，他们不赞成他的态度，劝他服从
旗手的要求。他们还言辞激烈地反对任何他可能采取的违背国家
利益的行动，向他指出他再坚持下去会有什么下场。但这些人无论
是利诱还是威胁，都不能让他动摇，他在任职期间一直维护公共利
益。他凭借其正直慷慨的行为方式，凭借其一贯的不屈不挠精神，
赢得了大家最高度的敬重。在维护正义的时候，他无所畏惧。

　　执政团和旗手离职以后，旗手为潘多尔福的勇气和守信用而折
服，便开始对他热情起来，成为他最亲密的朋友。旗手对潘多尔福
说："说到我想在国家事务中所进行的改革，我承认是因为你而受
挫，你的判断力比我强。"二人的友谊非常亲密，只要潘多尔福求
他帮忙，他一概应允。

　　潘多尔福总是热衷于做善事，所以他谁都不怕，无论是统治者
还是被统治者，都非常喜爱他。他小心避免得罪人，所以总是有人
答应为他帮忙，无论是为他本人帮忙还是为其他人帮忙。钱山的一
265　位高级职员乔瓦尼·迪·科西莫死后，潘多尔福虽然还年轻，还是
得到议会的一致认可，被推选出来接替这一职务。很多人去参加选

举，由于潘多尔福深得民心，他得到的只有黑豆，和他当选执政团成员时的结果一样。

他担任这一职务和担任其他职务一样，取得了圆满成功。任期结束的时候，同僚们想把剩余的税款交给他，那是在计算额外税的时候误征的。他拒绝了，说公民们把该缴的税缴了就足够了，不要再缴额外税了。"我财产可以少，"他说，"但勇气不少。这些税款我一点也不要。把它交给公社吧。"税款是交给了公社，但同僚们在这方面没有效法他。潘多尔福表现出的是更看重荣誉，不是更看重钱财。科西莫·德·美第奇以及城里的其他首领给予他最高评价，无论是在他履行公职方面还是在私人生活方面。他父亲死后，他几个兄弟敬重他如同敬重父亲一样。

在决定派一位大使去法兰西到国王勒内那里时，潘多尔福虽然年轻，但还是被选中了。他受到热情接待，赢得所有人的最高度评价，胜利完成了使命。他得到天赋的帮助，但他接受的文学训练、接受的教育、与志趣高雅者为伍，对他同样有帮助。他从来不与卑鄙堕落的人交往，总是接触崇高的理想。他一直避开讨价还价和小买卖，讨价还价和小买卖往往降低人的道德品味。他有一个最著名的人为父亲，潘多尔福出生多年以后还没有第二个孩子出生，所以家境优裕，没有必要节省。他管理豪宅出手阔绰，耻于购买大路货。他把所有家务都留给仆人去做，以避免操心这些事而带来的麻烦和造成的精神堕落。他讨厌赌博，认为赌博是浪费时间。

公爵乔瓦尼在特罗亚被国王斐迪南打败[①]，塔兰托亲王去世，王国的大部分领土被收复之后，政府觉得应该派大使去向国王祝贺 266胜利，于是路易吉·圭恰尔迪尼和潘多尔福当选。他们到了以后受到隆重接待，一群贵族和几位王子出来迎接，让他们下榻在豪华的

---

① 　1462 年。——英译者注

府邸，里面装饰得富丽堂皇。国王对潘多尔福宠爱有加，等路易吉
被召回以后，国王想让潘多尔福留下来。斐迪南给了他厚礼，后来
又成为他家的恩人。国王无论何时在那不勒斯出来散步，潘多尔福
都陪着他，很随便地和他谈论私事。潘多尔福也受到宫里贵族们的
喜爱。他说话的方式很得体，很能让人产生共鸣，措辞讲究、有分
寸，知道如何迎合其同伴。

　　这时，伯爵雅各布[①]来到那不勒斯，与潘多尔福建立了深厚的
友谊。二人几乎天天见面，因为潘多尔福有一种才能，与人一见面
就能把对方吸引过来。国王要去伊斯基亚，当时伊斯基亚和沃沃城
堡都被一个加泰罗尼亚人占领着。国王想让伯爵雅各布和潘多尔福
在船上陪他，除了秘书之外没有其他人去。他们去了伊斯基亚，目
的是要找到最好的进攻办法，伯爵雅各布精通兵法，出了很多主
意。交谈结束以后，他们回到那不勒斯。

　　伯爵雅各布完全相信潘多尔福的判断，对他完全信任。伯爵仍
然担心自己的地位，不知道未来命运如何。他自己手握重兵，占领
着国王的很多领土[②]，好像他仍然控制着国王似的。但他不知道如
何解决目前的困难。他经常向国王告辞想回到伦巴第，或到陛下想
让他去的任何地方，不想在这里再待下去了，但国王一直没有答
267　应。伯爵经常和潘多尔福商量，潘多尔福是个明白人，对他说不经
国王同意千万不要走。

　　正在讨论这些事情的时候，国王有一天在晚祷钟敲过之后派人
去找雅各布。雅各布在路上拐到潘多尔福家里，对他说了国王派人
叫他的事，说他现在就准备告辞，明天承蒙上帝保佑，他就可以

---

① 雅各布·皮奇尼诺，1465 年。——英译者注
② 他占据着苏尔莫纳、佩尔纳镇、弗兰卡维拉、圣安吉洛镇、坎波巴索伯
　 爵领地以及其他一些地方。参见穆拉托里：《意大利编年史》，第 9 卷，第
　 292 页。——英译者注

上路了。潘多尔福早就担心雅各布会有失去自由的危险，经常提醒他。现在潘多尔福仍然有此担忧，不愿让雅各布离开，就对他这样说了。但雅各布还是离开了他，到国王那里去了。

国王在新堡里的一个私人房间接见了雅各布，那里除了秘书之外没有其他人。伯爵布罗卡尔多、雅各布的儿子以及其他几个人在外面，马上就按照计划被逮捕了。国王与伯爵雅各布交谈了一会儿，一个信使到了，说法兰西来信了，陛下必须马上去看信。国王离开了房间，不一会儿秘书也走了，随后几个人进来逮捕了伯爵雅各布，雅各布沦为国王的阶下囚。雅各布对这一待遇表示不满，但他还是和加莱亚佐·潘多尼关在同一座监狱。

与此同时，国王马上派秘书通知潘多尔福，说他因正当的理由监禁了伯爵雅各布父子以及伯爵布罗卡尔多。潘多尔福一听非常生气，因为他很尊重伯爵雅各布。他窝火好几天之后，派一名信使到佛罗伦萨说明了发生的事情。然后他去找国王，国王试图为其暴力行为辩护，但徒劳无功。

遭到监禁三天以后，伯爵雅各布莫名其妙地死了。[①]伯爵布罗卡尔多曾劝伯爵雅各布去那不勒斯。人做事往往草率，然后不知不觉地受到惩罚来赎罪。伯爵雅各布收到了大笔的酬金和土地作为对他效劳的回报，而国王给予伯爵布罗卡尔多的东西是由他自己决定的。这两个人如果正确权衡一下这些事情，就不会待在那不勒斯了。有人曾告诉雅各布，他要是去那不勒斯的话就不可能活着离

268

[①] 1465 年 6 月 24 日，国王以让伯爵雅各布看宝库为名把他叫到城堡，然后立即将他投入监狱，由两名士兵看守。国王接着逮捕了他儿子弗朗切斯科，把他的地盘全部占为己有。不久之后，依照国王的命令，雅各布在监狱里被勒死，然后对外放风说雅各布想看看舰队，就爬到高窗上，不料摔下来折断了脖子。参见穆拉托里:《意大利编年史》，第 9 卷，第 293 页。——英译者注

开。但人不是自由自在的逍遥客，而是在最意想不到的时候被引入灾难之中。潘多尔福对失去朋友深感悲痛。

潘多尔福继续待在那不勒斯，仍然受到国王喜爱。但他像很多脑力劳动强度大的人一样，身体较为虚弱。他患上了痢疾，发烧，生病期间国王经常去看望他，并派几个王子和宫里的人去探视，还有他的私人医生。他在生病期间受到无微不至的照顾，即便他是王子，也不可能受到更好的服侍了。

潘多尔福想回佛罗伦萨，就请求国王把他送到他自己的一条船上到里窝那。国王同意了，命人把船准备好。但潘多尔福实在太虚弱，便放弃了这趟航程，几天以后他就病情加重，死在了那不勒斯。

国王及其宫廷对他的死极为悲痛。潘多尔福生前赢得非常高的声誉，不仅得到国王及其贵族的推崇，也得到佛罗伦萨所有阶级的推崇，这从授予他的那面旗帜上可以看出来，大家在投票时投的全是黑豆，一致决定授予他那面旗帜。国王自己出资为他举行了葬礼，其隆重程度不亚于一位国家首脑的葬礼。

在此之前不久，国王曾协助为潘多尔福的一个儿子举行了洗礼，并为这个儿子取名为斐迪南。现在他想让他派驻在佛罗伦萨的大使托马索·巴萨略大人也为这个孩子施洗，并以教父的身份送去一个盆和一个银壶，价值一百达克特。潘多尔福死后，西班牙人加齐亚·贝特斯大人路过佛罗伦萨的时候，受国王委托去拜访潘多尔福的遗孀戈斯坦萨夫人，并代表国王表示尽全力为她效劳，劝她要挺住，说对于国王来说，失去一个像潘多尔福这样的朋友不亚于她自己失去丈夫。他还吩咐马里诺·托马塞洛大人经常去看望她，确保她和孩子什么都不缺，要尽一切努力来抚养孩子，让老师教育他成为一个有德行的人。为此国王通过马里诺·托马塞洛送钱，后来又让潘多尔福的后裔每年收取二百达克特的关税留作己用。前面提到的那个少年可以领取津贴，一直领到十四岁末，他表现出值得称赞的人品，不愧是潘多尔福的儿子。

国王对潘多尔福一家慷慨解囊，无论是在潘多尔福生前还是死后，都是他家的恩人。他对潘多尔福的喜爱和尊重是真诚的，不是假装的。

我在这里记录下潘多尔福的生平和事迹，把其余的事情留给任何为他写传记以作纪念的人。我记下的这些事情都是信誉良好的人的所见所闻，而且我把这些事情简化了而不是夸大了，非常接近于真实。这样，所有的人都可以看到，那些像潘多尔福一样坚持把善事做到底的人有多么强大的力量。他为整个佛罗伦萨城、为佛罗伦萨的统治者树立了一个好榜样，为其子孙和家族留下一笔永远也夺不走的财富。

皮耶罗·迪·内里·阿恰约利

他出身于城里最高贵的家族之一，其家族因名人辈出而非常受尊重，这些名人有的在教会，有的在政界。

简单提一下他的父母。他父亲多纳托大人是枢机主教阿恰约利的兄弟，枢机主教阿恰约利是教廷副秘书长，在教廷里非常受尊重。大家普遍认为，多纳托大人是那位总管①的养子，这位总管在

---

① 尼科洛·阿恰约利是个有能力的统治者，在宫廷腐败的情况下仍然为那不勒斯带来了繁荣。1345 年，女王乔万娜的丈夫安德烈，即匈牙利国王的兄弟，被女王的情夫塔兰托的路易所谋害。匈牙利国王准备入侵那不勒斯王国，贵族起来造反，乔万娜和路易经阿恰约利劝导，于 1348 年逃到阿维尼翁。在阿恰约利的影响之下，匈牙利国王撤兵以后，乔万娜和路易于年底返回，乔万娜执掌王国大权，一直到 1380 年去世。据推测她是被人谋杀的。阿恰约利回到了佛罗伦萨，1366 年在那里去世。——英译者注

好几位国王和大乔万娜女王①统治期间，几乎就是那不勒斯的统治
者。总管是个有能力的统治者，因治理有方而深得民心。他管辖的
范围很大，既管政府又管军队。希腊的摩里亚岛是个重要而又富饶
的地方，他凭借武力将其夺取。这些地方后来由国王给了他，由他
来管辖。总管占领着底比斯、苏斯沙米诺、塞斯米利亚以及希腊的
其他很多地方，这些国家的岁入达到三万达克特。他父亲为国王罗
伯特占据着普拉托，为行政长官官邸修筑了防御工事，与国王罗伯
特协商后，决定把它交给佛罗伦萨。

　　多纳托大人很可能就是总管的养子，因为他被派去统治被征服
的希腊领土，要是没有亲属关系，他几乎不可能得到这一职务。后
来他回到佛罗伦萨城，过着优裕的生活，他从希腊回来的时候带回
来现金三万多弗罗林，尽管他在希腊就有一座豪宅。他因举止彬彬
有礼而享有好名声，生性大方、耿直。他熟悉国务和重要事务，眼
界开阔，心胸宽广。

　　多纳托大人回到佛罗伦萨以后，人们发现他有才能、出身高
贵，一些亲戚在政府里担任最高职务，因此他成为国家领导人之
一。他的行为方式是坦率。虽然允许言论自由，但还是嘴紧一些
好。多纳托大人不免遭人妒忌。贵族乌贝蒂家遭到流放的时候，多
纳托大人试图为了国家利益而将这一命令废除。但乌贝蒂家的仇人
担心自己会因参与此事而利益受损，便密谋陷害多纳托，将他流
放了。

　　多纳托被流放到那不勒斯王国的巴莱塔，那是他自己人占据的
地方。他兄弟当时是枢机主教，住在罗马，多纳托决定去找他，不
顾流放对他的限制，因此被宣布为反叛分子。但枢机主教权力很
大，把他自己的徽章挂在多纳托在佛罗伦萨的所有房屋上，保护着

---

① 即乔万娜一世。——中译者注

这些房屋没有被夺走。

　　多纳托一到罗马，凭借枢机主教的影响力，就被任命为教会财　　271
产主管。但他正要离开罗马，瘟疫爆发了，他死了，撇下两个儿子
和几个女儿：皮耶罗和多纳托的父亲内里、阿尼奥洛大人的父亲雅
各布，这两人是他娶的两个妻子所生。

　　内里娶了当时的主要人物帕拉·斯特罗齐的女儿，二人生下皮
耶罗、多纳托和两个女儿。过了一段时间，内里去希腊巡查属于他
父亲多纳托的领地，这些领地一直在阿恰约利家手里，直到被土耳
其人占领。在这种情况下，多数家庭都会沦落到乞讨的地步，但阿
恰约利家则兴旺发达，与王国之中所有的大家族都联了姻。他们家
的女儿很多都嫁给了大贵族——塔兰托亲王及其他人——这可以从
总管的传记里看出来。阿尔塔维拉伯爵夫人安德里亚·阿恰约利是
个十分了不起的女人，乔瓦尼·薄伽丘认为她是个最高贵的女人，
把他的《女英列传》一书题献给了她。卡普阿的马泰奥就是她的后
裔，一个了不起的军官和拥有大片土地的领主。很多主教、高级教
士和高层人物都出自这一家族。王国里的很多土地都是他们家的，
他们建了很多教堂和小礼拜堂。看啊！佛罗伦萨附近的加尔都西修
道院① 是总管在世时建的，也是他捐的资。在此之前，没有一座教
堂是由一位公民捐资修建的。

　　佛罗伦萨主教阿尼奥洛·阿恰约利大人——当时佛罗伦萨还没
有大主教②——看到佛罗伦萨城处于雅典公爵③ 的控制之下，简直

① 创建于 1341 年。——英译者注
② 依照当时教会的组织结构，教省才有大主教。当时佛罗伦萨可能还是主
　教教区，没有升格为教省，所以没有大主教。——中译者注
③ 希腊的诺曼冒险家的后裔，曾为卡拉布里亚公爵效力。1341 年卢卡战争
　失败、佛罗伦萨动荡不安时，他正好在佛罗伦萨。在一阵狂乱之中，这一
　民主国家把他推上了国家元首的位置，1343 年被驱除出境。——英译者注

不能忍受其由于内乱而被法兰克人占领，于是就制订了一项计划，要把佛罗伦萨从受奴役状态下解放出来。他发现使用平常手段达不到目的，就采取另外一个办法。他与一些公民商量好，选定一个日子，由很多民众陪伴，以全套的宗教仪式到市政广场，当场请求公爵离开佛罗伦萨城，让佛罗伦萨和公爵刚来时一样自由，他要尽全力来实现这一目标。

272

商定的时间一到，主教一行出现在市政广场。但依照天意，那一天发现了好几个反对公爵的阴谋，所以大家决定，既然主教一干人等已经聚集在市政广场了，公爵就必须放弃权力。公爵与身为城里主要人物的主教起草了一份协议，公爵要撤到波皮，这里在佛罗伦萨领土以外，从那里发出一份经过认证的放弃佛罗伦萨领主职位的声明——从现在直到将来。

主教参加了所有这些会谈。公爵对放弃权力提出反对时，主教已经收到全体民众对协议的确认书，于是就对公爵说，他要是不同意，就把他交回到民众手里，以前他就是从民众手里被解救出来的。情况既然如此，公爵就只好接受主教和公民们代表国家所提出的任何要求，答应了摆在他面前的正式文件上所规定的所有条件。主教是这次行动的首领，这一行动将佛罗伦萨从奴役状态下解救出来，恢复了自由，应该感谢的当然是主教，感谢他在这次行动中所发挥的作用。不仅他们家族应该感谢他，而且整个国家都要感谢他。

说完了这一家族的身世渊源及其辉煌业绩，我现在要说说多纳托大人，也就是皮耶罗和多纳托的父亲。他身材高大匀称，面目慈祥，风度翩翩。所以，即便是一个根本不认识他的人，一看见他就会说这是个天生的发号施令的人。他在内衣外面穿一件织有金线的长袍，一直拖到地上，袍子上缀有镀银的扣子，缀得看起来像是线一样，从最上面一直缀到最下面。这件长袍外面他又穿一件深红色的缎子斗篷，上面有金线织出的花纹，丝绸衬里，右侧开缝。他头戴一顶灰獭皮帽，下面还有兜帽。他有一座豪宅，有马，有仆人。

有一个公民辞去了救济院院长的职务到外地任职，通过他的影响力，他把院长一职交给了一个亲戚，基本上没有正当的理由。多　273纳托大人回到佛罗伦萨以后，在市政广场上碰见了这个人。他对此人的所作所为很不满，就叫了他的名字，问他是不是在口袋里又带回来一个救济院。身为一个正直的公民，多纳托大人可以直言不讳。我现在写的不是多纳托大人的传记，说他这几句也就足够了。

回头还说皮耶罗。他年轻时就是彬彬有礼、操行端正的楷模。他和多纳托兄弟二人总是在一起，风度优雅，长得漂亮，人人见了都喜欢。二人长大以后，年轻时的愿望完全实现了。皮耶罗是当时天分最高的人之一，成年以后把一切无关紧要的琐事都抛到一边，专心致志地学习拉丁语，为此他要寻找最优秀的教师。

这时，帕维亚枢机主教雅各布·达·卢卡大人是阿尼奥洛·阿恰约利大人几个儿子的教师，他答应教皮耶罗和多纳托，兄弟二人很快就表现出文学天分。皮耶罗把所有的时间都用到学习上，对娱乐不感兴趣，同时关注着未来。后来，枢机主教搬到皮耶罗和多纳托那里去住，在语法和修辞方面，兄弟二人可以和任何同龄人相媲美。皮耶罗很早就学到了写信的优雅风格。他练习演讲，但对此并不满足，又学习逻辑，为学习哲学做准备。他和多纳托经常去圣马可教堂，听莱科的阿尼奥洛修士讲学，阿尼奥洛修士是著名的逻辑学家和哲学家。

与此同时，皮耶罗开始跟着弗朗切斯科·达·卡斯蒂廖内学习希腊语，弗朗切斯科曾是比托里诺·达·费尔特雷的学生。皮耶罗在这两门学科上进步都很大。乔瓦尼·阿尔吉罗波洛在君士坦丁堡陷落以后刚来到意大利，在佛罗伦萨大学里讲授哲学。皮耶罗和多纳托听说这个教师的独特学说以后，就和其他年轻的佛罗伦萨人一

起去听他讲课，另外还在家里学习亚里士多德的《逻辑学》，也就
是《范畴篇》、《解释篇》、《前分析篇》、《后分析篇》。皮耶罗和多
274 纳托已经从弗朗切斯科大人那里学到了希腊语的基础知识，然后跟
着阿尔吉罗波洛继续往下学。听完他的一次课之后，他们就到大学
里讨论听过的内容，或是讨论《伦理学》，或是讨论《逻辑学》。皮
耶罗思维敏锐、能言善辩。实际上阿尔吉罗波洛在他俩身上花费的
心血，比在其他任何人身上花费的都多。因为他刚从君士坦丁堡来
的时候，他所有的东西都被土耳其人抢走了，兄弟俩为他提供了他
所需要的一切。

　　这时，佛罗伦萨两次爆发瘟疫。第一次爆发的时候，两兄弟为
阿尔吉罗波洛在瓦尔迪佩萨买下一所房子，为他全家人提供了所需
要的一切。他们每天两次到那里去学习。在家里，他们过着有节
制、有德行的生活，无论言行都是如此，更像是严守教规派修道院
的生活而不是其他。佛罗伦萨城满可以为皮耶罗、多纳托这样两位
公民感到自豪。

　　瘟疫再次爆发的时候，他们还在瓦尔迪佩萨。看样子应该离佛
罗伦萨更远一些为好，于是他们在皮齐亚诺租了瓦隆布罗萨将军的
一所房子。他们也为乔瓦尼大人在附近提供了住所，这样可以跟着
他学习。假期他们和皮尔·菲利波·潘多尔菲尼一起在加尔都西修
道院度过。

　　由于皮耶罗学习哲学勤奋，佛罗伦萨几乎没有人能与他在学识
和雄辩上相比，这从他的书信和其他作品中可以看出来。要不是身
体虚弱影响了他，他就会成为当时几乎无人能比的一个人。他在理
解、写作与讲话上同样敏捷。由于经常用拉丁语写作和辩论，他对
拉丁语运用自如，意大利语同样运用自如。他这样把自然语言与后
天学习的语言混用的做法，在他写乌尔比诺公爵在里米尼的作战史

时极为成功，当时乌尔比诺公爵打败了教会军。[①] 当时所有的学者
都知道，要不是时间紧迫，他就会写出不亚于当时任何一部作品的
名著。

皮耶罗得到了佛罗伦萨城给予的所有荣誉。皮耶罗·德·帕齐
大人出使巴黎回来时，皮耶罗是这一行人的首领之一，在巴黎被法
兰西国王册封为骑士。现在，教皇党勋章又要颁发给皮耶罗大人，
依照惯例发表演讲的任务又交给了他。这一消息在城里一传开，一
大群人聚集过来听他演讲，所有听众听了以后都赞叹不已。

这时，埃尔瓦主教乔瓦尼·德·马尔盖里蒂大人（后来成为吉
罗纳主教[②]，由教皇加里斯都册封为枢机主教）来到佛罗伦萨。他是
国王乔瓦尼[③]的大使，来敦促佛罗伦萨人遵守条约，这份条约是佛
罗伦萨为了保家卫国与国王阿方索、教皇尼古拉签订的。条约义务
仍然有效，只是由于战争领土没有收复。由于公爵乔瓦尼[④]进入王
国攻打国王斐迪南，埃尔瓦主教就要求佛罗伦萨人遵守协议，并发
表了一场很有煽动性的公开演讲，讲得极为绝妙，需要一个精明
的发言人来回应。

这时，政府首脑们急于逃避条约规定的义务，于是就问旗手想
不想回应大使的讲话。旗手回答说不想，又说这一任务应该交给皮
耶罗·阿恰约利，皮耶罗是最有能力的公民，是国家的荣耀。皮耶
罗接受了这一任务，起草了发言稿。

一些公民妒忌皮耶罗得到这一荣誉，就去找旗手，说旗手位高
权重，竟然被一个执政团成员排挤掉，大家想给予旗手的荣誉被葬

275

---

① 里米尼战役，1469 年。——英译者注
② 参见"吉罗纳枢机主教传"，本书第 151 页；格雷戈罗维乌斯：《中世纪时期的罗马》，第 7 卷，第 186 页。——英译者注
③ 阿拉贡国王约翰。——英译者注
④ 安茹的让，卡拉布里亚公爵。——英译者注

送了，真是一件丢人的事。旗手就对皮耶罗说他要发言，皮耶罗答应了。

　　第二天上午，大使来听答复，发言者要当着议会、执政团和很多公民的面来回答。旗手并不会讲话，刚开始发言就忘了词儿，一句话也说不出来了。于是皮耶罗担心这一意外会造成麻烦，就主动要求回答，但这一要求被拒绝了。这天上午所发生的事非常丢人，说明了伟人能给国家带来荣誉，无能之辈会给国家造成伤害。这件事之后皮耶罗名声大震，因为他写好的发言稿足以证明他有能力。

276

　　身为一名政行官员，他显示出了洞察力和正义感。他很年轻的时候就被任命为皮斯托亚总督，留下了精明能干的好名声。他耐心听取申诉，由于刚正不阿和仁慈而深受爱戴。皮耶罗和多纳托两兄弟受到所有人的尊重，分别被提名为正义旗手，可惜多纳托刚被任命就死了。皮耶罗素质高，虽然年轻就当选为大使，被派到教皇庇护那里，庇护为最杰出的人物之一。他受到教皇和枢机主教们的隆重接待，这不仅是因为他本人有名，还因为其家族大名鼎鼎。这时，他以前的老师帕维亚枢机主教是枢机主教团成员。皮耶罗胜利完成了任务，因为他所有的请求教皇都欣然答应了，回到佛罗伦萨以后声望大增。他要是再多活几年，还会多次担任大使。可惜他身体虚弱，年纪轻轻就死了。

　　所有的兄弟都应该知道皮耶罗与多纳托之间的手足之情。他们在二十二岁之前一直形影不离，连皮耶罗结婚以后也没有分开，皮耶罗结婚比多纳托早好几年。多纳托结婚以后，二人又在一起待了一段时间，然后就平静地分开了。他们结婚都比较早，刚结婚时出现一些纠葛，因为他们娶的是两姐妹。但很快关系就和谐了，过起了当之无愧的名门世家的日子。

　　皮耶罗因身体虚弱而英年早逝。他要是活得时间再长一些，就会成为一个为国家增光添彩的人。多纳托的情况也是一样。

多纳托·阿恰约利（1428—1478）

多纳托是内里的儿子，内里是贵族多纳托·阿恰约利的儿子。他一到懂事的年龄，就跟着雅各布·达·卢卡学习拉丁语，后来又跟着帕维亚枢机主教学习。

他小时候就是一个规矩温顺的孩子，是所有人的榜样，无论老少。他智力超群，非常勤奋，从不浪费一分钟的时间。他学习拉丁语很快就结出硕果，雅各布大人让他练习写作，结果他练出一手好文笔，将来前途无量。

277

除了这些优秀品质之外，他还长得一表人才，一走到大街上，所有的人都以赞赏的眼光看着他。他说起话来充满魅力，结交了很多朋友。他厌恶污言秽语，厌恶争吵，厌恶亵渎神明。他能说会道，优雅得体，话语不多而又能说到点子上，毫不掩饰，没有口误。除了这些特点之外，他还最爱上帝，最敬畏上帝，最推崇基督教。

他和皮耶罗从小就失去了父亲，财力不宽绰，但他们精打细算，仍然过得像贵族一样。多纳托非常大方，自掏腰包帮助那些他认为需要帮助的人。他仁慈，有同情心，讨厌任何形式的傲慢和摆阔行为。他回来学习的时候非常刻苦，老师觉得有必要让他休息一阵子，他身体弱，怕他吃不消。

他生性严肃，不喜欢年轻人本能追求的娱乐活动。他每天的生活程序是所有人的榜样。他每个月都去忏悔，每年领受圣餐三次或四次，所有的宗教节日都斋戒，整个大斋节期间都斋戒。年轻时为了避开不三不四的伙伴，皮耶罗、多纳托及其老师与一批生活严谨的年轻人为伍，主要是为了养成道德习惯。

后来，他加入了圣吉罗拉莫的社交圈子，这些人每天夜里聚会，他在佛罗伦萨的时候每逢星期六都去那里，睡在一个麻袋上过夜。他好几次担任会长，在训诫过程中他讲话很有分量，产生了极好的效果。

我知道有很多人认为这样训诫没有必要，但这些都是贪图世俗享乐的人，不喜欢精神方面的事物，沉溺于纸醉金迷之中，别的什么都不想，不知道另一类人的想法和精神追求，这类人已经完全从这个悲惨世界的牢固束缚之中解脱出来，心向救世主，渴望为他老人家效力，这样灵魂脱离可怜的躯体后能进入来世，穿上不朽的衣服后能得到永生。多纳托就属于这一类人，决心过上这种更高尚的生活，只有像多纳托这样认识到这一点的人，才能过上这种生活。

很多人会以为我扯得太远了，偏离了学习文学的话题。我写这些只是由于他严格遵守教规，而教规要居于世界上的所有学问之上。

他跟着卢卡的雅各布大人学习完语法和演讲术之后，又熟练掌握了写作主题作文的技巧，显示了他的非凡能力，赢得了很高的声誉。

他第一次展示才能是在佛罗伦萨大学，那里教授各门学科。这时，罗马教廷就在佛罗伦萨，教廷里名人云集，尽管佛罗伦萨也有很多自己的名人。佛罗伦萨像今天这样拥有大学，有高层职员，有完全控制所有学生的校长，因为这些学生无论犯了什么罪，佛罗伦萨政行官员都无权过问。依照惯例，当地的行政长官或人民首长①被任命为校长时，教师和所有学生都到场，拿出各种法规和章程，校长要发誓遵守。然后要有人发言，有一次发言任务交给了多纳托，当时他只有十五岁。他在行政长官面前发表了精彩的讲话，大学里的全体人员以及很多公民都来听他讲。考虑到他还年轻，他讲

---

① 行政长官法庭和人民首长法庭是当时佛罗伦萨的司法机构，主任法官由外国贵族骑士担任，任期6个月。——中译者注

278

的话让所有人都感到吃惊。这是他第一次证明自己是个文人。

　　熟练掌握了拉丁语之后，他又开始学希腊语，和皮耶罗一起跟着弗朗切斯科·达·卡斯蒂廖内学习，弗朗切斯科精通这两门语言。君士坦丁堡陷落以后，乔瓦尼·阿尔吉罗波洛大人来到意大利。阿尔吉罗波洛大人是个最有学问的人，是最伟大的哲学家。多纳托跟着他学习了十二年没有间断，从头开始学习逻辑学和哲学。他和皮耶罗以及其他年轻人听完了亚里士多德《逻辑学》的全部课程。但只听阿尔吉罗波洛大人一个人讲还不够，所以他还到圣马可学习，听阿尼奥洛·达·莱科修士讲，阿尼奥洛修士正在讲帕格洛大师的逻辑学。他每天都和其他同学辩论，无论是在家里还是在圣马可。

279

　　然后他去大学学习亚里士多德的《伦理学》，记下了阿尔吉罗波洛大人讲的课。他用通用的字体写字，而且写得很快。他接着学《政治学》和《经济学》课程，以及他以前没有读过的道德哲学。学生们每天都记下一些听讲时弄不明白的片段，然后去找阿尔吉罗波洛讨论。最后他学完了道德哲学和自然哲学，学完了《论灵魂》（ *De Anima* ）、《形而上学》（ *Metaphysica* ）、《论天》（ *De caelo* ）和《宇宙论》（ *De mundo* ）。

　　这时，瘟疫再次传播到佛罗伦萨，他和皮耶罗在附近买了一座房子，以便不浪费时间，无论是在乡间还是在佛罗伦萨，都有一个方便的地方可供学习。他们学得非常刻苦，一点也不浪费时间，除了学习之外对其他娱乐活动不感兴趣。多纳托既有广博的知识，又能言善辩，这在专心学习逻辑学和哲学的人身上是极为罕见的。

　　波焦大人夸赞他能言善辩。至于他的写作，波焦大人看了两部传记，一部是多纳托翻译的，另一部是莱奥纳尔多大人翻译的，他拿不准哪一部更好。

　　除了学习和写作之外，多纳托急于学一些实用知识。公爵与威尼斯人之间爆发战争的时候，迪奥蒂萨尔维大人去了伦巴第，多纳托和他一起去了，积累了很多经验。他经常和米兰学者讨论各门学科，由于博学而赢得很高的声望。

　　除了有知识、有才华之外，他还长得英俊，举止彬彬有礼。只听说过他的人一见到他就会说："这肯定是多纳托。"他担任的第一个职务是执政团成员，从举止上就可以看出他是个做事诚实的人。总而言之，他受到佛罗伦萨城大小人物的赞赏和喜爱。

280

　　科西莫·德·美第奇对多纳托的能力留下非常深刻的印象。科西莫是个重行动不重言谈的人，决定帮助多纳托得到某种荣誉。这时，圣十字区要选出正义旗手，起草了一份合格公民的名单，多纳托家只有皮耶罗有资格。多纳托听说以后不再想这事，对科西莫、阿尼奥洛或迪奥蒂萨尔维只字不提，这几个人都是统计员。

　　这几个人之中有一个是科西莫的朋友，他去找到科西莫，问科西莫有没有什么事要做。科西莫说，他非常希望多纳托·阿恰约利能当上正义旗手。选举那天，去找过科西莫的那位公民站起来说："科西莫想让多纳托当正义旗手。"根据科西莫的安排，这件事办成了。

　　多纳托得到这一职务以后看上去很胜任，不仅胜任内政，还可以担任外交大使。他被派到切塞纳和里米尼的时候，好像外交一直都是他的职业似的，他让大家感到非常满意。不久之后，他被派到教皇保罗那里，教皇以及所有的枢机主教都对他的能力印象深刻。与这些人会谈对他非常有利，他出身于贵族世家，家族里很多人都是枢机主教和名人。另外，他本人也有才华，有高尚的性格和渊博的学识。

　　教皇对他厚爱有加。有一天，在枢机主教会议上，多纳托谈到他代表执政团提出的一些请求，教皇夸奖了他，说他自从担任教皇以来，还没有和一位像多纳托这样的大使会谈过，多纳托把任务完成得这么好。教皇在这类事情上是个非常有眼力的人，因为他在罗马教廷度过了那么长时间，一个像教皇保罗这样的人夸奖一个人，要比一个不懂行的人夸奖更有分量。多纳托能够坚持自己所有的观点，因为他受到过经常处理要务的人的教育和训练。他提出理由的时候，从来不像多数人那样轻率或炫耀。他完成了这一任务后，载 `281` 誉返回佛罗伦萨。

　　教皇保罗死后，教皇加里斯都继位，于是依照惯例，多纳托及其他领导人被推选出来，向教皇表达佛罗伦萨对他的顺从。宣誓效忠时，由多纳托在枢机主教大会上发言。教皇、枢机主教团、各国大使和罗马教廷成员都出席了这一仪式。他以最得体的方式发了言。回到佛罗伦萨以后，他被选为大使出使米兰①，与公爵加莱亚佐阁下商谈一些问题。这些问题令人不愉快、错综复杂，但通过他灵活的手法，问题得以顺利解决。

　　多纳托除了凭借才能和声望身居高位以外，他还有胆量，从来不怕说实话，对事关佛罗伦萨荣誉的事情他都大胆直言。所有奉命处理国家棘手事务的人，都应该采取这种态度，但并不是每个人都有这一才能。

　　他生性不爱装腔作势，不能容忍傲慢。这时，威尼斯大使也在米兰，公爵对威尼斯大使比对其他任何人都更亲切。公爵碰巧住在帕维亚，他提出改换住址，让多纳托与威尼斯大使作伴。但多纳托对威尼斯人的态度感到不满，就让公爵另找别人与威尼斯人为伴，他本人要去米兰办事。公爵马上就明白了多纳托不想与威尼斯人在一起，因为威尼斯人不把别人放在眼里。多纳托感谢公爵加莱亚佐所给予他的殊荣，这确实不同寻常。促使公爵给予他这一荣誉的原因很多，其中最主要的是要当众羞辱国王斐迪南，他讨厌斐迪南，同时他也知道，佛罗伦萨人和他一样讨厌斐迪南。

---

① 1472 年。公爵加莱亚佐死于 1476 年。——英译者注

公爵十分赏识多纳托坚强有节制的性格。多纳托已经在米兰住了一段时间，过着严谨、有节制的生活。对于加莱亚佐及其宫廷来说，一个人这样过日子简直是不可能的，于是公爵就千方百计地降低他的道德标准，这些标准让米兰人觉得太过分。于是，一天晚上，公爵就决定试试他的自我节制能力如何。

这时，米兰有一个最漂亮的少妇，公爵下令在夜里把她带到多纳托的卧室，并把她留在那里。多纳托一看到发生的事情，就让管家把她带走，他拒绝碰她，连看也不看，他们只好把她带出了房间。公爵和宫里的人听说这件事以后，全都对这样的节制力感到震惊。

我再讲一件事，这件事似乎有点异乎寻常。多纳托在娶妻之前，从不结识过一个女人。我知道确有此事，我是从严守教规派一个最值得信任的圣多明我修士那里听说的，多纳托在结婚之前向这位修士忏悔时说了这件事，当时多纳托已过了三十二岁。这足以回答一些人所说的俗人控制不住自己，会沾花惹草。那些有七情六欲的人所具有的品质，多纳托全都有。他比所有的同龄人都英俊，出身高贵，富有。他节欲靠的是克制和道德习惯。这里我们可以引述圣哲罗姆的话：活在尘世间而一尘不染的是天使，不是人。我们可以用这句话来形容多纳托。

多纳托在米兰的时候，一条船在法兰西国王的疆域内被海盗截获，船上有佛罗伦萨的货物，估计价值达三万弗罗林。执政团决定派一名大使到法兰西国王①那里去寻找解决办法，这需要一个有威望的人，他们觉得多纳托最合适不过了，这有好几个原因。首先，他贵族出身；其次，他名震四方；最后，法兰西国王完全了解他的优秀品质。国王加冕时，多纳托以大使身份与皮耶罗·德·帕齐大

① 路易十一。——英译者注

282

人去参加了典礼，把他写的《查理曼传》呈献给了国王。国王给了
他最高的礼遇，送给他一些银器。于是，在佛罗伦萨，他们立即决　　283
定给多纳托写信，让他担任大使去法兰西，委托他如果可能的话把
丢失的货物要回来。

　　多纳托立即上路。他一到巴黎，他们派了一些贵族和绅士来迎
接他，这与惯例相反。这些人为他安排了房间，宫里有人住着，住
房很少。他见到国王的时候，有人告诉他把他安排在一座小房子里
住，这样可以避开人群的扰乱。

　　国王格外热情地接待了他，说话的时候总是拉着他的手，显示
出对他的极大尊重。多纳托递交了国书以后，国王很有礼貌地回答
说，他会慢慢考虑这件事。多纳托回来听取答复的时候，被人领进
了一个小房间，与国王的房间相邻。国王一看见他就说："多纳托大
人，不要着急，我想先派出一些士兵去，然后马上办你的事。"

　　多纳托离开房间一刻钟之后，国王回到多纳托所在的房间，
说："多纳托大人，不要着急，我马上就办你的事。"国王说着就离
开了房间，第二次回来的时候拉着多纳托的手说："我想让你当我
的秘书，为我读一些书信，是从西班牙寄给我的。"然后他们回到
国王的寓所，国王让多纳托读信。这些事说明国王是多么尊重多纳
托。信一读完，国王让他等一会儿，这件事很快就会处理完让
他走。

　　于是多纳托出去了，过了一会儿又被叫了进来。他再一次重复
了他的请求，希望能归还那三万弗罗林。国王回答说，他会批准
的，并委托人在郎格多克付钱，因为国王并没有收到钱。这次商谈
之后，国王把首席大臣叫来，命他准备一份委托证书，在多纳托走
的时候交给多纳托。国王问多纳托还有没有别的事，于是多纳托感
谢了陛下对他的好意，感谢国王很快把事情办完，然后就告辞了。

　　从这件事上可以看出，一个正直的人有多么大的影响力，即便　　284

是与君主打交道的时候也是如此，也可以看出这样一个正直的人能为国家带来多么大的利益和荣誉。多纳托这次执行任务得到了他想要的一切，尽管几乎没有人相信国王会自找麻烦，对他从未见过的钱负责。

　　他告辞以后回到米兰。他经历了疲劳和焦虑，比别人多花去一倍的时间，并且他花的都是自己的钱。此外，他为商人们要回了货物，却得不到感激。但他在这件事上也有收获。他是个绅士，靠微薄的收入过活，执政团把他派到米兰以后，公爵给所有的大使每人每月一百斯库多，以维护他们的体面。但公爵为了迫使他支付在法兰西的花费，就减少了很多礼品，停发了他的薪水，其他大使也有相同的遭遇。

　　这样，他去了一趟法兰西就失去了津贴，从商人那里什么也没有得到，受到双重损失。回到米兰以后，他要与公爵处理好几件事。公爵刚愎自用，但多纳托总是维护国家的尊严，一直都是直言不讳。

　　前面提到威尼斯大使也到了，公爵给了他们很大的面子，结果得罪了其他人，有人开始发牢骚。所给的"面子"如下：威尼斯大使一到达，公爵给了他们城堡的钥匙，一见他们就下了马，但这还不够。公爵甚至把自己的寓所让给了他们，派他的长子去拥抱他们，同时还说他儿子只有威尼斯执政团这一个父亲，除此之外没有父亲，他所有的希望都寄托在威尼斯执政团身上。

　　后来发生的事情显示，公爵所说的话并非当真，米兰除了威尼斯之外并没有永久的敌人。多纳托无法忍受公爵的这些做派，并得体地把自己对公爵的看法告诉了他。有一天，他们在城堡里，城堡面对着布雷西亚和贝加莫。多纳托转身对公爵说："收复布雷西亚和贝加莫对殿下您肯定更有利。布雷西亚和贝加莫属于您的前任，而且近在咫尺，您从窗户里就能看到这两个地方。将来殿下就会明白威尼斯人都是些什么货色，以前他们就背叛过已故的令尊大人公爵弗朗切斯科。而且令尊大人就是因为威尼斯人而险些丢了米兰。"

多纳托办完事以后，带着公爵及其整个宫廷的良好祝愿回到了佛罗伦萨，家乡对他这次出使的结果感到非常满意。

这时，他成为正义旗手，这一职务他履行得极为出色。他是那种生来就要做大事的人，而且他坚定、有策略，总是能说服同僚，让同僚接受他的想法。挪威国王（克里斯蒂安一世）来到佛罗伦萨时，多纳托大人去迎接他。挪威国王给了他最大的恩惠，给了他国王所能给予的很多荣誉。那两个月期间，他只回家两次，以此向其他人显示，像他这样有地位的人应该如何放下架子。

他促成的另一项变化是废除了一个奇怪的习俗，那是以前执政团和旗手形成的惯例，也就是从来不向那些对他们脱帽致意的人脱帽；某位国王或君主的大使来求见的时候，在自己的寓所等待大使而不是出来迎接大使。多纳托是个明白常理的人，就对卫队长下令说，如果国王或米兰公爵的大使来拜访他，就进屋告诉他，他就会走到候见室门口拉着大使的手，向大使脱帽致意，然后把大使领进自己的寓所。交谈结束以后，他会陪着大使回到同一个地方，向大使脱帽致意后告辞。

他第二次到教皇西克斯图斯那里，去办一件很不好办的公事，因为这件事完全违背教皇的意愿。他极为灵活、小心，尽管教皇强烈反对他的要求，他还是达到了个人目的，因为他不是这些事的始作俑者，而是奉政府的命令行事。

回到佛罗伦萨以后，他很快又被派去完成另一项类似的使命，这次又出现其他一些麻烦，这些麻烦与他毫无关系，那是由他强烈反对的一些做法引起的。人都要注意后果，都知道受到攻击的人会自卫，尤其是在国家事务上。这件事我不便公开说，我要是说了谁的难听话会得罪人①，所以我就避而不谈，但我相信读下去的人会知道我的意思。

这时，佛罗伦萨城进入多年以来最繁荣的时期，似乎不可能出现伤害人的事情。但君主也好，共和国也好，个人也好，在最繁荣、最春风得意的时候，一定要当心灾难的降临，这几乎不可避免。这一次，灾难就降临到佛罗伦萨，就像以前的大洪水、像所多玛②遭到的灾难一样，因为生活富足、沉溺于酒色之中的人，是不会相信灾难会落到自己头上的。当年世界上洪水泛滥，方舟之外的人全都淹死了。火与硫磺从天而降，毁掉了所多玛，除了罗得③及其家人之外其他人全烧死了。佛罗伦萨遭到了天谴，完全出乎意料，把国家给毁了。

这时，教皇西克斯图斯的侄子圣乔治枢机主教住在佛罗伦萨，在乌吉山上住了一段时间，那里是雅各布·德·帕齐大人的庄园。除了圣乔治枢机主教之外，还有萨尔维亚蒂家族的比萨大主教、弗朗切斯科·德·帕齐以及其他一些人。洛伦佐·德·美第奇邀请了枢机主教、大主教以及国王大使、公爵大使过来相聚，宴会安排在1478 年 4 月 26 日星期日上午。先举行宗教仪式，在圣利贝拉塔大教堂④望弥撒，在举起圣饼的时候，朱利亚诺遇袭身亡，洛伦佐受了轻伤。这样一个邪恶的犯罪行为竟然发生在上帝的殿堂里，完全违背了上帝的意愿。后来，有五百多人遭到杀害或处决。

---

① 指帕齐阴谋和谋害朱利亚诺·德·美第奇一事，教皇也牵涉其中。——英译者注
② 《圣经》中提到的罪恶之城，遭到上帝的惩罚。参见《圣经·创世记》14，18，19。——中译者注
③ 《圣经》中提到的义人，亚伯拉罕的侄子。参见《圣经·创世记》11:27。——中译者注
④ 所有的权威人士都认为这里是谋杀现场。这座大教堂以前叫圣雷帕拉塔。——英译者注

这一暴力犯罪行为我就不讲了，现在言归正传。在这次骚乱中，教皇西克斯图斯的侄子圣乔治枢机主教被抓走，由于后来发生的事情，执政团以及政府成员采取行动去救他。枢机主教被带到宫里，在那里受到礼遇，并采取一切措施来使他免遭毒手。

287

罗马听说枢机主教被抓走、比萨大主教被绞死的消息以后大为震动。伯爵吉罗拉莫得到消息后，激起了教皇和枢机主教们的愤怒，对佛罗伦萨驻罗马大使表示抗议。伯爵去了多纳托家，陪伴他的有三十多个士兵，每个士兵肩上都扛着一杆戟。伯爵到达之前，多纳托就对发生的事情感到非常不安，他预见到了必然的后果。

多纳托正考虑着这件事，伯爵及其所带的士兵就进了家，来到多纳托近前要他走人。这一举动让多纳托感到有点奇怪，这是对他国家的极大侮辱，因为这样对待外交大使是违反所有惯例的。多纳托说，阁下这样违反惯例对待大使让他感到吃惊，大使在任何地方都是自由的。他还说，他不敢相信这是在执行教皇和枢机主教们的命令，他会依照正确的方针行事。他又说，伯爵应该认识到，这一严重侮辱行为针对的不是他这个特使，而是他所代表的国家。

伯爵真是个鲁莽性急的人，试图顶嘴，多纳托就开始担心自己的性命，离开家之前嘱咐秘书长带上所有的密码本和重要书信文件，到佛罗伦萨通报所发生的事情。他离开家的时候被一帮凶神恶煞一般的士兵包围着，好像他是个小偷或卖国贼似的。大家可以想一想，多纳托看到他的城市和他本人遭到这样的无礼对待会是什么感受。如果世界上有一个非常看重自己的荣誉、非常看重国家荣誉的人，这个人就是多纳托。

多纳托一到教皇宫，就要求面见圣座，以便当面问他这样虐待大使是不是他的主意。他向教皇申诉对他的国家和他本人的这一侮辱，然后又对伯爵吉罗拉莫说："伯爵阁下，我对你的放肆行为确实感到吃惊，你竟敢带着一队士兵到我家里去，把我这个佛罗伦萨的

288

大使带走，好像我是个卖国贼似的。我让你记住：你这样伤害我，我的政府是不会忘记的，他们会让你知道你错在何处。"然后他转向教皇，遗憾地说教皇竟然批准采取这样无理的行动，圣座做得不对，他应该知道大使在任何时候都是享有特权的。于是教皇把手放在胸口上发誓，说他根本不知道有这么一回事，从话语里显示出他很不高兴，一口咬定这不是他的意思。教皇说完这话，就让多纳托回家去了。

　　考虑到他身为公众人物所受到的蔑视，他的城市，尤其是他本人所受到的屈辱和嘲弄，他意识到这一丑闻将来会导致灾难，因为他在罗马被抓捕，后来又受到冒犯（这的确成了后来爆发战争的祸根），他又那么爱国，怪不得一个像多纳托这样大度的人竟然感到自己的处境几乎无法忍受。他给政府首脑写信，说明了发生的情况，敦促他们履行他向教皇许下的诺言，把枢机主教释放了，因为他曾给教皇写信说枢机主教是被人从民众手里解救出来的，把他扣留是为了等候教皇处置，无论何时只要圣座一发话，就会把他移交给圣座。多纳托强烈要求采取这一方针，以免将来出现任何麻烦。

　　由于这一原因，教皇把佩鲁贾主教派到佛罗伦萨，这样可以把枢机主教移交给他。多纳托劝他们马上把枢机主教释放，这样做对他们的城市有好处，任何其他做法都是危险的，不会有好结果，尤其是他们曾写信承诺会释放枢机主教，只要一接到释放他的命令。国王陛下也对他们提出了同样的要求，并答应只要他们顺从就不会伤害他们。

　　多纳托所说的这一番话，佛罗伦萨的当权者根本不听。佩鲁贾主教等待着，但枢机主教并没有获释，他们宁可听从无名之辈的意见也不听多纳托的。

　　由于这次事故，多纳托非常不安，预料灾难必定会降临他的国家。除此之外，他还感到愤怒，他本人被抓捕，佛罗伦萨遭到羞辱，他本人遭到羞辱，佛罗伦萨因而受到冒犯，那么多人死掉了，战争的种子播下了，将来佛罗伦萨有危险。由于最近发生的灾难，无论是他还是佛罗伦萨，在罗马教廷都不再受到尊重，在这种不能令人满意的情况下，他不能再担任大使了，所以请求执政团把他召回。

执政团把他召回了。他在抵达佛罗伦萨之前，被任命为大使派到法兰西国王那里。[①]他感到悲伤和烦恼，情绪低落，无精打采，陷入深深的忧郁之中。他生性敏感，由于精神苦闷而睡不着觉、吃不下饭。把他从罗马召回以后，他在佛罗伦萨稍作停留，在那里精神焦躁不安，无论如何也掩盖不住。

现在他要去法兰西，路途遥远，天气炎热，他本人健康状况极不稳定。然而，为了国家他宁可丢了性命，他是那么爱国。有人催他上路，他答应了，尽管他知道会遭遇极大的危险，预感到再也回不来了，这从他向妻子、孩子和朋友的道别中可以看出来。

依照大使出国的惯例，他在离开之前忏悔并领受圣餐，以遗嘱的形式做出各种安排。他从佛罗伦萨到米兰，在那里受到政府首脑的欢迎。住在当地的佛罗伦萨特使通常应该出去迎接大使，大使离开时要陪伴着他，但当时的特使在多纳托抵达时并没有露面。多纳托去了这个人家里进行礼节性拜访。他到了这人家里以后遭到冷遇，他非常不安，这对他来说无疑是雪上加霜。

几天以后，按照上帝的安排，他病倒了，一直积累下来的病终 　290
于显露出来，各种办法都想尽了来给他治病，因为他患着精神忧郁症。人们立即请来了医生，医生认为他的病情很危险，尽管还没有完全表现出来。更加糟糕的是，他家里的主要人物，以及那些护理他的人也都病倒了，无法再给予他应有的照料了。不幸的多纳托发

---

① 这次的使命是请求援助攻打西克斯图斯四世和斐迪南。——英译者注

现自己远离家乡，亲朋都不在身边，他的痛苦有多大可想而知。

空无希望的人啊，没有了上帝一切都是可悲与不幸的！有一天，他正一个人躺着，费拉拉大使来看望他，发现他正在悲叹，嘴里反复地说着："啊，孩子啊，我把你们留在哪里啊？"他极为痛苦和悲伤，看不到一点希望了，除了他一直抱有的对上帝的希望之外。

然后他寻求精神治疗，让人叫来他一直信任的严守教规派修士，虔诚地向他们忏悔。忏悔者问他有没有牵挂的事，他回答说有，佛罗伦萨的一个箱子里有他亲笔写的一份文件，写的是他最后的遗嘱，希望他的继承人遵照执行。

首先，他在瓦尔迪佩萨有一座农庄，每年能收三十弗罗林的租金，他要把它送给加尔都西修道院的修士，让他们享用三十年，然后再移交给他的继承人。他没有为自己做出补偿，因为先人已经补偿过了。他的良心极为敏感，不像很多人那样欺骗自己。其次，属于他的那一百弗罗林的银行股票要为了公社的利益而注销。还有一件事，他多次担任大使，所带的侍从少于他应该带的人数，所以他希望补偿他们的薪水和花费的钱。另外，他是一家丝绸厂的合伙人，他吩咐在要求穷织布工支付的所有费用之中，其中的第三部分要归还给他们，这笔钱从销售他自己的货物款中支付。多纳托在每一件事上都显示出良心的纯洁。他经常修改账目，从来不像很多人那样出错。

所有的世俗事务和宗教事务都处理完以后，该做的事他都做完了。神职人员一直在他身边，他至死都保持着崇高的境界。

他的死讯传到佛罗伦萨以后，对失去像多纳托这样一位杰出的公民，所有的人都感到悲痛，所有的人都对他敬佩。空怀希望的人啊，人生是多么悲惨，多么变幻无常！人在期望着收获劳动成果时，死神降临了，所有的希望都破灭了。大家知道他是为国家利益而死的，是靠自己的收入过活的，而且其收入已大为减少，就决定由国家出资为他举行葬礼，用一面带有公社徽章的旗帜，一排织锦，大家一致同意给他这些荣誉。这些荣誉只给予那些国家爱戴的公民，其他人想要象征荣誉的旗帜则需要自己出资。

他们免除了他几个孩子的所有税务负担，在很长时间之内每年只要他们缴纳一个弗罗林。至于他两个女儿，一个没有嫁妆，另一个只有一部分嫁妆。他们给了第一个女儿全部嫁妆，给了第二个女儿所缺的嫁妆。他们还把多纳托死时手里的钱给了这两个女儿。这一提议没有一个人反对，一切事情都轻而易举地安排好了。

然后人们为他举行了葬礼。所有官员和公民都出席了，实际上知名的佛罗伦萨人没有一个缺席。克里斯托法诺·兰迪尼大人发表了非常动情的演讲，这一动情的场面我亲眼目睹，人群之中没有一个人能止住泪水与叹息，这显然是悲伤感情的自然流露。伟大的乌尔比诺公爵为他的死而悲痛欲绝，说多纳托的死不仅是他自己城市的损失，也是整个意大利的损失，没有一个人能与他相比。卡拉布里亚公爵①对多纳托最为惋惜，对他最为尊重，听到噩耗后极为悲痛。他完全同意乌尔比诺公爵的一番话，说整个意大利都要悼念这个杰出人物。无论是认识他的人还是不认识他的人，全都为他感到悲伤。

292

我要在这里说一说他那了不起的节制。他在与妻子结婚之前，从来没有人看见他拉过她的手，或在她面前有不得体的举止，从来没有人见过他拥抱儿子、搂住儿子的脖子或吻儿子，这只是为了保持儿子对他的尊重。实际上他戒除了所有的肉欲。他把所有时间都用来写作、学习，除了对家庭和国家尽义务所花费的时间之外，他对家庭和国家都是尽心尽职。

---

① 安茹的让。——英译者注

　　他在佛罗伦萨之外担任的第一个职务是波皮代理人，在那里赢得所有人的尊重。他担任过圣米尼亚托代理人，同时担任蒙泰波尔查诺的行政长官，他不在的时候另一个人取代他的位置。他是沃尔泰拉的（人民）首长，在那里很受拥戴。他还是最后一任比萨的行政长官，在那里取得了成功，就像在其他地方一样。他在大多数选举中得的全是黑豆，因为他受到大家的普遍尊重。钱山的情况也是一样，每一次他担任大使时，都带着所有人对他的良好祝愿。

　　说说他的长相。他是个非常英俊的人，个头在中等以上，白肤色，举止虽然有威严，但也有一种不同寻常的魅力，既看上去有魅力，实际上也真有魅力。他总是穿着考究，各方面都很整洁，显示出天然的优雅。他饮食有节，吃东西讲究。每一个和他说过话的人，分手的时候必定成为仰慕他的人。他充满活力，讨人喜欢，和朋友很随便地开玩笑。他把时间都花在做有用的事情上，所有空闲时间都用来写作或阅读。

　　应科西莫·德·美第奇的请求，他写了一部对《伦理学》的注释，写得非常用心，是一部了不起的作品，在意大利所有的大学里都能找到。乌尔比诺公爵看到以后，请他再写一部类似的对《政治学》的注释，于是他又写出了一部同样有价值的作品。皮耶罗·迪·科西莫请他翻译两部传记，这两部在普鲁塔克的作品里没有①，即《德米特里传》和《阿尔喀比亚德传》。他翻译了两部非常典雅的作品，这可以看得出来。《德米特里传》由于难度大而被莱奥纳尔多大人略去了。他开始注释《经济学》，以完成整个道德哲

------

①　后来的评论家指控多纳托剽窃。福修斯认为，多纳托根本就没有从普鲁塔克的作品里翻译"传记"，而是他自己用拉丁语写的。诺迪指责多纳托有关《伦理学》的作品是将阿尔吉罗波洛的注释全部照搬过来的。他把莱奥纳尔多·德·阿雷佐的《佛罗伦萨史》翻译成拉丁语。——英译者注

学，但因死亡而中断了计划。他写了《汉尼拔传》与《西庇阿传》，将他们与《查理曼传》作比较，他把《查理曼传》送给了法兰西国王路易。他还写了很多书信和演讲集，但没有完成就死了。

阿尼奥洛·阿恰约利

　　他是雅各布的儿子，多纳托·阿恰约利的孙子，出身高贵。他熟练掌握了拉丁语，在空闲时间读历史，宗教类的世俗类的都读。他是詹诺佐·曼内蒂和阿尼奥洛大人的亲戚和朋友，詹诺佐大人教他和很多年轻人学习亚里士多德的《伦理学》。

　　他在共和国很受尊重，在公民可以在国内担任的任何职位上都效过力，到外国执行过各种外交使命。科西莫被流放的时候，阿尼奥洛还是个年轻人，在家里待着。有一次，他与政府的一名要员交谈，二人产生了严重分歧，阿尼奥洛被带到当局那里。他与遭到流放的公民有过来往，他们就命令巴利阿官员在他的货物上盖上印章。

　　但他姐夫贾科米诺看见他被带走了，立即骑马来到帕尔迪山上阿尼奥洛家里，一进入他的房间就把能找到的文件全烧了，包括科西莫以及其他被流放者写给他的信，还有与他们交往的各种物证。要不是这一次碰得巧，这些文件可能就把他毁了。贾科米诺刚把这些东西烧掉，差役就来查封文件。但差役知道了情况以后，就回去对执政团说没有书信文件。

　　由于找不到指控他的任何证据，他们就把阿尼奥洛流放到希腊的凯法洛尼亚岛。这样，他这一条命被处事果断、谨慎的贾科米诺救下了。他被遣送到凯法洛尼亚岛，因为这个岛以及雅典、底比斯以及其他一些多纳托大人担任过总督的地方，都属于他们家。

他抵达希腊以后，有一天骑着马来到土耳其边界，在那里被抓住了。他既不愿说出他是谁，也不愿说出他在干什么，结果被投入监狱。他在监狱里碰见另一个佛罗伦萨人，二人一起逃走了，经历了巨大的危险。他对我说，这次逃脱简直就是奇迹。阿尼奥洛大人的生活方式令人赞佩，全能的上帝当然会救他逃出险境。

他同情穷人，慷慨施舍，只要一出去，凡是他碰见的穷人他都施舍。他和多纳托大人一起去米兰的时候，出于对上帝的爱，他们在旅途上一共施舍了四十达克特。他还热心参加各种宗教仪式，每天夜里都起来祈祷、做礼拜，用在宗教仪式上的时间有两个小时。他每天早上都望弥撒，说这样做使国家避免了很多灾难。

阿尼奥洛在 1433 年遭到流放，1434 年科西莫回来以后，阿尼奥洛又被召回佛罗伦萨。他是贵族出身，是科西莫极为器重的人，因而受到隆重欢迎。他是 1434 事件的首领之一，可以做他想做的任何事情，担任大使到外国去完成过最重要的使命。

说一说他坚信参加宗教活动的功效。有一年春天，他担任大使到法兰西国王那里去，路上天气变幻无常，这个季节通常都是这样。走到萨伏伊，路从一片树林里穿过，他们到这个地方之前还阳光灿烂，但到了晚祷时分天色突变，雪下了起来，他们迷路了。黄昏时他们到了一片树林，天寒雪大，他们等待着夜幕降临。

大家都认为，在这个地方等不到天亮必定会冻死。他们束手无策，只好下了马，每个人都把马拴到树上，实际上马也和人同样受罪。阿尼奥洛大人和其他人全都把自己托付给上帝，丧失了所有的希望。他们冻得一声不吭，没有一个人说话。

但上帝从来不会抛弃相信他的人。有一个仆人悄悄地溜了出去，想找个村庄或有人居住的地方。走了大约四英里之后，他来到几个农民的棚屋，时值冬天，农民们都在家里。夜里四点，他把农民们叫醒，答应他们要多少报酬就付给他们多少，结果动员了六个或八个人打着火把陪着他上路。快走到树林时，仆人大喊一声："我们有救了！"于是一行人都异常兴奋。对于待在树林里的人来说，简直冷得让人难以忍受。农民们照料着马，领着阿尼奥洛大人一行回到村里，虽然已冻得半死，但很快就恢复过来。阿尼奥洛把这一奇迹归功于他的乐善好施和祈祷，这肯定是仁慈的上帝创造的奇迹。

阿尼奥洛大人还讲过一件事。有一次，他在法兰西过一条涨水的河时，走到河汊处卡住了，既不能前行，也不能后退。这是怎么回事他不知道，但上帝帮助了他们，他和一行人在眼看就要淹死的情况下到达了对岸。他总是把这看作又一个奇迹。

在复活节圣周开始时，他去了加尔都西修道院，参加了所有的宗教仪式，星期六回到佛罗伦萨，参加民众举行的复活节庆祝仪式。他担任大使到法兰西国王①那里，签署了一份对佛罗伦萨非常有利的条约，当时佛罗伦萨被国王阿方索逼入了困境。他在法兰西期间，国王查理送给他一张价格昂贵的银餐桌，配备有豪华的器具，但阿尼奥洛只接受了两个银瓶，把其余的都还了回去。这两个银瓶他后来送给了米兰公爵弗朗切斯科，他对这位公爵非常尊重，二人是在一块儿长大的。

佛罗伦萨人为了帮助公爵弗朗切斯科当上米兰公爵，与威尼斯人打了一仗，威尼斯人拒绝遵守协议的规定，要打一仗让他们反省一下。这时，受雇于蒙特费拉托侯爵的一些威尼斯士兵顽强抵抗（蒙特费拉托侯爵的领地与米兰领土毗连），骚扰米兰周围的乡村，造成了很大损失，干了很多丢人现眼的事。他们商议如何才能最有效地煞一煞威尼斯人的威风，让他们待在自己的边界之内，公爵和佛罗伦萨执政团都觉得最好派阿尼奥洛大人担任大使，到普罗旺斯

296

① 查理七世。——英译者注

去找国王勒内，劝勒内率领一支能集合起来的最强大的军队，进入伦巴第支援公爵弗朗切斯科。他们还向勒内说明，如果勒内能这样做，他在那不勒斯的利益可以考虑。

阿尼奥洛在乔瓦尼·科夏的陪伴和帮助之下抵达普罗旺斯，向勒内说明参与援助公爵弗朗切斯科可能得到的好处，但他发现国王不愿到意大利冒险。不过阿尼奥洛凭借其谨慎和劝导，成功地向国王展示出一幅收获甚丰的诱人前景，结果勒内率领一支大军出发了，这支军队十分强大，足以让蒙特费拉托侯爵清醒过来，侯爵不得不在同意和丢掉国家之间做出选择。凭借这一协议，公爵弗朗切斯科得以从严重的困境中脱身，因为威尼斯人开始担心他们自己的安全。

国王勒内的军队与公爵弗朗切斯科的队伍兵合一处，在桥村突袭了敌人，立即斗志昂扬地登上城墙进入城里。实际上这些法兰西人不害怕任何危险。[①]威尼斯人不得不撤退到两军之间的一个阵地，
297 要不是公爵弗朗切斯科由于佛罗伦萨没有付钱而手头紧，威尼斯人就有危险了。国王勒内出兵，公爵弗朗切斯科因而得救，这都是由于阿尼奥洛大人帮了大忙。

在国王勒内这件事之前，永远也安定不下来的公爵菲利波[②]曾

---

① 这件事发生在 1453 年。韦斯帕夏诺隐瞒了勒内战役的恐怖性。勒内的军队主要由法兰西和勃艮第的恶棍组成，由于英格兰战争的结束而腾出了手。占领桥村以后，他们见人就杀，无论是男人、女人还是儿童。斯福尔扎的军队试图平息他们的怒气，也遭到他们的攻击。这一时期，意大利的战争基本上是一种战术威胁，把流血控制在最低限度。而勒内雇佣军的野蛮行径让威尼斯人感到恐惧，于是匆忙逃走，把战场完全交给了斯福尔扎的军队。勒内的士兵对杀人比对打仗更有兴趣，一入冬他们就叫嚷着要回家，于是意大利就没有了他们的踪影。参见马基雅维利:《佛罗伦萨史》，第 315 页；西斯蒙第:《意大利共和国》，第 9 卷，第 423 页。——英译者注

② 菲利波·玛利亚死于 1447 年。韦斯帕夏诺在这里又退回到大约十年以前，因为皮奇尼诺死于 1444 年。这里也许指的是 1440 年皮奇尼诺向佛罗伦萨进军，以及他在安吉亚里的失败。——英译者注

派尼科洛·皮奇尼诺去攻打佛罗伦萨人，这时佛罗伦萨只有吉安·帕格洛麾下一支队伍，其他都没有。尼科洛率领一支大军兵临城下。阿尼奥洛大人去了费拉拉，寻求公爵博尔索的援助，回来的时候发现伦巴第这条路受阻，于是就去了罗马涅，得到法恩扎的圭达科大人以及罗马涅其他领主的援助，得到一支强大的骑兵与步兵。有了这支军队，再加上阿尼奥洛的影响力，他拯救了佛罗伦萨的自由，当时佛罗伦萨已陷入险境。

这时，佛罗伦萨人与威尼斯人是盟友，每天都受到公爵菲利波的攻击，所以他们决定派大使到米兰，阿尼奥洛是其中之一，公爵和他非常熟识。他们一到米兰，公爵确定了一个接见他们的日子，想了解一下他们的来意。

公爵非常热情地接待了阿尼奥洛，他认识阿尼奥洛，也尊重阿尼奥洛，但威尼斯大使却受到了冷遇，既没有给他本人面子，也没有给他的国家面子。只要是两位特使一起去拜见公爵，他们就遭到拒绝，但阿尼奥洛一个人去拜见时，马上就得到允许。公爵不喜欢威尼斯人拘礼的样子，喜欢阿尼奥洛的从容大方，那是阿尼奥洛从小就与受过良好教育的人打交道时学会的。那个威尼斯人一再受到怠慢就失去了耐心，而阿尼奥洛则经常与公爵在一起。公爵菲利波本能地憎恨威尼斯人，因为他的很大一片领地被威尼斯人占据着，所以他不知道如何掩盖他的不满。

威尼斯大使等待了多日，始终没有机会与公爵商谈他的使命，公爵只通过一名手下的官员与他沟通。大使返回了威尼斯，讲述了公爵菲利波对他的冷落，这既是对元老院的冷落，也是对他本人的冷落。但阿尼奥洛在佛罗伦萨却可以大谈公爵对他的极大尊重，他 298
每一次出使外国都受到同样的礼遇。

　　教皇尤金离开佛罗伦萨的那天上午[1]，人们就是否允许他离开一事进行了激烈辩论。威尼斯人想阻止他回到罗马，但政府的大多数人还是想让他走，其中有阿尼奥洛大人，他与教皇很熟，另外还有帕多瓦的弗朗切斯科大人，他与教皇在一起。人们用了一整夜的时间来讨论这一问题，最后一致决定让教皇走，他想什么时候走都可以。

　　第二天一大早，阿尼奥洛大人被派去通知教皇，教皇正在等待着消息。阿尼奥洛在新圣玛利亚遇见弗朗切斯科大人，弗朗切斯科问阿尼奥洛他们是不是囚徒。阿尼奥洛回答说不是，要是囚徒的话就不会派他来了，而是会派另一个想扣留他们的公民来。

　　教皇什么都知道，已经册封阿尼奥洛为骑士了，阿尼奥洛也依照惯例发了誓。教皇感谢了阿尼奥洛和执政团，然后与教廷一起上马去了锡耶纳。他走的时候对佛罗伦萨没有好感，他已经与阿方索和公爵菲利波结了盟，佛罗伦萨人似乎觉得自己身陷险境，所以就派阿尼奥洛到锡耶纳去平息尤金的怒气。

　　阿尼奥洛与教皇和枢机主教们在一起待了很长时间，尤其是和圣十字枢机主教在一起待的时间长（圣十字枢机主教是加尔都西修道会的），和萨尔扎纳的托马索大人在一起待的时间也很长。他的调解很成功，安抚了教皇，主要凭借圣十字枢机主教的帮助，圣十字枢机主教深得教皇信任。

　　这一使命完成以后，阿尼奥洛回到佛罗伦萨，教皇回到罗马，不久以后就死了。[2]教皇尼古拉接替了他，阿尼奥洛和尼古拉也很熟。阿尼奥洛·阿恰约利、詹诺佐·皮蒂、亚历山德罗·德利·亚历山德里、詹诺佐·曼内蒂、内里·迪·吉诺·卡波尼、皮耶罗·迪·

---

[1]　1443 年 3 月 7 日。——英译者注

[2]　1447 年。——英译者注

科西莫·德·美第齐当选为大使，向新教皇表示效忠。他们带着一百二十匹马来到罗马，受到整个教廷的隆重接待。教皇对阿尼奥洛大人极为信任，派他出使法兰西国王，处理与教廷有关的一些事务，阿尼奥洛完成了任务，教皇感到满意。阿尼奥洛这时享有了国家能给予他的所有荣誉，担任外交大使出使过所有的主要国家，好几次在战场上担任特派员。 299

公爵弗朗切斯科拥有了米兰①之后，答应教皇庇护援助国王斐迪南打击公爵乔瓦尼。阿尼奥洛大人经常到米兰担任特使，这一次又被派到那里。公爵弗朗切斯科决意在这一王国执行这个花费昂贵的计划，但他的很多顾问反对这样做。连对他很有影响力的比安卡夫人也反对他这样做。

有一天，公爵召开会议，比安卡夫人也在场。公爵就是否应该派一支远征军到那不勒斯王国征求意见，遭到大家的一致反对，比安卡夫人比任何人的反对态度都更坚决。阿尼奥洛一看会议达成了一致意见，就什么也没有说。

大家都发过言之后，公爵转身对他说："只剩下你我二人没有发言了，你怎么看？"阿尼奥洛说："这么多高人意见一致，我哪敢再说一句？但我想说说我自己的看法，然后殿下请便。我有多种理由可以说明，公爵弗朗切斯科所做的一切都是为了国家利益，也是为了整个意大利的利益，这次远征不应该放弃。将来可以证明，这样做既对米兰有利，也对国王斐迪南有利。威尼斯人就在边界附近，大家知道他们是多么强大的敌人。我强烈建议，为了保卫这个国家，为了你们子孙后代的利益，你们应该奋力保护国王斐迪南，使

① 菲利波·玛利亚死于1447年，但其女婿弗朗切斯科·斯福尔扎直到1450年才得到这一公国。韦斯帕夏诺在这里继续讲述1459—1464年间的事。——英译者注

他免遭公爵约翰的攻击，恢复王国的和平秩序。我还建议国王、佛罗伦萨人和公爵殿下结成同盟，没有其他办法能保护盟国的安全。既然已经有了一条关系的纽带①，每一方都要为大家共同的利益而努力。"

300　　　阿尼奥洛这样奋力辩护，是因为他知道这是在表达公爵的意思，也因为这样做对国王有利、对佛罗伦萨有利。公爵显然打算照阿尼奥洛说的去做，但仍有很多人持异议，对公爵马上同意阿尼奥洛的意见感到不快，而且那些拥护公爵乔瓦尼的人对他待在米兰感到不满。但阿尼奥洛待在那里对国王是最大的帮助，因为阿尼奥洛支持公爵弗朗切斯科援助国王的想法，尽管遭到米兰和佛罗伦萨一些派别的反对。

　　国王斐迪南对阿尼奥洛非常感激，他绝不是忘恩负义之人，把一个名叫夸兰托的庄园给了阿尼奥洛，这个庄园以前就属于阿恰约利家族。在1466年发生动乱②之前两年，阿尼奥洛派他儿子雅各布去了那里。

　　阿尼奥洛在米兰一直待到国王收复了他的大部分领地。然后，家人考虑到国王斐迪南的情况，劝他回到佛罗伦萨。他听从了劝告，结果回去后才发现这是错误的。就在这时，阿雷佐主教区出现了职务空缺。他有个儿子名叫洛伦佐，一个举止彬彬有礼的小伙子，从小就注定当神职人员。既然这个主教职务空缺了，他就想为洛伦佐得到这个职务，因为教皇庇护知道他的大名，也因为这时卢卡的雅各布大人在教皇家，雅各布大人是枢机主教，在教皇面前说话很有分量。另外，雅各布大人曾住在阿尼奥洛家里，为他儿子洛

----

① 1465年，斐迪南的儿子阿方索娶了弗朗切斯科·斯福尔扎的女儿伊波利塔·玛利亚。——英译者注

② 皮耶罗·德·美第奇与卢卡·皮蒂及其追随者之间的斗争。参见西斯蒙第：《意大利共和国》，第10卷，第290页。——英译者注

伦佐担任家庭教师。

　　阿尼奥洛受到教皇和卢卡枢机主教的青睐，本来是可以得到这一圣职的，如果不是科西莫·德·美第奇提名其亲戚菲利波的话。在这一节骨眼上，教皇不知怎么办才好。科西莫身为阿尼奥洛的朋友和亲戚，坚决要求提名菲利波。不过他答应阿尼奥洛，佛罗伦萨下一次出现主教职务空缺，就把这一职务给洛伦佐，阿尼奥洛为了息事宁人就同意了。

　　此事过后不久，比萨大主教死了，阿尼奥洛马上就去找科西莫，科西莫提议让洛伦佐担任阿雷佐主教，将菲利波晋升为比萨大主教。于是二人发生了激烈争吵。阿尼奥洛务必要为儿子得到主教职务，他非常生气，失去了耐心。看到他这一态度，反对他的人比支持的还要多。他逢人便发泄不满，在气头上所说的一些话被人歪曲后传到了科西莫的耳朵里，这些不正常的话语后来把他毁了。

　　和宗教事务有牵连的人，如果不走正道，就会遇到大麻烦，从这件事上可以看出来。阿尼奥洛怒火中烧，咽不下这口气。就在这时（1464 年），科西莫死了，佛罗伦萨立即分裂为两大派：一派以卢卡·皮蒂为首，一派以皮耶罗·迪·科西莫·德·美第奇为首。人人都守护自己的一派，每个人的名字都写了下来。这把佛罗伦萨给毁了，因为两派都有地位高的人。

　　阿尼奥洛依然愤愤不平，亲朋好友都劝他加入卢卡大人[①]这一派。这时，阿尼奥洛离开佛罗伦萨已经有很长时间了，不知道城里民主政体的阴谋诡计。这样，他架不住别人纠缠，就把赌注压在卢卡大人身上，加入了这一派，很久以前这一派曾把他流放到凯法洛尼亚岛。说服他的是他一位亲戚与好友，此人向他证明他们这一派肯定能掌权（但在这一问题上他犯了错误），有六百公民支持卢卡

301

———————————

① 卢卡·皮蒂。——英译者注

大人，并向阿尼奥洛展示了他们的签名。经这些人规劝，加上他自己强烈不满，他就走上了绝路。

　　1466 年，每一派都拿起了武器。但之后不久，两派之中皮耶罗这一派显然占了上风，于是卢卡派开始败退。他们听说皮耶罗派就要与执政团谈判了，就感到十分沮丧。

　　一天晚上，皮耶罗叫阿尼奥洛去开会，请他调停两派的争端。阿尼奥洛大人以为问题的解决已经有了眉目，就说他会尽力而为，

但如果再次出现危机，他就袖手旁观。实际上阿尼奥洛被蒙在了鼓里。他想走一条直道，避免一切争端。

　　召开会议的事安排已毕。卢卡派放下了武器，处在对手的摆布之下。依照上帝的意愿，灾难在没有先兆的情况下就降临了。我认为，对圣洁的事物困惑不解、忽略职责可能是出现问题的原因。两派首领在圣餐盒到来之前一起去领受圣餐。神父把圣饼掰碎，每个人拿起一小块，以此承诺大家采取共同行动，将来决不搞任何阴谋。这一协定是怎么遭到破坏的我不知道，但破坏协定的人肯定会遭到惩罚。执政团开完会，巴利阿八人委员会推选出来之后，卢卡大人的追随者发现他们完了。

　　阿尼奥洛到最后都一直守信用，直到确定了议会的组成，他才知道是怎么一回事。这件事有很多东西可写，但我觉得还是就此搁笔为好，因为说实话的人常常遭到非难。我只是强调阿尼奥洛大人是无辜的，因为他不知道自己在干什么。

　　一天早上，我见他在吃饭，心里非常不安。他想吃但吃不下，对事态的发展趋势非常担忧。他诅咒那些劝他离开米兰的人，他在米兰过得平静而幸福。他还说，他被卢卡大人一派的人欺骗了，他们说有六百多支持者，但他从未遇到过任何曾经见过一个支持者的人。

　　听他这么说，他显然是无辜的。事情既然如此，他就离开了佛

罗伦萨，和一位朋友尼科代莫先生在一起过夜。尼科代莫先生马上鼓励他，说肯定没有一个人认为他有错。他让阿尼奥洛在那里等着，他去向皮耶罗解释阿尼奥洛的无辜，皮耶罗一旦知道阿尼奥洛从来都没有反对过他，肯定不会让阿尼奥洛遭遇不幸。尼科代莫先生还让阿尼奥洛不要声张，等他摸清皮耶罗的意图之后再说。后来，皮耶罗常说，阿尼奥洛要是听了尼科代莫先生的劝告，根本就不会遭到流放。

但阿尼奥洛却担心会出事，那天夜里就离开了尼科代莫家，抄   **303** 他非常熟悉的小路去了加尔都西修道院。我从很多可靠的人出示的证据中得知，如果阿尼奥洛等到尼科代莫从皮耶罗那里回来，他是绝对不会遭到流放的，因为就在皮耶罗去世二十天之前，他还与政府首脑商谈阿尼奥洛的无辜问题。国王斐迪南的特使马里诺大人也从中干预，大家普遍希望把阿尼奥洛召回来。这件事悬而未决的时候，皮耶罗病死了①，由于没有人过问阿尼奥洛的事，事情也就没有了下文。这一切都证明阿尼奥洛是无辜的。

阿尼奥洛去了巴莱塔②，在那里收到其他佛罗伦萨流放者的来信，劝他返回。他当然想回去，就离开巴莱塔前往那不勒斯。国王斐迪南接待了他，劝他眼下先待在边境之外。③为回应一些书信和个人发出的邀请，他去罗马觐见教皇保罗。第一次给他出馊主意的人，又成为他第二次犯大错的祸根，这些人用貌似有理的理由劝他

---

① 1469 年。马基雅维利在《佛罗伦萨史》第 356 页说道："皮耶罗悄悄派人去找阿尼奥洛·阿恰约利，他们仔细考虑了佛罗伦萨的状况。皮耶罗如果没有死，他肯定会把所有遭到流放的人都召回来，挫一挫城里人的傲慢与威风。"——英译者注

② 他和家人被流放到巴莱塔二十年。——英译者注

③ 皮耶罗死之前，阿尼奥洛肯定在那不勒斯，因为马基雅维利提到二人之间有书信往来。参见《佛罗伦萨史》，第 349—350 页。——英译者注

去罗马，说这样才能恢复他的名誉。他让这些人的空洞话语牵着鼻子走，而他要是保持沉默，可能很快就会被召回，对他谋反的指控就会被撤销，其财产也就能保住了。第二次犯错误之后，事态的发展与给他出主意的人的预料正好相反。他要是听从国王的劝告，不跨过边境该有多好。他后来认识到自己的错误，不该相信那个第一次给他出馊主意的人。

304　　离开罗马以后，他碰见了贝加莫的巴尔托洛梅奥的军队。他熟悉兵法，更清楚地认识到自己受了骗。到达威尼斯之后，出馊主意的人又来看他，问他情况怎么样，他回答说："你要是让我待在那不勒斯，我的情况会非常好。"很快又有新的灾难降临到他头上：他被宣布为叛乱分子，在佛罗伦萨的全部财产都被没收。与此同时，国王斐迪南告诉他，由于他越过了流放地的边界，以前给他的在那不勒斯王国的庄园夸兰托要被收回。国王解释说，这样做是必须的，因为他与佛罗伦萨之间有协议。

　　这样，这个不幸的人在佛罗伦萨和那不勒斯的所有财产都被剥夺了。他漂泊了很长时间，最后决定想办法摆脱困境。所以，他把自己托付给上帝，托付给国王斐迪南，他以前为斐迪南效过犬马之劳，于是就决定去那不勒斯，求国王在他身陷困境时不要抛弃他。

　　他一到那不勒斯，国王就想起他以前的效劳。他给阿尼奥洛每个月二百达克特的报酬，这可以使他过上体面的生活，保持他祷告和施舍的习惯。他不再关心国务，每天早上和晚上都在加尔都西修道院做礼拜。他把所有的时间都用在礼拜活动上，承蒙天恩找到了正道。

　　我认为，他的祷告、斋戒和礼拜活动，正是上帝最后给他这一恩典的原因。摆脱了尘世间的一切烦恼之后，他找到了属于自己的生活方式。他发烧病倒了，马上就去从事适合真心悔罪者的一切活动。他做教会规定的所有圣事，在上帝面前声泪俱下地表示悔罪，抓住耶稣受难像一命呜呼。

　　我写下的有关阿尼奥洛大人的生平事迹，一部分是我亲身经历的，一部分是我从可靠的人那里听来的。我写他生平的目的，是让所有的读者在看到阿尼奥洛命运变化时要学会保持低调，不要贪心不足。

阿尼奥洛·曼内蒂　　　　　305

　　阿尼奥洛是詹诺佐·曼内蒂的儿子，在詹诺佐的管教之下长大成人。他精通希腊语和拉丁语，他父亲想让他在年轻时就掌握这两门语言，父亲还想让他会用拉丁语、希腊语和希伯来语写作。他学得非常好，拉丁语写作能力超过了大多数与他同龄的年轻人，希伯来语写作能力和一个犹太人一样，这个犹太人经他父亲劝说接受了洗礼，取名为焦万·弗朗切斯科，是当时最优秀的希伯来语作家。阿尼奥洛经常用希伯来语写诗，那个犹太人也写得和他一样多，没有谁能分得清哪个写得更好。谁用希腊语写作都比不过他，他在十二岁的时候就已经掌握了这些语言。他父亲从来都不让他浪费时间。他生性好学，具有非常敏捷的智力，常常一口气写两个小时。

　　詹诺佐大人把他培养成一个好学生之后，还想让他了解公共事务。阿尼奥洛十三岁时，父亲就开始在执行各种公务时带着他，所以他从小就具有这方面的经验，超过了当时的任何一个年轻人。他生性不喜欢摆架子，说话不多，每说一句话都慎重考虑。他能言善辩，决断迅速，善于出主意，知识面广，能谈论任何话题。

　　他到好几个教皇、国王和皇帝的宫廷里拜访过，游览过威尼斯和意大利的其他所有地区，走到哪里都受到欢迎。他十四岁时，父亲担任皮斯托亚的（人民）首长，在教皇尼古拉当选后被派到罗马，父亲就把阿尼奥洛留在皮斯托亚代理他的职务。他留下来代理了两个月，直到父亲回来。阿尼奥洛只是一个毛头小伙儿，居然表现出如此的判断力和谨慎，人人都认为是个奇迹。

他的作品优雅流畅，但他父亲的不幸遭遇让他失去了广泛学习的机会，因为无论詹诺佐走到哪里，儿子总是陪伴着他。他很快就感受到厄运的打击。詹诺佐遭遇到各种灾难之后过早地死去，家里的所有负担都落到阿尼奥洛身上，他就没有多少时间学习文学了，但他还是把空闲时间都用来阅读。

父亲死后，他被迫去了那不勒斯，因为家里的部分财产在那里。他好几次面见国王，申诉对他的不公，请国王给他出主意。他还在议会上言辞激烈地陈述自己的情况。这件事几次提交给国王和议会之后，议会做出了对他有利的裁决，他的做法赢得了广泛认同。但他与大总管打过交道之后，国王拒绝马上批准他的申诉，叫他耐心等待。

有一天，国王离开那不勒斯到乡下打猎，阿尼奥洛了解到情况之后就跟着他，然后当着一些绅士的面陈述他的冤情。国王很难为情，不知如何回答是好，说一回到那不勒斯就满足他的要求。阿尼奥洛像他父亲一样精神高尚，不愿为了得到一点好处而无端地向别人屈服。

他绝对是城市政行官员中最年轻的，看到他履行职责时绝非新手，所有的人都感到吃惊。他做决定时显示出一种很少人具有的能力：他会耐心听取双方对一个问题的看法，然后毫不犹豫地做出决定。他经常被召去解决商业纠纷和申诉。他的裁决令人钦佩，因为他非常熟悉商业，算术非常熟练。

有一次，我遇见一个公民，他曾与阿尼奥洛商量继续起诉问题，也就是起诉他的一个亲戚，已经起诉了十四年但一直没有解

决，尽管已经提交到仲裁人那里好几次了。阿尼奥洛是被推选出来
解决这一起诉问题的人之一。这位公民去拜访阿尼奥洛，阿尼奥洛
并没有像很多人那样用笼统的话语处理这一问题，而是这样说："到
我办公室来。"然后他拿出笔、墨水、纸，让那位公民把要说的话
说完，他把这些话都记下来。随后他们去找仲裁人，阿尼奥洛向仲
307
裁人说明了这位公民及其对手的所有理由。于是争执双方被叫来陈
述各自的情况。最后，由于阿尼奥洛对这件事操了不少心，大家同
意由他来定夺，而且其他人全都乐得卸掉这个包袱。阿尼奥洛把这
件事处理得非常好，他的裁决双方都满意，以后再也没有人提过这
件事。这一案子牵涉好几千弗罗林，要不是阿尼奥洛仔细、勤勉，
这事根本就办不成。这位公民是阿尼奥洛·阿恰约利的一个表亲，
他让全城人都知道了阿尼奥洛大人为他做的这件事。

　　他是阿尼奥洛·阿恰约利的好友，阿恰约利非常重视他的判断。
阿恰约利要是听从曼内蒂给他的高见该有多好，那样的话他是绝对
不会遭到流放的。曼内蒂确实预料到阿尼奥洛所采取的方针会把他
毁掉，但人有时候是在违背自己意愿的情况下被迫毁掉自己的。

　　阿尼奥洛·曼内蒂在城外没有担任过任何职务，除了在坎皮利
亚之外，他在那里干得非常出色。那是战争期间，他令人满意地解
决了很多争端。坎皮利亚和皮翁比诺搭界，双方经常发生争执，所
有这些争执都是阿尼奥洛帮助解决的，所以他走的时候这一地区秩
序良好。为处理这些争端，他与皮翁比诺领主多次见面。领主经常
说，他身边要是有个像阿尼奥洛这样的人，他就不用担心自己的国
家了。官员们总是与领主及其手下的人不和，阿尼奥洛总是与他们
保持良好关系，与公社以及领主的下属保持良好关系，与领主本人
也保持良好关系。

　　政府首脑们发现阿尼奥洛人品仪表都很出众，可以胜任重要事
务，就决定派他和多纳托·阿恰约利一起出使法兰西，找国王路易

要回一些佛罗伦萨货物，这些货物在国王陛下的一个港口被没收了。[①]国王非常喜爱多纳托，就给了他一份委托书，让他在郎格多克领取现金，共有三万弗罗林，直到归还所有的货物。

308

这份委托书生效几年之后又被撤销了，伟大的君主们都是这样经常变卦。持有委托书的人觉得奇怪，就请求执政团派使团去询问，于是执政团就征求多纳托·阿恰约利的意见，问他派谁去合适。多纳托回答说，如果阿尼奥洛·曼内蒂愿意去，他就是最合适的人选。

多纳托推荐阿尼奥洛有很多理由。阿尼奥洛是贵族出身，有个非常著名的父亲，拉丁语讲得和母语一样漂亮，在各门类的公共事务方面都有特殊才能，领悟能力强，表达意思清楚。他上路时很排场，带着马匹和仆人。国王对大多数陌生人都很傲慢，但接待阿尼奥洛却最为客气。阿尼奥洛这一使命完成得非常好，赢得了国王的好感，就像多纳托那样。最后委托书又重新生效，在国王的有生之年都可以收款，以满足商人们的要求。委托书这一生效，对每个人来说都是个意想不到的成功。

政府听说他把事情办成了，又听说国王路易非常器重他，就以佛罗伦萨人民的名义下令让他重新当选两个月，就局势问题每天提出建议。执政团立即给他写信，给了他详尽的指示。对于那些给执政团写的书信，他的回复显示出正确的判断力，被认为极有价值。现在阿尼奥洛摸透了国王的脾气，国王性情古怪，疑神疑鬼，怕别人知道他做了什么事，走路都要小心翼翼，随时做好准备，以免出现麻烦事，实际上差不多每天都会出现麻烦事，依据国王的情绪而定。

阿尼奥洛到达之前不久，教皇的大使到了，等了两个多星期才

[①] "多纳托·阿恰约利传"中说这些货物是被海盗夺走的。——英译者注

得以觐见国王，因为国王怀疑他和勃艮第公爵①关系友好。有一天，国王当着很多廷臣的面接见了教皇特使。特使说，他是教皇派来的，一路上翻过山、踏过冰雪，遇到了很多障碍。国王很奇怪地回答说："你在路上吃苦受累我很高兴，我相信你是勃艮第公爵的忠实仆人。"然后国王转身离开了他，再也没说一句话，于是大使觉得国王疑心重，让他受到不公正的非难。对于国王路易来说，任何人也无法说服他改变成见。

　　阿尼奥洛从其他大使那里听说国王这样阴阳怪气，就对佛罗伦萨的荣誉和利益感到担心。他给执政团写信，说他不宜在法兰西继续逗留下去了，他已经完成了任务，把他召回去有好处，回去以后他会详细说明他提议这样做是最明智的。于是执政团马上就把他召回了。

　　但有个佛罗伦萨人不希望阿尼奥洛载誉而归。回来以后，阿尼奥洛说明了他要求召回的原因，也就是国王情绪反复无常，对任何鸡毛蒜皮之类的事也疑虑重重。大多数人都赞同他的做法，找不到指责他的理由，因为他效仿父亲的做法，直奔目标而去。他一旦拿定主意，很难让他做出改变，他应该位居我们最优秀的公民之列，越来越显示出高尚、慷慨的性格。

　　他回来以后立即投入文学活动，但这时佛罗伦萨陷入了混乱，大家担心与教皇和国王斐迪南的战争。在这两个强大君主的攻击之下，佛罗伦萨人已经失去了好几个设防的城池，而且每天都失去更多，坎皮利亚也有失守的危险，这里地处偏远，居民都是科西嘉人和无法无天的人。阿尼奥洛曾在坎皮利亚担任过政行官员，现在仍有很大的影响力，所以巴利阿十人委员会又把他派到那里，赋予他全权，给了他证书，说他的话必须听从，他就像执政团一样。

_____

①　大胆的查理。——英译者注

310 　　阿尼奥洛一到坎皮利亚，马上就知道该怎么做了。他把一切都安排得井井有条，把民众治理得俯首帖耳，这种情况以前佛罗伦萨从来都没有见到过，全凭他的善意和智慧。阿尼奥洛就这样拯救了这个地方。但厄运来袭，瘟疫爆发了，他家里很多人都死了。阿尼奥洛觉得他要是离开，就会让这里陷入危险之中，所以他决定留下来。但他很快就染上了病，为国捐躯了。他一死，佛罗伦萨几乎就找不到像他这样的人了，也就是像他这样有能力、像他这样正直、可以派到国外去保护自己利益并处理国内事务的公民了。

皮耶罗·德·帕齐

　　安德烈的儿子皮耶罗大人出身于佛罗伦萨贵族帕齐家族，精通拉丁语，但对希腊语几乎一窍不通。他不热心学习是因为他是个长相英俊的小伙子，热衷于吃喝玩乐，没有多少心思学习。他父亲是个商人，和那些不学无术的人一样，认为学习没有什么益处，不想让儿子把时间花在学习上。他已经决定让皮耶罗经商了。

　　有一天，尼古劳·尼科利在行政长官府邸附近碰见皮耶罗大人。尼古劳·尼科利在节制和道德方面就像是苏格拉底和卡托①的混合体。他以前从未和皮耶罗说过话，这次见到皮耶罗后说话了，因为皮耶罗是个很有魅力的小伙子。尼古劳是个大名人，皮耶罗立即走到他跟前，尼古劳就问他是谁的儿子。小伙子回答说，他是安德烈·德·帕齐大人的儿子。尼古劳又问他的职业，皮耶罗学着年轻人的样子回答说："我过得很愉快。"尼古劳对他说："你是这样一位父亲的儿子，又长得一表人才，不学习拉丁语是一种耻辱，学习拉

────────

① 罗马政治家、监察官，旧译（老）"加图"。——中译者注

丁语会让你成为一个文雅的人。荒废了学业，你就得不到尊重，过了风华正茂的年纪就成了个废物。”

皮耶罗大人听到这话，马上就明白了其中的意思，知道尼古劳说的是实话，于是就回答说，他一找到教师就马上开始学习，如果尼古劳能在这方面给他出主意的话。尼古劳让皮耶罗把这事交给他，他去找教师、书和其他所需要的一切。皮耶罗意识到好运气来了。尼古劳为他送来一位很博学的老师名叫蓬塔诺①，一位优秀的希腊语和拉丁语学者，就住在皮耶罗家里。蓬塔诺在这里很受尊重，皮耶罗为他提供了一个仆人，年薪一百弗罗林。

311

皮耶罗发誓放弃了以前那种挥霍无度、寻欢作乐的生活方式，全身心地投入学习，夜以继日地学。皮耶罗是个头脑敏捷的年轻人，在短时间内很快就熟练掌握了拉丁语。通过与蓬塔诺交往，他结识了城里的头面人物，尤其是科西莫的儿子皮耶罗，皮耶罗最为喜爱他。帕齐家族已家道中落，被课以重税，因为据说他们家富有，以前他们家确实有钱，现在却捉襟见肘。

皮耶罗·德·帕齐与皮耶罗·德·美第奇现在友情甚笃，导致两家联姻，古列尔莫·德·帕齐娶了皮耶罗·德·美第奇的女儿比安卡。要不是这两个皮耶罗之间的友谊，就绝不可能有这桩婚事。凭借这层关系，帕齐家恢复到原来的地位，又能够缴税了，要是没有这桩婚姻这是绝对不可能的。可以这么说，这一联姻恢复了他们家原来的安定富足。要是皮耶罗大人还活着，后来毁掉他们家的那场灾难就绝不会发生，皮耶罗是他们家最谨慎的成员。

皮耶罗大人是个情操高尚、慷慨大方的人，总是为朋友帮忙。

---

① 著名的人文主义者，阿方索二世的朋友，那不勒斯书院创始人。在那不勒斯奥利韦托山上的一座陵墓上，马佐尼将他雕刻成夜间与耶稣谈话的法利赛人尼哥底母。他死于 1503 年。——英译者注

他是这一显赫家族的主人，经常款待八位或十位客人在家吃饭，全是城里有学问、有教养的年轻人。共和国很器重他，给了他很多荣誉，既有国内的也有国外的。他担任的第一个让他显露才能的职务是议会议员，他在议会发表了一场精彩的演讲"论正义"，城里所有受过教育的人以及头面人物都去听了。他当正义旗手的时候，很快就显示出他的拉丁语没有白学，这一职务他履行得非常出色，得到全城人的普遍赞扬。

312

路易①继任法兰西国王的时候，整个意大利都派使团前去祝贺，佛罗伦萨人派了菲利波·德·美第奇大人、比萨大主教、博纳科尔索·皮蒂、皮耶罗·德·帕齐大人。我敢断言，在我这一辈子，没有见过一个大使离开佛罗伦萨的时候像皮耶罗大人那样器宇不凡，没有像他及其随从那样穿戴的盛装华服和珠宝，也没有那样仪态万方的马。能够做到的一切他肯定都做了。执政团希望他骑着马穿城而过，让大家看看如此壮观的场面，这样的排场他们以前从来没有见到过。多纳托·阿恰约利请求陪着皮耶罗去，随身带着他写的《查理曼传》，想把它呈献给法兰西国王。

皮耶罗凭借他的贵族出身、堂堂仪表、博学和能言善辩，受到国王陛下及其整个宫廷的隆重欢迎。一路上他威仪非凡，每天都换一次或两次豪华服装，其随从也全都如此。多纳托·阿恰约利也由于其显赫的家族背景而受到厚待，他有才华，名气大，国王及其宫廷都知道他。国王陛下有一天举行庄严的仪式，册封皮耶罗大人为骑士，宫廷之中所有的贵族和各国大使都出席了仪式，给了他以及他的国家非常高的荣誉。授爵仪式结束之后，一大队贵族、绅士和大使陪着他回到寓所。

皮耶罗如此英俊潇洒，满载着大家普遍的尊重和赞誉，完成了

---

① 路易十一，1461 年。——英译者注

到法兰西国王那里担任大使的任务后回到佛罗伦萨。他一进城，所有的要员都出来迎接，城里喜气洋洋，欢迎一个由于生性慷慨而受到广泛爱戴的人归来。城里的街道上和窗户里挤满了看热闹的人，大家都等待着他的到来。他和一行人全都穿着漂亮的新衣服，丝绸斗篷，袖子上缀着价格昂贵的珍珠。以前没有任何一位骑士进入佛罗伦萨时有这么排场，这为他的家族带来了极大的荣誉。

313

依照习俗，皮耶罗在宫门前下马，然后进入执政团大厅，接受了一面旗帜，那是以骑士身份回来的人应该得到的。从宫里出来以后他又上了马，来到教皇党区接受党旗，在那里见到皮耶罗·阿恰约利，阿恰约利用意大利语向等在那里的一大群人发表了精彩演讲。演讲结束以后，教皇党旗和宫旗展开，他在人群的陪伴之下回到家里，家里举行了盛大宴会，一连几天房门大开，以前从来没有一位公民像皮耶罗这样风光过。

从来没有人指责他像很多人那样贪财，他倒是有点挥霍，花钱大手大脚，这应该时常受到指责而不是赞扬。凡是向他要钱物的人，没有一个空手而归。他父亲死后，兄弟几个分家产的时候——萨尔维亚蒂及其他亲属也都有份——大家发现皮耶罗已经花掉了一万两千弗罗林，而且拿不出任何凭证。大家决定，花掉的这笔钱应该由他偿还，因为他花钱时一掷千金。大家同意，安德烈大人去世之前，皮耶罗本人及其全家人的花费由他自己出。家里的钱财滚滚而来，这诱使他铺张浪费，很多喜欢挥霍的人都是这样。他花掉的所有或大部分钱，都是像世人那样以阔绰的方式花掉的。

皮耶罗大人有独特的天赋。他智力高，有最强的记忆力。一个证据是他能把维吉尔的《埃涅阿斯纪》全部背下来，能把李维的很多演讲词背下来，那是他在一个名叫特雷比奥的地方单独散步时记下来的。特雷比奥是分给他的一座庄园，每年能带来五百弗罗林的租金。这些地方他还有很多财产，是别人为他保住的，他本人花钱

314　如流水。他经常与几个孩子的家庭教师一起散步，回到佛罗伦萨，
也回菲耶索莱和圣基门蒂，在路上背诵普鲁塔克的名著。他诗歌与
散文朗诵得非常好，他知道如何控制声音和胸腔，他的胸腔发育良
好。他要是像其他很多人那样，不把时间浪费在无用的事情上，而
是用来学习拉丁语，没有几个人能超过他。他让人抄写了很多漂亮
的书籍，常年雇有抄写员为他效力，所以他把很多钱都花在书籍、
手稿和微型绘画上。所有这些事他都做得颇为漂亮，所以他死的时
候留下了一批漂亮的藏书。

　　皮耶罗大人是公爵乔瓦尼的至交，国王勒内及其全家来到佛罗
伦萨以后，就住在皮耶罗家，国王还是皮耶罗的儿子雷纳托的教
父。后来，公爵乔瓦尼来到佛罗伦萨，国王勒内去了伦巴第，公爵
就与皮耶罗建立了深厚的友谊，皮耶罗是个善于交际的侍臣。实际
上公爵在佛罗伦萨期间，皮耶罗经常陪伴在他左右。公爵回到那不
勒斯以后，二人的友谊仍然深厚。公爵要是一直保住这个王国，皮
耶罗就会成一个主要大臣了。他经常给皮耶罗写信，让皮耶罗寄一
大笔钱来。经皮耶罗担保，科西莫的儿子乔瓦尼借给公爵两千弗罗
林。公爵的境况逐渐好转时，皮耶罗帮了他大忙，既在口头上帮
忙，也在行动上帮忙。

　　有一天，皮耶罗大人遇见一位好友。皮耶罗对他说："两个星期
以后，公爵乔瓦尼就会当上那不勒斯国王，没有任何人反对。"这
两个星期还没有过完，罗萨诺亲王、雅各布·达·加维亚诺和德伊
费博就给国王传话，说如果陛下会饶恕他们，他们就请求宽恕，从
此以后就追随国王。这几个人都是国王的敌人、公爵的朋友。国王
觉得自己会成为赢家，就回答说他对他们的提议感到满意，由他们
商定个时间见面。

　　这些事情商定好以后，国王就前往约定的地点，身边跟着伯爵
文蒂米利亚，一个精明、谨慎的西西里人。伯爵劝国王要当心，这

几个人靠不住。国王决定继续往前走，他带着四个骑兵中队，由伯　　315
爵乔瓦尼指挥，个个全副武装。他们来到见面的地点，国王把伯爵
乔瓦尼及其麾下的骑兵留在一箭射程一半的地方，下令说如果什么
动静都听不到，就赶快前去救援。

　　国王继续往前走，遇见了那三个人。三人看见国王驾到，就跪
在地上表示尊重，并请求宽恕。国王把手伸了出去，于是其中一人
手里拿着刀，向前一窜去抓马缰绳，并用刀去刺国王。但国王是
个优秀骑手，一看势头不对拨马就走，速度飞快，躲过了刺客的一
击，刀落在了刺客身上。

　　伯爵乔瓦尼见此情景，马上率领全体骑兵前去救驾，几个逆贼
扔下刀落荒而逃。国王让他们把刀捡起来，为了试试刀如何，就把
刀插进一条狗的背上，狗立即倒地而亡，这证明几个逆贼想毒死
国王。

　　这一背叛行为发生在皮耶罗对他朋友所说的十五天之内，那是
公爵乔瓦尼得到王国的日子，于是那个朋友就到皮耶罗那里对他
说："阁下，君主不是靠这种方式得到王国的，这不是法兰西王室做
事的方式。如果王国可以凭借武力得到，这倒是值得称赞。但如果
是这样靠阴谋诡计，那不行！皮耶罗阁下，这件事你无法抵赖。这
几个人之所以选择这样做，其原因是这样正好与这一说法相吻合，
也就是公爵乔瓦尼在无人反对的情况下，在十五天之内得到王国。
但这一企图失败了，全能的上帝不允许这样的行动取得成功。"

　　这件事过去之后，在自以为能得到王国的特罗亚失败后的第二
天，那不勒斯绅士乔瓦尼·科夏在有人问他的时候回答得非常巧妙，
大意是说只要他们的罪孽比其对手的罪孽严重，王国就还在他们手
里。乔瓦尼·科夏以前为公爵乔瓦尼效力，现在仍然为他效力。从
此以后，很多灾难降临到公爵乔瓦尼身上，这样他不得不放弃了王　　316
国，放弃了他已经得到的一切。这显然是上帝的意愿，这一阴谋过

后，公爵乔瓦尼事事不顺。

国王在有人行刺之后，好像走到了一条绝路上，大多数贵族起来谋反，国王既没有钱，也没有军队。但他很快就时来运转，在短时间内就重新得到他的王国，就像历史所证明的那样。

还说皮耶罗。对于他有很多事情可以说，他在另一个地方供职，他管理这座城市等等，但对于一部小传来说这就足够了。

洛伦佐·里多尔菲

洛伦佐·里多尔菲是个杰出的佛罗伦萨公民，出身于世家。他正直、有责任心，在国家事务方面有很大的影响力，想做什么就可以做什么，但他像古罗马人一样廉正——一个凭自己收入生活的穷人。

他熟悉民法和教会法，但他不想以此为业，不愿让良心受到谴责。他的意见合理，很多人都征求他的意见，既有城里的人，也有城外的人。他还多次担任特使，总是光荣完成任务。

1425年，他与威尼斯签署条约①，当时公爵菲利波和佛罗伦萨人在罗马涅开战，虽然双方是盟友。洛伦佐大人与国家首脑应公爵和解的请求与公爵见面时，他们觉得还是拒绝为好，因为很明显，公爵要求和解只是为了占领热那亚。公爵的策略是先向热那亚人示好，直到他能够夺取热那亚，夺取之后就立即攻击佛罗伦萨人，尽管他现在正要求与佛罗伦萨人和解。这是洛伦佐大人及其他公民出的妙计，他们预见到了后来发生的事情。公爵刚与佛罗伦萨和解就

---

① 参见穆拉托里：《编年史》，第9卷，第125页。波焦写道，这一条约是由帕拉·斯特罗齐和乔瓦尼·德·美第奇签订的。——英译者注

夺取了热那亚，并在罗马涅向佛罗伦萨人发起进攻。佛罗伦萨人在　317
罗马涅一年失败了三次，被逼入困境之中。[1]

　　由于这些事件，洛伦佐出使威尼斯，在那里签订了一项和约，
佛罗伦萨人必须接受和约规定的条件，因为公爵是个有权势、有野
心的君主。执政团决定派洛伦佐一个人去，他是最有能力的公民，
与此同时他们还往教皇马丁那里派出一个使团，求教皇促成公爵与
佛罗伦萨达成和解。威尼斯人与公爵和平相处了很长时间，现在他
们不愿意打仗。而洛伦佐则拿出了有说服力的证据，证明这个暴君
不守信用，不可能遵守任何誓言。教皇马丁从罗马请求和解，两个
使团相互支持，但威尼斯人不为所动。

　　洛伦佐正这样努力争取和解的时候，弗朗切斯科·卡尔马尼奥
拉[2]不再为公爵效力，然后进入了威尼斯领土，向威尼斯人透露了
菲利波·玛利亚的秘密计划：他一降服佛罗伦萨，就把威尼斯也夺
过来。威尼斯人从卡尔马尼奥拉那里听说这一消息以后大为震惊，
但还不足以促使他们马上改变政策。

　　在罗马，特使们与教皇马丁共同努力，安排与公爵菲利波和
解。谈判就要结束的时候，消息传到威尼斯，导致威尼斯人对联盟
抱有一些希望。最后公爵菲利波同意签订合约，认为这样会使联盟
计划化为泡影。洛伦佐听说情况的进展以后把事情搁置起来，让执
政团知道他的想法。他证实，如果在罗马与公爵签订合约，佛罗伦
萨就会任由公爵摆布，现在他们必须明白，公爵对仅仅口头上说说
已经不再感到满意；如果他们话已经说完了，他就会马上经他们允

----

① 尼科洛·皮奇尼诺抛弃了佛罗伦萨人，转而为米兰效力。1425 年 10 月 9
　　日，佛罗伦萨人在安吉亚里被打败，17 日在法焦拉又被打败，这是战争开
　　始以来的第六次失败。参见西斯蒙第:《意大利共和国》，第六十四章。——
　　英译者注

② 1424 年。——英译者注

许离开这里。然后他向他们明白指出公爵菲利波的条件必然会导致
318 什么结果，凭借其坚定态度赢得了威尼斯对联盟的支持。[1]

洛伦佐的成功在佛罗伦萨赢得最高度的赞扬，因为他说服威尼斯人与公爵闹崩了。威尼斯人要求一些条件来维护自己的利益，佛罗伦萨人考虑到自己的处境，就答应了这些条件。佛罗伦萨人还知道，如果他们与公爵签署和约，公爵很可能违背和约，就像他经常做的那样。两害相权，他们就取其轻了。[2]

洛伦佐无论走到哪里，都为祖国增光添彩。他从不考虑自己的利益，总是把为上帝效力、把整个人类社会的权利放在个人利益之上。他人品正直，这可以从他的《论权益》(*De usuris*)一书中看出来，这本书论及法律契约和赔偿，在各地都有极大的影响力，从未受到过指责。大主教安东尼奥在他的《大全》(*Summa*)中论及完全一致契约时经常引用这本书里的话，实际上他赋予这本书的权威几乎与《福音书》不相上下。洛伦佐为这本书耗费了大量心血，书中所有的内容都合乎情理，与权威观点一致。所有与良心有关的问题、与交易有关的问题、与不公平契约有关的问题，他都与所有的作家商讨，所有的不公平契约他都推翻，谴责各种不公平契约的交易。对于佛罗伦萨的钱山，没有一位作家比他写得更有说服力、更合乎情理。

他在生活上自我克制，处理国务时从不偏离公正与诚实。他虔

---

① 洛伦佐的演讲很成功，结束时他这样说："各位大人，由于你们的惰性，菲利波·维斯孔蒂已经成为米兰公爵和热那亚的主人，现在您又让我们做出牺牲而成全他当上意大利王。如果我们屈服，这会就轮到我们了，我们就会让他当上皇帝了。"参见波焦:《佛罗伦萨史》，第 5 卷，336 页。——英译者注

② 1426 年 1 月，威尼斯、佛罗伦萨、国王阿方索、曼托瓦侯爵、费拉拉公爵、萨伏伊公爵签署了联盟条约。——英译者注

诚，经常参加敬神活动，他的作品显示他对宗教事务的看法是多么正确。除了参加礼拜活动之外，他还非常钦佩圣哲罗姆，收集的圣哲罗姆书信比意大利或其他地方的任何人都要多，其中有一些书信涉及对《诗篇》的诠释、翻译的差异以及很多希腊语、希伯来语文本。这证明他是个法学家和圣典学家，也是个知识渊博的宗教学者。他把一卷本的圣哲罗姆书信集送给了圣斯皮里托教堂图书馆，任何想查阅的人都可以去查阅。在佛罗伦萨名人云集的时代，洛伦佐大人不次于当时的任何一个人。

除了以上对洛伦佐大人的赞颂之外，我还想再补充一个例子。佛罗伦萨共和国发生了那么多变故，他从来都没有遭到羞辱，一直走在公正、诚实的路上，是每一个好公民的朋友，希望佛罗伦萨城的公共生活源于善行。他不想通过流放其他公民而得到升迁，也不想通过发动革命而得到升迁，他是革命的死敌。他知道如何利用自己的权力和地位，以此成为每个人的朋友，但谁也不敢让他去做任何不公正或不诚实的事。我以此纪念这位公正的人，他是大家都应该学习的榜样。

菲利波·迪·塞尔·乌戈利诺先生（卒于 1454 年）

菲利波先生自称乌戈利诺先生的儿子，不过他没有权利这样自称。他学习希腊语和拉丁语，后来成为知名学者。他父亲是韦尔蒂内·迪·基安蒂，一个很穷的人。无论是以雄辩著称的西塞罗还是德摩斯梯尼，都不足以讲述这个年轻人的优秀品质，其虔诚的生活和习惯超过了以前和现在的所有年轻人。

他掌握了所有的文科七艺，精通希腊语，是著名神学家，致力于占星学、几何学和天文学的研究，写了很多这方面的专著，这些著作收藏在圣马可教堂，也收藏在那座很大的神学图书馆里，这座图书馆他留给了塞蒂莫修道院。他是个寡言少语的人，但说出话来总是非常中肯。

乌戈利诺大人想让他成为一名公证人，他还非常年轻的时候就把任命书送给了他，成为他那个时代最能干的年轻人。这个职位是授予能力的，不是授予人的，菲利波先生的情况就是这样，他得到这一职务肯定不是凭借亲戚关系。这一职务他履行得很有权威，该职务凭借赋予它的法规控制着国家的命运。公证人不允许不为共和国谋利益的法律通过。政府制定的一项法律提交到他面前，他要是觉得不公正就直言不讳地说出来，不允许其中有任何含糊不清之处。如果有时候他无法阻止一项法律颁布，他就想办法让这项法律无效。

320

菲利波先生从来都没有辜负对他的期望，所以得到所有人的信任。凡是经他充分考虑和同意的法律，总是能够得到通过。他要是反对一项法律，就会让大家都知道他的意见，由于他的学识和正直，大家总是一致反对这项法律。如果某位领导提交给他一项议案，菲利波先生要是认为起草得有不当之处，就会转身对着他笑——这是菲利波先生的一个习惯动作，他会把草稿仔细看一遍，把错误指出来。对于那些喜欢作弊的人，菲利波先生还用一个动作告诉他去管好自己的事。这一职位他担任了很长时间，是个令人钦佩的公务员，这从他任职期间通过的法律上可以看出来。

他个子矮小，有一张英俊睿智的面孔。他穿一件紫色长斗篷，两侧各有袖孔。他性格活泼，兴致勃勃，竟然对女人的魅力无动于衷，大家都感到奇怪。他从未结婚。他过着虔诚的敬畏上帝的生活，饮食简单有节制，有一个老妇做管家，还有一个男仆。

他悄无声息地施舍了很多钱财，在佛罗伦萨修道院建了两个回廊，在临近花园的地里又建了两座新宿舍。他做善工从不停手。他送给很多年轻姑娘嫁妆，把他收入的一大半都奉献给了上帝，这在钱山那里都有记载，他的薪水都是从钱山支取的。

他从来都不接受礼物。有一天，一个受到虐待的比萨人送到他家里一些海鱼，菲利波回家以后就让仆人把海鱼还回去了。那个比萨人又来了，菲利波非常生气，叫那人以后再也不要来见他了，送礼对他不起作用。

他生性慷慨，不像是平民出身，倒像一个出身非常高贵的人。在事关荣誉和公正问题上，他不会向任何人让步。他很看不起没有文化的人，尤其是那些为国效力而又没有文化的人。他对我讲过一件和这有关的事。皇帝派了一位大使，是盖拉尔迪尼家族的，当时的旗手是韦凯蒂家族的，旗手及其同僚全都是文盲。大使也是个大主教，用拉丁语讲完话之后，秘书长被推选出来回复，回复的日期也确定了下来。大主教按时到场，在大厅里等候。但秘书长没有来，其他人全都无言以对，旗手一点办法也没有。

菲利波先生大为恼火，旗手阁下竟然如此丢丑，于是就说他要付出很大代价才能教会旗手用拉丁语作答，一答完就会忘得精光。从这件事上可以看出，文化可以带来多大的荣誉和好处，看看旗手阁下这次丢的丑就知道了。

如前所述，菲利波先生饮食有节，吃够他所需要的就不吃了。他把在宫外的所有闲暇时间都用来读圣书，他雇有抄写员，经常为他抄写圣哲罗姆、圣奥古斯丁及其他神学家的传记。早上他望弥撒，然后就到宫里去，是最早去办公的人之一，在为国效力上颇为勤奋。午饭后他去看望安布罗焦修士，然后到修道院与院长及修士们交谈。他常逛书店，看看有没有他想买的书。

他经常与詹诺佐·曼内蒂、莱奥纳尔多大人和卡洛·德·阿雷佐在一起，在宫里上朝时与萨尔扎纳的托马索在一起，托马索后来成为教皇尼古拉。托马索非常信任他，因为他有很多美德。天色稍晚

321

的时候，他回到宫里处理完公务，接见很多来访者。来访者无论穷富，走时都会感到满意。

322　　国家发生变故之后不久，菲利波先生发现事态的发展并不符合他的意愿，他总是想站在公正一边，于是就竭尽全力加以弥补。补救措施没有成功，他认识到要继续担任公职而又不冒犯上帝是不可能的，他不想毁了自己，就决定辞去公职，过清静的生活。

他还担任公职的时候，议会决定重新修订一项法律。这一决定通过了，要从城里的主要公民中推选出监督官。但政府首脑突然反对赞成这项法律的人，并提议将其废除。但菲利波还在位时影响力很大，他们无法废除，而监督官有权决定菲利波的去留。如果菲利波在位，在菲利波的支持下，监督官们就可以把这项法律确定下来。

这时，政府首脑决定投票免除菲利波先生的职务，结果菲利波以六票之差遭到罢免。旗手是菲利波的朋友，那天旗手在睡觉，没有参加投票。票一投完，他们就派个小差役去通知菲利波先生。菲利波一听到被解职的消息，拿起斗篷扬长而去。菲利波先生被解职以后，他们监禁并流放了很多人，其中还有一些监督官。前面所说的领导人更迭发生在 1434 年议会和现在之间。

菲利波先生给国家带来的好处是：他任职期间确立了司法的正常运作机制，由此带来了很多好处。灾难降临到他身上是因为首领们不能忍受法律的约束，公民要是比法律还要强大，国家就要遭殃。

菲利波先生被解职之后回到家里。但伤害了他的那个人并没有善罢甘休，而是要进一步伤害他，那些在这一法律问题上采取行动的人提出了各种奇怪的理由。菲利波看出了其中的蹊跷，就马上离开了家，悄悄来到戈罗家。戈罗是圣弗里亚诺外面新圣玛利亚的主管，菲利波就住在他家里，任何人都不知道。戈罗家有人守护，看看有没有人去看望他，他的敌人非常失望。他现在身上只有一百格罗索银币，因为他总是保持收支平衡，给上帝一部分，其余的都花在必需品上。

菲利波在戈罗家里住了一些日子，直到风声平静下来。随后就是1434年的倒行逆施，第一次流放、监禁公民。城里平静下来之后，他们让菲利波回到基安蒂附近他自己的一所房子，这所房子名叫韦尔蒂内。他让人把他的很多书送到那里，在阅读和研究中过着平静的日子。他常说，经历了这么多磨难之后，这是他人生中最幸福的一段时光。他不是怪罪敌人，而是感激敌人，因为敌人让他摆脱了烦恼和危险。

这事过后不久，教皇尼古拉当选为教皇，佛罗伦萨大使来向他表示效忠时，教皇就请求他们把菲利波先生从流放地召回来，算是给他本人一个面子，教皇极为尊重菲利波先生。教皇苦苦哀求，甚至写了一封信，但都不起任何作用，因为一开始伤害菲利波先生的那个人余怒未消。菲利波要是去了罗马，就会在罗马养尊处优了。但他喜欢过安生日子，远离尘世间的纷争，遗世独立。

他在韦尔蒂内住了几年之后，佛罗伦萨的掌权者修正了菲利波流放期间所执行的政策，考虑了这些政策所引起的后果。但为了不得罪人，我就避开这一话题接着往下说。他们放松了对菲利波流放的限制，允许他住在任何地方，只要不进城。

这时，佛罗伦萨修道院的十二个修士来到塞蒂莫，要对塞蒂莫修道院进行改革，菲利波先生与这些修士关系很好。现在塞蒂莫修道院无论是宗教事务还是世俗事务，全都治理得井井有条，所以菲利波先生决定住在这里。他把所有的书都带上，送给修道院的财物供养他本人及一些同伴绰绰有余。他不顾自己年纪大，开始过修士生活，与修士们一起在食堂吃饭，夜里和白天都做礼拜，遵守所有的斋戒规定。闲暇时间他用来学习，或是教年轻修士学拉丁语，根据学习者的程度调整教学内容，但总是讲授宗教课题。很多名人来 324

看望他，听他谈话，他的谈话极为有趣，他了解所有的学科。这一时期他比以往任何时候都更快乐、更轻松，和每一个人都开玩笑，只字不提他遭到流放或受过苦。

我身为作者，经常带着很多年轻人到塞蒂莫修道院去拜访他，让年轻人与这样一个人交谈，从而让他们学会正直的品性，其中有詹诺佐·潘多尔菲尼大人的几个儿子、皮尔·菲利波、现在的皮斯托亚主教尼科洛大人，还有他们的兄弟修道院院长。听他说话真是妙不可言，由于他的记忆力、他的广博知识和从政经验、他圣洁的生活和完美的品德，他的从政经验好像是最微不足道的。从他的衣着、谈吐、脾气上看，他就像个古代的哲学家。仅从外表上了解他的人会说他是个非凡人物。说到任何一个话题，他都能从《圣经》里引述一段与之相关的话，他对《圣经》已烂熟于心。他具有这一才能：他说得越多，你就越想听他说。

谈到我们的城市时，他用了这样一个比喻：他就像一个平原上的人，偏要上山，然后又回到平原上，上山时走了多少路，下山时还要走多少路。我觉得他的意思是：任何想统治佛罗伦萨却没有尽心尽职的人，爬到一个他配不上的高度，必定要跌回到他原来的起点。他离开宫以后，佛罗伦萨经历了多年未有的大繁荣，然后又发生巨变，就像大家见到的那样。

他用另一个比喻来描述那些缺乏判断力、不明智的人。他说，佛罗伦萨的檐口太少，没有足够的地方让乞丐栖身，乞丐应该到屋里躲避风雨。那些躲避风雨的人是精明人，因为他们披上了良好的判断力这件斗篷。那些让雨淋湿的人是莽汉和傻瓜，因为他们自以为无论怎么做都不会犯错误。不遮风挡雨，他们的皮肤就被淋湿了。这是明哲保身的智慧，把自己遮蔽起来毫发无损，明白事理会让每一个人受益。

有一次他说，要保护我们的城市必须做两件事：一是把钱山推倒削平，二是不让某些官员控制税收，而是靠法律来征收。他是头脑最为清醒的公民之一，只考虑佛罗伦萨的利益，其他什么都不想。

菲利波先生继续住在修道院，但偶尔他会拄着拐杖，从塞蒂莫修道院步行到因杰苏阿蒂，在那里放松一下并处理一些私事。他会在那里小住几天，很多教士会来聆听他的高见。他谴责很多擅离宗教职守来看望他的人。比如说，一个公民在求职，经常去打听选中他没有。最后他接到了任命，高兴得哭了起来。他去找菲利波先生，说这一职务来得正是时候，他的经济状况让他支撑不了多久了。菲利波先生坦率地对他说："你利用这一职务来谋取利益，不是到别处寻找生计，而是让穷人的血汗来养活你，你不觉得这是一种耻辱吗？这些职务绝不是供你和同伴掠夺的，你们这号人一心想的就是掠夺，就是玩忽职守。实际上这些职务花钱雇人来干，也比让你们这号人干要强得多。佛罗伦萨一带的灾难，基本上都是你们这些人管理不善造成的，这些灾难一天比一天严重。你应该履行好任命给你的职务，而你却玩忽职守。"

不幸降临到菲利波先生身上是天意，这样可以清除掉他犯下的罪孽。多年来他一直遵守圣伯纳德制定的教规，按这一修道会的规定行事，像修士一样领取圣餐和忏悔。他所有的时间都过得最有价值，他为大家树立了最好的榜样，教育年轻修士，其中很多人成为知识渊博的学者。

对上帝的爱让他保持谦卑的姿态。由于这一原因，全能的上帝　　326
让他得以善终，得到佛罗伦萨像他这样的绅士所能有的最好结局。他凭借严格的节制，在漫长的一生中保持身体安然无恙。他在遗嘱中将他所有的圣书都留给了塞蒂莫修道院，另外还有一些事关俗界的书也留给了塞蒂莫修道院，其中一部分是史书。他在生前就把很多东西留给了塞蒂莫修道院，没有等到临终再遗赠。他以对上帝敬畏的态度处理完一切事务，准备好在上帝召唤时把灵魂托付给上

帝。他在修士那里得以善终，包括佛罗伦萨修道院的修士和塞蒂莫
修道院的修士。

贝尔纳多·朱尼

贝尔纳多·朱尼大人出身于佛罗伦萨的一个世家。他是个拉丁
语学者，是国家的优秀仆人，在政府里担任过所有的主要职务，功
绩卓著。他温和、谦虚，不喜欢争吵，做事公正、一心一意，任何
人也无法让他偏离正道。要是所有的佛罗伦萨公民都像他那样，佛
罗伦萨就有福了。

他讨厌革命，讨厌新方法，没有一个公民因为他而遭到流放或
监禁。他不需要用这些手段来谋求高升，他升迁靠的是才能。他富
有同情心，对所有找他倾诉的人都洗耳恭听。他不摆架子，选择中
庸之道，讨厌傲慢，不喜欢显摆衣着。

由于他的谨慎和正直，只要向重要地方派遣使团，他总是第一
个入选。国王阿方索第二次进入那不勒斯时[①]，贝尔纳多大人和朱利
亚诺·达万扎蒂大人被派去迎驾。国王知道贝尔纳多在佛罗伦萨多
么受人爱戴，便以隆重的礼节接待了他，和他一交谈便知道他有真
327 才实学。贝尔纳多大人要时常制止其同伴，这位同伴性子有点急，
容易冲动而无法自持。有一天，这两个人在和国王交谈，达万扎蒂
说的话很不得体。贝尔纳多为了不让他在国王面前出丑就默不作
声，但回到住所以后，他就提醒达万扎蒂说话一定要小心，尤其是
与脾气像阿方索这样的君主交谈时。贝尔纳多大人回到佛罗伦萨

---

① 1442 年。他第一次进入是在 1435 年乔万娜二世驾崩之后，但几乎马上就
　　被打败并被热那亚舰队俘获，然后被押送到米兰。菲利波·玛利亚·维斯孔
　　蒂立即就把他释放了，但他直到 1442 年才收复那不勒斯城。——英译者注

时深得阿方索的赏识，出色地完成了使命，巩固了国王作为意大利调解人的地位。

贝尔纳多现在声誉鹊起，政府非常看重他做的工作，谁也不敢去给他出任何馊主意。教皇尼古拉①这时急于在整个意大利实现和解，就呼吁所有的大国派出代表。佛罗伦萨派了两个：一个是希望和解的贝尔纳多，一个是詹诺佐·皮蒂大人。这二人到了罗马以后，和教皇只谈和解，发现教皇和他们的想法一样。那里有一些不希望和解的人强烈反对和解，而佛罗伦萨人则强烈希望和解。但佛罗伦萨人得到教皇的支持，就坚持自己的观点。

一个反对和解的人坚持认为，国王阿方索也反对和解，并断言阿方索绝对不会把佩斯卡亚的卡斯蒂廖内交给佛罗伦萨人。②但情况并不是这样，他这样说只是为了阻止国王。国王听说以后，马上就派人把那不勒斯的佛罗伦萨商人叫来，对他们说有人指责他反对和解，指责他不愿把卡斯蒂廖内交还给佛罗伦萨。他对这一指责极为不满，请求商人们派人给在罗马的大使送信，对大使说他并不反对和解，而是像意大利的任何一个人一样强烈希望和解，并准备立即无条件交出卡斯蒂廖内。

信使被派到罗马，国王兑现了诺言。大使一听到这一消息，就去教皇那里禀报来自那不勒斯的消息，说明国王阿方索的诚意。消息一传开，大使们就和教皇一起依照他们得到的指示起草和约。起

328

───────────

① 他的行动导致1453年洛迪大会的召开。——英译者注
② 阿方索最终占据了卡斯蒂廖内，条件是交出他占据的其余的佛罗伦萨领土。在这次大会上，阿方索被米兰和威尼斯的做法所激怒，米兰和威尼斯经佛罗伦萨同意，于1454年4月签署了洛迪条约。该条约声称可以约束意大利的其他国家而不必经过他们同意。阿方索推迟了一段时间之后签署了条约，但条件是热那亚人、里米尼的马拉泰斯塔和法恩扎的阿斯托雷·曼弗雷迪不受该条约保护，这样他可以攻打他们。——英译者注

草完以后，卡斯蒂廖内也归还了，教皇决定和约采取教皇诏书的形式，有足够多的条款使条约具有约束力。

和约起草完毕以后，只差印章了，贝尔纳多大人和詹诺佐大人以为他们做了一件好事，为他们的城市带来了荣誉，使佛罗伦萨从困境中解脱了出来。他们向佛罗伦萨通报了完成任务的情况，等待着和约公布出来。佛罗伦萨来信说，让他们等到另一个特使到达再返回，并说这样做有充分的理由。听到这一消息，贝尔纳多及其同伴很不高兴，因为他们从佛罗伦萨的朋友那里得到一些消息，便怀疑在此之前所做的一切都会付之东流。

新大使一到达，贝尔纳多和詹诺佐就获准返回佛罗伦萨。他们立即动身，让别人来签署条约，除了印章之外诏书已经完备了。其原因我就不再说了[①]，但我要赞扬这两个人为和解而做的好事。这件事我就不再写下去了，后来发生的事情能解释得明明白白。

两位大使在佛罗伦萨受到热烈欢迎，因为长期战乱让佛罗伦萨深受其害。一切都不明朗，传言四起，大多数人都指责政府试图阻止和解。政府首脑们认清局势之后，发现大家把一切责任都推卸到他们头上，感到非常吃惊。实际上城里人谈论的只有这一件事。

329　　两位大使回来以后，大家要求政府说明为什么没有签署和约，这件事在他们的掌控之中，他们就竭力为自己开脱。与此同时，他们并不尽力为别人辩解，而是让自己受到指责。他们还想办法让朋友们相信，事情没有办成不怪他们。他们发现在整个城里名声不好，就召开了一次会议，为自己推卸责任。

参加会议的有执政团和议会成员，另外还有全体重要公民。他

---

① 韦斯帕夏诺在很多地方欲言又止，这是其中之一，肯定是因为他担心会得罪佛罗伦萨某个有权势的人物。他没有提新大使的名字，但西斯蒙第提到迪奥蒂萨尔维·内罗尼出席了会议并不惜一切代价要求和解，因为他没有钱打仗了。参见《意大利共和国》，第9卷，第430页。——英译者注

们还叫从罗马回来的两位大使参加了会议，希望其中一人能够说明和约为什么没有明确签署，还断言在这件事上任何拖延都不是政府的责任。他们了解贝尔纳多的脾气，不想让他登上讲坛发言，所以就把这一任务交给了詹诺佐大人，认为詹诺佐会为他们开脱。但他们失算了，真相大白了。詹诺佐登上讲坛，讲述了他到罗马以后所发生的事情，如何依照教皇尼古拉的指示和他一道起草和约，如何因国王阿方索提出的要求而出现难题，后来又如何解决了难题，他们如何与教皇尼古拉一起让事情有了一个令人满意的结果，教皇比任何人都更希望和解。

詹诺佐的发言尽管有一些地方含糊不清，但足以让大多数听众明白他们的目标是和解。詹诺佐继续说道，教皇为了让和约更有约束力，就下令以教皇诏书的形式起草和约，诏书已经起草完毕，就差印章了。就在这时，他们接到回国的命令，为国内来的其他大使让出位置。

詹诺佐讲到这里，在场的很多人发现贝尔纳多·朱尼哭了起来，贝尔纳多就坐在会议厅的中间，这让很多不太相信的人打消了疑虑，让听众的情绪转而反对那些不让签署和约的人。以前没有听说事情真相的人，现在听到詹诺佐的发言、看到贝尔纳多的情绪反应之后信服了，曾经攻击过两位大使的人遭到舆论的强烈谴责。教皇尼古拉听说这件事之后极为恼火，因为他以为和约已经由他本人完成了。[1]和约最终的形式与教皇和佛罗伦萨大使所起草的不一样，

330

---

[1]　教皇对待和约的态度有点含糊不清。像韦斯帕夏诺这样一个虔诚的教士和藏书家，几乎不可能指望他去责难教皇。但詹诺佐·曼内蒂在其"传记"里说得更坦率："谨慎的教皇知道，意大利统治者之间的战争维护着教会的和平与利益，而他们完全达成一致则会危害教会的利益。"曼内蒂还暗示，谈判的过度延长也是教皇导致的。参见穆拉托里：《意大利共和国》，手稿，第 2 卷，第 2 部分，第 666 页。——英译者注

凡是写这一时期历史的人都要研究它。贝尔纳多大人无论是在愿望上还是在行动上，总是为他的城市争取荣誉和利益，这样说也就够了。

公爵弗朗切斯科·斯福尔扎死的时候[①]，佛罗伦萨马上决定派出代表国家的大使，贝尔纳多大人作为适合担任这一职务的人而当选。他一到米兰，就受到米兰领导人的隆重接待，不征求贝尔纳多的意见他们就不采取行动。他在米兰待了几个月，直到把事情处理完，然后他请求返回佛罗伦萨。他向米兰人告辞的时候遇到了一些困难，米兰人想把他永远留在那里，因为有他担任顾问就不会出差错。

他回到佛罗伦萨以后名气大为提高。他担任各种职务时都赢得了荣誉，皇帝到罗马接受皇冠时，他也担任大使到皇帝那里去。贝尔纳多大人在詹诺佐·曼内蒂、卡洛·潘多尔菲尼的陪伴之下，在费拉拉遇见了皇帝并陪着他到罗马，在罗马一直待到皇帝离开。贝尔纳多也去了威尼斯和其他城市，在这些地方受到礼遇。

谁要是想写贝尔纳多的生平，都能找到他很多值得赞美的东西，这使他成为佛罗伦萨有史以来最杰出的人物之一。

伯爵卡马尔林戈（卒于 1481 年）

伯爵卡马尔林戈名叫伊尼戈·达瓦洛斯大人，出身于西班牙的伊格纳拉王室，国王阿方索率领舰队去占领王国的时候他离开了家乡，被热那亚人捕获后他被送到了米兰。公爵菲利波问伯爵是否愿意为他效力。当时伯爵正遭到监禁，不知道在公爵手里最终会有什

---

① 1466 年。——英译者注

么结果。为了出狱，经国王同意，他接受了公爵的邀请。他是个优秀的拉丁语学者，热衷于各种高雅活动，是个优秀的音乐家，熟悉所有的乐器。

他在公爵菲利波那里待了一段时间，在公爵家里很受尊重，然后经国王阿方索请求①，他回到了王国。在那不勒斯，有四兄弟都是国王的大红人，因其出身高贵、举止高雅而深受陛下器重。他们从小就在国王家长大，担任了王国中所有的重要职务，现在这些职务由他们的子孙担任。国王阿方索死后，伯爵卡马尔林戈得到国王斐迪南的青睐，忠心耿耿地为斐迪南效力。国王多次派他担任大使到教皇那里去，他都光荣地完成了任务，享有胜任任何事务的美名。

伯爵卡马尔林戈是最文雅的廷臣，他家是王国中所有名人经常光顾的地方。他最慷慨，他所拥有的任何东西都与朋友们分享。他有一座豪宅，客人之中一直都有外国人。他是个藏书家，有一间漂亮的藏书室，全是由意大利最优秀的抄写员誊写的，装饰有微型画。他所有的东西都是最好的，如果他觉得书好，买的时候从来都不问价钱。

他对一切都感兴趣，非常善于谈话，因为他见识广，总是与名人生活在一起。他长相很英俊，对每个人都很有礼貌。他有一个习惯很适合绅士，也就是到年底把所有的收入都花光，有时候连第二年的收入也花掉一部分。他只要能找到博学的人，总是喜欢与他们交往，非常喜爱经常到国王阿方索和国王斐迪南宫里去的人。

无论如何赞美他都不过分，尤其是他那永远不变的忠诚。国王阿方索死后，王国的大部分都违背了誓言，但伯爵卡马尔林戈是个信誉良好的人，一直忠贞不渝。他受过良好的军事训练，总是陪着

332

---

① 他是国王阿方索的大红人。马苏乔将《故事集》里的第十二个故事献给了他。——英译者注

国王上战场与公爵乔瓦尼交战，每一次他都从军，最后率领着手下人与土耳其人打仗，顽强地战斗到最后。他善于出主意，给予儿子最好的教育，教他们拉丁语，教他们像他这样的绅士的儿子应该学习的一切知识。

米凯莱·费列罗

米凯莱·费列罗大人是个出身世家的加泰罗尼亚绅士，生活在教皇加里斯都时期。他为教皇效力，教皇完全信任他。他发送所有的教皇诏书，诏书由他来写，下面有他的签名。

他任职期间有一个重要案件，他的笔迹有人伪造，伪造者是阿马尼亚克伯爵，一个无耻的人，曾经与妹妹乱伦。法兰西国王听说此事以后，就剥夺了阿马尼亚克的贵族头衔，于是阿马尼亚克去了罗马，在罗马遇见一个他认识的高级教士，是个信奉教皇至上论的人。这位教士在教廷里地位很高，阿马尼亚克是个有钱人，就答应给他一大笔钱，让他为自己搞到一份教皇特赦证书。他们找到教皇的一个抄写员，是阿马尼亚克的老乡，由这位老乡帮忙，一份文件准备好了，登记簿上签了名，一切都齐全了，看起来像是真的一样。签的几个名字之中，他们伪造了米凯莱·费列罗的签名。

加里斯都死后，庇护继位，米凯莱回到了加泰罗尼亚。阿马尼亚克带着证书回到法兰西，他竟然以这种无耻方式得到了证书，整个国家一片哗然，于是信使被派到罗马。教皇庇护听说这件事之后感到非常为难，命人查找申诉登记簿和教皇诏书登记簿，但找不到一点与此事有关的线索，于是他立即把米凯莱召回。

米凯莱去了，一看证书就发现签名是伪造的，但模仿得非常像，与他的亲笔签名几乎没有区别。那位高级教士根本没有想到会露馅，被逮捕并处以吊刑后，他坦白交代了自己的罪过。他所有的头衔都被剥夺，并让他以本笃会修士的身份终身隐居。

教皇的那个抄写员逃走了，其职务被取消，米凯莱则恢复了名誉，然后回到巴塞罗那。教皇加里斯都对他完全信任，对他没有舞弊、没有买卖圣职而感到满意，因为他做任何事情都非常诚实，说话直言不讳。他一直都表现得像个绅士，因为像他这样社会地位的人不会轻易背弃自己的传统。

马蒂奥·马尔费里托

他出身于马略卡岛一个高贵的骑士家庭。他读过很多民法、教会法和人文学科方面的书，在其他方面也很有造诣。他是国王阿方索器重的一个仆人，阿方索好几次雇他担任大使，因为他是个虔诚、有责任心的人，胸怀宽广，从不口是心非。

他对我说，他遭遇过很多不幸，有三次遇到海难，但最终都获救了。有一次是他在刚获得博士学位后回马略卡岛，带着他所有的书籍、衣服、银器和其他财物，结果遭遇到海难，丧失了所有的财物。他总是相信上帝不会抛弃他，实际上每一次遇到不幸之后，他都设法把其余的物品归整到一起。

他生性最为仁慈，总是随时准备帮助那些有困难的人。他常说，一个人有义务让他的同伴过得愉快，绝对不要说贬损他们的话。比如说，国王阿方索有一天在皮翁比诺附近的营地里，马蒂奥大人看见一个穷人被带出来处决，脖子上套着一根绞索。马蒂奥请卫兵停下来，他去找国王请求宽恕，国王慷慨应允。然后马蒂奥把绞索从那人脖子上拿掉，那人马上就走了。马蒂奥根本没想再见到他，这样做只是出于同情。

334

这件事过后不久，马蒂奥被派到加泰罗尼亚去完成一项使命。当时国王正与热那亚交战，途中马蒂奥乘坐的船只遇到一些热那亚大帆船，马蒂奥乘坐的船被他们俘获了。他的所有物品都被夺走，他被关进一间舱房里。当时国王与热那亚人为敌，释放他的可能性似乎不大。

但在这间舱房里，马蒂奥在皮翁比诺救下的那个小伙子与他搭话。当时没有其他人在场，小伙子就对马蒂奥说："大人，我这条命是上帝给的，也是您给的。不把您释放，不报答您在皮翁比诺对我的救命之恩，我会永远感到不安。"马蒂奥认出了这个年轻人。他发现自己无依无靠，就相信了这位要搭救他的人。

他们乘坐的那条大帆船进入一个港口补水时，小伙子把马蒂奥大人背到岸上，就这样把他释放了。这个港口位于国王阿方索的领地，马蒂奥大人自由了。所以，每个人都要对别人仁慈友好，谁也不知道将来会发生什么事。

马泰奥为国王效力二十二年，然后想娶妻并返回马略卡岛，但国王不想让他走。最后他决定结婚，以便让国王更快地答应他。国王终于让步了，他结婚以后再次请求离开，他需要休息。他多次向我抱怨，说为国王效力让他感到厌烦，把为国王效力比作一个镀金的鸟笼，笼子里面的鸟想出来，笼子外面的鸟想进去。最后，国王允许他回到马略卡岛，他马上就走了。

他博览人文书籍，是个多才多艺的人，履行宗教职责始终如一。他是个杰出的绅士，所以我把他的名字收进这部传记。

弗朗切斯科·德尔·本尼诺

弗朗切斯科·本尼诺出身高贵，通晓拉丁语，在城里担任过一

个公民所能担任的任何职务。他举止得体，赢得了很好的声誉，热
衷于宗教礼拜活动，风度高雅，是所有人的表率。

335

他不喜欢一切鄙俗的炫耀，在各方面都最有节制，是个最值得
尊重的公民和所有人——无论是平信徒还是神职人员——的好朋
友。他非常喜爱宗教经典，一有空闲就阅读，有时候还让别人读给
他听，因为他视力不好。

他到城外办理公务时最为公正和仁慈，提交给他的任何一个案
子他都认真聆听，做出的判决最为温和。他憎恨所有说话猥亵的人
和辱骂者，处罚这些人的方式会让他们永远都不会忘记，更常用的
方式是体罚而不是罚款。

弗朗切斯科和其他人不一样，不在赌博和做无聊的事上浪费时
间，而是在日常工作时、吃午饭时、吃晚饭时让人为他朗读，或是
读乔瓦尼·卡夏诺的作品，或是读圣埃弗雷姆的布道词，或是读其
他宗教作品。他把家里布置得规整、体面，像所有敬畏和热爱上帝
的人所做的那样。他是个最优秀的公民，应该把他收进这部传记的
名人之列。共和国有这样的人统治是多么幸运！

伍斯特公爵（约翰·蒂普托夫特，伍斯特伯爵）
（1427—1470）

伍斯特公爵约翰①是个出身非常高贵的英格兰人，带着一大批
随从离开英格兰去了威尼斯，当时正值英格兰陷入纷争。②他是个
明智的人，不想介入其中。后来，朝圣者乘坐的大帆船要离开威尼

---

① 约翰·蒂普托夫特是伍斯特第一任伯爵，并非公爵。——中译者注
② 指 1455 年英格兰爆发的玫瑰战争。——中译者注

斯到圣地去，他就上了船，去游览耶路撒冷的圣地。

这趟旅行之后，他回到威尼斯，从威尼斯去了帕多瓦，到那里的大学去学习拉丁语，尽管他已经熟练掌握了拉丁语。他在那里学习了一段时间之后，英格兰的动乱结束了。局势一平静下来，很多贵族都给他写信让他回国，国王 ① 也给他写了信。为了去罗马，他带着很多书籍从帕多瓦到了佛罗伦萨。他在佛罗伦萨又买了一些他见到的其他书籍，收集了大批图书。他想要的一些书正在抄写，他就在佛罗伦萨停留了好几天。他想游览整座城市，单独一人不让人陪同。他左转转，右转转，转来转去，就这样走遍了城里的每一个地方。

他听说了乔瓦尼·阿尔吉罗波洛大人的大名，就在一天上午去了大学听他讲课。他在那里听课谁都不知道，乔瓦尼大人讲的课让他感到非常满意。他把佛罗伦萨要看的地方逛了一遍，然后就离开那里去了罗马，游览了全城，拜访了教皇、各位枢机主教以及那里的很多高级教士。然后他又途径佛罗伦萨回英格兰，到达英格兰以后很受尊重。由于他博学、有大智慧和审慎，他被认为是政府的主要人物之一。②

然而，有很多地位高的人并不知道如何自制，这位贵族就是这样一个人。他把国王所有的财富都控制在自己手里，国家事务也几乎没有他不控制的。局面就是这样的时候，国王爱德华的王国又出现了动乱，他逃走了，以免落到敌人 ③ 手里。他的敌人有外国人支持，比他这一派强大得多。公爵想继续忠于君主，就带着很多钱离

336

---

① 指约克王室的第一任国王爱德华四世。——中译者注

② 莱奥纳尔多·布鲁尼把他翻译的亚里士多德的《政治学》献给了蒂普托夫特。但他对蒂普托夫特接受这一礼物显然感到不满，又把这本书献给了尤金四世。——英译者注

③ 指兰卡斯特王室的支持者。——中译者注

开伦敦去找他。

　　他想着如何最有效地避开敌人，就躲在一片树林里，那里有一些牧羊人在放羊，结果出事了。

　　他乔装打扮与牧羊人住在一起，拿出钱来给一个牧羊人买面包。牧羊人去了附近的一座农庄。他以前买面包都是自己一个人吃，而这一次买得比平时多，农庄的人便起了疑心，因为当时正严密搜寻公爵。牧羊人走了以后，农民们就派人叫一些士兵到树林里搜寻，看看公爵是否藏在里面。他们很快就找到了公爵，把他送到了伦敦。于是人们叫嚷着要把他处死，他们的本性就是这样。要求处死他的主要理由是他恢复了一些大家不喜欢的法律，因此把他判处死刑。 337

　　他们想以处死国王的方式处死他①，所以他们搭起了一个断头台，上面覆盖着花毯之类的装饰品。到了取他性命的时候，民众像大多数支持胜利一方的人那样欢呼雀跃，大声叫喊着要他死，因为他把帕多瓦的一些法律引进英格兰，帕多瓦是他在意大利学习的地方，民众厌恶这些法律。但人要永远做正确的事，永远不要相信民众的支持。民众的支持就像是冬季的晴天，来得快去得也快。

　　处死他的那天，他由很多神父陪同，有英格兰人，也有意大利人。有一个意大利人是多明我会的修士，仪表堂堂，能言善辩。②这位修士来到他跟前说："大人，今天你被带到这里是因为你闻所未闻的残暴行为，尤其是你想处决一些首领（国家的敌人）时，把两个无辜的儿童也杀害了，那是权力欲促使你做的。"公爵说，这样做是为了国家利益。修士回答说，为国效力时做公正、诚实的事是

---

① 指斩首。——中译者注

② 韦斯帕夏诺可能是从这位修士那里得到的下面所描述的详情，另外还有牧羊人出卖蒂普托夫特的说法，这些情况的描述在其他地方见不到。——英译者注

对的，但不能作恶。另外，圣哲罗姆有句名言，说义人从来不会死于非命，而不虔诚的人和残酷的人不会有好下场。这些教皇至上论者表现得最为虔诚，尤其是在宗教事务上。

斩首的时刻到了，公爵转向刀斧手，求他用三下把头砍掉，以纪念三位一体，尽管一下就能砍掉。这显示了他伟大的信念和高尚的情怀。刀斧手答应了这一请求，用三下砍掉了他的头。他死时完全悔罪了，希望上帝怜悯他，因为他死时是敬畏上帝的，死亡是对他罪过的惩罚。

很多最伟大的人被野心蒙住了双眼，不认上帝，所以下场凄惨。

338

阿尔瓦罗·迪·卢纳（卒于1453年）

阿尔瓦罗·迪·卢纳是加泰罗尼亚人，父母诚实，是个很有能力的人。他对国王胡安①有非常大的影响力，整个政府都在他掌控之中。这让王国之中的主要贵族极为愤怒。一个并非贵族出身的外国人竟然掌握着国家大权，他们觉得很奇怪，对此感到不满，极力劝国王将阿尔瓦罗解职。但国王对此有很长的时间不予理会，决定由阿尔瓦罗掌控政府，阿尔瓦罗是个很有能力的统治者，处事非常谨慎，统治这一王国达四十余年，凭借上帝的意愿挫了这些贵族的傲气。

阿尔瓦罗的遭遇和大多数伟人一样，都是被手中的大权和长期一帆风顺蒙住了双眼。贵族们的妒忌让他感到烦恼，他失去了应有的自制。他掌握了太多的权力，以为自己可以为所欲为。有一次，

---

① 胡安二世，阿拉贡和纳瓦拉国王，卒于1458年。——英译者注

他派人去找一个贵族，此人在阿尔瓦罗家里受了伤险些丧命，让国王和当局蒙羞。

这一暴行让王国之中的贵族知道以后，他们觉得惩罚阿尔瓦罗、报仇雪恨的时候到了，贵族们以前多次受到阿尔瓦罗的侮辱。他们马上去见国王，向国王一一列举阿尔瓦罗所做的坏事、他的罪过以及无理篡权行为。他们知道国王的脾气，知道如何对付他。国王被激怒了，相信了他们的控告，下令马上把阿尔瓦罗抓起来处死，不允许他向国王说一个字。 339

阿尔瓦罗被司法大臣逮捕了。在处决之前，阿尔瓦罗请求国王和他说句话。国王回答说，阿尔瓦罗以前决定要做的事情也适用于这一案子，阿尔瓦罗曾对国王说过，凡是他要处死的人，无论是谁，都不许再和国王说话，这一规定也适用于阿尔瓦罗本人。各位君主、为君主出谋划策的人在这里应该注意，共和国的统治者、残酷无情的人也要注意，你们以前是如何不公正地对待别人的，你们自己也会受到同样的对待。就像基督在福音书里所说的那样："人种的是什么，收的也是什么。"①

阿尔瓦罗得到国王的这一答复之后，执行判决的人就把他放到一头骡子上，让他的脸朝向骡子尾巴，这是处置叛徒的惯例，一路上一个号手走在前面高喊："这是阿尔瓦罗，西班牙国王的叛徒。"阿尔瓦罗回答说这不是真的，他是忠心耿耿的。他们来到行刑地点，那里有很多人在等待着，这样的场面总是能吸引人来。

然后行刑者砍掉了他的头。但在此之前他大声说，人人都要以他为戒，畏惧命运的打击，现在大家看到了他的下场，在经历了那么多好运之后，他的下场是多么悲惨。他乞求大家为他向上帝祈祷。

---

① 语出《圣经·加拉太书》6:7。——中译者注

所有的统治者，所有为统治者出谋划策的人，所有在共和国和民主国家任职的人都要记住这件事，通过这件事懂得命运变幻无常，即便他们希望公正守法地生活，不过分相信自己的实力。这是因为一切都会变，阿尔瓦罗就是个例子[①]，一个命运捉弄人的典型例子。

340　　安东尼奥·钦奇内洛

安东尼奥·钦奇内洛大人是那不勒斯绅士，出身世家。他为国王斐迪南效力多年，几次担任特使，赢得了好名声。他正直、稳重、值得信赖，说话坦率而又不失谨慎，是宫里最优秀的绅士。他从不吃肉或喝酒，除非是在健康状况需要时。

侯爵博尔索时期，安东尼奥大人在费拉拉担任大使，公爵乔瓦尼派来的一位特使在博尔索的帮助之下，私下里想把伯爵雅各布[②]争取过来为公爵效力，国王斐迪南的安全就取决于他是否能办成此事，因为当时雅各布受雇于国王。这件事办得极为隐秘，安东尼奥大人对此一无所知。他想出多种办法来了解内情以确保国王的安全，试图弄清是谁在这位大使家里，哪些人经常到他家里去。

他们对安东尼奥大人说，有一个理发匠经常为大使理发，所以安东尼奥也让这位理发匠为自己刮胡子。他付给理发匠的工钱比理

---

① 阿尔瓦罗是个明智、仁慈的政治家，在他统治之下，阿拉贡进入历史上最强大、最繁荣的时期。他变得过于自信，因其傲慢、不允许贵族掠夺国家为自己谋利益而激怒了他的仇敌。国王懦弱，王后是阿尔瓦罗的死敌。据说王后在阿尔瓦罗被处决的那天上午扣押了缓刑令。1453 年阿尔瓦罗死后，阿拉贡急剧衰落。——英译者注

② 雅各布·皮奇尼诺。——英译者注

发匠要的还多，另外还送给理发匠礼物，并时常问理发匠是否知道大使的书信文件存放在哪里，如果理发匠敢将其拿走，就会给他一大笔钱，下半辈子就会过上幸福生活。理发匠答应了，于是安东尼奥大人又给了他一些达克特。

后来，理发匠进入大使的房间，找到了书信文件，将其拿给了安东尼奥大人。安东尼奥大人看了以后，知道了与公爵乔瓦尼谈判的情况，公爵好像要准备让伯爵雅各布入侵王国。安东尼奥大人立即派邮差通知国王。国王预先得到了消息，就可以捍卫国家利益了，他比其他人提前十五天知道了这件事。

安东尼奥在罗马担任大使的时候，公爵乔瓦尼在反叛贵族的支持下驻扎在王国。公爵派他自己的一个特使到教皇那里处理一些要务，安东尼奥试图用各种手段了解教皇与公爵谈判的情况。他经常路过特使家，看看是否有他认识的人到那里去。 341

有一天，安东尼奥碰见一个以前认识的人，于是就派一个信使去找这个人。信使朝这个人打了个手势，意思是想对他说一件私事。后来，那人悄悄去找安东尼奥，安东尼奥最有礼貌地接待了他。安东尼奥把此人打发走的时候，随口说了一句他可以把一笔生意交给这个人，如果处理得好可以赚一笔钱。于是这个人就答应做安东尼奥让他做的任何事情。

此人再一次悄悄来找安东尼奥，安东尼奥对他说，如果他能把大使与公爵乔瓦尼的往来书信拿过来，安东尼奥就会付给他索要的任何报酬。这个人答应了，他几次进入大使的私人房间，寻找安东尼奥所要的书信，有一天找到了寄给公爵乔瓦尼的信件副本以及密码。这些材料他马上拿给安东尼奥，安东尼奥为此给了他一大笔钱，这些信件透露了有关公爵乔瓦尼的很多重要事情。安东尼奥把所有这些情报都送交给了国王，国王因此可以防范很多危险，同时也了解到教皇与公爵乔瓦尼之间的秘密交易。所有这些都证明，一个谨慎的人可以保卫国家。

安东尼奥在罗马的时候，国王的一个敌人经常往返于罗马和王国之间，于是安东尼奥决定把他抓起来交给国王斐迪南。安东尼奥想办法把他引出罗马，同时雇一帮年轻骑手在乡村地区把他抓获，然后带着他迅速穿过教皇国边界。他被带到国王面前。国王是个仁慈的人，不想动用武力，而是责备他老是怀有敌意，说他的做法不是一个正直的人所应该做的，国王简直不知道该如何处理这件事。最后国王答应宽恕他这一次，警告他以后不许再犯，然后就把他释放了。这个违法的人谦卑地向国王保证以后再也不会冒犯，如果再犯就甘愿接受国王对他的任何处罚。他再也没有犯错，获释以后庆幸国王没有朝他发火，因为他经常做一些不可饶恕的事。

在这件事上，在费拉拉时公爵乔瓦尼的大使一事上，很多人觉得安东尼奥不应该使用这种方法，不应该凭借了解敌人的阴谋来捍卫国王和国家。但安东尼奥认为，为了保护主公，使用任何手段都是合法的。对于这件事，我不会做出这样或那样的判断。我知道安东尼奥是个诚实的人，我让那些比我更了解情况的人去下结论。

安东尼奥被任命为大使派驻到教皇保罗那里，处理教皇与国王之间的一些分歧。这些事情非常重要，所以他觉得有必要呈交一份申辩书，由一名公证人和两名见证人作证。这类申辩书以前从未有人呈交过，所以教皇非常生气。安东尼奥大人以得体的话语回答说，教皇没有理由认为这样做是错误的，因为人人都可以走两条路——申辩或乞求。安东尼奥在正常意义上对教皇使用这些词语，设法平息他的怒气。

安东尼奥长期为国王斐迪南效力，对国王的性格了如指掌。他在两点上赞扬国王。一是国王与大多数人不一样，他既知道如何承受好运气，也知道如何承受坏运气。国王听说国内的贵族反叛时，觉得这对自己更糟糕。这次反叛几乎导致王国完全丧失，但他从来

342

都没有冲动，也没有绝望。国王在情绪最低落的时候，对拯救其
王国几乎不抱任何希望的时候——没有军队、国库空虚、贵族反
叛——他转身对安东尼奥及身边的其他人说："现在我的办法都用
尽了，失去了夺回王国的所有希望，我就率领着我能找到的几个人
去寻找敌人。我宁可像个男人一样手里握着剑而死，也不愿活着蒙
羞。"这时他陷入了困境，只想得到基本的生活必需品。看看国王
当时所处的窘况，看看他又如何时来运转，任何人在任何情况下都
不必绝望。

　　国王的情况好转了，他有很多这类的例子。他成功以后没有任
何变化，一直保持着平常心。他在特罗亚取得了辉煌战绩，当时他
遭到公爵乔瓦尼、伯爵雅各布、塔兰托亲王及其他首领的攻击，敌
军比他自己的队伍强大得多，他得到了亚历山德罗阁下[1]、伯爵奥尔
索及其他为教皇效力者的援助。战斗打响以后，他们把敌人从一座
山上赶到开阔的平原上，亚历山德罗阁下想停战。他对国王说："今
天打够了，收兵吧。"斐迪南既缺钱，也缺武器和人手，面临失去
王国的危险。但他转身对亚历山德罗阁下说："我已横下一条心，今
天要么为王，要么为囚，所以仗必须打下去。"由于国王的勇气和
决心，仗又打了下去。敌人溃败了，战斗结束了，国王取得了辉煌
胜利。敌人溃败而逃。

　　战斗开始之前，伯爵雅各布心里没底，担心会打败仗。战斗以
国王获胜而结束以后，我碰见安东尼奥大人和马里诺大人，从他们
那里我听说班师回营以后人人都喜气洋洋，唯有国王例外，他看上
去就像没有参战似的。

　　大家准备吃饭的时候，国王洗了手，一句话也没说。人人都感
到惊讶，他竟然没有一点高兴的样子。离开餐桌的时候，国王对秘

---

① 亚历山德罗·斯福尔扎。——英译者注

书和一些指挥官说："承蒙天恩，我们赢得了胜利，大家好像都觉得我已经做得足够了。但我要是不马上乘胜追击，我的情况就不妙，因为这场胜利之后，塔兰托亲王就要为我的士兵发饷了。你们都知道我的状况。我没有钱，大家都知道。如果我的士兵非要钱不可，他们就会投奔塔兰托亲王。我身无分文，所以我们刚刚获得的这场胜利可能成为一场灾难。我只能想出一个办法，那就是你，马里诺，到彼得里沃洛温泉浴场去找教皇庇护，把我们刚打了胜仗的情况告诉他，求他借给我两万弗罗林。有了教皇庇护的援助，我就能鼓舞我的士兵，就能拯救我的王国了。"

事态的发展正像国王预料的那样，证明国王深谋远虑，因为塔兰托亲王看到失败得这么惨，就给士兵们发了很多军饷，而如果国王不发军饷，塔兰托亲王就能把士兵们争取过来。实力如果得不到智慧的辅助，就对统治者毫无作用。

我要在这里讲一件值得记住的事，尤其是那些为伟人效力的人应该记住，这些人大多数都知道，伟人通常对为他们效力的人是多么忘恩负义。

安东尼奥大人的祖父名叫乔瓦尼·钦奇内洛，是王国中最聪明的人之一，影响力大，判断力强，拥有的财富超过十五万达克特。他是阿拉贡王室的忠实臣民，有个儿子名叫布法尔多大人，布法尔多大人的儿子是安东尼奥大人。国王勒内在王国的时候，有传言说乔瓦尼大人是阿拉贡派的追随者，宫里有人妒忌别人的时候经常发生这种事。这一说法传到了国王勒内的耳朵里，乔瓦尼大人的名字就写在了国王阿方索的名册上，是反对国王勒内的人。由于这一原因，乔瓦尼大人及其儿子布法尔多大人未经进一步调查就被抓了起来，乔瓦尼大人被处以吊刑，让他供出一项罪行，这一罪行他根本就没有犯过，甚至连想都没有想过。

有一天，父子二人在监狱里的时候，国王手下的一个人来了，说如果不交出一万六千达克特，布法尔多大人马上就要被斩首。乔瓦尼大人说，这是他最不愿意看到的事，他愿意交钱，于是就把钱交了出来。经过长期监禁，父子二人获释了，乔瓦尼大人钱也花完了，人也老了，病倒以后死在那不勒斯一家名叫农齐亚塔的救济院。父亲死后，布法尔多继续待在那不勒斯。阿方索收复王国以后，布法尔多得到了一个职务，让他有了生活保障，但这根本不足以报答他父子二人的忠诚，实际上他是带病为国王效力的。

　　安东尼奥大人从年轻时就为国王效力直到现在，处理国家所有的重要事务，为此投入了整个身心。安东尼奥是个值得信赖和正直的人，担任过很多责任重大的职务而薪水却很低。他自己的收入很少，但从来都不向国王要求涨薪。如果其薪酬增加了，那是由于国王慷慨，而且他还有很多对手妒忌他，想方设法阻止他进宫。

　　有一次，他在佛罗伦萨担任大使，任务将近完成时，来了一封信命他去米兰，还有授权书、委任状和国王的一封专函，要他立即动身。安东尼奥大人确信，执行这一命令会有生命危险，因为他介入了抓捕和处决伯爵雅各布一事，尽管他是无意介入的。大家都知道他诚实，不过米兰民众冷酷无情，落到他们手里是危险的。国王在信中命他去米兰，他看过信以后马上决定不去，给国王写信说让他做什么都可以，但就是不去米兰，因为米兰人传言四起，对他有误会。国王明白了他的意思，回信说去或是不去让他自己看着办。

　　这一类的事他经历过很多，但为了避免啰嗦我就不全讲了。德意志召开议会，与会的有很多贵族和高级教士。国王接到一份请求，要他派两位要员与会，去见见德意志的主要人物。那不勒斯宫廷里有一位加泰罗尼亚人，此人曾为国王阿方索效力，精通文科七艺，享有很高的声誉。所有妒忌安东尼奥大人的人都竭力推选他担任这一职务，以便让他离开王宫。但安东尼奥大人非常适合担任这一职务，他不得不去。他赢得了皇帝和所有出席会议

345

346

的贵族最高度的尊重，没有做出任何损害国王名誉的事。他担任大使刚完成一项任务，总是又接到命令去完成另一项任务，就这样效力了很多年。

国王的继承人卡拉布里亚公爵有一个儿子是卡普阿亲王，后来成为国王。国王斐迪南相信安东尼奥大人有才能、有智慧，觉得让他担任年轻亲王的保傅很合适，其他事务就不再让他管了。安东尼奥大人认识到他所接受的这一任务重要，就把亲王管教得很好。

国王在治理阿奎拉时遇到了大麻烦，民众搞派别活动，不顺从，尤其是蒙托罗伯爵派，这一派很有势力。民众应该效忠国王，但他们只是在合伯爵心意的时候才效忠国王。后来伯爵连同妻子及全家人都被逮捕，被遣送到那不勒斯。

安东尼奥大人这时厌倦了宫廷生活，想隐退，就宣称他要在春季去游览圣雅各布和圣安东尼奥。他打算慢慢地走，痛风病一犯就到住所里休息。但在这个世界上谋事在人，成事在天。国王把蒙托罗伯爵关押在那不勒斯，想找一个有经验的人去治理阿奎拉，所以他就派安东尼奥大人去治理。

安东尼奥大人辛辛苦苦地整顿这一地区，但这非常困难，因为阿奎拉人粗俗野蛮，尤其是那些在山里放牧的人。对于这个可怜的绅士来说，执行这一任务是件不幸的事。阿奎拉人恨国王和卡拉布里亚公爵，想方设法压他们一头，转而认教皇为领主，认为国王是教会的奴仆。

347　国王在拉奎拉有一支卫队，队长及其手下一些人在与居民争斗时丧了命。安东尼奥一听说就骑马来到市场，市场上一些好心的居民劝他回家，躲开这些暴民。他回家了，门没有关严，也无人防守，他根本没想到民众会攻击他。一群暴民跟着他，他看到他们来了，就上了房顶想逃到一个朋友家。但这个朋友害怕民众，就不让他进去，这个可怜的人就被迫回到自己家，人群很快就闯了进去。

他们问他钱财放在哪里，把东西一抢而光之后，其中一个歹徒照着他的胸口就是一拳，其余的人扑上去把他杀了，遗体被砍碎扔到了大街上。[①]

呜呼，这就是安东尼奥大人的下场和得到的报答，他和家人一起长期忠实地效力。全能的上帝啊，您的司法判决真是不可思议，您的行为方式真是神秘莫测！

安东尼奥大人是最虔诚、最仁慈、最爱行善的人之一。我在这里举出一个他有孝心的例子。

国王斐迪南派他到罗马去完成一项使命时，一个名叫里纳尔多·詹菲利亚齐的年轻人——其父亲和祖父都是反叛分子和被流放者——求安东尼奥收留他当兵。安东尼奥大人一口回绝了他，说："你是个绅士，应该当法官，当兵不适合你。"又说了其他很多理由。但年轻人又让几个人恳求安东尼奥大人，安东尼奥最终同意了。不久之后安东尼奥大人去了营地。他发现里纳尔多诚实、有才干，就把家业交给他，钥匙让他保管。

第一天晚上，他让小伙子给马添饲料，小伙子就添了，还在马棚里给马铺好寝具，看样子像是一辈子都干这一行似的。他每天都服侍安东尼奥大人，就像服侍绅士一样，没有人比他服侍得更好了。他陪着安东尼奥大人从营地到那不勒斯，一天比一天胜任。国王经常带着安东尼奥大人外出打猎，小伙子就领着一条狗，像个熟练的猎人似的，所以国王和整个宫廷都和他熟识。 348

这个年轻人为安东尼奥大人管家管了三年之后，住在边境地区的母亲想让他回去，派了两个修士到那不勒斯去叫他，一个是里纳尔多·德利·阿尔比齐的儿子图尔比亚大人，一个是她亲兄弟。他们到那不勒斯以后找到了安东尼奥大人，求他让小伙子里纳尔多回

---

① 参见马基雅维利:《佛罗伦萨史》，第414页。——英译者注

到母亲那里去，小伙子的母亲现在守寡，其丈夫在内乱中作为反叛分子被流放出去了。

两位修士的苦苦哀求和小伙子母亲的不幸遭遇感动了安东尼奥大人，于是他就催促里纳尔多回去。但里纳尔多喜爱安东尼奥大人，认为这是他人生中的际遇，所以他不愿回去。不过安东尼奥大人命他和两位修士一起回去。

里纳尔多和母亲在一起住了一段时间，然后决定当兵。他不好意思去找安东尼奥，就当了雇佣兵。但他对当雇佣兵感到不满，不久之后就再次找到安东尼奥。安东尼奥见他陷入窘境，就给了他三匹马和七十达克特。

不久之后，不幸的里纳尔多死了，安东尼奥听说以后，就想把最近给他的东西要回来，不过不是留给自己，而是给里纳尔多那不幸的母亲，她现在守寡，无家可归。他要回四十达克特，给了在安科纳的那位母亲，不久又把其余的要了回来。

小伙子的母亲去了佛罗伦萨。安东尼奥在佛罗伦萨的时候找到了她，让她在一天上午到圣特丽萨教堂等他。但她发烧病倒了，他就把刚要回来的三十达克特送给了她。她收到了钱，想起安东尼奥对她和儿子的大恩大德，就哭着说："我丈夫 1434 年让人从佛罗伦萨赶走了，从那时到现在有三十五年了，我一直四处流浪，找不到一个人帮助我。只有安东尼奥大人一个人仁慈，对我和儿子好。我恳求上帝报答他，我现在生了病，处境很惨，他又一次帮助了我。"

我在结束这篇安东尼奥大人的生平之前——我们知道他是个最慷慨的人——我要说这个小伙子里纳尔多是里纳尔多·德利·阿尔

349　比齐大人 ① 的外孙，他父亲是詹菲利亚齐家的成员。小伙子到安科纳找母亲是光着脚去的，只穿一件内衣。母亲一看他这副惨样，大

---

① 科西莫的主要反对者，1434 年被流放。——英译者注

声说道:"这是咋回事,孩子?"他回答说:"我遭人抢光了,只剩下衬衫了,这件背心我是从一个被吊死的人身上脱下来的。"母亲看到儿子一贫如洗,无家可归,我们可以想象她该有多么悲伤。

里纳尔多生平之中的这最后一件事可能并不重要,但可以提醒本传记的各位看官,要注意防范厄运的打击。

关于安东尼奥大人死在拉奎拉暴民手里一事,可以引起很多思考。然而,上帝的裁决据说就像一条巨大的鸿沟一样深不可测。圣保罗说:"深哉!神丰富的智慧和知识。他的判断何其难测!"① 圣哲罗姆说:"如果你不想犯错,就不要发表意见。"

　　注:写完宗教首领和俗界首领的生平之后,我要写一些文学家的生平,他们留下的作品是他们那个时代的灯塔,也是未来的灯塔。

---

① 语出《圣经·罗马书》11:33。——中译者注

第六卷

作家

波焦·菲奥伦蒂诺（1380—1454）[①]

　　波焦大人出生于特拉诺瓦，佛罗伦萨的一个村庄。他父亲把他送进了大学，他留校当了教师，精通拉丁语，通晓希腊语。他是个优秀的抄写员，善写古代字体，年轻时以抄写为生，以此挣钱买书和其他必需品。

　　众所周知，罗马教廷是个优秀人物可以找到工作并得到报酬的地方，于是波焦大人就去了那里。他思维敏捷的名声传开以后，他就被任命为教皇秘书。后来，他又开了一间文书室，做两份差使，都享有正直的好名声。

　　他不想担任神父，也不想接受圣职，而是娶了佛罗伦萨出身颇为高贵的一位女士，布翁德尔蒙蒂家族的成员，二人生养了四儿一女。

　　他接受教皇马丁的委派，带着信函去了英格兰[②]，对英格兰的

[①]　波焦·布拉乔利尼（Gian Francesco Poggio Bracciolini，1380—1459），意大利著名人文主义者。——中译者注

[②]　1429年。——英译者注

生活方式颇为不满，那里的人愿意把所有时间都花在吃喝上。他甚
至以开玩笑的方式讲到，有一次他应一位主教或贵族的邀请去吃
饭，坐在餐桌旁四个小时之后，被迫起身用冷水洗洗眼睛，以免打
瞌睡。关于英格兰的财富，他有很多精彩故事可讲，尤其是关于老
枢机主教^①的故事，此人在英格兰王国执政好多年。据说他的金银
餐具极为昂贵，他所有的厨房用具都是银的，连柴架和小件物品也
是银的。

352

我们的另一个老乡安东尼奥·德·帕齐也到英格兰去了。一天
上午，在一次正式宴会上，枢机主教聚集了一大批人，为此准备了
两个房间，悬挂着最华丽的布，四周都有银装饰品，一个房间里都
是银杯，另一个都是镀金杯或金杯。后来，安东尼奥·德·帕齐被
领进一个非常豪华的房间，枢机主教向他展示了七个坚固的箱子，
里面都是贵重的英国物品。我记下这件事是为了证实波焦所说的话。

康斯坦茨宗教会议召开的时候，波焦去参加了会议，尼古劳及
其他博学的人都求他别怕麻烦，让他到那里的修道院里寻找一些佚
失的拉丁语书籍。^②他找到六篇西塞罗的演讲词，按我对他所说的
一番话的理解，他是在垃圾堆里一摞废纸里找到的。他找到了昆体
良全集，在此之前只有昆体良的一些片段残篇传世。这本书他拿

---

① 枢机主教博福特。波焦在康斯坦茨宗教会议上见过他，博福特承诺晋升
   波焦的职务，波焦因而被吸引到英格兰，但博福特忘了兑现诺言。波焦对
   他在英格兰的经历所发表的一些意见很有趣。他写道："英格兰贵族觉得住
   在城里很不光彩，宁可隐居在乡间。他们以不动产来评定一个人的高贵程
   度。他们把时间花在农业上，做羊毛和羊生意，并不觉得买卖农产品是件
   丢人的事。我认识一个富商，已经退出商界，然后把钱投入到土地上，隐
   居到乡间，成为一个贵族世家的创始人，我见他被吸收进最显赫家族的社
   交圈。"参见谢波德：《波焦传》，第127页。——英译者注
② 参见他的"致朋友的一封信"。穆拉托里：《意大利共和国》，手稿，第20
   卷，第160页。这位朋友是维罗纳的圭里诺。——英译者注

不到手，就花了三十二天时间亲手抄写了一本，这个手抄本我见过，是最漂亮的抄本。他每天都抄满一个笔记本。他找到了西塞罗的《论演说家》（*De Oratore*），这本书早就佚失了，存世的只有一些片段。他找到的还有西柳斯·伊塔利库斯（Silius Italicus）用英雄诗体写的《第二次布匿战争》（*De secondo bello punico*），有马尔库斯·曼利乌斯（Marcus Manilius）诗体的《论天文学》，有卢克莱修的诗《物性论》（*De rerum Natura*），全是十分重要的作品。还有瓦勒里乌斯·弗拉库斯的诗《阿尔戈英雄记》（*Argonauticon*），有阿斯科尼乌斯—佩迪亚努斯（Asconius-Pedianus）对西塞罗演讲词的注释，有科卢梅拉（Columella）论农业的作品，有科尔涅利乌斯·塞尔苏斯（Cornelius Celsus）论医学的作品，有奥卢斯的《阿提卡之夜》（*Noctium Atticarum*），另外还有德尔图良的一些作品，斯塔提乌斯的诗《诗草集》（*Silvoe*），优西比乌斯的《编年史》（*De Temporibus*），另有吉罗拉莫和普罗斯佩罗手抄的补录。

　　然后他在康斯坦茨找到了西塞罗给阿提库斯的信，但我对这些 353 信并不了解。莱奥纳尔多大人和波焦大人共同发现了普劳图斯的最后十二部喜剧，格雷戈里奥·科雷罗、波焦和其他一些人对这些喜剧进行了校勘并加以排序，这一顺序现在仍然沿用。西塞罗驳斥威勒斯的演讲词也来自康斯坦茨，由莱奥纳尔多和波焦带到意大利。①

　　由此可以看出，通过这些学者的努力，我们拥有了多少巨著，我们应该多么感谢他们，他们的发现让当代多少学生受到教育。意大利没有普林尼的抄本，但尼古劳得到消息，说德意志的吕贝克有

----

① 波焦还在朗格勒一座克卢尼修道院里找到了西塞罗的《为凯基纳辩护》。还有拉克坦蒂乌斯的《上帝之路》，韦格蒂乌斯的《论军事》，以及阿米亚努斯·马尔塞利努斯的作品。参见修道院院长梅休斯：《安布罗斯·特拉韦萨里传·前言》。——英译者注

一部漂亮、完美无缺的抄本。通过科西莫·德·美第奇协调，尼古劳在当地一个亲戚的帮助下，与拥有这部抄本的修士达成协议，给了修士一百莱茵达克特换这本书。但后来出现了大麻烦，修士和买书者都没能幸免。[①]

波焦从康斯坦茨回来以后开始写作，并显示出演说家的才能。他很有语言才能，这从他的作品和译著中可以看出来。他的书信读起来最为令人愉快，风格平易，写得轻松自如。他喜欢猛烈抨击，所有的人都怕他。他是个有教养、讨人欢喜的人，真诚大方，痛恨一切欺诈和虚伪。他能讲很多妙趣横生的冒险故事，那是他去英格兰和德意志时所经历的。

他说话口无遮拦，得罪了一些博学的人，随时准备拿起笔骂一些文人。他写了一封恶毒咒骂教皇菲利克斯（萨伏伊公爵）的信，为尼古劳·尼科利打抱不平，攻击一个现在已经过世的学者，因为

354 尼古劳有很多美德。尼古劳喜爱卡洛·德·阿雷佐，因为卡洛博学，品德好，想各种办法晋升卡洛的职务。在尼古劳的影响之下，卡洛被任命为大学教师，与前面提到的那个学者竞赛。波焦出于对尼古劳·尼科利的喜爱，就撰文抨击那个人。

听卡洛大人讲课的人非常多，整个罗马教廷的人都去听，当时教廷就在佛罗伦萨。所有博学的佛罗伦萨人也去听，由此引起了尼古劳·尼科利与菲莱尔福的分歧，起因是卡洛大人因讲课而享有盛名。波焦维护尼古劳·尼科利，反驳菲莱尔福的攻击，因此尼古劳与菲莱尔福反目成仇。尼古劳与菲莱尔福对骂，由于科西莫·德·美第奇对尼古劳和卡洛大人很有好感，菲莱尔福就为政府制造麻烦，

---

① 他雇用特里维斯的尼古拉为教师，尼古拉在德意志发现一部书稿，里面有当时已经佚失的普劳图斯的十二部喜剧，现存的只有八部。尼古劳·尼科利的一个抄本现存佛罗伦萨马尔奇安图书馆。——英译者注

由于行为不检点而作为反叛分子被流放在外，民众情绪高涨。

回头还说波焦。他的大名四处传扬，凡是知道他作品的地方都知道他。除了处理秘书和文书工作之外，他把其余的时间都用来搞创作和翻译。他最早翻译的书中有《农学》（*Agropedia*），是希腊人的名著之一，他把这本书送给了国王阿方索。这部译著受到当代学者的高度评价，送给阿方索之后，阿方索一反常态，没有给译者报酬。于是波焦就给帕诺尔米塔写信诉苦，帕诺尔米塔把这件事告诉了国王，国王立即送去了四百阿方索币，相当于六百达克特。波焦从此以后对国王感激不尽，夸赞国王的做法，而在此之前他颇有怨言。

波焦住在罗马最受教皇青睐的时候，执政团的秘书长卡洛·德·阿雷佐大人死于佛罗伦萨，波焦由于名气大而马上就当选这一职务，他的任命得到广泛认可。他得到这一消息时，尽管他在罗马教廷身居高位并因此而受益，但他并不想再改善自己的状况，还是想回国，于是就接受了这一职务，把佛罗伦萨当成祖国，他应该这样做。

波焦离开了罗马教廷。他生性真诚坦率，没有丝毫虚假和掩饰，因而那些口是心非、品行与他相反的人不能接受他。有一次选举，他被提名为候选人，他通过一位朋友向选举人传话，选举人答应选他。波焦大人对佛罗伦萨人的性格几乎一无所知，就把选举人的承诺当真了，实际上他对很多情况还不了解。他和那位朋友沟通以后，票箱一倒空，他发现得到的只有白豆。①

波焦对欺骗一窍不通，到目前为止他一直认为，那么多公民说的话肯定差不离。但他发现自己上当了，于是就对佛罗伦萨人的阳奉阴违大为恼火，和他们翻了脸，说他从来没想到有人会干这样的

355

---

① 在佛罗伦萨的选举中，白豆表示反对，黑豆表示赞成。——英译者注

坏事，对来佛罗伦萨感到后悔。他认为这是耍弄他本人的，不是耍弄他朋友的。

　　他在佛罗伦萨住了一段时间之后被选进执政团，给了他公民尊严，以此向他表示敬意。他不再出席执政团的活动之后——仍然保留秘书长职务并履行其职责——就去了罗马教廷，以世界各地给他的来信赢得了罗马教廷的赞誉。然后一些佛罗伦萨人开始指责他，就是那些对一切都挑毛拣刺的人，计划利用对他有好感的科西莫·德·美第奇来剥夺他的秘书长职务，由另一个人取而代之。

　　每一个人都要当心啊，一个由民众选举出来而又有很多竞争对手的人会遭遇到多么大的危险。逐渐步入老年的波焦大人发现自己无法满足这一要求，因为其中掺杂着很多派系之争和权谋，于是就决定隐退，以便有更多的时间用来休息和研究，让另一个人来担任他的职务。

356　　佛罗伦萨城的生活与他的习惯和追求目标格格不入。科西莫很喜爱他，不想让其他任何人担任秘书长一职。但他发现波焦大人对此事并不在乎，也就不再管这件事了，否则他是不会允许换人的。

　　波焦大人长期住在罗马教廷，这时已经很富有了。他有很多现金、财产，在佛罗伦萨有很多房子，有精巧的家庭用品和一间规模很大的藏书室，所以他没有节省的理由。和宫里不再有瓜葛之后，他有了时间，就开始写佛罗伦萨史，从莱奥纳尔多大人搁笔的地方继续往下写，一直写到他那个时代。这在佛罗伦萨被认为是一部非常有价值的作品。

　　大家同意让他每年向国家交一笔钱，这样他和子孙后代就不会再承受佛罗伦萨的公共负担了。后来这一特权被废除了，另外又让他缴二百弗罗林的税，这是他无法承受的。听到这一消息，波焦大人忍受不住了，他还健在，给予他的免税优惠就被废除了。要不是对他很有影响力的科西莫可以消他的气，他可能就采取鲁莽行动了，因为他无法忍受这样的待遇，这样报答他所辛苦付出的一切是不合理的。佛罗伦萨城，以及所有使用拉丁语的人，都受过他的巨大恩惠，受过莱奥纳尔多大人和安布罗焦修士的巨大恩惠，他们是第一批拉丁语大师，拉丁语已经被冷落好多个世纪了。所以，佛罗伦萨在这个黄金时代学者云集。

佛罗伦萨城从莱奥纳尔多大人和波焦大人那里得到的巨大恩惠还有以下这些：

从罗马共和国时代起，意大利再也没有过像佛罗伦萨城这样著名的共和国或民主国家，佛罗伦萨史由莱奥纳尔多大人和波焦大人这样著名的作家所写成。在他们写成佛罗伦萨史之前，人们对佛罗伦萨的了解完全是影影绰绰。威尼斯共和国人才济济，无论是在陆地上还是在大海上，都取得了丰功伟绩。如果有人写出威尼斯共和国的编年史而不是无人记载其历史，威尼斯的声誉就会比现在高得多。同样的道理，加莱亚佐·玛利亚、菲利波·玛利亚及其他贵族的事迹也会比现在更有名。

357

每一个共和国都应该器重其作家，作家可以把国人所做的事情记载下来。我们从佛罗伦萨所记载的历史里可以看到，其历史从建国之初一直讲述到莱奥纳尔多大人和波焦大人的时代，佛罗伦萨人的每一项业绩都用拉丁语以适当方式记载下来。波焦记载的历史与莱奥纳尔多记载的相衔接，也是用拉丁语记载。乔瓦尼·维拉尼用俗语方言写了一部通史，记述了每一个地方所发生的事，其中夹杂着佛罗伦萨史，在他之后菲利波·维拉尼也如法炮制。这两个人是仅有的在其作品中向我们展示这些时代的历史学家。

任何想写波焦大人生平的人都能找到很多可写的东西，但要是对他评论，这里所写的就目前来说已经足够。最后附上他全部作品或译著的书目，由此可以看出他的学问极大地丰富了拉丁语。他死之前给几个孩子留下了一大笔钱，这在前面已经谈到过。他还计划在圣十字教堂建一座大理石墓，表明了想把它建起来的愿望，并亲笔写了墓志铭。但这事在办理期间，钱花费不当，墓再也没有建起来。

波焦大人的著作

1. Epistolarum libri decem (immo XVIII)

2. In avaritiam liber unus

3. De infelicitate principum lib. unus

4. An seni sit uxor ducenda lib. unus

5. Contra hypocritas lib. unus

6. Dialogus trium disputationum lib.unus

7. De miseria conditione humanae lib. unus

8. De varietate fortunae lib.quattuor

9. De prestantia Caesaris et Scripionis lib. unus

10. Oratio in laudem Cardinalis Florentinia

11. Oratio in laudem Nicolai de Nicolis

12. Oratio in laudem Laurentii de Medicis

358

13. Oratio in Laudem Leonardi Aretini

14. Oratio in Laudem Cardinalis Sancti Angeli

15. Oratio ad Nicolaum quantum

16. Oratio in laudem matrimonii

17. Oratio in coronatione Federici imperatoris

18. Invectiva in Thomam Reatinum

19. Investivae quinque in Philelphum

20. Investivae quattuor in Nicolaum Perrottum

---

① 枢机主教扎巴雷拉，1417 年康斯坦茨宗教会议期间去世。——英译者注

21. In Jacobum Zenum episcopum feltrensem

22. In Franciscum Vallatinum

23. In Felicem antipapam

24. Contra delatores

25. Facetiarum lib. unus

26. Historia populi florentini

译著

27. *Cyropoedea*, Xenophon

28. Diodorus Siculus libri VI

29. *Asinus*, Lucianus lib. unus

莱奥纳尔多·德·阿雷佐（卒于 1443 年）[①]

莱奥纳尔多大人出身微贱，离开阿雷佐到佛罗伦萨读书，在那里当上了教师。当时科卢乔大人[②]是文学界的领袖，他发现莱奥纳尔多有才能，就特别喜爱他，教他拉丁语。学成拉丁语之后，他又师从博学的曼努埃尔·赫里索洛拉斯刻苦学习希腊语，希腊语和拉丁语掌握得比我们这个时代的任何学者都要熟练。然后他就开始自己写作，在其第一批作品中证明他最富于表现力、最博学，一千年来没有任何一个人能达到他的高度。

他的美名开始传遍整个意大利，于是他听从了科卢乔大人的劝告，决定到罗马教廷去寻找发迹的机会。科卢乔为他写了一封推荐

---

① 莱奥纳尔多·布鲁尼（Leonardo Bruni Aretino，？—1444），佛罗伦萨著名人文主义者和政治家。——中译者注

② 科卢乔·萨卢塔蒂（Coluccio Salutati，1331—1406），佛罗伦萨著名人文主义者和政治家。——中译者注

信，让他去找教皇英诺森。① 他到达罗马，受到教皇接见以后，雅各布·迪·阿尼奥洛·德拉·伊斯卡帕里亚也来到了罗马，他是个精通希腊语和拉丁语的人。这时，正好需要任命一名秘书来取代一个去世的人，于是决定让这两个人各写一封信给教皇英诺森，以便确定让谁继任。两个人都写同样形式的信，这样谁写得好谁就会被任命为秘书。

　　两封信写好以后呈交给教皇。莱奥纳尔多大人的信被认为更好一些，他就得到了任命。他所效力的每一位教皇都喜爱他，尤其是那不勒斯的教皇巴尔达萨雷·科萨。② 这时莱奥纳尔多大人很穷，教皇非常器重他，就让他走上了挣钱的路。

　　教皇约翰在博洛尼亚的时候，莱奥纳尔多在门达拉。有一次，莱奥纳尔多去佛罗伦萨办私事，他带的一个仆人偷了他的一些东西和钱，价值二百弗罗林。他回来以后，教皇听说了这件事，就问他是不是真的。教皇听到说是真的，就对他说损失会得到补偿的，第二天上午就向秘书厅发布诏书，说他想通过教廷财务院征收一笔六百弗罗林的税。这笔钱教皇交给了莱奥纳尔多，以补偿仆人偷走的那笔钱。

　　教皇约翰应邀参加宗教会议。他在佛罗伦萨韦斯科沃的圣安东尼奥逗留时，拿不定主意是去还是不去，主要是因为他已经答应去了，所以他派出大使到皇帝那里，具体说明他不想去哪些地方、想去哪些地方。他命大使拿着一份写有这些地名的公文到皇帝那里以后，吓得简直要发疯，后悔不该这样写。后来，依照全能上帝的意愿，他从大使手里把那份公文要了回来撕得粉碎，对大使说皇帝挑

---

① 英诺森七世（1404—1406）。参见米尔曼：《拉丁基督教》，第 8 卷，第 97 页。——英译者注

② 约翰二十三世，被康斯坦茨宗教会议废黜。——英译者注

选的任何地方他都愿意去。

　　大使向皇帝禀明来意以后，皇帝马上指名去康斯坦茨，这正是教皇约翰不愿意去的一个地方。全能的上帝准备惩罚他了。

　　选好会址之后，教皇约翰听说了详细情况，就不顾所有朋友的反对，马上准备去参加宗教会议，朋友们都知道他去了以后会免他的职。莱奥纳尔多大人陪着他去了，和他住在一起。他们一到康斯坦茨，一些人就联手准备废黜教皇，参加会议的主要人物以书面形式予以支持。

360

　　教皇约翰的一个朋友听到了风声，就写信提醒他。一天晚饭以后，莱奥纳尔多大人和其他一些人正在屋里，这位朋友来找教皇，告诉教皇有人正反对他。莱奥纳尔多大人也在场，二人所说的话他全听见了。这个朋友是意大利的一名高级教士，他把教皇拉到一边，对教皇说了反对他的这一阴谋，还把阴谋分子的名单拿给教皇看，以为这样做会赢得教皇的一些好感。他又说，阴谋分子们发誓要抓住教皇投入监狱。

　　教皇一听就抓住信撕成碎片，然后极为愤怒地揪住那位高级教士，像是要把他扔到窗户外面似的。在场的一些人和莱奥纳尔多大人走上前来，对发生的事情感到吃惊，但并不知道是怎么回事。高级教士本想赢得好感，但发现并没有得到多少好处，他看见教皇溜走了。

　　第二天，教皇被告知：他要么滚出这个城市，要么进监狱，所以他就戴上一顶修士的风帽，与莱奥纳尔多大人以及身边的一些人徒步离开了康斯坦茨。他们在一座修道院落脚，决定在那里停留三天，吃的只有发霉的梨子，别的什么也没有，这样就不会被人发现投入监狱。

　　教皇一逃走就被宣布罢黜，回去以后只是个普通神父。上帝对教皇约翰就是这样公正，因为人人都对他说，他要是去康斯坦茨就会被废黜，而他却非去不可。无论他是否愿意去，他都躲不掉。

教皇约翰被废黜以后，教皇马丁当选，他马上就去了佛罗伦萨。巴尔达萨雷·科萨大人也去了那里。他以前是教皇约翰，现在只是个神父。经一个重要公民巴尔托洛梅奥·瓦洛里及其他掌权者请求，教皇马丁册封科萨大人为枢机主教。科萨以枢机主教的身份在佛罗伦萨住了几年，然后死在了那里。

361　　据莱奥纳尔多大人讲，宗教会议召开后颁布章程时，皇帝西吉斯蒙德起身说道："所有的国家都同意了，你们意大利人为什么不同意？"（Omnes nations consentiunt, et vos Italici, quare non vultis consentire.）普拉托的一个神父站起来说："我们是在僭主的统治之下。"（Nos sumus hic sub tyranno.）皇帝愤怒地转身对他说："我要是个僭主，你就不敢说出这样的话来。就因为这，章程废除。"

宗教会议结束后，教皇马丁去佛罗伦萨着手改革教会，当时教会由于分裂而乱作一团。佛罗伦萨城富裕，人口多，但城里大多数人身在福中却不知如何自治，上层阶级与下层阶级同样糟糕。要是及早防范就不会是这个样子，但这一情绪已蔓延开来，富裕的公民在城里到处唱一首歌——"教皇马丁不值一颗羽扇豆"（*Papa Martino non vale un lupino*），孩子们到处跑着唱，在新圣玛利亚以及其他地方。似乎所有的人都被蒙住了眼睛，小孩子唱的时候，大人边听边笑。这是大人铸成的大错，不是孩子们的错。

教皇知道这一非礼行为后再也忍不住了，因为冒犯他的是大人，不是小孩。莱奥纳尔多一听说教皇生了气，就马上去找教皇，他知道教皇的脾气，想给教皇消消气。他看见教皇在通向卧室的走廊上来回踱步，嘴里不停地嘀咕着，"他说，马丁不值"（Martinus, inquit, quadrantem non valet），① 又说："到罗马之前看样子我要度日

----

① "教皇马丁，教皇马丁，"人们在罗马的大街上高叫道，"不值一个钱。"——英译者注

如年了。"

莱奥纳尔多大人知道他的性格，就尽力安抚他，说："最神圣的教皇，这不过是小孩子的戏言，不值得您挂在心上。"教皇回答说："要是大人不赞成，小孩子就不会说。让上帝裁决吧。等我到了罗马，就让他们看看说这话的是大人还是孩子。"莱奥纳尔多大人无法平息教皇的怒气，就马上去了罗马。

这事过后不久，与公爵菲利波的战争在博洛尼亚爆发了，后来362在罗马涅与卡泰丽娜·德利·奥德拉菲夫人交战，夫人得到佛罗伦萨人的支持，战争中佛罗伦萨遭受三次失败，处于险境之中。而且人人皆知，在国家事务上，哪怕在一件小事上出了差错而没有纠正，后果会有多么严重。有教皇马丁这样的人做佛罗伦萨的朋友，后来又因鸡毛蒜皮之类的小事把他变成了敌人，他本来是友好的。

莱奥纳尔多大人最严厉地谴责公民们在这个时候做出这样不正常的事情，在有可能纠正的情况下失去了纠正的机会。这一最大不幸的原因是，佛罗伦萨人在一年之内被一支非常强大的军队打败三次，于是就被迫以他们能提供的最好条件与威尼斯人和解，促成了威尼斯共和国的崛起，让威尼斯得到了在大陆上的大部分领土，并由此带来了很多灾难。① 所有这些，莱奥纳尔多大人都看得非常清楚，并竭尽全力用言语和行动来加以纠正，但都不起作用。"教皇马丁不值一颗羽扇豆"这句话，几乎让佛罗伦萨城失去了自由，损失了数百万弗罗林。

回头还说莱奥纳尔多大人。他在教皇尤金时期来到佛罗伦萨，辞去了秘书处和文书职务后被任命为秘书长。他长期在罗马教廷，积累了丰富的经验，其谨慎的性格和对各种事物的广泛了解广为人

---

① 佛罗伦萨与米兰的战争。参见"洛伦佐·里多尔菲传"。1425 年，里多尔菲得到了威尼斯的援助。——英译者注

知，因而成为执政团成员，并经常成为十人委员会^①成员。他证明自己是一个非常有能力的人，让他处理过各种事务。他是个见解明智、有节制的人，反对做事莽撞和突然采取行动。尼科洛·皮奇尼诺在安吉亚里被打败^②时，莱奥纳尔多是十人委员会的成员。

363 对于莱奥纳尔多大人，可以说出他很多值得夸赞的事情，这些事情詹诺佐大人在悼词里已经说得足够了，卡洛大人也说得足够了。我在这里只讲一件特别的事，这是我亲眼见到、亲耳听到的，是教皇离开佛罗伦萨时他给教皇尤金的一个高见，以免造成像教皇马丁离开那样的后果。教皇即将动身离开佛罗伦萨到罗马时，与威尼斯人发生了分歧，教皇尤金因此而与国王阿方索和公爵菲利波结盟，所以人们极为担心，教皇一走很多地方可能会爆发战争。威尼斯人由于和佛罗伦萨人结了盟，就命令驻佛罗伦萨的大使劝佛罗伦萨人无论如何也不要让尤金离开，以免因此出现麻烦。在这件事上，他们远不止是动嘴说说而已，很多人还打赌是否会让他走。

这时，佛罗伦萨城依照惯例召开了资政会，所有的主要公民都参加了，包括莱奥纳尔多大人。旗手一走进会议室，就依照惯例向大会提议，让大家决定是否禁止教皇离开，并补充说威尼斯人想把教皇留在城里。莱奥纳尔多大人是秘书长，也是执政团成员，就最后一个发言。前面发言的人全都主张留住教皇。这时，莱奥纳尔多大人登上讲坛，说了以下这番话：

"最尊贵的各位大人，尊敬的各位公民，我不知道大家是否认真考虑过你们所说的这件事。无论你们是否知道，你们都提到了基督在尘世间的代理人，说他应该受到尊重，尊他为我们教会的首领。如果威尼斯人支持你们禁止他离开，其理由威尼斯人已经说

---

① 负责军务的一个机构。参见"附录"。——英译者注
② 1440年。佛罗伦萨人1425年在这里被打败。——英译者注

了，而我则持相反的意见，因为威尼斯人劝你们接受的这一政策他们自己马上就会拒绝，如果请他们奉行这一政策的话。他们在想尽一切办法，把做出这一重大决定的责任推卸给你们。做出这一决定是一件大事。如果你们决定要承担，就必须准备向所有的基督教国家证明你们的做法是正当的，否则每一个佛罗伦萨人一旦到了国外，就会被当成比犹太人还要坏的人。这样你们就全完了，永远也洗刷不掉这一恶名了。"

364

莱奥纳尔多大人说完这一番话，已经到了午夜时分，他不能再说下去了——他已经八十岁了——于是就离开了会场。他一走，以前主张阻止教皇离开的大多数公民，由于莱奥纳尔多大人的话而表现得明智起来，开始改变主意并完全接受他的意见。

只有一个人例外，一个那天晚上发言强烈反对教皇的人，他甚至提出如有必要可以把教皇抓起来。莱奥纳尔多大人走了以后，这个公民还指责他说的一番话。然而，莱奥纳尔多大人的发言影响太大了，其余的人全都同意，辩论的结果是让教皇走。后来，莱奥纳尔多大人的这个建议更加受到赞扬。

莱奥纳尔多大人胸怀宽广，他听说这个公民说他的坏话以后，第二天上午执政团和顾问团依据辩论程序开会的时候，他来到会议厅，说他有话要对执政团说，前面提到的那个公民必须在场。他们马上就把那个人叫来，莱奥纳尔多就告诫他，说他不顾会议的一切程序，登上讲坛发言反对他（莱奥纳尔多大人），而他自己在会上那样说是在维护国家的荣誉和利益，他把国家的荣誉和利益看得重于自己的生命，而且说得并不冲动，也不是欠考虑。

我们必须认识到，莱奥纳尔多出这样的主意是为了公共利益，不是泄私愤，他完全知道自己的身份和境况，有人说了贬低他身份的话。他虽然出生于阿雷佐，但他把佛罗伦萨当成自己的祖国，他在佛罗伦萨得到了他所有的荣誉，这些荣誉只能给予一个真正的以佛罗伦萨为祖国的公民。在过去很多年里，大家让他出了很多主意，他都是出于善意和爱心才这样做的，把这当成每一个忠诚的人应尽的职责。

365　　莱奥纳尔多大人不仅建言献策，表现得像个良善公民，他还竭尽自己的绵薄之力撰写佛罗伦萨史，将其收入文学卷册以万代流传，以这种方式为佛罗伦萨城增光添彩。我们可以看到，罗马因著名作家而名声远扬，尤其是李维，他就是罗马造就的，罗马的名声会千秋万代永远传颂。佛罗伦萨人的业绩可能比不上罗马人，但莱奥纳尔多大人还是竭尽全力，为佛罗伦萨人扬名而又不偏离事实。由于缺乏文献记载，发掘以前的事件极为困难，但他还是从最初一直写到米兰公爵加莱亚佐·维斯孔蒂的战争。如果他在叙述时像是有点难以捉摸，尊贵的大人们肯定会原谅他，因为他受到荣誉的触动，他一直不断地维护荣誉直到现在。

　　但现在他得到执政团的许可，要转而对付这个诽谤他的人，这个人就在他面前。"他给国家提出过什么建议？他的建议带来了什么好处？他到哪里担任过特使？他很清楚我是个正直的人，他要是想一想这件事，就不会指责本该得到赞扬的事了，就会认识到我在没有仇恨、不泄私愤的情况下为国家出的好主意，那是一个忠诚的公民一定会做的。"

　　莱奥纳尔多大人就这样把那个人逼入窘境，让他在自己面前既不敢回答，也不敢说话，因为大家都对莱奥纳尔多的正直表现出极大的尊重，因为所有这些假话都是当着莱奥纳尔多的面说的，因为政府对莱奥纳尔多的诚实评价很高，所以这位公民发现莱奥纳尔多大人和他闹翻后，他并没有得到多少好处。

　　关于莱奥纳尔多大人有很多事情可说，但这是为他写传记的人所做的事。我只是记下我听说的一些事，这些事我觉得值得记住。我在前面说过，莱奥纳尔多大人很受执政团的尊重，经常成为巴利

阿十人委员会成员，最后一次正值佛罗伦萨共和国所经历的最困
难、最严重的危机之一。尼科洛·皮奇尼诺已兵临城下，而佛罗伦 366
萨还没有任何人知晓。十人委员会做了大量准备，联系了意大利的
各个主要首领。皮奇尼诺率领大军从佛罗伦萨城旁边过去，经波皮
伯爵①劝导，挥师去了卡森蒂尔科。

　　由于十人委员会所做的准备，佛罗伦萨出现了骚乱，然后尼科
洛·皮奇尼诺在博尔戈与安吉亚里之间被打败。②波皮伯爵劝说尼科
洛·皮奇尼诺采取这一行动之后，想得到比别纳和圣尼科洛城堡，结
果丢掉了自己的领地，因为尼科洛·皮奇尼诺溃败之后，佛罗伦萨人
在波皮开战，由十人委员会里的两人担任特派员。几天以后，伯爵
无力守护，丧失了波皮以及所有的领土和很多村庄，这些地方六百
多年来一直属于历任波皮伯爵。这些事情发生时，巴利阿十人委员
会——莱奥纳尔多大人是成员之一——处于非常危险的境地，但最
后凭借谨慎赢得了极大的荣誉和尊重，他们在任职期间治国有方。

　　这时，莱奥纳尔多大人在意大利和其他地方名声大震。在佛罗
伦萨，一大批抄写员一直在抄写他的作品，有的是为佛罗伦萨城抄
写，有的是出口国外。所以他无论走到哪里，总能见到他著作的抄
本，由于他大名鼎鼎，他的作品在全世界都受到欢迎。

　　我讲讲我亲眼所见到的事，很多博学的人从西班牙、法兰西慕
名而来，其中很多人只是想见见莱奥纳尔多大人，并没有其他原
因。他每天都收到来自阿尔卑斯山这边或那边的书信，是那些想见
他的人写的，尤其是罗马教廷和教皇尤金在佛罗伦萨城的时候。

　　有一次，我和一位特使去拜访莱奥纳尔多大人，特使是西班牙

---

① 皮奇尼诺的岳父。——英译者注
② 1440 年。参见马基雅维利：《佛罗伦萨史》，第 269—273 页。——英译者注

国王派来向他致意的。特使一进屋，就跪在他面前不愿意起来。西班牙特使说，他受西班牙国王的委托前来拜访。莱奥纳尔多大人很有礼貌地接待了他，恳求把自己托付给国王陛下。国王阿方索非常喜爱莱奥纳尔多，请他到陛下的王宫里住，为他提供合适的条件。

367　　他在英格兰受到最高度的敬重，尤其是伍斯特公爵，莱奥纳尔多把自己翻译的亚里士多德的《政治学》题献给了伍斯特公爵，并往英格兰寄去一本。伍斯特公爵回信作答。莱奥纳尔多大人认为，公爵在回信中对这样一部杰作没有表现出应有的赞赏，便撤回了题献给他的序言，另写了一篇序言献给教皇尤金，尤金当时在博洛尼亚。他亲自拿着书送给圣座，教皇极为隆重地接见了他。

　　莱奥纳尔多大人表情严肃，身材瘦，个头中等。他穿一件红布外衣，几乎拖到地上，带有衬里的袖子挽着，外衣外面是一件红斗篷，斗篷开向一侧，拖到地上。他头戴一顶流行样式的红兜帽。他态度温和，惹人喜爱，能讲很多有关德意志的精彩故事，他去德意志参加过宗教会议。

　　他少言寡语，特别喜爱他认为有才能的人。他性情暴躁，有时候突然发怒，然后很快就心平气和。这里可以讲一个他突然生气又马上消气的例子，足以为他增光。

　　一天晚上，他和詹诺佐·曼内蒂大人以及其他一些博学的人在市政广场上谈论各种事情。詹诺佐大人对谈论的话题很感兴趣，回答每一个人的问题都是脱口而出，能解开讨论的每一个难题。于是莱奥纳尔多大人指责了他，指责的语气比他平时说话更尖锐一些。詹诺佐大人就为自己辩解，他平时最为尊重莱奥纳尔多。生性大度的莱奥纳尔多大人认为冒犯了詹诺佐，就暗暗叫苦，当天晚上以及整个夜里都非常不安。

　　第二天一大早，莱奥纳尔多大人一反常态，从家里出来前去拜访詹诺佐大人，让仆人敲门。一个仆人开了门，莱奥纳尔多大人叫仆人去禀报詹诺佐大人，说他一位朋友想见他有话要说。詹诺佐大人一听到禀报就到了门口，一看是莱奥纳尔多大人就深感不安，没想到他竟然来到家里，他要是听到莱奥纳尔多大人发一句话，就会马上去登门拜访。莱奥纳尔多大人回答说不必难过，让詹诺佐穿上 368 斗篷来听他（莱奥纳尔多大人）说上几句。

　　他们一起出去了，沿着阿尔诺河走的时候，莱奥纳尔多大人先开了口："詹诺佐，我知道昨天晚上在市政广场上我失礼了，我感到非常难过。回家以后我非常自责，对做过的事非常后悔，一整夜辗转难眠，非要见到你请你原谅不可。"詹诺佐大人回答说，他就像莱奥纳尔多大人的儿子一样，莱奥纳尔多大人没有说任何让他无法容忍的话，但即便是说了这样的话，也没有必要做出任何道歉。他总是对莱奥纳尔多大人非常尊重，一直都是莱奥纳尔多大人的朋友。

　　不久之后，有关方面依据当时的习俗，决定向热那亚派一名大使。每一次开会提名的时候，都是想提谁就提谁，结果詹诺佐大人得到了提名，他从来都没有担任过大使。在场的莱奥纳尔多大人说："派他去吧，不要派我，他是个知名人士，能为国家赢得殊荣。"由于这一有分量的提名，詹诺佐大人被派往热那亚担任大使，到托马索·达·坎波·弗雷戈索大人^①那里，另外还有威尼斯大使。所有这些都是莱奥纳尔多大人的影响力造成的。

　　詹诺佐大人是议会成员，在莱奥纳尔多大人死后为他致了公正、当之无愧的悼词，赞扬他的美德。

　　莱奥纳尔多大人留下了下列作品：

　　《佛罗伦萨史》（ *The History of Florence* ）

　　《第一次布匿战争》（李维的第二个十年， *The First Punic War, The second decade of Livy* ）

---

① 　当时的热那亚总督。——中译者注

《哥特人史》(*The History of the Goths*)①

《致巴蒂斯塔·马拉泰斯塔夫人》(*Oration to Madonna Battista Malatesta*)(《论文学的学习》。——中译者注)

《论当代》(*De temporibus suis*)

《乔瓦尼·斯特罗齐大人的悼词》等(*Oration on the Death of Messer Giovanni Strozzi, Contra hypocritas, Pro seipso ad praesides, Contra nebulonem maledicam, De origine urbis romanae, De recta interpretation, Dialogi ad Petrum Historium, Isagogicon moralis disciplinae, Vita Aristotelis liber unus, Vita Ciceronis, Epistolarum suarum*)

翻译亚里士多德的作品: *Ethicorum X*②, *Politicorum VIII, Economicorum II*

翻译柏拉图的作品: *Phaedo, De immortalitateanimarum, Phaedrus, Gorgias, Crito, Apologia Socratis, Epistolae Platonis*

翻译普鲁塔克的作品(《列传》): *Marcus Aurelius, Cato, Pyrrhus, Demosthenes, Sertorius, Paulus Aemilius, Xenoph*on。③④

---

① 克里斯托弗·佩尔索纳认为,这位阿雷佐人的著作只是翻译的普洛科皮乌斯的作品。贝尔也说,牛津大学图书馆藏有四十封信件手稿。参见《历史与批判辞典》"阿雷佐的莱奥纳尔多"辞条。——英译者注

② 和尤金一起在佛罗伦萨的一个威尼斯年轻人劳罗·基里诺撰文臭骂阿雷佐人的作品,认为阿雷佐人错把"Summum bonum [至善]"当成"bonum per se [善本身]"了。参见"传记",本书第 425 页。——英译者注

③ 原文的列举方式似乎有误,布鲁尼翻译了普鲁塔克的一些传记,如《卡托传》、《皮拉斯传》、《德摩斯梯尼传》、《塞尔托里乌斯传》和《保卢斯传》等,但马尔库斯·奥勒利乌斯(马可·奥勒留)和色诺芬应该是布鲁尼另外翻译的作者。——中译者注

④ 科尔尼亚尼在《意大利文学一百年》中提到阿雷佐人的《但丁传》和《彼特拉克传》,指责其文体和素材。——英译者注

卡洛·德·阿雷佐（马尔苏皮尼）（卒于 1455 年）

他出身于名门。他父亲格雷戈里奥大人是个医生，生活富裕，一度和布奇卡尔多住在一起。卡洛从小就到佛罗伦萨学习文学，精通拉丁语和希腊语。然后他学习哲学，更关注哲学实际的一面而不是纯理论的一面。他赢得了所有学者的尊重，尤其是尼古劳·尼科利。尼科利提携他，大大提高了他的声望。他有非凡的记忆力。

他被引荐给科西莫·德·美第奇，科西莫和弟弟洛伦佐都对他很好。兄弟二人由于瘟疫爆发而躲到维罗纳时，把尼古劳·尼科利和卡洛也带上了。回到佛罗伦萨以后，卡洛继续学习。尼古劳发现卡洛学习好，精通拉丁语，就劝他在教皇尤金住在佛罗伦萨时公开讲课。卡洛同意了。然后他就被大学当局任命为讲师，付给他丰厚的薪水。他讲课吸引了大批听众，不但有佛罗伦萨人，还有周边地区的人。教皇和枢机主教们的侄子也都来听讲。

他被认为是佛罗伦萨最优秀的讲师。第一次讲课时，面对那么 370 多学者，他展示了自己非凡的记忆力，援引了每一个知名希腊语作家和拉丁语作家的话。在此之前是菲莱尔福讲课，现在菲莱尔福妒忌卡洛，其做法导致他被流放。通过洛伦佐的影响力，洛伦佐在教皇尤金面前说一不二，再加上卡洛的好名声，结果卡洛当上了教皇秘书，而且卡洛还证明自己不仅懂经典作品，处理事务同样能胜任。

他生性稳重谦虚，寡言少语，长相英俊，给人的印象是有点喜爱忧思。他言谈举止都有礼貌，讨厌任何无礼行为。证明自己非常有能力之后，他在莱奥纳尔多·德·阿雷佐大人死后继任秘书长一职，这一职务他担任得极为胜任。

他喜爱作诗和诙谐短诗，作得非常熟练。他翻译了荷马的《蛙鼠之战》，很受推崇。他还翻译了《伊利亚特》两卷，在科西莫母亲的葬礼上致悼词。他要是完全致力于文学，在其他事务上少花些时间，就会取得丰硕的成果。他在很多方面都值得赞扬。

他死后举行了隆重的葬礼，由马泰奥·帕尔米耶里将一顶诗人之冠放在他的棺材架上，帕尔米耶里还致了悼词。

贝内代托·德·阿雷佐（1415—1466）

贝内代托·德·阿雷佐大人父母都是值得尊敬的人物。他父亲是法学博士，很想让两个儿子跟着他在佛罗伦萨学习法律，他在佛罗伦萨大学教书。这两个小伙子后来跻身意大利最著名的律师之列。

贝内代托在智力和记忆力方面超过了当时所有的人。他在民法和教会法方面都是辩论高手，在佛罗伦萨为大批听众讲课，在那里大名鼎鼎，因为听众之中有来自意大利各地的学生。他脑子反应371 快，问题一提出来他就领会了意思，在人文学科方面是个知识渊博的学者，既懂散文也懂诗歌。他对教会史和教会文献有广泛了解，也开玩笑似的模仿学唱一些流行歌曲。凭借惊人的记忆力，他可以谈论任何话题，凡是他看过的东西他从来都不会忘记。所以他和博学的人在一起时，记忆力帮了他大忙。

贝内代托亲切和蔼，富有同情心，无论是有学问的人还是不识字的人都喜欢他，所以秘书长一职出现空缺时，他就接替了这一职务。他担任这一职务，后来的履职情况，所有的人都感到满意。国内的讼案提交到执政团等待裁决时，或与其他国家的争端等待解决时，贝内代托就会被请过来，所有的误解马上就会消除。他确实是为宫里增光添彩的人。

　　阿尔卑斯山那边的特使一来到佛罗伦萨，他就负责给他们答复。有一次，匈牙利国王的一位大使用拉丁语向执政团讲了他这次的使命。贝内代托听了以后把他的话记在脑子里，然后一字一句地用拉丁语写下来翻译成意大利语，随后交给执政团。随后他接到指示，要他在回复时注意某些要点。他用拉丁语回复得极为精彩，特使本是个博学的人，听了以后惊呆了。大使走的时候，贝内代托向他告别，大使再一次夸奖了他的讲话，他就把整个讲话用拉丁语又背了一遍。特使再次表示吃惊，他竟然一字不落地重复了一遍，便夸赞他的才能和记忆力。

　　他由于和蔼可亲，佛罗伦萨博学的人和有才能的公民都认识他，知道他精通法律以及如何解释法律。在需要当场处理的问题上，只要他在场，所有的人都闭口不言。他非常愿意避开法律问题，常说法律就是争吵，其他什么都不是。我听一些与执政团关系密切的人说，任何人在执政团里的表现都不如贝内代托大人。

　　他在宫里的时候开始研究历史，打算写一个一直延续到当代的故事，已经写到戈弗雷·德·布永远征到圣地①了。这是个了不起的成就，在此之前这次战役从未有人描述过，除了用法语写的之外。他懂法语，将这一作品翻译成漂亮的拉丁语。这本书像《恺撒战记》一样厚。他凭借超强的记忆力，再现了他看过的所有历史学家的风格。但他把别人的作品完全抛开以后，他的行文就没有那么精彩了。

　　他值得大力赞扬。他虽然在律师界，这一职业并不要求写出典雅的文字，但他通过努力做到了。他要是没有死，要是再坚持学习下去，他就能够创造奇迹，因为凡是用拉丁语写的书，他没有看过的没有几本。

---

① 即十一世纪末第一次十字军东征时期。——中译者注

詹诺佐·曼内蒂（1396—1459）

　　詹诺佐·曼内蒂大人出身名门。从别人[①]对他生平的评论来看，似乎应该把他添加到为本世纪增光添彩的名人之列。他写了不少书，为我们的城市赢得了荣誉，不仅是凭借他写的书，也包括他做的一切。

　　他是个优秀的希腊语、拉丁语、希伯来语学者，在道德哲学和自然哲学方面大名鼎鼎，也是个神学家，可以和他那个时代的任何人相媲美。他学习希伯来语完全是为了更好地理解宗教作品，人们常说他会背三本书：圣保罗书信、奥古斯丁的《上帝之城》（De Civitate Dei）、异教徒亚里士多德的《伦理学》。他凭借对希伯来语的掌握，写出了一部十卷本的专著澄清犹太人的困惑，后来他又进行了修订。

　　他是个爱和人激烈辩论的人，随时准备与犹太人争辩，不精通犹太人的语言谁也无法与他们争辩。争辩时他总是这样对他的对手说："你要提高警惕，准备好你的武器，我只用你自己的武器攻击你。"无论多么博学的犹太人，没有一个未被他击败过。犹太人说，七十二子翻译的《诗篇》[②]被人增添了内容，被篡改了，他就出版了
373　一部从希伯来语翻译过来的版本。于是一些不懂希伯来语的人出于妒忌而指责这一版本，曼内蒂就发表了五篇文章为《诗篇》辩护。在这些文章里，他指出了每一处增添而没有篡改原意的地方，连一

---

① 指纳尔多·纳尔迪奥。参见穆拉托里：《意大利共和国》，手稿，第20卷。——英译者注

② 公元前三世纪前后，犹太主教应托勒密二世的要求，召集七十二个学者将《旧约》翻译成当时流行的希腊语，史称"七十二子《圣经》"。——中译者注

个字母都不放过，以此证明他对《圣经》的了解。他证明自己阅读并研究了整部《圣经》，包括希腊文版本和希伯来文版本。所有的希伯来语注释他都读了两遍，以指责犹太人的不诚实。

他跟随两位博学的教师学习希伯来语，他翻译了《新约全书》、亚里士多德的《伦理学》以及《大伦理学》、《论记忆》（*De Memoria et Reminiscentia*），证明他精通希腊语。希腊语是博学的安布罗焦·德利·阿尼奥利修士教给他的。他学得很快，因为他知道如何正确分配时间。他睡觉的时间不超过五个小时，其余的时间都用到学习上。

他二十五岁时开始学习拉丁语，在此之前由于他父亲的缘故，他无法实现自己的愿望。他有九年时间没有渡过河去。他常去圣斯皮里托，他从花园里开出一条道来通向那里，当时圣斯皮里托有很多博学的人，有比萨的万杰利斯塔大人，有那不勒斯的吉罗拉莫大人。万杰利斯塔大人教逻辑学和哲学，詹诺佐听了他讲的全部课程，每天都在俱乐部里辩论这个理论或那个理论，很快就牢固掌握了逻辑学和哲学。

学了人文学科之后，他又开始跟着那不勒斯的吉罗拉莫大人学神学，阅读圣奥古斯丁的《上帝之城》，对此他养成了一个特殊习惯。除了其他美德之外，他还有一种笃信宗教的精神，提起宗教就充满敬畏。他赞扬宗教说，我们的宗教信仰不是信仰，而是确凿的事实，因为教会写的、说的有关宗教的一切都是真实的，就像三角形是三角形一样真实，三角形是个示范图。

他极为正直，从来不会用一样东西冒充另一样，不会作假。我相信他从来都没有说过假话。对他来说，是就是，不是就是不是，他做决定从不意气用事。在证实信仰和真理时他常说，他从来都没有听说过干坏事的人能逃脱惩罚。

有一次，詹诺佐要调解一个朋友与另一个人的争端，这个人知 374

道詹诺佐正直，就让詹诺佐担任仲裁人。他必须调查了解两个人相互往来的各种书面材料，做这件事他像佛罗伦萨的任何人一样胜任。问题本身很容易解决，看一眼就够了。詹诺佐仔细看了他朋友对手的描述以后，发现满篇都是与利息和高利贷有关的错误。他把这个人叫到跟前指出了这些错误，想解决争端而又不指责任何人。但对方很固执，于是詹诺佐就当着几个知情人的面对他说："过来，我考虑了你的情况，也考虑了你几个儿子的情况，考虑了你们的生活状况，我想预测一下你将来的情况。我熟读《圣经》，你和家人肯定会受到自然的惩罚，不久你就会让全城人引以为戒。当心上帝的裁决。"

这个人的家庭和财产当时正是最红火的时候，他既不相信天会伤害他，也不相信地会伤害他。但不久之后，他本人，他的家人、子女和财产就遭到惩罚，这一惩罚应该让世人引以为戒。詹诺佐大人说起这件事就像是在他眼前发生的一样，断言上帝对人的所有惩罚，最严重的莫过于让人失去子女。

这时，执政团和顾问团任命大使，詹诺佐好几次外出执行任务，他由于深得人心，得到的全是黑豆。他第一次担任大使是出使热那亚，当时托马索·达·坎波·弗雷戈索是总督，著名的威尼斯人帕斯夸里·马利皮耶里是其同僚。詹诺佐大人是个没有外交经验的人，竟然从众多被提名的显赫人物之中得以当选，这对他来说是个极大的荣誉。莱奥纳尔多·德·阿雷佐大人当时在场，他说他会推选詹诺佐大人担任驻热那亚大使，不会推选其他任何人，包括他自己。投票之后，没有一个人反对他，这次担任大使他为国家赢得了最大的荣誉。

375　　他有惊人的记忆力，什么事都不会忘记。他非常珍视时间，从不浪费一个小时，尽管他有很多公务和私事要处理。他常说，人这一辈子所得到的时间，每一刻是如何度过的都要有个交代，他这样说是依据福音书里的一段话，其中说到全能的上帝就像是一个商行的主人，主人把钱交给账房大人，要求他交代清楚钱是如何花的。所以，上帝要求我们在离开这个世界时要交代清楚时间是如何度过的，连扫一眼的时间也要说清楚。他谴责那些游手好闲、没有出息的人。他极为讨厌赌徒和赌博，认为赌博害人，没有几个赌徒能逃脱自毁的命运。

他担任大使到教皇尤金、教皇尼古拉、国王阿方索以及威尼斯人那里执行任务的时候，证明自己是个很有影响力的人物。他被派到教皇尤金那里去处理一件事，教皇对这件事非常生气。他对自己的任务非常清楚，结果处理得非常成功，得到教皇和枢机主教们的高度赞赏。教皇尼古拉已经对詹诺佐很了解了，但通过这次为教皇尤金办事，他对詹诺佐就更了解了。

他陪着皇帝到教皇尼古拉那里去执行一项任务①，受到整个教廷的欢迎，教皇任命他为秘书，授予他一枚骑士勋章。他两次到那不勒斯国王阿方索那里，然后参加了世子斐迪南的婚礼，到达时受到很多骑士、大使和王国所有贵族的迎接。王宫里名人云集，他发表一次演讲，受到大家的热烈欢迎，国王阿方索和整个王宫里的人都去听了，外国大使也都听了。

詹诺佐的非凡才能国王一清二楚。由于宫里名人众多，国王决定在这些人面前试试詹诺佐的学问。一天上午，国王召见群臣，詹诺佐也应邀参加了，于是大家你一言我一语，向詹诺佐提出一些搞不明白的问题，但他回答并解释了所有问题，无论是道德哲学问题、神学问题还是七艺之中的任何一类问题。他极为娴熟地回答完之后，国王以及所有参加争论的人都惊呆了，詹诺佐名声大震。

376

---

① 这次出使教皇正赶上腓特烈三世加冕，与皇帝并无关系。这事发生在1452年。——英译者注

　　詹诺佐在那不勒斯的时候，正赶上基督圣体节，他和亲戚诺费里应邀参加了节庆活动，所有的大使也都参加了。庆典活动中，国王要撑住圣体上面华盖的第一根杆子，其余的杆子由执政团成员来撑住，依据身份依次排列。詹诺佐去看看给他的那个位置是否配得上他的城市，结果发现热那亚人排在他前面，他忍受不住了，和在场的佛罗伦萨人照了个面便回到了住所。

　　国王非常生气，派丰迪伯爵等人去安抚詹诺佐并请他回来，但他毫不让步，说他不会到一个次于热那亚人的位置去。他还说，在这件事上，热那亚人无论和谁争吵也不会和佛罗伦萨人争吵，因为佛罗伦萨人是向国王交税的，纳税账可以证明。这个问题最后提交到仲裁人那里，仲裁人裁定：詹诺佐必须到他应该到的位置上参加庆典。詹诺佐所采取的立场受到普遍赞赏。

　　他在那不勒斯待到婚礼活动结束之后，然后到罗马觐见教皇尤金，处理一件令教皇不愉快的事，另外教皇这时对佛罗伦萨心生怨恨。但他把事情处理得让教皇和枢机主教们都感到满意。他在罗马逗留期间发生的一件事让教皇对他非常熟悉。尤金花钱雇用安吉亚里的巴尔达乔为自己效力，但第二天执政团就派人把巴尔达乔召回，把他扔到了窗户外面。教皇对此大为震怒，于是詹诺佐就被派去安抚教皇，凭借伶牙俐齿圆满完成了任务。教皇列举他本人给予佛罗伦萨的一些好处时，詹诺佐完全承认，同时又精明地提到圣座没有提到的其他好处，这样一来前嫌尽释。

377　　他以代理人的身份到佩夏[①]，当时正值尼科洛·皮奇尼诺骚扰佛罗伦萨。当时无论是在佩夏还是在佛罗伦萨，一蒲式耳小麦都是价值三里拉六索尔多。依照佩夏古老的习俗，代理人到达的时候要向他献上麦秆和木材。而现在，成大堆的麦秆和木材送到他面前时，

---

① 1431 年。——英译者注

他命人都拿走，说他有钱，足够他买所需要的东西了。他还免了税，对免税货物所付的钱比任何代理人不免税时都要多。这让他深得民心。他废除了送礼的习俗，但在他不得不接受礼物的时候，他总是把礼物归还给原主或付钱。当时佩夏严重缺粮，他知道缺粮的数量之后，就建议从伦巴第购买足够的粮食以弥补不足。佩夏没有资金买粮食，他就主动提出借给他们大约三百弗罗林，并指示每天都要拿出一部分粮食到市场上销售。几天以后，一蒲式耳的粮价就比佛罗伦萨低了二十五索尔多。

无论他担任任何职务，他都严格监督下属。有一天，他发现一个下属做了件为自己牟谋私利的事。詹诺佐听说以后就派人去叫他，对他说要不是看着推荐他任职的人的面子，就会让他知道不服从主人可不是一件小事。然后詹诺佐就让他走了。他就这样教育大家诚实最划算。他解决了很多争端，他息事宁人的事迹人们现在还记得。他认为，代理人的职责就是把一切都安排得井井有条。他在繁忙的事务中，还抽时间写出了《苏格拉底传》和《塞涅卡传》。

他从佩夏回来以后，又被派到国王阿方索那里，当时阿方索正在边境地区为教会与公爵弗朗切斯科①交战。很多侍从与国王在一起，国王每天都让帕诺尔米塔朗读李维《罗马史》的第20至30卷，詹诺佐总是在场。在场的还有威尼斯执政团的代表特雷维索人扎卡赖亚大人。

到国王那里的使命完成以后，詹诺佐和扎卡赖亚去了公爵弗朗切斯科那里，在那里见到了阿尼奥洛·阿恰约利大人。这时，尼科洛·皮奇尼诺被公爵菲利波②派去援助教会攻打公爵弗朗切斯科，但每天都退却，艰难地逃脱了被俘虏的命运。詹诺佐经过皮奇尼诺

378

---

① 弗朗切斯科·斯福尔扎，1433 年。——英译者注
② 米兰公爵菲利波·玛利亚·维斯孔蒂。——中译者注

的营地时，他的五匹马被夺走了，他没有通行证。

到达公爵弗朗切斯科的营房以后，詹诺佐把发生的事情告诉了阿尼奥洛，阿尼奥洛向詹诺佐保证会把马要回来，因为他对阿尔波迪山的罗伯托有影响力，并建议詹诺佐给这位罗伯托写封信。信写了之后不起作用。詹诺佐就说："我给皮奇尼诺本人写封信试试，我对要回所有的东西抱有很大希望。"于是他郑重其事地写了一封信，对皮奇尼诺阁下大加赞扬，说发生这件事是为了显示勇敢，不是为了获利。这封信他让一位同伴送去，嘱咐他一定要交给尼科洛本人。

但信使到达时尼科洛不在，信使就在那里等他。尼科洛回来的时候下了马，挂着他拿的一杆投枪，接过信之后交给秘书长读。读过信之后，尼科洛下令要给信使安排好住处，次日给予答复。于是所有的东西都要回来了，还给詹诺佐写了一封很客气的信。

公爵和阿尼奥洛都对詹诺佐在这件事上的对策感到吃惊，詹诺佐笑着对阿尼奥洛说："哪种办法最管用？是你相信和罗伯托的友好关系，还是我写给尼科洛的信？"

詹诺佐回到佛罗伦萨以后，被召去参加议会。大约这个时候，阿雷佐的莱奥纳尔多大人死了（1443年）。执政团决定以各种可能的方式纪念他，下令恢复致悼词的习俗，并把这一任务交给詹诺佐，让詹诺佐依照古老的习俗戴上桂冠。参加葬礼的城里所有显要人物都来参加他的加冕礼。很多高级教士也参加了，因为当时罗马教廷就在佛罗伦萨。詹诺佐得体地致了悼词，大家为他戴上桂冠，这一习俗近年来已经没有人遵守了。

379　　这时，议会决定（詹诺佐是议会成员）颁布一项有追溯效力的法律，以迫使那些在最近困难时期没有全额交税的人在一定期限之内补交拖欠的税款，否则将受到税务法的惩罚。这项针对富人的法律及时颁布了，司法当局强制执行，打击任何漠视这一法律的人。这一问题解决之后，旗手和菲利波·德·乌戈利诺对詹诺佐的态度产生了怀疑。最后，旗手担心詹诺佐会反对他们，决定把詹诺佐叫到他的私人房间，当着菲利波大人的面向詹诺佐宣读那项颁布的法律。旗手宣读完以后，詹诺佐转身对他说，这项法律对自己的影响比对任何人都要大，因为詹诺佐交纳的额外税比执政团和顾问团加在一起还要多。詹诺佐还说，如果他们能以任何方式减轻他的负担，他的债务就会少得多。但由于可能受到伤害，他不会管这件事。然后他转向菲利波先生说："你，菲利波先生，将会被赶出城去。"他们劝他回去，但他拒绝了，目的是向朋友显示这件事和他无关。顾问团开会了，执政团也开会了，所有的提议都执行了，议会里没有一个人投反对票，因为民主政体总是向往新方式，从不注意后果。菲利波先生遭到流放，很多公民被关押，这样做把佛罗伦萨城给毁了。

　　詹诺佐是皮斯托亚总督。他像在佩夏一样，拒不接受礼物或贡品。他雇的仆人和马匹比法律允许的多。这个地方热衷于赌博，对别的事情几乎想都不想。他讨厌这一恶习，决定将其铲除，只要他在这里。为达到这一目的，他发布一项公告，宣布任何人玩被禁止的游戏都会被捉住，用绳子抽打四下。另外，他规定了罚金数目，任何违反者都要交纳。所以，在他任职期间赌博绝迹了。他致力于维护治安，很快就在各地恢复了秩序。众所周知，这一时期皮斯托亚分裂为两派，但詹诺佐表现得任何人也看不出来他支持哪一派，所以他得到所有人的拥护。大家愿意给他丰厚的报酬，但他什么都不接受。他撰写了四卷本的《皮斯托亚史》，离开的时候有关方面赠送给他一面皮斯托亚城旗，旗上有皮斯托亚城的盾徽，还送给他一顶头盔，上面装饰着白银，非常漂亮。

　　1447 年，他还在担任皮斯托亚总督的时候，教皇尤金去世，教皇尼古拉当选。皮斯托亚需要派遣一个使团向新教皇表达臣服，还要通过一项法律使詹诺佐可以和使团一起去，因为他要离开大约两个月。和他一起去的有阿尼奥洛·阿恰约利、亚历山德罗·德利·亚历山德里、尼罗·迪·吉诺·卡波尼、皮耶罗·迪·科西莫·德·美第奇、詹诺佐·皮蒂，带有一百三十四匹马，一路上浩浩荡荡。

教皇尼古拉对我国很好，给了我们使团很大的面子，在枢机主教大会上会见了使团，这是皇帝与国王参加的仪式。在这次公开会见中，詹诺佐恢复了公开演讲的习俗。在此之前，佛罗伦萨人都是在私下里受到接见，只说上三言两语就完了。而詹诺佐则派头十足地发表了演讲，听众都是整个意大利最显赫的人物，其中有些人是走了一百五十多英里路来听他演讲的。这件事我是听枢机主教尼切诺说的。演讲结束以后，所有的佛罗伦萨人都相互握手，就像是占领了比萨及其所有领土似的。教廷里的人只谈论这一演讲，别的什么都不谈。威尼斯的枢机主教马上给国内写信，建议在已经选出的使团里再添加一名演说家。

詹诺佐第三次担任大使是到国王阿方索那里去，那是在公爵菲利波死的时候。但他被任命以后，政府又派他担任特使到西吉斯蒙多阁下①那里去，劝西吉斯蒙多废除一项合约，这项合约是西吉斯蒙多与国王阿方索签订的，对佛罗伦萨造成了伤害。他在里米尼见到了国王阿方索的大使弗雷特·普乔，普乔来这里是为了促使西吉斯蒙多出兵，并给了西吉斯蒙多两万弗罗林。西吉斯蒙多答应几天以后就出兵。詹诺佐见到西吉斯蒙多时，拿出非常有说服力的理由劝他为佛罗伦萨效力，向他说明为国王阿方索效力对他不利。西吉

① "1448年，佛罗伦萨人受到国王阿方索军队的骚扰，便想征募其他军队来效力，其中包括里米尼领主西吉斯蒙多·马拉泰斯塔，一个非常勇敢、也极为不检点的人。马拉泰斯塔已经答应了阿方索，但佛罗伦萨人出的价钱更高，于是他就在国王有难时抛弃了国王。"参见穆拉托里：《编年史》，第9卷，第129页。菲利波·玛利亚·维斯孔蒂死于1447年。——英译者注

斯蒙多开始动摇，最后对詹诺佐说，如果詹诺佐能解决与乌尔比诺公爵的一些分歧，他就会投奔佛罗伦萨。于是詹诺佐向西吉斯蒙多保证，这件事如果交给他，马上就能办成，他非常相信乌尔比诺公爵。詹诺佐立即骑马来到乌尔比诺，在那里受到很有礼貌的接待。他一说明来意，公爵就回答说，他与西吉斯蒙多之间的所有恩怨马上就开始调解，他完全信任詹诺佐大人。达成这一谅解之后，他又回到西吉斯蒙多那里，西吉斯蒙多非常满意，这件事就完全交到詹诺佐手里了。这样，双方以詹诺佐为中介，妥协处理了分歧。他又回到乌尔比诺，最终解决了与公爵的恩怨。所有的人都高度赞扬他办成了这件事，为此他费尽了心机，当时没有几个人相信他能办成。乌尔比诺公爵特意公布了条约，并在其藏书室永久存放了一份，以这种方式来赞扬詹诺佐。

詹诺佐随后依照条约召西吉斯蒙多为佛罗伦萨效力，得到西吉斯蒙多的支持而不是反对，这对国家大为有利。《国王阿方索传》的作者巴尔托洛梅奥·法齐奥说，西吉斯蒙多脱离国王，这就破坏了国王的计划，国王本打算派西吉斯蒙多到比萨领土开辟第二战场。这样的话佛罗伦萨人就招架不住了，必将陷入危险境地。西吉斯蒙多的行为毁了他自己，但解救了佛罗伦萨。国王发现自己上了当，就决定在和约中报复西吉斯蒙多。和约是后来在 1454 年经教皇尼古拉斡旋，由国王、威尼斯和佛罗伦萨在罗马签署的。[①] 威尼

---

① 该和约是洛迪会议的成果。洛迪会议于 1454 年 4 月召开，当时威尼斯和米兰签署了和约，然后邀请其他所有国家认可。君士坦丁堡陷落是召开这次会议的原因，但基本上没有采取行动来抵抗土耳其，这从后来几次会议上出现的妒忌和争吵上可以看出来。起草和约没有和阿方索商量，阿方索因而愤愤不平。他从来都没有完全认可这份条约，只是在规定他可以随时进攻热那亚、西吉斯蒙多·马拉泰斯塔和法恩扎的阿斯托雷以后才签署。——英译者注

382　斯人答应从阿方索所有的领土上撤军，但阿方索对威尼斯人极为不满，拒不签署条约，只是在给予他攻击西吉斯蒙多和热那亚的自主权以后才同意。不久之后，雅各布·皮奇尼诺就被阿方索派去夺取了西吉斯蒙多的一部分地盘。①

　　同一年，曼内蒂又出使威尼斯寻求援助，让国王勒内率领军队进入意大利打击国王阿方索。他在威尼斯受到总督福斯卡里的隆重接待，在议会里受到公开接见。他的大名吸引来五百多名绅士，另外还有很多获准进来的人。詹诺佐滔滔不绝地讲了一个多小时，最后所有的人都对他的活力和语言魅力感到震惊。大家从宫里出去的时候都说，威尼斯要是拥有这样一位公民，就是把共和国里最漂亮的庄园送给他都不为过分。他赢得了一个公民所能赢得的最高声誉。为了帮助国王勒内，他请威尼斯提供四千骑兵和两千步兵，但威尼斯人只提供两千骑兵，并想约束佛罗伦萨人在威尼斯没有明确同意的情况下不签署和约。关于联盟续期问题，詹诺佐有权处理，但对某些要点不要做出最终决定。

　　詹诺佐在处理联盟问题时，向总督和执政团断言，成立联盟就是为了共同捍卫各成员国。这时，总督插嘴说，成立联盟是让米兰反对公爵菲利波及其继承人。詹诺佐大人予以否认，说这样一个联盟不可能与内政有任何关系。总督回答说，说到米兰，这是摆在他们面前的问题，威尼斯不愿意让我们支持公爵弗朗切斯科——菲利
383　波的女婿——得到比安卡夫人的遗产，也就是米兰。总督还说，如果给予这样的支持，威尼斯与佛罗伦萨之间的联盟就会无效，因为盟约明确规定，佛罗伦萨一定要反对弗朗切斯科担任米兰公爵。

------

① 韦斯帕夏诺对这个臭名昭著的人物谈得很少。西吉斯蒙多被认为是当时最邪恶的魔鬼，但我们只能通过他的敌人对他的描述来判断他。庇护二世猛烈地攻击他，但后来的作家指出他是个有教养的人，既是个杀人犯，也是个开明的艺术资助人。——英译者注

然后威尼斯人开始磨磨蹭蹭，不愿派出那四千骑兵，声称他们已经支付一万五千骑兵的费用了，已经派出一万步兵了。这个问题正争执不下的时候，传来了军队在卡拉瓦乔失败的消息[①]，让国家陷入恐怖和绝望之中。詹诺佐听到消息以后，就到宫里向执政团表示慰问，发现那里一片沮丧。所有的人都身穿丧服，总督说的第一句话就是："詹诺佐大人，国家遇难了，无可挽回了。看看吧，这就是考虑不周而做决定的后果。这一决定把公爵菲利波的国家交到了公爵弗朗切斯科手里。"詹诺佐听到这些伤心话以后严厉训斥了他们，斥责他们惊慌失措的样子，问他们的勇气哪里去了——现在是弥补损失的时候，不是为损失而伤心的时候。与此同时，他还答应他的政府会提供援助，他本人也会以各种可能的办法提供帮助。总督对他千恩万谢，向他保证会振作起来积极努力。

詹诺佐向佛罗伦萨写信，谈了卡拉瓦乔所发生的灾难，而对自己的任务却只字未提，他认为他们已经掌握得够多了。他收到佛罗伦萨的回信，说执政团正与国王阿方索举行和谈，他把这一消息告诉了总督，总督表示赞同，但在最后签署和约之前想得到更多的消息。后来总督对他说，他们正与公爵弗朗切斯科会谈[②]，最后又让他知道了协议的条款，也就是十五天以后他们会支付给他四万达克特，除此之外还有一个月一万四千达克特，直到他战胜米兰为止。　　384

---

① 这里的日期转换相当混乱。卡拉瓦乔战役是在 1448 年，让勒内进入意大利的谈判是在 1452 年。参见 "阿尼奥洛·阿恰约利传" 和西斯蒙第《意大利共和国》第七十四章。——英译者注

② 菲利波·玛利亚死于 1447 年，而弗朗切斯科·斯福尔扎直到 1450 年才成为公爵。米兰的主要公民，如特里武尔齐奥家族、博西家族、拉姆波尼阿诺家族以及其他一些人，都不希望再来一个公爵，并依照佛罗伦萨的模式成立一个共和政府。总督福斯卡里也同样反对斯福尔扎继任，但同时也攻击共和制。他还想法侮辱斯福尔扎，于是斯福尔扎在卡拉瓦乔向威尼斯军队发动攻击，将其彻底歼灭。——英译者注

执政团听到这一消息之后，撤销了给詹诺佐下达的指示，执政团怀疑威尼斯人是否会遵守与公爵弗朗切斯科的协议，并提出了一个新的建议：威尼斯、佛罗伦萨、公爵结盟，共同捍卫自己的国家。其目的是迫使威尼斯人遵守与公爵达成的协议。

詹诺佐收到这些新条件之后，将其摆在威尼斯政府面前，并拿出很多有说服力的理由让他们接受。但老成持重的威尼斯人马上就猜到了这些新条件的用意，决定抽出时间再回复。等詹诺佐收到回复一看，觉得意思含含糊糊，这证实没有理由做出任何改变，因为他们在与公爵签署的协议中把佛罗伦萨人当成是同伴，这一表达方式当初他是欣然接受的，并保证以后再也不和他们打仗了。公爵也申明，如果佛罗伦萨人支持他——依据威尼斯人的誓约——他也会遵守所有的誓约。这样，也就不再需要签订任何新条约了。詹诺佐马上就发现威尼斯人反对新提议，以解除他们以前对公爵弗朗切斯科的承诺，也就是帮助公爵得到米兰公国，尤其是他们相信能制服他的时候。威尼斯人对此坚信不疑，但他们铸成了大错，弗朗切斯科夺取了米兰，挑起了对威尼斯的战争。詹诺佐发现他们固执地无动于衷，就告辞回到佛罗伦萨。

回到佛罗伦萨以后，他被任命为八人委员会[①]成员。由于对维护和平有疑虑，就给了他们十年任期，他担任这一职务时表现得和以前一样。这时瘟疫爆发了，但詹诺佐为了全城的利益和荣誉拒绝离开。由于留下来的公民很少，没有钱给士兵发饷了。士兵们几次要求发饷都没有得到，就开始在圣米尼亚托抢劫，尤其是为佛罗伦萨效力的乌尔比诺公爵和纳波莱奥内的士兵。执政团听说以后，马上就派大使到公爵和纳波莱奥内那里答应发饷，并推选詹诺佐和阿尼奥洛·阿恰约利担任大使职务。他们见到公爵后，就劝公爵再耐

---

① 参见"附录"。——英译者注

心等一等，用不多久他的要求就能得到满足。但公爵不是个只听空
话不见行动就能满足的人，他干净利落地回答说，他知道他们这样
做都是因为缺钱，但他们也要明白，那么多士兵不是靠承诺就能笼
络住的。阿尼奥洛大人和詹诺佐大人回来以后，在一次谈话中说，
从来没见过比乌尔比诺公爵更能言善辩的人。后来他们又谈了为士
兵发饷问题，然后回到住所而没有受到刁难，尽管军饷仍然没有
发。执政团对公爵满足于承诺而感到满意，而公爵则高度赞扬詹诺
佐在与西吉斯蒙多谈判时所做的努力。

　　随后詹诺佐第四次担任特使，到国王阿方索那里确认国王与
佛罗伦萨签署的条约。他这次取得的巨大成功可以在其传记[1]里看
到。国王曾与威尼斯签署了一项条约，目的是将所有的佛罗伦萨人
从几处领地上驱除出去，但这一条约他没有对外公布。詹诺佐已经
听到了有关这件事的传闻，他在与国王见面时几次问阿方索是什么
目的，是什么原因促使他这样做。在那不勒斯的一些威尼斯人一直
在敦促国王立即采取行动，所以帕诺尔米塔和弗雷特·普乔被派到
佛罗伦萨去办这件事。然后他们去威尼斯签署条约，以便把所有的
佛罗伦萨人从威尼斯和那不勒斯王国驱除出去。詹诺佐听说以后就
去了格雷科的托雷，国王正在那里。他把情况全部告诉了国王——
这在国王的传记里已有描述——向国王讲述了威尼斯人的对策和愤
怒，最后说不出四个月，他们就会违背所有的诺言。二十天还没有
过去，国王就派人去叫詹诺佐，对他这样说："詹诺佐·曼内蒂，你
应该叫詹诺佐先知，与威尼斯人签署的条约还不到二十天，他们就
违背了所有的诺言。"詹诺佐因此而得到国王的完全信任，无论他
提出任何要求都会得到满足。佛罗伦萨人得到了通行证，离开王国

386

---

[1]　作者为纳尔多·纳尔迪奥。参见穆拉托里：《意大利共和国》，手稿，第20
　　卷。——英译者注

的时间延长了好几个月。

执政团派他担任大使到教皇尼古拉那里，教皇任命他为秘书，给了他很多免费特权，以亲切的话语送给他大量礼物。他回到佛罗伦萨不久，又被派去担任大使接待皇帝，皇帝到意大利来加冕。在这批高贵的大使之中，詹诺佐当选为执政团发言人。使团取道穆杰洛，抵达韦利亚时遇到了皇帝，陪伴皇帝的是卡洛·潘多尔菲尼和奥托·尼科利尼。皇帝及其随行人员全都下了马，其中有艾伊尼阿斯大人[①]，后来在皇帝的支持下成为枢机主教和教皇。詹诺佐和其他大使也下了马，然后艾伊尼阿斯大人代表皇帝发表了得体的讲话，之后所有人又上路去了佛罗伦萨，在佛罗伦萨受到隆重接待。除了这十五个大使之外，所有有身份的公民都骑着马跟在皇帝后面，皇帝抵达后下榻在新圣玛利亚。执政团成员都去觐见皇帝，他们担任这一职务是一定要去觐见的。他们要求宫里的所有公民穿上最好的服装参加皇帝的接见，所有的主要公民聚集在一起，场面蔚为壮观。但这样的场合往往有人妒忌。皇帝驾到必须有人讲话，由执政团成员来讲会比仅仅附属于执政团的秘书长来讲更合适。詹诺佐大人是顾问团成员，理应由他来讲，不应由卡洛·德·阿雷佐大人来讲，卡洛大人是秘书长。然而，一些不愿意让詹诺佐得到这一荣誉的人决定让卡洛大人来讲，几天之前就把这一决定告诉了卡洛大人。到了指定的那一天，大约二百公民前来参加仪式，卡洛大人根据安排向皇帝发表演说。卡洛大人讲完以后，皇帝请艾伊尼阿斯大人答复，另外还提出很多问题要求立即回答。于是执政团叫卡洛大人来回答这些问题。但卡洛大人坚称，没有适当的准备他无法回答。执政团叫了他好几次，但他总是以同样的借口拒绝。这时，那

---

① 艾伊尼阿斯·西尔维厄斯·皮科洛米尼，1456 年被册封为枢机主教。——英译者注

些密谋剥夺詹诺佐这一荣誉的人来求他回答，以免在皇帝、匈牙利
国王和所有贵族面前丢人现眼。詹诺佐一看马上就要出乖露丑了，
便转向那些反对他的人接受了下来，因为皇帝等待着立即答复。詹
诺佐讲起来不像是即席讲的，倒像是比卡洛大人准备得还要认真仔
细。詹诺佐讲完以后，所有能听懂拉丁语的人都认为，詹诺佐没有
准备的发言比卡洛大人经过准备的发言还要精彩得多。那一天他名
望大增，那些阻挠他的人意识到失算了。皇帝及其贵族认为詹诺佐
是个最了不起的人，他确实了不起，不需要向别人乞求话语来表达
自己的想法，因为他已经储存有大量的话语了。

　　詹诺佐的表现执政团看到了。回到宫里以后，执政团就选派詹
诺佐陪伴皇帝到罗马，另外还有贝尔纳多·吉尼大人和卡洛·潘多
尔菲尼大人。他在罗马受到教皇、枢机主教以及教廷全体人员体面
的接待。在加冕典礼上，他在其他两个大使之前做了精彩发言，那
两个大使是来拜访皇帝的。

　　有一天，教廷副秘书长（教皇尤金的侄子）请他吃饭，但没有
告诉他还有其他客人。詹诺佐到了以后，见到了威尼斯特使帕斯夸
里·马利皮耶里大人，一个在威尼斯很有权势的人。吃过饭以后，
枢机主教把其他人打发走，和这两个人一起回到他的私人房间。然
后马利皮耶里就问詹诺佐，威尼斯对佛罗伦萨的冒犯行为他认为是
否不可原谅；马利皮耶里承认，将佛罗伦萨人从威尼斯赶走是威尼
斯共和国所犯的最大错误，同时否认自己参与了这件事。他还说，
他得到执政团授权，可以按照佛罗伦萨人的意愿解决这一争端，甚
至可以给他们署名空白纸。① 詹诺佐听了以后说，他没有谈判权，
佛罗伦萨也不愿意讨论这些问题。然而，由于枢机主教和马利皮耶
里一再坚持，他还是给执政团写了一封信，提到枢机主教和马利皮

388

----

① *carte blanche*，即可以让他们在上面随意填写条件。——中译者注

耶里的请求，但他在信里极力强调导致这一分歧的错误。执政团回信说，他们不想谈这件事，并让他专心完成自己的任务，以后再也不许插手信里提到的这件事。詹诺佐就把这封回信交给了枢机主教和马利皮耶里。皇帝到那不勒斯拜访国王阿方索以后回到罗马，罗马教廷全体成员以及各国大使都出来迎驾。马利皮耶里骑着马路过詹诺佐家的时候停了下来，请詹诺佐骑上马陪他一起去迎接皇帝。詹诺佐看出他这样请求是出于好意，觉得不会有人对他说三道四，就同意和马利皮耶里一起去。这件事马上有人向佛罗伦萨禀报了，得罪了一些对威尼斯不满的人。

　　他跟随皇帝一行回到罗马，马上又被派到锡耶纳，那里已经有两个大使了，二人正在劝锡耶纳人不要给国王阿方索提供物资，阿方索正在皮翁比诺的营地里。[①] 两个主要公民站在国王阿方索一边，即安东尼奥·迪·切科·罗西、吉诺·贝兰蒂，他们劝锡耶纳人按照决议给阿方索提供物资。詹诺佐发现有人找借口把自己晾到一边了，共识也达不成，民众反对停止援助国王，就要求召开一次公开听证会，对（锡耶纳）执政团和首领们说："如果真是锡耶纳人想把这些物资运送给国王，就让我公开说句话，这样我们可以明确达成共识，可以让锡耶纳人负责，不让执政团负责。"

　　他说得非常有说服力，他们无法拒绝，马上就把公开听证会的日期确定了下来。詹诺佐知道安东尼奥和吉诺·贝兰蒂的想法，就预料到结果是什么了。他给里卡索利的加莱奥托写信，命他在听证会当天上午安排好五百士兵，把他们部署到通向布罗里奥和卡西亚诺的路口，沿着边境等待詹诺佐的命令。他在听证会上发言，以很多理由证明这些物资不应该运送给国王，因为送去以后就会被浪费

---

① 1448 年。阿方索从南部入侵托斯卡纳，正在围攻一个小海港皮翁比诺。——英译者注

掉，给运送的人造成损失。

他讲完以后，大家异口同声地反对运送物资，要求一切都按詹诺佐大人说的办，詹诺佐为了佛罗伦萨人的利益出了这么好的主意。诡计多端的安东尼奥和吉诺想搅局，就对詹诺佐说，大家的想法已经很清楚了，他们以后会支持他的。但詹诺佐觉察到他们的诡计与邪恶，看到了迫在眉睫的危险。为了不让佛罗伦萨陷入灾难之中，詹诺佐就离开了宫，悄悄地去了部署士兵和马匹的地方，骑上马去了布罗里奥，这样就走上了一条正道。国王很快就明白了锡耶纳人的真正想法，知道了詹诺佐是如何让他们认识到错误的。安东尼奥和吉诺这样做几乎没有得到任何好处。

从锡耶纳回来以后，詹诺佐又担任特使去了教皇尼古拉那里，教皇册封他为骑士，并授予他骑士勋章，授勋的时候还高度赞扬他出色地贯彻执行了圣座的旨意，实现了朋友们的愿望。教皇还说，他要是愿意来罗马居住，就会给他一笔配得上他职位的年金。教皇后来兑现了这一承诺。

从罗马回来以后，詹诺佐被任命为斯卡尔佩里亚代理人，这是他在佛罗伦萨担任的最后一个职务。他发现这里一片混乱，到处都争吵不休。他认为，为了他自己的荣誉，也为了上帝的荣誉，再也找不到比这更有益的工作了。他要求所有的人都把争执的原因记下来，耐心地不知疲倦地听取双方的陈述，让每一个人把要说的话都说完。然后，他依照自己的习惯，把每个人的陈述都背下来并作出结论。他解决了所有的争执，无论多么复杂，并亲自走访那些不来找他的人。他在这一职务上解决了一百多起争执，恢复了秩序和团结，因为他的所作所为而每天收到一千次祝福。尽管他做了善事，仍然有很多人妒忌他由于业绩突出而得到的声誉和高位。他担任代理人职务时，抓紧时间写出了《论人的尊严与美德》（*De dignitate et excellentia hominis*），将其送给了国王阿方索。

390

完成了他在卡尔佩里亚的工作以后，国家给予他的所有报酬是要他缴纳一种无法承受的额外税，以这种办法将一个功勋卓著的典范从城里清除出去。这种税的额度是十六万六千金弗罗林，他每个月要缴纳三弗罗林，这种税率在很短的时间内就能把他盘剥得一无所有。制订这一计划的人在政府里拥有无上权力，其目的是迫使曼内蒂对他唯命是从。对于这种勒索，这个人的亲戚和一个主要公民①一起去向他表示同情，对他说："詹诺佐，这种伤害并不致命。"詹诺佐回答说："这会让躯体死亡，但不会让灵魂死亡。"（*Erit ad mortem corporis, sed non anime*）他又说："他们并不能从我手里得到他们想要的东西，我不愿意给佛罗伦萨城的东西他们也得不到。另外，将来永远也不会有人指责我儿子，说这些事情是我惹出来的，我并没有招惹这些事。"詹诺佐不想做出违背良心的事，他还担心继续待在佛罗伦萨会有生命危险——一个朋友提醒他的——他决定躲到罗马。到了罗马以后，教皇尼古拉很有礼貌地接待了他，给了

391 他六百达克特的年金，另外还有担任秘书的薪俸。

他离开佛罗伦萨的时候身无分文，留下了所有的财产、房屋、银行里的钱以及其他物品。现在他到了罗马，既然什么都没有了，他以为身体是自由的。但他知道佛罗伦萨人的秉性，就对身边的人说："我的长官们，还有统治佛罗伦萨的人，这些人对处理我的这个结果还不满意，如果可能的话还会继续伤害我。"一天晚上，他正在以这种心情谈话，突然听到有人敲门。他马上对同伴们说："这是从佛罗伦萨来的一个骑手。"门一打开，执政团的一个信使交给他一封信，要他在十天之内到佛罗伦萨报到，否则就把他本人和他几

---

① 据纳尔多的"传记"［穆拉托里：《意大利共和国》，手稿，第20卷，第583页］记载，此人是佛朗哥·萨凯蒂，很可能是小说家的一个亲戚。——英译者注

个儿子流放到皮亚琴察十年。要是拖延一个月，就会以叛乱罪将他们流放。

詹诺佐看了信以后马上去找教皇尼古拉，教皇对这封信大为不满，对迫害詹诺佐大为恼火。但他很快就找到了解决问题的办法，吩咐詹诺佐服从执政团的命令去佛罗伦萨。他把诺切托的皮耶罗叫来，命他马上为詹诺佐大人准备荣誉状和委任状，让他到佛罗伦萨担任大使，另外还给执政团写了一封类似的信。然后他让詹诺佐去佛罗伦萨，要是有人伤害他，就把担任大使的荣誉状拿出来，但如果没有必要就不用拿。教皇这个主意詹诺佐很满意，他马上打点行装，动身去佛罗伦萨执行这一任务。那些不期待他回去的公民正等着他把事情办砸，但一听说他要回来，就安排在博尔佐和圣乔瓦尼城堡把他逮捕，把他作为囚犯押送到佛罗伦萨。博尔佐的代理人和（人民）首长耻于做这种违法的事。这件事在他的传记里有详细描述。

他在耶稣升天节那天到达佛罗伦萨，马上就去执政团报到，执政团答应接见他。他跪在他们面前，尽管他们本来会阻止他下跪的。詹诺佐这样说道："各位大人，如果说我为创造了我的上帝效力了，那么我奉献给佛罗伦萨执政团的爱和忠诚也同样多，我认为我一直是跪在施洗者圣约翰的脚下，各位大人知道我是否因此而获益。"听到这话，很多人感动得流下了眼泪，建议他去休息，以后再听他陈述。

392

詹诺佐走了，来到禀报他抵达的（人民）首长面前。首长一见到詹诺佐就向他脱帽致敬，并拉着詹诺佐的手说，这么著名的一个人物竟然以这种方式报到，这让他感到耻辱。后来他又回到执政团，说明了他目前的状况，说到目前为止他已经缴纳了十三万五千弗罗林，如果可能的话他愿意再缴纳这么多。他还说，他把几个孩子、钱和所有的财产都留在了佛罗伦萨，在这种情况下，他应该可

以自由地到他想去的任何地方，以正当的手段谋生。所以，他请执
政团放他一马，允许他为教皇尼古拉效力，他已经和教皇达成了协
议。他把应该奉献给国家的全都奉献出来了，真诚地以自己的人身
和财富为国效力了。甚至几天之前，他还缴纳了两千弗罗林现金。
为了筹集这笔钱，他把一样东西以百分之十的价格变卖了，把另一
样东西以百分之四的价格变卖了，这些东西原本价值一百弗罗林。
他没有买过任何资产，他所拥有的都是付给他的钱。办完要他办的
事之后，允许他离开的许可证颁发给了他。

　　得到这一恩准之后，他正准备着离开，一场阁员选举活动开始
了，以组建巴利阿十人委员会，执政团和顾问团的每一个成员都有
投票权。第一批得到提名的人之中有詹诺佐大人，他因受到大家的
高度尊重而全票当选。这对那些想第一批当选的人来说是一个沉重
的打击。詹诺佐越是受到迫害，他的名声就越大。这时，佛罗伦萨
在与国王阿方索交战中丧失了很多地盘。十人委员会组成以后，就
马上着手收复失地，但遭到一个人的反对。此人出于妒忌，就想败
坏十人委员会的名声，想方设法为他们设置障碍，根本不考虑国家
利益。詹诺佐被任命为战地特派员去了瓦达，在那里把指挥棒交给
了西吉斯蒙多·马拉泰斯塔。他在那里发表了一场最重要的公开演
讲，最终收复了瓦达和丧失的其他地盘。詹诺佐担任这一职务时，
表现得像是一个在军营里生活了一辈子的人。十人委员会招募了一
支两万人的军队，收复了所有丧失的领土。另外，敌军首领向十人
委员会提出，要在十五天之内交出锡耶纳的全部领土。但这一提议
佛罗伦萨没有接受，因为接受这一提议会给十人委员会带来巨大的
荣誉，而这一荣誉会招来妒忌。而且人们还认为得到的已经够多
了，所以这件事就到此为止了。然而十人委员会的使命完成得极为
成功，赢得了最大的荣誉。

　　詹诺佐任职结束以后要变动职务，他把几个儿子叫过来对他们

说："我现在可以确切知道你们将来的境况。我所有的一切就是我身上带的这几样东西，还有我们住的这几所房子。根据这些情况我已做出安排，这笔财产足以养活你们和你们的子女，但时间会比我看得更清楚。得到执政团的允许以后我要去罗马，这样我在余生中就能过上体面的生活。"他动身去拿必需的许可证，拿到以后在返回的路上碰见一个亲戚，此人在城里占据高位，从来都不相信灾难会降临到他身上。詹诺佐谈到他的计划，所得到的回答并不是他期待的。二人分手时，我这个作者就在现场。詹诺佐转身对我说："看看我这个亲戚，看看他在城里的显赫地位！他不相信像我这样的灾难会降临到他身上。但请你记住，你会看到他像我一样被赶出佛罗伦萨，这一打击会来自一个意想不到的角落。"不久之后，詹诺佐预料的事情就发生了。

　　他向执政团和首领们告辞以后，就请亲朋好友和他一起吃饭，不知道将来还能不能再见到他们。他用客气的话语和他们说话，尤其是他妻子和儿女，劝他们要有耐心，为他向上帝祈祷。由于离别的无情，在这次告别宴会上，很多人洒泪叹息。在这最后一次聚会上，他希望为几个儿子树立一个榜样，要他们像他一样做事，这样就不会为自己做过的任何事情感到后悔。说到他的吃喝，谁也没见过他更喜欢一样东西或不太喜欢另一样东西，他说为这样的琐事费心思真不值得，人生来要追求更高的目标。说完这话他迅速上马，谁的手也不拉一下，免得他改变主意。然后他转身对大家说："我把诸位托付给上帝了。"说完就走上通向罗马的道路。考虑到长期以来詹诺佐大人对国家的态度，我忍不住要指责我的国家对他的忘恩负义行为。一个人到了和妻儿朋友在家乡享受天伦之乐的年纪，却要到异国他乡去寻找新家园。

　　到了罗马以后，他受到教皇和整个教廷的礼遇，准许他担任职务。当时方济各会的一些修士发起一场运动，要剥夺严守教规派所

394

担任的代理人职务，把这一职务交给会长，这样就会毁了这一修道会。他们对教皇施加压力，谎称教皇让步了，协议马上就要签署了。有人从佛罗伦萨给詹诺佐大人写信谈这件事，求他予以阻止。詹诺佐一听说这件事，就向教皇尼古拉说明其重要性，如果教皇想推翻这一修道会，这是达到这一目的的好办法。教皇身边正好有与此有关的诏书，就当着詹诺佐的面将其销毁了。他总是这样做善事，只要有可能。这件事过去不久，教皇尼古拉死了[①]，詹诺佐承受的不幸只有这么大了。随后教皇加里斯都继位，他马上转交给詹诺佐一份证书，确认詹诺佐为秘书。詹诺佐这时去那不勒斯[②]投身于文学，城里的首领和学者都去向他求教。他说起话来最为文雅和令人愉快，有人情味，宽容大量，具有敏锐的才智。

395

他住在那不勒斯的时候，在国王的帮助之下，他翻译了《诗篇》、《论希伯来人的真相》（*De Hebraica veritate*）以及五卷护教文，以反驳一些人出于妒忌对他名誉的攻击。他把《新约全书》从希腊语翻译成拉丁语，翻译了亚里士多德的《尼各马可伦理学》，翻译了另一部以前没有翻译过的《欧台谟伦理学》以及《大伦理学》，修订了《驳犹太人及异教徒》（*Contra Judoeos et Gentes*）里的很多内容。他把其他书也加到里面，一共凑够十部，这些书因其高品位而应该被记住。他在这些书里显示出高尚的情操，显示出他对宗教的虔诚，他生下来就加入了这一宗教。他热爱自己的宗教，高度评价这一宗教，不是把它当作信仰，而是当作确定的事实。除了热那亚人波尔凯托和西班牙人皮耶罗·德·阿方索之外，没有一个现代学者批判过犹太人。但他们写得都没有詹诺佐的作品典雅，

---

① 1455 年。——英译者注

② 詹诺佐在那不勒斯受到国王阿方索的接待，有关此事的描述见本书第 385页。——英译者注

风格也不及詹诺佐。他这些作品以及其他所有的作品，都值得高度赞扬，因为他虽然俗务缠身，又遭到迫害，但还是抽时间留下了这么多不朽的文学作品。他在繁忙而又能干的一生中，最后好像是找到了一处避难所，但国王阿方索的去世给了他最沉重的打击。他像往常一样，默默忍受着这一打击。国王斐迪南登基以后，确认了阿方索给予詹诺佐的优惠待遇。不久之后，詹诺佐离开了尘世，交出了自己的灵魂，就像个虔诚的基督徒那样。

　　我尽可能简短地描述了他的生平，参考了对他生平的评论，那里的描述更为全面。

尼古劳·尼科利（卒于 1437 年）

　　尼古劳出身名门，是一个富商的四个儿子之一，这几个儿子都成了商人。尼古劳年轻时，遵照父亲的意愿踏入商界，所以没有时间按照自己的意愿学习文学。父亲死后，他离开了几个兄弟，去实现自己的目标。

　　尼古劳拥有一大笔财富，开始学习拉丁语，很快就熟练掌握住了。他跟随一个博学的希腊人赫里索洛拉斯学习，赫里索洛拉斯不久前才来到佛罗伦萨。尼古劳虽然努力学习希腊语和拉丁语，但对自己的进步还不满意，于是就改换门庭，跟着路易吉·马尔西利学习，马尔西利是个博学的哲学家和神学家，学了几年之后就牢固掌握了所学的科目。他在这里表现得像个虔诚的基督徒一样，把其他一切都抛开，只学习神学。

　　尼古劳可以被公正地称为所有文学学生的父亲和恩人，因为他保护他们，鼓励他们努力学习，向他们指出将来的回报。他要是听说有任何在佛罗伦萨找不到的希腊语或拉丁语书籍，就不惜花费心

396

血和金钱，非把它搞到手不可。实际上佛罗伦萨所拥有的很多拉丁语书籍，都是他操心弄到的。他在文学家之中享有很高的威望，莱奥纳尔多大人把自己撰写的《西塞罗传》送给了他，称他是拉丁语的学监。

他是个品行正直的人，喜爱美德，谴责邪恶。他拥有一间漂亮的藏书室，不计代价，总是在寻找善本书。他用父亲留下的钱买这些书，只动用必要的钱来维持生计。他卖了好几个农庄，把所卖的钱花在藏书上。他是个虔诚的基督徒，特别喜爱修士，是作恶者的仇人。他藏书主要是供别人用，不是供他自己用。所有学习希腊语或拉丁语的人都来找他借书，他总是借给他们。

尼古劳厚道、真诚，对所有的人都大方。就是由于他帮忙，安布罗焦修士和卡洛·德·阿雷佐才取得成功，他送给他们礼物，把书借给他们，把学费交给他们的老师。他要是听说有学生到希腊、法兰西或其他地方去，就把佛罗伦萨所缺少的书名交给他们，让他们找科西莫·德·美第奇帮忙，科西莫会为他做任何事情。

397   如果他只能得到一本书的抄本，他就自己动手抄写，或是用草体，或是用正体，都是非常漂亮的字体，这可以在圣马可见到，那里的很多书都是他亲手抄写的，或是用这种字体，或是用那种字体。他自费购买了德尔图良和其他作家的著作，这些著作意大利没有。他还找到一部有缺陷的阿米亚努斯·马尔塞利努斯的抄本，然后亲自把它抄了一遍。《论演说家》《布鲁图斯》是在教皇马丁任职期间，公爵菲利波的特使去求和时给他捎来。这本书是在一座旧教堂里的一个箱子里发现的。这个箱子有很长时间没有打开过了，他们是在寻找与某些古代权利有关的证据时找到这本书的，一个很古老的样本。《论演说家》找到的时候被撕裂了，经由尼古劳精心修缮今天才完美。他还重新发现了很多宗教书籍，还有几种西塞罗的演说。

　　通过尼古劳，佛罗伦萨得到很多精美的雕塑作品，他对雕塑非常了解，对绘画也非常了解。普林尼的完整抄本佛罗伦萨没有，但尼古劳听说德意志的吕贝克有一本，他在科西莫的帮助之下得到了它，这样普林尼就来到了佛罗伦萨。他认识的佛罗伦萨年轻人经常来找他，向他请教文学问题，他关心所有想找书或找教师的人。

　　他在佛罗伦萨不寻求任何职务，他被任命为大学里的一名职员，多次当选为某个地方的总督，但他一概拒绝，说那都是贪婪者的食物，他会把这些食物喂给他们的。他所说的贪婪者是那些到酒馆去的人或吞食穷人的人。帕格洛大人和菲利波先生是他的好朋友，几乎没有一天他们不到阿尼奥利修道院去，另外还有安布罗焦修士，有时候还有科西莫·德·美第奇和洛伦佐，这两兄弟由于尼古劳业绩突出而对他最为慷慨，因为他把几乎所有的钱都花在了书上。他的财力只允许他过着非常节俭的日子，如果考虑他身份的话。

　　美第奇两兄弟对尼古劳的情况很清楚，就对银行下令，无论任何时候尼古劳要钱都要给他，要的钱数都记在他们账上。后来他们 398 让尼古劳什么都不缺，需要什么只管到银行去要就行了。这样，处于困境之中的尼古劳又振作起来，高兴地去做以前不能做的事情了。他们就这样资助尼古劳，直到他生命的尽头，在帮助他解决困难上表现出最大的善意。

　　1420年，科西莫到维罗纳躲避瘟疫，走时带着尼古劳和卡洛·德·阿雷佐，并支付他们的所有花费。后来，科西莫被流放到威尼斯，尼古劳极为伤心，科西莫是那么喜爱他。一天，他给身在威尼斯的科西莫写了一封信，把信交给送信的骑手时，当着我的面对信使说："把这封信交给科西莫，对他说尼古劳这样说：政府每天都干很多坏事，这些坏事再多的纸也写不完。"他说这话时嗓门很大，在场的人全都听见了。他要是现在说这话，也会遭到流放的。

他生性坦率大方。有一天，他和一个修士在一起，这个修士虽有学问但不太虔诚。他对修士说："你们这号人没有几个能升天堂的。"还有个修士名叫彼得罗帕内的弗朗切斯科，和其他几个修士一起住在卢卡附近的山上，过虔诚的宗教生活，是个精通希腊语和拉丁语的人。尼古劳对他们非常好，为他们提供所需要的所有书籍。他死的时候向外借出去了二百多本书，其中有一些希腊语书籍借给了弗朗切斯科修士。这位修士除了其他才能之外，还有预测未来的能力。科西莫被流放之前，弗朗切斯科修士对尼古劳说，1433年科西莫会大难临头，要么丢掉性命，要么遭到流放。于是尼古劳就转告科西莫让他当心，因为这一年他会遇到危险，或是丧命，或是被流放。科西莫不相信，但这话还是应验了。

尼古劳思想纯洁，说的都是虔诚的基督徒所说的话。他常说，有很多异教徒和反对基督教的人，他们攻击灵魂不朽，好像这是一件可疑的事。很多人只能关心自己的躯体，认为灵魂可以坐在椅子上，是可以用肉眼看见的实在东西，与他们无穷的欲望毫不相干，这对他们来说是一件非常不幸的事。那些不虔诚的基督徒，对宗教持怀疑态度的人，引起了他最强烈的憎恨，他是那么热爱宗教。在他看来，如此高尚的宗教，在每一个时代都赢得那么多伟人的支持，对这样的宗教竟然还有人怀疑，这简直就是发疯。

除了其他非凡的品质之外，他还具有广泛的鉴赏能力，不仅能鉴赏文学，而且还能鉴赏绘画和雕塑。他家里有很多奖牌，有铜的，有银的，有金的，还有很多古代铜像和大理石头像。有一天，尼古劳刚从家里出来，看见一个小男孩脖子上戴着一块玉髓，上面有波利克里托斯[①]亲手雕刻的人像，是一件漂亮的作品。他问这个男孩父亲叫什么名字，知道了以后就派人去问他愿不愿意卖这块宝

———————

① 古希腊雕刻家。——中译者注

石。父亲马上就同意了，就像是一个不知道它是何物，或不知道它有多大价值的人那样。尼古劳给了他五弗罗林来交换，那个善良的宝石主人以为这笔钱是宝石价值的两倍多。尼古劳后来把它作为珍品来展示，它的确就是珍品。教皇尤金时期，佛罗伦萨有个人叫路易吉的师傅。他是（教廷财务院）总管，对这类东西非常感兴趣。他让人给尼古劳传话，问尼古劳他能不能看看那块玉髓。尼古劳把玉髓给他送去了，他极为满意，就把玉髓留下了，给尼古劳送去了二百金达克特，并说尽好话。尼古劳不是个富人，就让他留下了。这位总管死后，玉髓落到了教皇保罗手里，然后又落到洛伦佐·德·美第奇手里。

尼古劳对世界各地都有广泛的了解。如果有人去过某个地方，并问他这个地方的情况，尼古劳知道得比那个去过的人还要清楚，他在这方面有很多事例。尼古劳家里总是名人满座，还有城里主要的年轻人。至于当时到佛罗伦萨游览的陌生人，都觉得要是不拜访尼古劳，就像是没有到过佛罗伦萨一样。很多高级教士、有学问的 400 年轻人和侍臣经常到他家里去，常去看他的人之中有格雷戈里奥·科雷罗大人，博洛尼亚枢机主教的侄子，而博洛尼亚枢机主教本人又是教皇格雷戈里的侄子。这位格雷戈里奥大人是个道德楷模，博览诗文，对尼古劳非常喜爱。格雷戈里奥或任何一个年轻人只要一来看他，尼古劳就把一本书递到他手里让他读。经常有十个或十二个高贵的年轻绅士同时捧着书读。读过一阵子之后，他让他们把书放下，告诉他读的是什么。然后大家就会讨论一些感兴趣的话题，这样就不会浪费时间。实际上尼古劳的习惯与别人家的习惯绝对不一样，在别人家男人马上就会坐下来玩或赌博。有一天，一个学者把自己写的一部作品拿来让尼古劳看，但无论是主题还是文体，尼古劳都不喜欢。尼古劳读了一些片段之后，作者征求他的意见，尼古劳犹豫了。他不想让作者为难，就回答说："我先要看名作家的几百本书，然后才能考虑你的。"（当时每一位作家都会请尼古劳看自己的作品并征求他的意见。）然后就把手稿交还给了作者。作者非常吃惊，不明白他是什么意思。尼古劳非常善于写作，但他品味高雅，很难对自己的作品感到满意。我和一些看过他拉丁语书信和其他美文的人交谈过，但这些作品尼古劳没有让我看过，其原因我完全明白。

尼古劳总是鼓励有前途的学生走文学之路，慷慨资助所有显露出才能的人，为他们请教师并提供书籍，因为那个时候教师和书籍都没有现在多。可以说他就是让希腊文学和拉丁文学在佛罗伦萨复兴的人。希腊文学和拉丁文学长期以来湮没无闻。虽然彼特拉克、但丁、薄伽丘做出一些努力来使其复兴，但由于各种原因，当时的古典文学没有达到尼古劳所培育的高度。首先，当时他劝很多人学习文学，在他的劝说之下，很多学者来到佛罗伦萨从事研究和教学工作。例如，他和帕拉·斯特罗齐劝说曼努埃尔·赫里索洛拉斯来并为他提供路费。他对奥里斯帕和其他学者也是这样。有人提出花费问题时，他就对他认识的一些人说："我希望你能帮忙把曼努埃尔弄过来，别人也行。"然后他就说每个人给多少。

尼古劳资助文学家，也资助画家、雕塑家、建筑师，对这些行当他了如指掌。他特别青睐皮波·迪·塞尔·布鲁内莱斯科、多纳太罗、卢卡·德拉·罗比亚、洛伦佐·迪·巴尔托拉乔，与这些人关系密切。他是所有艺术品的真正鉴赏家。安布罗焦修士、波焦大人和卡洛·德·阿雷佐是他的朋友。正是通过他，这些天才人物才在教皇尤金时期来到佛罗伦萨当公共教师。他与意大利所有的学者都保持友好关系，和他们通信，无论国内的还是国外的。

他做了这么多好事，搜集了那么多希腊语和拉丁语书籍，各个人文学科的都有，然后他就想让每个人都能看到这些书。他嘱咐在他死后，这些书要继续让所有的人使用，所以他在遗嘱里指定四十

位公民，让他们用这些书组建一座公共图书馆，这样所有的人都能
利用。有八百卷希腊语和拉丁语书籍。他嘱咐这四十位公民，要他
们把这些书交给科西莫·德·美第奇筹建圣马可图书馆，以实现立
遗嘱者的愿望，也就是把书存放在公共场所，供想查阅的人使用。
每一本书的封面上还要写上字，说明本书原属于尼古劳·尼科利，
至今书上仍然有这些文字。这些书价值六千弗罗林。詹诺佐大人在
其《论长寿者》（De longoevis）一书的结尾提到尼古劳，提到他的
生活方式和受到的高度赞扬，尤其是赞扬了他捐赠的这座图书馆，
说他的贡献超过了柏拉图、亚里士多德或泰奥弗拉斯托斯，因为柏
拉图和亚里士多德在最后遗嘱里把一些东西留给了子女和其他人，　402
但没有提他们的书。泰奥弗拉斯托斯私下里把他所有的财产都留给
了一位朋友。只有尼古劳把他的财产都留给大家使用，所以我们应
该非常感激他。不仅如此，乔瓦尼·薄伽丘临死时把他所有的书都
留给了圣斯皮里托，存放在那里的箱子里，而尼古劳让书放在图书
馆里供大家使用，他自己出资建一座图书馆来接收和保存图书，也
是为了表达对乔瓦尼大人的敬意。由于书是让大家使用的，他又做
了书架，现在仍然可以在那里看到。

　　描述一下尼古劳这个人。他长相英俊，有活力，脸上经常挂着
笑容，谈话时很讨人喜欢。他的衣服都是上好的红布做的，一直拖
到地面。他从未娶妻，以免耽误学习。他有一名管家为他准备所需
要的东西。他是吃饭最挑剔的人之一，在其他方面也同样挑剔，习
惯让人用漂亮的旧碗盘为他盛饭菜，餐桌上放着瓷花瓶，酒杯是水
晶的或其他漂亮石头做的。看他坐在餐桌旁吃饭是一件乐事，尽管
他已上了年纪。他所用的亚麻布全都是最白的。有些人听说他拥有
很多器皿可能会吃惊，对此的回答是，他那时这一类东西还不像现
在这样金贵。尼古劳世界闻名，那些想讨好他的人会送给他一些大
理石雕像、古代花瓶、雕塑、大理石铭文、名人绘画或带有镶嵌图

案的餐桌之类的东西。他有一幅漂亮的世界地图，上面标有所有的
地方，还有意大利和西班牙的详图。佛罗伦萨的房子，没有一所比
他的装饰得好，或没有他装饰用的漂亮东西多。

　　尼古劳今年已过六十五岁了，他一生做了很多善事，生病以后
他会愿意表现得让他的死亡无愧于他这一生。他知道生命快到尽头
了，所以就派人把安布罗焦修士和几个神职人员叫来，求他们陪
着他直到最后一刻。他是帕格洛大师的好朋友，帕格洛大师不仅是
个医生，还是个生活圣洁的人，所以他请帕格洛大师也留下来。他
不能起床了，就让他们在房间里准备一个祭坛，还有望弥撒所需要
的一切。他还做了彻底忏悔，然后请安布罗焦修士每天上午主持弥
撒。弥撒之后读圣保罗的一封书信，他对圣保罗最为敬重。要是读
到某个精彩段落，他就会让安布罗焦修士停下来，然后回顾一下读
过的内容。据安布罗焦修士说，尼古劳听到这些精彩段落几乎没有
一次不流泪的。安布罗焦修士还对我说，他的热诚和虔诚非同寻
常，那是一生辉煌的结果。安布罗焦修士知道他的良心是清白的，
从来没有夺过任何人的财产和声誉，从来都不想担任任何有可能判
决别人的职务。他家里一直都有很多上帝的仆人，异教徒不进他
家，知道他不理会异教徒。

　　在生命的最后时刻，他非常虔诚地履行宗教义务。第一次望弥
撒之后，他让人把他放在地上的一个地毯上，他周围跪了很多人。
圣体呈上来之后，他表现出最大的虔诚，他转向救世主，自称是罪
人，不配做这一圣事。周围的人都忍不住泪水。这一不同寻常的美
德来自他一直读圣书的习惯。他从安布罗焦修士手里接过基督圣体
之后，似乎感到极大的安慰，只想说他自己的得救，或读某一本祈
祷书，或与他周围的神职人员交谈。这是他在最后一次生病时举行
的宗教仪式，最后死在安布罗焦修士怀里，就像一个从小就过圣洁
生活的人那样。

佛朗哥·萨凯蒂

佛朗哥·萨凯蒂出身于佛罗伦萨的一个世家。他是个优秀的希腊语和拉丁语学者，是当时所有学者的朋友，喜欢做善事。尼古劳·尼科利让他担任遗嘱执行人，另外一起担任其遗嘱执行人的还有一些学者和城里的主要人物。他得到了佛罗伦萨能够给予其公民的所有尊荣。他对所有的阶级都有礼貌，因而所有的阶级也都对他以礼相待。在一个民主国家，让人人都满意可不是一件容易的事。

404

他接受委派出去完成过所有主要的外交使命，好几次去威尼斯，也和詹诺佐·潘多尔菲尼一起到国王阿方索那里，安排国王与佛罗伦萨和解，受到国王的礼遇。他到那不勒斯又去了一次，后来又到教皇庇护那里，去参加过曼托瓦会议，基督教世界的所有大使都去参加了。另外他还去过其他很多地方，所到之处无不受到礼遇。

佛朗哥完全靠自己的收入为生，其收入微薄。他没有从事任何职业，而是完全献身于文学。他为人正直，不炫耀，有一点就满足，总是量入为出。有人可能认为他太抠唆，但这一秉性起因于他收入少。他喜欢靠收入过活，尽管收入很少，不喜欢侵占别人的财富，像那些大大咧咧的人那样。他憎恨邪恶，为所有的人树立了榜样。他衣着简朴，与他的身份相般配。

他雇有几个仆人，养一匹可骑乘的马，把家控制在适当的规模，经常请亲朋好友到城市附近他那设备完善的别墅去。他的习惯是每年两次邀请十个或十二个文学家到他的别墅，在那里盛情款待他们两天或三天。他过着优雅的生活，经常到他那里去的人都是有身份、有德性的文学家。他家里从来不玩任何游戏，不像现在的习俗，其主要娱乐活动就是谈论文学或国家大事。他不拘礼节地接待所有的客人，他家成了精英人物的胜地。他总是渴望迎接乔瓦尼·阿尔吉罗波洛及其大多数学生。从来没有人在他家里说过任何不得体的话。像他这样品德良好慷慨大方的人，不应该被称为贪婪的人。

每年应邀到他家去的人之中有乔瓦尼·阿尔吉罗波洛、潘多尔福·迪·詹诺佐·潘多尔菲尼、阿拉曼诺·里努奇尼、马可·帕伦蒂、多梅尼科·潘多尔菲尼、皮耶罗·迪·内里·阿恰约利、多纳托·迪·内里、卡洛·迪·西尔韦斯特罗、皮耶罗·菲利波·迪·詹诺佐·潘多尔菲尼、班科·达·卡萨韦基亚等人，全是希腊语和拉丁语学者，通晓哲学的所有分支。我只是个抄写员，也忝列这些名人之中。

405

阿尔吉罗波洛在这个国家人生地不熟，他失去了自己的祖国。佛朗哥给予他帮助，每年的收获季节都给他送去粮食和酒。佛朗哥经常到阿尔吉罗波洛家里去，问他缺不缺东西，有没有需要帮助的地方。这是真正的慷慨大方，帮助那些值得帮助的有困难的人，不像有些人把大把的钱财挥霍在一帮浪荡公子身上。

佛朗哥确实应该被称为一个善良大方的人，因为像他这样坚定地惩恶扬善的人并不多。愿上帝让佛罗伦萨拥有更多这样的人！万物的正能量有多么强大！他和上面提到的人之间有一条爱的纽带，这条纽带将几个灵魂与一个身躯连接在一起。这是真正的友谊结出的果实，这些人之间的感应非常快，几乎没有一天不聚会的。他们高尚的品质在城里人人皆知，他们想要的任何东西差不多都能得到。我觉得最优秀、最值得赞美的人是那些自食其力、不抢夺别人东西的人，佛朗哥·萨凯蒂肯定就是这样一个人。

他为自己的国家和其他地方争了光。他没有担任职务，但却是领导人和文学家的朋友。他深受科西莫·德·美第奇和洛伦佐·德·美第奇、安布罗焦·德利·阿尼奥利修士、莱奥纳尔多·德·阿雷佐和卡洛·德·阿雷佐、尼古劳·尼科利、詹诺佐·曼内蒂以及当时所有名人的爱戴。他死了以后大家才知道，那些认为他富有的人错了。这些公民应该得到共和国的尊重，他们所留下的只是从祖先那里继承的东西，不是不择手段、不顾国家和个人利益而聚集起来的巨额财富。

萨凯蒂的这部小传写起来并不困难，因为他是一个没有做过任何错事的人。

乔治·迪·特拉比松达（1396—1468） 406

他是希腊人，是个通晓希腊语和拉丁语的学者，这从他的作品和译著中可以看出来。他像大多数希腊人一样精通七艺，是当时最优秀的作家之一。他在意大利很多地方讲课都讲得很好，获得高额报酬。无论他在哪里讲课，他的很多学生后来都成为优秀学者。

教皇在佛罗伦萨的时候，城里人很多，他在公开场合和私下里都讲课，在他家里、在各个学校里，讲希腊语、拉丁语、逻辑、哲学。他举行讨论会来教育学生，其处理修辞的方式赢得高度赞扬。他还让学生做习题。当时他是佛罗伦萨最有价值的教师，而且还是口才最好的教师。他在佛罗伦萨和罗马教廷都是大名鼎鼎。

这时，希腊东正教宗教会议正在佛罗伦萨举行，他参加了希腊教派和拉丁教派在教皇面前举行的所有辩论（他与枢机主教尼切诺等人都很熟悉），争论两大教派的教义问题。他接受委托翻译了圣巴西尔的《论圣子的神性和圣灵的起源》（*De deitate Filii et processione Spiritus Sancti*），完成以后将其题献给了教皇尤金。这部译著受到当代所有学者的高度赞扬，既赞扬其语言，又赞扬其严谨。教皇尤金任命他为秘书，任命他儿子为抄写员。他陪着教皇从佛罗伦萨到罗马。

　　下一任教皇尼古拉极为尊重他，继任后不久就请特拉比松达翻译其他的希腊语宗教著作，其中有圣约翰·赫里索斯托姆论圣马太的残篇，依据多年前奥龙蒂乌斯翻译的二十五篇布道词译出。这是一部有价值的著作，教皇命乔治将其完成。圣约翰·赫里索斯托姆的这部作品一直极受推崇。圣托马斯·阿奎那在巴黎时，有人把这本书拿给他看，于是他说他宁要这二十五篇布道词而不要整个巴黎城。这表明他是多么珍视由特拉比松达翻译的这一部分。[①] 他应教皇嘱托还翻译了其他很多作品，尤其是亚里士多德的巨著《动物志》。

407　　应国王阿方索邀请，他因为一些纠纷离开罗马去了那不勒斯，在那不勒斯翻译了西里尔的《宝库》（*Tesori*），一部很有价值的著作。他把很多著作从希腊语翻译成拉丁语，显示出比当时任何作家都更高的熟练程度，因为他对两种语言掌握得都很精准。他还翻译了各个学科的作品，包括哲学和占星学，还有优西比乌斯·潘菲利乌斯的名著《福音的准备》，这本书后来证明对基督教极有价值。

　　教皇尼古拉和国王阿方索给予特拉比松达及其他学者报酬，这带来了拉丁语的复兴，获得收益的希望促使其他很多人去争取荣誉和酬金，不这样做是得不到这些荣誉和酬金的。

　　我把乔治大人所有的著作和译著抄录如下，以便让所有阅读他生平的人知晓：

著作

Compendium grammaticoe,　Dialectica ad intelligendos quamplures libros Ciceronis,　Rhetorica, magnum volumen,　Defensio problematum,　Aristotelis contra Theodorum,　Commentum super

---

①　参见本书"教皇尼古拉五世传"，第 39 页。——中译者注

almagestum Ptolomei, Commentum super centiloquium Ptolomei, Commentum super orationes Ciceronis de suo genere dicendi, Responsio ad Guarinum veronensem.

译著

Sancti Basilii contra Eunomium, Vita sancti Basilii, Vita sancti Athanesi, Almagestum Ptolomei, Centiloquium Ptolomei, Liber Chrysostomi super Matteum, Sancti Cyrilli super Johannem Evangelistam, Sancti Cyrilli thesaurus, Eusebii Pamphili de preparatione evangelica, Sancti Gregorii Nysseni de vita Moysis, Rhytorica Aristotelis magna, De coelo et mundo, De generatione et corruptione, Meteorologica, Physica, De Anima, De animalibus, Problemata, Oratio Demosthenis contra Ctesiphontem.

弗朗切斯科·菲莱尔福（1398—1481）　　　408

　　弗朗切斯科·菲莱尔福大人是边境地区托伦蒂诺人。他一开始学习拉丁语，后来去希腊学习希腊语，很快就学得和拉丁语同样熟练。他甚至在年轻时就是一个知名学者，所以佛罗伦萨缺少一名演讲学教师时，经尼古劳·尼科利力荐，他就当选了。所有主要公民的儿子都来听他讲课，经常有二百名学生来听讲，其中很多人后来都成为学者。

　　除了在大学上课之外，他还在家里当家教。为了满足人们对文学的兴趣，他答应每逢节日在圣利贝拉塔修道院讲但丁。为了让学生练习，也为了让公众知道这些学生，他让学生们用意大利语写论文，在圣利贝拉塔修道院的讲道坛上宣读。他在大学里也用同样的方法，成为城里最成功的教师。

他不是这个国家的公民，却干预这个国家的公务，并积极支持某一派，这毁了他的名声，否则他的名声还会更大。由于这一原因，尼古劳·尼科利和科西莫·德·美第奇以及卡洛大人所有的朋友，决定让卡洛大人与菲莱尔福一决高下。卡洛一开讲，佛罗伦萨所有的年轻人都去听，菲莱尔福便失去了很多学生，名声也大为受损。后来，菲莱尔福发现科西莫及其朋友都支持卡洛（支持卡洛有正当的理由，因为卡洛有才华、有学问），就加入了里纳尔多·德利·阿尔比齐和1433年派①，诽谤科西莫和1434年派。科西莫回来后改变了政体，菲莱尔福作为反叛者被流放，这样就把他毁了。

他在意大利四处漂泊，找不到任何地方可以过得像在佛罗伦萨时那样舒适、那样受到敬重。最后他在公爵弗朗切斯科时期去了米兰，公爵弗朗切斯科给了他体面的职务和高薪。然而他是个生性不安定的人，不停地试图回到佛罗伦萨。他在米兰住了好几年，其间应国王阿方索的请求写了一本书《截获》（*Intercennati*），然后就离开米兰去了那不勒斯。

路过罗马的时候，他决定返回时再去觐见圣座，当时担任教皇的是尼古拉五世。教皇听说他在罗马，就派人去叫他，于是弗朗切斯科就去觐见圣座，圣座马上对他说："弗朗切斯科大人，你一直没有来看朕，朕感到吃惊。"弗朗切斯科回答说，他原打算先去拜见国王阿方索，回来的时候再来觐见圣座。教皇尼古拉本是个慷慨资助文学家的人，于是就想帮助一下弗朗切斯科。他拿出来一个装有五百达克特的钱袋，说："弗朗切斯科大人，我把这袋钱给你在路上当盘缠。"弗朗切斯科谢过教皇的慷慨，然后就带着他的书《截获》离开罗马去了那不勒斯，那本书是他应国王阿方索的嘱托写的。国

① 科西莫于1433年遭到流放，1434年被召回。——英译者注

王给了他礼遇，慷慨地给了他报酬。从那不勒斯返回米兰的时候，他请求允许他路过佛罗伦萨，因为他是个被流放的人，这一请求得到了批准。

　　回到米兰以后，公爵弗朗切斯科给他一笔薪金，因为他正在用诗体写公爵及其家族的业绩，这首诗叫《斯福尔扎的业绩》（*Sforziade*）。除了其他才能之外，菲莱尔福还能非常娴熟地写诗文，既能用拉丁语写，也能用俗语方言写。他头脑敏捷，但不知道如何让思维有条理。他撰写和翻译了很多书，表现出丰富的想象力，尤其是在晚年。

　　他对哲学了解不多，看过的哲学书很少。他出版了亚里士多德《伦理学》的译本，但没有涉及有争议的美德原理。他从《圣经》和其他作家那里找出权威证据，他谴责邪恶时也是这样。他写了一本论"明确主题"（Positive Matter）的书，是每一位学者都最需要、最有用的书，是基督徒生活的指南。他翻译了（普鲁塔克的）伽尔巴、奥索、莱库古和努马·蓬皮利乌斯的传记，还有他们制定的法律。他还翻译了波焦已经翻译过的（色诺芬的）《居鲁士的教育》（*Cyropedia*），因为波焦把他认为没有用的一卷删掉了。他很有兴致地写了很多讽刺作品，写了一部对彼特拉克意大利语十四行诗的评论，他把这本书叫作《论流放》（*De exilio*），对话体，十分冗长，描写了很多遭到流放的佛罗伦萨人在一起交谈，其中有帕拉大人，帕拉对菲莱尔福遭到流放感到十分悲伤。这本书是对某个公民的诽谤，结果受到谴责。菲莱尔福认为，这只是因为其作者想返回佛罗伦萨，他现在到了垂暮之年，已经八十多岁了。

　　菲莱尔福最后说服洛伦佐·德·美第奇撤销流放令，允许他回到佛罗伦萨继续讲课，但回去不久就发烧病死了。

410

比托里诺·达·费尔特雷（1399—1447）

比托里诺来自伦巴第的费尔特雷，一个地位高、生活朴素的人，通晓希腊语、拉丁语和所有的七艺。他住在曼托瓦，当时是弗朗切斯科·贡扎加①及其妻子帕戈拉·德·马拉泰斯蒂夫人当政时期，夫妇二人生养了很多漂亮的孩子，男女都有。

他在整个意大利都享有盛名，都知道他是个有德性、有学问的人，所以威尼斯的很多贵族都把孩子送到他手下调教，既学纯文学，也修习品行。他的学生之中有两个著名的佛罗伦萨人：弗朗切斯科·德·卡斯蒂廖内和洛伦佐·达·普拉托大师的儿子萨塞罗。弗朗切斯科·德·卡斯蒂廖内是个生活和习惯都很圣洁的人，萨塞罗是个优秀的希腊语和拉丁语学者，文风典雅，这可以从他的作品里看出来，尤其是他的《比托里诺传》，这部作品在他离开曼托瓦以后死于瘟疫时佚失了。

比托里诺出于对上帝的爱，供养并调教了很多学生。由于这些捐助和救济行为，他到年底的时候发现，除了花掉领主给他的薪水三百弗罗林之外，还花掉了三百弗罗林。他重新审查账本的时候发现欠了债，就去找贡扎加说："我收到了三百弗罗林的薪水，又花超了三百，所以我恳求大人帮我还这笔债。"贡扎加非常喜爱比托里诺，知道比托里诺有才华、诚实、慷慨，什么都不给自己留着，二话没说就给了他这笔钱。

411　　　为了不影响学习，他终身未婚。而且据说他对女人没有兴趣。他是个宣誓后入教的基督徒，每天都做礼拜。在所有规定斋戒的日子他都斋戒，还命他手下受教的学生也照着做。去餐桌吃饭的时候，他像个神父一样祝福然后答谢，其他人也都照着做。吃饭的时

---

① 吉安·弗朗切斯科。——英译者注

候有人朗读，让大家保持安静。他做忏悔，并希望他所有的学生也养成这个习惯。他家就像个言语和行为的圣堂。

他允许学生做适当的游戏，贵族出身的孩子还要练习骑马、投掷石头和标枪、玩球、跳跃，参加所有能健身的运动，在学习完并复习完功课以后，允许他们做这些娱乐活动。他在不同班级讲授不同的科目，在一天之中的不同时间教授所有的学生学习七艺和希腊语。他制订了一个精确的时间表，不允许浪费一个小时的时间。没有几个学生离开家，离开的学生总是在指定的时间回来，晚上所有的学生必须及早回来。这样，他让学生养成了遵守秩序和守规矩的习惯。

他在学校里培养出了很多有才华、在文学上有成就的名人。他教出来的学生之中有枢机主教、主教和大主教，还有俗界的首领和有教养的绅士，这些人来自伦巴第、威尼斯、帕多瓦、维琴察以及意大利的所有主要地区。教皇尤金时期，很多威尼斯绅士的儿子成为神职人员，每逢节日都有人特意发表演讲，演讲者总是比托里诺的学生。这些人之中我认识的有格雷戈里奥大人，博洛尼亚枢机主教的侄子，也是教皇格雷戈里的侄子，一个博学、能言善辩的年轻人，写得一手好诗，对身为教师的比托里诺赞不绝口。

他的学生之中有一个是曼托瓦侯爵的女儿，当时的大美人之一。她跟着比托里诺学习，在学识和品行上超过了所有的妇女。她过着自我克制的生活，抛弃了所有的欲望，以实现救世主的愿望。他父亲违背她的意愿，把她许配给了乌尔比诺的领主[①]，因为她一直申明除了救世主之外她不想要任何配偶，为了救世主她要守身如玉。她一直保持这一态度，尽管父母和朋友都以委婉的语气劝她别

412

---

① 侯爵奥丹托尼奥，卒于 1444 年。他悲惨的一生是历史的不解之谜之一。——英译者注

这样。最后她决定放弃尘世间的一切而追求不朽，遁入隐修院作为她寻求得救的安息之处。有一天，她从父亲家里来到曼托瓦的一座女修道院，到了以后她剪掉长发，披上黑法衣，直到正式当上修女。她父母以及曼托瓦的公民们听说以后极为悲痛，因为大家都喜爱她的魅力和善良。父母去找她，但无法动摇她的决心，甚至不得不听她的劝诫，劝他们抛弃尘世间的浮华和虚荣。比托里诺知道她意志坚定，就鼓励她父母服从上帝的意愿，感谢上帝做了这么一件善事，促使她放弃了尘世及其诱惑人的享乐。这位姑娘思想坚定不移，任谁也劝不动她。她父母一看她是这一态度，就意识到只有随她的心意，服从上帝的安排。——格雷戈里奥大人写了一封很有学问的书信《论藐视尘世》(De Contemptu mundi)，劝人坚持过出家生活。——她在修道院里表现得非常好。她极为谦虚，想担任最低的职位。全能的上帝啊！您给予皈依者的恩典是多么大啊！比如说塞西莉亚，她想效仿和她同名的那位圣女保持贞节，也效仿她的其他做法。

这就是比托里诺的方法：以身作则；规劝和鼓励身边的人体面地生活；证明我们在今世的所作所为，会使我们在来世收获劳动的果实。出于对上帝的爱，他并不满足于自己施舍，还总是劝其他人也这样做。他无偿地教导来投奔他的有困难的年轻人，为他们提供
413 所需要的一切。他不靠学生盈利，因为他每年花的钱比收入还要多，不得不求别人帮助来弥补亏空。

伟大的上帝啊！您照到比托里诺身上的光有多么明亮！比托里诺读了您的福音圣书，书上说"你们要给人，就必有给你们的"①，他担心到末日审判那一天，大家都被问及是否完成了七大善

---

① 语出《圣经·路加福音》6:38。——中译者注

事①，所以他不仅自己执行了您的戒律，而且还劝别人这么做。所有的教师都要以他为榜样，不仅教授拉丁语和希腊语，还教人品行端正，而品行端正是人生最重要的事。

我听说他写的书，但我不予评论，因为我从来没看过。他身材瘦小，但生气勃勃，情绪很好。他仪态威严，有些寡言少语，总是穿着深色衣服，一直拖到地上。他头戴一顶小帽，开口很窄。他跟随帕戈拉·马拉泰斯蒂夫人从罗马来到佛罗伦萨的时候我见过他，和他说过几次话。和他一起来的还有卡洛·达·贡扎加阁下，卡洛曾是他的学生。他们回到家里，生活在那里简直就是一座修道院。这就是对他生平和习俗的简单描述。

维罗纳人圭里诺（1370—1460）

圭里诺出生于维罗纳，学习了一段时间的拉丁语并熟练掌握了以后，他去了佛罗伦萨，当时佛罗伦萨是学术和艺术的发源地。佛罗伦萨有很多优秀的拉丁语教师，其中有安东尼奥·科尔比内利，他既教授希腊语，也教授拉丁语，所以他把圭里诺雇到家里来，给他很高的报酬。他还从希腊雇来了曼努埃尔·赫里索洛拉斯，一个大名鼎鼎的人，另外还有圭里诺、安东尼奥·科尔比内利、莱奥纳尔多·德·阿雷佐、帕拉·迪·诺费里·斯特罗齐、尼古劳·尼科利、

---

① 基督教会规定的七大善事分类两类，一类是物质方面的，一类是精神方面的。物质方面的是：1. 给饥饿的人食物；2. 给口渴的人水喝；3. 给赤身裸体的人衣服穿；4. 给无家可归者提供住所；5. 看望病人；6. 为俘虏赎身；7. 安葬死人。精神方面的是：1. 教育文盲；2. 给疑惑的人以忠告；3. 训诫违反教规的人；4. 忍受冤屈；5. 宽恕过错；6. 安慰有痛苦的人；7. 为生者和死者祈祷。——中译者注

安布罗焦修士以及其他很多名人，这些人当时和科尔比内利一起跟着赫里索洛拉斯学习。

414   后来，圭里诺应侯爵尼科洛的邀请，到费拉拉教侯爵的几个儿子。所以他离开佛罗伦萨去了费拉拉。他的学生之中有侯爵的儿子廖内洛大人，廖内洛比和他同一级别的大多数绅士都要博学得多，而且还有德性，后来成为国家的统治者，非常有能力。

圭里诺在伦巴底培养的很多学生都成了学者，这些学生不仅来自伦巴第，还有的来自匈牙利和其他遥远的国度。年轻人被送到费拉拉学习，投到圭里诺门下，不仅学习文学，还学习良好的举止和品行，因为他极为诚实，对生活最为讲究。有一次，我见到一个匈牙利年轻人①，由斯特里戈尼亚大主教送来跟随圭里诺学习。小伙子是个优秀的希腊语和拉丁语学者，善写诗文，这在他的传记中有充分的描述。圭里诺引导很多人走上了人生的正道，他本人就是个美德的楷模。

他和妻子与孩子在费拉拉生活了一段时间，日子过得很安逸，其他任何事都不管，一心专注于文学，所以他赢得普遍尊重。他尽到了一个教师应尽的义务，把所有时间都用到教学、翻译或写作上。在赫里索洛拉斯的学生之中，论文学成就圭里诺排名第二，莱奥纳尔多·德·阿雷佐名列第一。从这二人的作品中可以看出，他们的风格差别巨大。莱奥纳尔多大人达到了写作的最高水平，但他和圭里诺都应得到最高度的赞扬，因为他们在拉丁语湮没无闻好多个世纪之后最先让其重见天日。

圭里诺教过的学生之中，如果有人尽到了义务，就会把他的传记写出来了，因为他的英名肯定应该在文学界传扬下去，他是那么有才华。他翻译了普鲁塔克的《论儿童的教育》（ De liberis educandis ），

---

① 芬夫基兴主教。参见本书第 192 页。——英译者注

还有马塞卢斯、亚历山大大帝、恺撒、佩洛皮达斯、苏拉和来山德的传记。

教皇尼古拉让他翻译斯特拉博的《地理学》，该书分为亚洲、非洲、欧洲三部分，每一部分付给他五百弗罗林。教皇去世之前，他翻译完了两部分，收到一千达克特。[①]尼古拉死后，他动手翻译第三部分，想把它交给一个愿意支付报酬的人，因为他有孩子，收入微薄，不得不靠写作挣钱。他把这部分呈送给佛罗伦萨的一个主要人物，遭到拒绝后又交给威尼斯的一位绅士，此人爽快地答应付给他报酬。翻译完成之后，这个威尼斯人把它呈给了国王勒内，并附有一篇序言。

关于圭里诺及其很多优秀的品质，无论说多少都不嫌多。

415

比翁多·达·弗利（1388—1463）

比翁多大人是个优秀的拉丁语学者，也粗通希腊语。他是教皇秘书，也是个勤奋的古物研究者，写了好几部作品，把过去的很多事情阐述得很明白。

罗马曾经占领整个世界，成为世界霸主，但罗马多次获胜的历史后世却了解得并不全面，所以比翁多四处搜寻，发现了很多与马其顿战争有关的真相。他从事写作达四十年，从哥特人之前开始写，把值得记载的所有事件都写下来，一直写到他那个时代。他这部作品应该得到最高度的赞扬，他付出了艰辛的劳动来阐明那些模糊不清的世纪发生的事情。

古罗马有很多宏伟建筑，有很多精彩表演，所有的便利设施都

---

① 参见"教皇尼古拉五世传"，本书第38页。——中译者注

可以在街道上找到，有漂亮的雕像和壮观的凯旋门。罗马是全世界所有名人聚集的地方，是有史以来最著名的共和国所在地。尼禄宫占地四平方英里，里面全是精美绝伦的物品。多年来罗马消耗了整个帝国的收入。另外还有各位皇帝、卢库卢斯、马尔库斯·克拉苏以及很多名人的宫殿，这些名人都是罗马帝国造就的。所有这些东西都被人遗忘了，因为帝国遭受了灾难，一开始是马略和苏拉之间的内战，一声号角就死了两万公民，然后就是高卢人、哥特人和其他外邦人将帝国推翻。意大利长期遭受奴役，所以罗马就毁掉了，被人遗弃了。这些灾难都没有人记载，于是比翁多大人就撰写了一部有关的书《罗马的建立》（Roma istaurata），清晰地描述了罗马共和国的辉煌、罗马的建筑及其他一切，供那些希望了解当时情况的人阅读。由于这一原因，我们以及后世的人都应该非常感谢他。

416

写完《罗马的建立》[①]以后，他发现意大利发生了巨大变化，以前有人居住的很多城镇遭到遗弃成了废墟，根本没有它们存在过的任何记载。不仅城市本身消失了，在城里居住过的名人的所有信息也都消失了。所以，比翁多就决定唤醒人们对古代意大利的记忆，阐述古代的意大利，写一本《意大利指南》（Italia illustrata）描述罗马的过去，不仅描述仍然存在的地方和地区，而且描述每一个村庄，无论多么小、多么默默无闻，描述每一条河，如果在这个村庄或这条河上发生过值得纪念的大事的话。这是一项值得关注的工程，为此他付出了很多心血，做过仔细调查。

比翁多为了大家的共同利益所做的大量工作也值得赞扬。如果在他之前有人像他那样辛勤地记载，我们对过去看得就会比现在更

---

① 首次印刷是在 1471 年。1472 年，《胜利的罗马》（Roma triumphans）付印，1474 年为国王阿方索编纂完成了《意大利指南》。比翁多是第一个全面撰述古文物并收集碑铭的人。他谴责了尼古拉五世在罗马清除古物的做法。——英译者注

清晰，因为一千多年来没有一个人像他那样写作。所以，整个世界都要感激比翁多大人，他给了我们那么多。

马泰奥·帕尔米耶里（卒于 1433 年）[①]

　　马泰奥·迪·马可·帕尔米耶里是佛罗伦萨人，出身于中产阶级家庭。他是家族创建人，以其辉煌的生涯使家族高贵起来。他学习拉丁语，成为一名优秀学者。他在学习过程中在城里身居高位，最终得到佛罗伦萨城能够给予他的所有荣誉。

　　他在城里和城外担任多种职务，忙于多种任务。他步步高升没 417
有家庭的任何影响，如前所述，他是其家族的第一人。他在佛罗伦萨共和国以严肃谨慎著称，善于出谋划策，所以掌权者认为他位居能够给共和国提出最有见识、最成熟建议的人之列，这些建议总是最温和的。这不仅仅是我国政府的看法，国王的大使在与他打交道时，也总是这样称赞他的判断力。由于他的业绩，他被派做大使到国王阿方索的宫廷，因其博学和智慧而在那里受到礼遇。那不勒斯有很多文人通过马泰奥的作品而认识他。他好几次担任大使都很成功。

　　除了才能之外，他的堂堂仪表也为他增光，但他还年轻时就开始谢顶。他到垂暮之年又承担最后一次使命，去教皇保罗那里办一件大事，教皇和派他去的城市都感到满意。

　　他文笔漂亮，既能使用拉丁语，也能使用意大利语。他用拉丁语为优西比乌斯的《编年史》增补了一千多年的事件，从圣哲罗姆和普罗斯佩罗搁笔的地方接着往下写。研究如何描述在那近乎湮

[①]　马泰奥·帕尔米耶里（1406—1475），英译本标注的卒年有误。——中译者注

灭无闻的年代所发生的事情，他肯定吃了很多苦头，这是显而易见的。他本人及其作品都出了名。他抄写了很多副本，这样在世界各地都能查到。他一直写到波皮伯爵亡国①。他以典雅的风格，用拉丁语写了阿恰约利家的总管的传记②，写了比萨史，一直写到佛罗伦萨人将其占领，还写了卡洛大人的悼词并公开宣读，尊卡洛为诗人。他用意大利语写了一本书③，教人如何统治民众、如何治家，对话体，题献给了亚历山德罗·德利·亚历山德里大人。最后他模仿但丁写了一些意大利语诗歌，叫作《生命之城》(*Citta di Vita*)，

418　这部作品花费了他很多心血，因为这个题材很难写，其中有很多精彩段落，显示了他的才华。

　　但不管怎么说，他在书里写宗教时出了偏差，因为他不懂宗教事务，主要是在涉及一些与我们的宗教观点相冲突的事务时犯了错误。正像圣保罗所说的那样，老于世故的人就是这一下场，他们为这个疯狂的世界而疯狂。事实上，可以称之为疯狂的人，由于偏离了上帝指引的路而不懂上帝。马泰奥几乎肯定是由于无知而误入歧途，因为在书的结尾处他向教会坦承他绝不想走邪路，让教会来认可正确的，不认可错误的。这本书完成之后，他没有向任何人谈过书的题材，要是谈过的话他就不会犯这个错误了。

　　他用古代字体把这本书写在羊皮纸上，配有金银色图案装饰，有封面，装在一个封口的小袋里，上了锁并配有钥匙。然后他把书给了地方长官，要求在他死后再把封着的袋子打开。他一死，他们马上就把书拿出来，让一些博学的神学家看，其打算是如果发现有任何违背教义的内容就不许出版。经仔细检查，他们在整本书里只

---

①　参见马基雅维利：《佛罗伦萨史》，第 265 页。——英译者注
②　参见本书第 269 页。总管在乔万娜一世时期成功地统治了那不勒斯。——英译者注
③　韦斯帕夏诺可能指的是《公民生活》(*Vita Civile*)。——英译者注

发现一个错误，但可以看出马泰奥并无恶意，他要是知道这个错误的话会改正过来的。这本书现在由公证人行会的会长保管，一直没有出版。[①]

马费奥·韦焦（1406—1458）

马费奥·韦焦是伦巴底的洛迪人，善于用拉丁语和希腊语写作，既写诗，也写散文。他是个正直的人，一开始是修道院外的僧侣，靠写作为生，不挣外快。

419

他非常喜爱圣奥古斯丁及其母亲圣莫尼卡，写了圣莫尼卡传。后来，他在罗马圣奥古斯丁修道院建了一座小礼拜堂，里面有一座漂亮的陵墓，他让人把圣莫尼卡的遗骨移葬到那里，并请人撰写了墓志铭[②]。他为小礼拜堂提供了所有必需的装饰物，由他自己出资，这样每天上午都可以望弥撒，以纪念这位圣女。

他写诗技巧极为娴熟，毫不费力地为维吉尔的《埃涅阿斯纪》增添了第十三卷，受到当时所有学者的高度赞扬。我见过一张法学家所用的词汇表，很有价值。他还用拉丁诗体改写了大卫的《诗篇》，写了锡耶纳的圣贝尔纳迪诺传。

韦焦证明自己是上帝忠实的仆人。像他这样有名、有学问的人，如果他愿意的话，可以很容易在教廷得到一个要职。但他知道这些地方险象环生，想远离尘世间的虚荣浮华过安生日子，就决定

[①] 指责他有异端思想好像是指他接受了奥利金的基督和圣灵本质的学说，参见穆拉托里：《意大利共和国》，手稿，第20卷，第541页。帕尔米耶里可能是保罗二世1468年迫害的受害者之一，迫害的对象是普拉提纳·庞波尼乌斯和卡利马科斯等人文主义者。——英译者注

[②] 由比萨的伊萨娅撰写。——英译者注

脱离尘世出家，那是个安全的避难所。所以他转让了所有的财产为上帝效力，在严守教规派的圣奥古斯丁修道院当了一名受教规约束的教士，因为他非常喜爱圣奥古斯丁，非常喜爱圣莫尼卡，成为圣洁生活的楷模。

他极为谦虚，不仅说话谦虚，做事也谦虚。在那里我们见到这个极为优秀的人给自己戴上了驯服的枷锁！他认为，不朽的财富比尘世间会消亡的财富更有价值，像每一个基督徒那样向往这个真正的目标。他掩盖自己的美德，不让其显露出来，他坚信救世主会看到的，救世主会奖赏所有甘愿为他效力的人。

他业绩很多，值得所有博学的人记住他。我不想让他的英名逐渐湮灭，所以我把他的名字放在值得纪念的人之列。

420　　　皮斯托亚的曾比诺（索佐曼）（1387—1458）

曾比诺大人是皮斯托亚的神父，通晓拉丁语和希腊语，也是个教堂教士，还担任另一个没有薪俸的圣职。他是个认真负责的人，不愿担任一个有薪俸的职务而不工作。他生性质朴，不喜欢炫耀和寻欢作乐。

他靠教育主要公民的孩子维持生计，教他们学习文学和品行端正。帕拉·斯特罗齐大人和其他主要公民都把儿子送给他培养。他严格独身生活了五十二年，从他被授予圣职担任神父一直到死。他上午离开家之前，从来没有不祷告就去教学生的。他满足于微薄的收入，除了他所拥有的之外不再贪求更多。他受聘在大学讲课，和其他学者一起公开授课，很受好评。他时间过得很充实，根本没有闲空。

曾比诺下定决心过简朴生活之后，就把多余的东西都给了上

帝，或是花钱买书，这是显而易见的，因为在他留给皮斯托亚的
一百五十本书中，有些是他亲笔写的，有些希腊语和拉丁语书是购
买的。这些书现存执政宫，任何需要的学生都可以用。他对荣誉或
名声毫无兴趣。

　　教皇尤金在佛罗伦萨时，一个信奉教皇权力至上的枢机主教莫
连塞有一天派人来找曾比诺，想请曾比诺当他侄子的家庭教师。曾
比诺回答说，他不需要这样一个职务，不愿意服侍枢机主教。枢机
主教对这一回答感到非常吃惊，就派一个家人再次邀请他，曾比诺
就把上次回答的话又重复一遍。

　　曾比诺去参加了康斯坦茨宗教会议，在会上很受推崇，选举时
他投票支持意大利人。有一天，他从皮斯托亚骑着马外出时，遇见
佛罗伦萨的一群捕鸟者，其中一个人对他喊道："大人，去开会吧。"
（domine a concilio）曾比诺拨转马头，说："我去了，算是一个吧。
有别的事吗？"那位公民辩解说，他是在开玩笑，发现得罪人了就
请求原谅。

　　曾比诺在佛罗伦萨培养了很多优秀学生——马泰奥·帕尔米耶
里、潘多尔福·潘多尔菲尼、巴尔托洛梅奥·斯特罗齐、弗朗切斯
科·韦托里以及其他很多主要家族的人。他想在身后留下一部有价
值的著作，后来发现这样教书是不可能留下作品的，就盘算着如何
靠微薄的收入为生，像个哲学家一样在收获季节去皮斯托亚，卖掉
足够的粮食和葡萄酒来支付一年的生活费用。

　　这样安排好以后，曾比诺回到佛罗伦萨，把收到的钱装入一个
钱袋，将其挂在房间里的衣帽架上。然后他又估算了每天的生活开
销，大约是每天两块面包，他每天从钱袋里拿出来买两块面包的
钱，从来都不超支。

　　曾比诺写了一部很有价值的书，描述历史上所发生的每一个值
得关注的事件，从世界开端一年一年往下写。凡是优西比乌斯描述

421

薄弱的地方，曾比诺都依据可靠的原始资料加以补充，其他地方原封不动。对于摩西和其他伟人的生平，他都简要地补充了新材料。在很多问题上，他提供的信息都更翔实，无论是宗教问题还是世俗问题。

完成世界史以后，他接着写亚述人、米底人和罗马人的历史，全都整理得一清二楚，日期标注在页边空白处，这样任何事件都可以轻而易举地查到。所有的信息来源都是真实的，否则曾比诺也不会引用。

撰写这些书是艰苦的劳动，需要很长时间，因为他订正和整理了所有事件，一直到教皇塞莱斯廷[①]时代，此外还补充了八十部大开本手稿。但他完成以后没有让人抄写。经我劝说和鼓励，他还是让人抄写了，很快就引起人们的极大关注，被送到意大利各地，送到加泰罗尼亚、西班牙、法兰西、英格兰和罗马。科西莫·德·美第奇在佛罗伦萨让人抄写，作为礼物送给了菲耶索莱修道院。他写了第三卷，一直写到他自己的时代，但在他去世之前没有来得及订正和修改。[②]

422　　在值得纪念的名人之中，我不能漏掉他的名字，因为我知道他是个颇令人关注的人，生活和品行都令人赞赏。

乔瓦尼·托尔特略（1400—1466）

乔瓦尼大人是阿雷佐人，是个优秀的希腊语和拉丁语学者，教

---

① 历史上共有五个教皇塞莱斯廷，第一个卒于432年，第五个卒于1296年。——中译者注

② 这部编年史是一部杰作，声称涉及从创世纪到1455年的世界史，分为三部分。索佐曼和波焦、莱奥纳尔多·阿雷佐一起去圣加尔时，发现了这部佚失的经典。——英译者注

皇的一位副助祭（sub-deacon），由于其才能而受到教皇尼古拉的高度尊重。教皇发现他既博学又勤奋，就让他负责管理教皇收藏的图书。乔瓦尼将所有的图书都编入目录，总数达到九千本。

我听他极力夸赞过教皇尼古拉，说教皇对学者极为慷慨，恨那些没有出息的人。他对我说，一天晚上，他和教皇一起在藏书室里，发现教皇对教廷里一位枢机主教的习惯非常不满。教皇想尽办法让这个人改变习惯，但不起作用。教皇尼古拉就对托尔特略说，他打算换一种办法试试。教皇下令，那位枢机主教上午到宫里来时要拦住他不让他进，这样他就可能硬闯而不是凭说好话进去。乔瓦尼大人听到这话，就提醒枢机主教上午不要进宫，枢机主教得到提醒以后就不去了。枢机主教对教皇的目的有所察觉，就用了一整天时间想办法安抚教皇。教皇尼古拉想原谅他，这件事就到此为止了。教皇就是这样的好脾气，一直到死也没有任何改变。

这件事过后不久，罗马爆发了瘟疫，整个教廷都疏散了，这位枢机主教便恳求乔瓦尼大人带他一起去佛罗伦萨，并让他住在乔瓦尼大人家里。乔瓦尼同意了，他考虑过他为枢机主教所做的事情，觉得可以相信枢机主教会举止得体，让枢机主教把时间都用到学习上。但在佛罗伦萨住了一段时间之后，枢机主教违背了所有改过自新的诺言，其所作所为无法描述，说出来丢人。这时乔瓦尼大人才意识到走错了一步棋，没有让教皇惩罚枢机主教。乔瓦尼常说，这是他一生中最大的遗憾。

423

乔瓦尼很博学。应教皇嘱托，他写了一本叫作《正字法》（*Ortografia*）的书，对文字有详细的阐述。见到一个单词，一个地名，他就描述这个词的来源，这个地方的位置，在这里发生过什么事件。所以，他可以被称为阐释者、世界志学家、历史学家。这本书显示，乔瓦尼对很多事情有令人惊叹的知识，这些知识有的来自希腊语资料，有的来自拉丁语资料。通过这本书，他在全世界都享有盛誉，学习拉丁语的人会从他这里获益匪浅。乔瓦尼把《圣阿萨内修斯（圣亚大纳西）传》从希腊语翻译成拉丁语，他翻译的其他书我一无所知。

乔瓦尼是个品德高尚的人，有人情味，可以谈论任何话题。他神情严肃，凡是和他打过交道的人都对他极为尊重。他追求荣誉而不是财富，安于贫穷，努力学习文学，那是他乐意做的事。

帕格洛大师（1415—1474）

他是多梅尼科的儿子，佛罗伦萨人，父母都是值得尊敬的人。他是个优秀的希腊语和拉丁语学者，精通七艺，年轻时他就开始学习七艺。他精通占星学，在这方面超过了当时其他所有的人。他从来都没有在世人面前显露过学识，迟迟不愿发表意见。但如果有朋友向他了解他掌握的信息，他就会有反应。

他还是个非常虔诚的人，大多数人都认为他是个童男。他睡在书桌旁边的一张床垫上，长期不吃肉，吃其他东西也很少。他吃很多水果和蔬菜，喝很多纯净水。他从来都没有穿过有衬里的外衣，冬天穿一件布料外衣，夏天穿一件轻便的。他寡言少语，是我所认424　识的性情最温和的人，言语得体，谁要是在他面前说了不得体的话，他就会变脸色。他爱一切善良的人，尤其是修士和他认为爱上帝的人。

他通晓几何学，是当时所有文人的朋友，尤其是尼古劳·尼科利、菲利波·迪·塞尔·乌戈利诺、莱奥纳尔多·德·阿雷佐、安布罗焦修士和詹诺佐·曼内蒂。科西莫·德·美第奇离不开家的时候，帕格洛经常去拜访他，总是受到欢迎。帕格洛大师更看重美德而不是财富，他把一切希望都寄托在美德上。几乎每一天他都会与科西莫以及前面提到的文人见面，与他们交谈，讨论值得关注的问题。

　　在这里我忍不住要谴责那些骗子和鲁莽的人，这些人把感官的愉悦当作最高追求，如吃吃喝喝，别的什么也不想。这些东西前面提到的名人都不喜欢，帕格洛大师经常学习到深夜。他收藏了很多书，有关七艺的都有，既有希腊语的，也有拉丁语的。不学习的时候，他就外出为朋友治病，尽管他不经常行医。其余的时间他就和前面提到的人在一起。

　　尼古劳对他最为尊重，想让他担任自己的遗嘱执行人。尼古劳最后一次生病时，帕格洛和安布罗焦修士一直和他在一起。帕格洛不说任何人的坏话，对自己的职责最为重视。他每次去看病人，不忏悔他就不进门，这是他的习惯。他一生虔诚，良心上没有一点负担，他从不忽略节制、斋戒，也不忘和衣而睡与戒酒。他享年八十岁，忏悔了罪过，真诚地把灵魂交给了上帝。

拉波·迪·卡斯蒂利翁基

　　他是佛罗伦萨人，家世声誉良好。菲莱尔福和特拉比松达来到城里的时候，卡洛·德·阿雷佐正在讲学。拉波当时大约二十五岁，开始学习希腊语和拉丁语，在短时间内就熟练掌握了这两种语言。425罗马教廷当时在佛罗伦萨，无论是在教廷还是在城里的文学界，他都因为翻译卢奇安（琉善）和普鲁塔克的作品而受到赞扬。

　　拉波生性沉默寡言，含而不露，但莱奥纳尔多·德·阿雷佐和詹诺佐·曼内蒂对他非常了解，委托他翻译卢奇安的《长命者》（*De Longoevis*）。他在罗马和佛罗伦萨都有名气，教皇尤金就任命他为秘书，还让他担任其他一些职务。他受到各位枢机主教的青睐，要是还活着，很可能还会高升。拉波是个穷人，结果他的很多希腊语书籍和拉丁语书籍都是他亲笔抄写的。

　　拉波和教皇尤金一起去了费拉拉，在那里死于瘟疫。他写了很多书，其中有翻译卢奇安、普鲁塔克及其他人的作品。他是个优秀翻译家，至今仍然有名。他是个神情忧郁的小个子，很少露出笑容。他生活得体，很穷，所以他所有的书都是他自己抄写的。这些希腊语和拉丁语书籍我亲眼见过一部分。我对拉波的了解就是这些。

劳罗·基里诺（1424—1466）

　　他是威尼斯人，通晓七艺。教皇尤金在佛罗伦萨的时候，劳罗是个渴求知识的年轻学生，敢于和莱奥纳尔多大人作对，指责他翻译的亚里士多德的《伦理学》，尤其是批驳“至善”（*Summum Bonum*）这个词组，劳罗认为这样不正确，应该是“善本身”（*Bonum perse*）才对。

　　莱奥纳尔多大人当时是个著名学者，对这样一个毛头小子给他纠错耿耿于怀。劳罗当时在枢机主教尼切诺家，对莱奥纳尔多的恶言恶语回复了一封信，说追随弗朗切斯科·巴尔巴罗和莱奥纳尔多·朱斯蒂尼亚诺比碰见笨蛋和傻瓜强。

　　劳罗虽然有学问，但是个穷作家。他的回信拿到罗马教廷展示的时候，他没有得到什么好名声。枢机主教尼切诺看了信以后笑了起来，真诚地责怪劳罗太年轻，竟敢这样对莱奥纳尔多大人说话，莱奥纳尔多大人当时如日中天，认为劳罗这件事做得失策，不会得到好处。

　　后来，劳罗大人在威尼斯赢得了好名声，也担任了要职。他的其他作品我一无所知。

马尔拉索·奇奇利亚诺

他来到佛罗伦萨学习法律，当时佛罗伦萨大学各学科齐全，有很多学者参与教学。他是个优秀的法学家和圣典学家，也喜爱人文学科和诗歌，在这方面很少有人能比得上他。他写的很多挽诗受到高度赞扬。他达到了非常高的地位，据说他得到了桂冠。他写诗一挥而就，没有几个人能接近他的水平，像是大自然特别恩赐的一件礼物。

伊诺舍·德·阿斯科利（卒于 1450 年）

伊诺舍是阿斯科利人，学完拉丁语后去了佛罗伦萨，在那里学习了所有学科，后来到巴尔迪家当了家庭教师。他是个杰出的语法学家，在研究语法方面花了很多时间。

教皇尼古拉急于得到一些书，这些书他在意大利找不到，所以他派伊诺舍带着教皇敕书到德意志的所有修道院，要求所有图书馆都要为教皇特使开放，违者开除教籍。伊诺舍找遍了德意志的部分地区，但没有带回来任何值得关注的东西。他找到了波尔菲里奥对贺拉斯所有作品的评论，找到了阿皮修斯十卷本的《论烹饪》（*De Coenis*）。我认为他找不到是因为他对过去的作家缺乏全面了解。①

---

① 这里有点妒忌的意思，这对韦斯帕夏诺来说是很罕见的。看起来他像是对尼古拉让另一个人去买书的做法愤愤不平。马伊在他的《传记》前言里提到一首拉丁语诗，是他在米兰安布罗斯图书馆里找到的，"写俄瑞斯忒斯的六步格长诗是由阿斯科利的伊诺舍发明的"（*Orestis fabulam longo hexametro scriptam que ab Henocho asculano reperta dicebatur*）。这个抄本里还有一些诗据认为是维吉尔的。——英译者注

他是个博学的人，所以我把他的名字列在这里。

卢乔·达·斯波莱托

卢乔大人是个有学问、口才好的人。他和卡西诺山修道院院长住在一起，担任院长侄子马里诺·托马塞洛大人的家庭教师。斯波莱托城堡[①]由修道院长占有，院长与尤金四世就城堡问题引起了纠纷。院长派卢乔大人到教皇那里为自己的立场辩护，同时教皇把他的要求交到卡普阿枢机主教手里，卡普阿枢机主教是那不勒斯人。卢乔大人除了用言语为院长的要求辩护之外，还写了一份报告书交给了教皇、枢机主教团和教廷。这份报告书写得很好，论点令人信服，但语气比理由更强。

乔瓦尼·维泰莱斯科大人是院长的仇人，在教廷很有势力，就率领他的军队攻打斯波莱托城堡，攻了一段时间之后将其攻陷并洗劫一空。宗主教[②]是当时最残忍的武士，其下场表明了他在世时是个什么样子。至于卢乔，他很有潜力成为学者和雄辩家，如果活着的话可以和当时任何人相媲美。

莱奥纳尔多·德·本尼诺

他是个出身高贵的佛罗伦萨人，精通拉丁语，从年轻时就努力

---

① 参见"那不勒斯国王阿方索传"，本书第60页；穆拉托里：《编年史》，第9卷，第160页。维泰莱斯科为教皇效力，失宠于尤金四世后银铛入狱，后来死于圣天使城堡。——英译者注
② 即前面提到的乔瓦尼·维泰莱斯科大人。——中译者注

学习拉丁语。他长期待在家里，以其生活方式和行为规范树立了最好的榜样。

他生性慷慨，对纵欲毫无兴趣。他娶了一个出身高贵的姑娘为妻，有儿有女，像城里的任何家长一样勤俭持家。没有任何一个家庭像他家那样节俭，没有任何一个家庭像他家那样关心子女，因为莱奥纳尔多认识到，只有这样做才能最好地履行他对上帝和国家应尽的义务。为了家庭，他想以身作则成为楷模，展示所有的美德而没有恶习，无论担任任何职务都明显表现出优秀品质。

他很有勇气，无论让他履行任何职责，只要他认为是正义的、公道的，任何人也无法阻止他。他洞察力很强，所以判断起来万无一失，谁也不敢劝他做任何可疑的事。他说话坦诚，畅所欲言。他慷慨好客，经常款待城里有教养的年轻人，这些人是他的主要伙伴。他堂堂仪表，和他的生活方式与性格十分相称。

城市当局的很多做法让他感到不满。他要是有更大的权力，事态的发展就会不一样。他不喜欢流放、拘禁之类的做法，从来不做这类事情，他认为国家本身就应该有足够的管理能力，不需要使用这些手段。但在这件事上，他父亲是一种想法，他本人是另一种想法。他要不是英年早逝，就会有机会显示他抵制的力量有多么强大。尽管他年轻，他很有可能接受派遣完成过使命，或担任过国家的职务。

奇普里亚诺·鲁切拉伊

他是佛罗伦萨人，出身高贵，后来成为优秀的希腊语学者。他家里雇有教授不同语言的教师，声誉好，有德性。为了有更多的时间学习，他一直未婚，英年早逝，所以没有机会显示实力。他要是

活得更长些，可能会写出某种著作为国争光了。他开端良好，知道
将来会取得丰硕的成果，我们知道这些就足够了。

尼科洛·德拉·卢纳

　　尼科洛·德拉·卢纳的父母都是有地位的佛罗伦萨人，他本人
是个优秀的希腊语和拉丁语学者。他勤奋，举止有礼貌，过着体面
的生活，跟着弗朗切斯科·菲莱尔福和卡洛·德·阿雷佐学习拉丁语
和希腊语。

429　　他终身未婚，以便有更多的时间用来学习，把主要精力都用在
学习希腊语上，用希腊语撰写了好几本书。他要不是死得早，就会
把一些希腊语词汇翻译过来了，这些词汇拉丁语里没有。我见过他
整理出来的两个希腊—拉丁词汇表，从中可以看出他使用过的
方法。

韦里·萨尔维亚蒂

　　韦里·迪·乔瓦尼·迪·福雷塞·萨尔维亚蒂大人出身高贵，通
晓希腊语和拉丁语，是个勤奋的学生。他老师是卡洛·德·阿雷佐
和菲莱尔福。他致力于道德哲学的研究，听过卡洛大人讲亚里士
多德的政治学，听过巴蒂斯塔·达·法布里亚诺讲伦理学，非常勤
奋努力，对这一学科掌握得极为牢固。他品行端正，是个有德性的
人。他文笔漂亮，这从他的书信和译作中可以看出来。

弗朗切斯科·迪·拉帕奇诺

他是个出身高贵的佛罗伦萨人，从国家那里得到了一个公民所应得到的所有荣誉。他生性好学，既懂希腊语，也懂拉丁语。

他承担了一项对所有学者都非常有用的工程，也就是抄写了托勒密的《宇宙志》[①]，这本书是从君士坦丁堡带到意大利的，大开本，有地图，文字和各个地名是希腊语。弗朗切斯科是最早亲手复制地图的人之一，用希腊语写希腊名，用拉丁语写拉丁名，自打君士坦丁堡带来以后就没有改动过，尽管在此之前希腊文本由雅各布·德拉·斯卡尔佩里亚翻译成了拉丁语，但地图被漏掉了。现在弗朗切斯科恢复了带有希腊名称的地图，并增添了拉丁名称，就像前面说过的那样。根据这一修订本又制作了很多副本，有一些被运送到土耳其这么远的地方。

这部作品是为拉丁语学者准备的，弗朗切斯科因此而应该受到最热情的赞扬。他和尼古劳·尼科利比较接近，因其德性而受到尼古劳最高度的尊重，尼古劳想让他和一批名人一起担任自己的遗嘱执行人。

430

乔瓦尼·达·迈尔斯

他是罗马人，宗教法院律师，著名法学家和圣典学家。他致力于法律研究，非常认真负责，不大在乎收益，不是公正合理的案子他一个也不接。他撰写了很多论述法律的书，其中有一本非常有价

---

① 1462 年在罗马用拉丁语首印。第一部希腊语文本 1533 年在巴莱印刷，由伊拉斯谟编辑而成。——英译者注

值，叫《民法与教会法书目汇编》。他思维敏捷，所做的判决很受推崇。他勤奋地履行宗教职责，是个虔诚的基督徒。

琴乔·罗马诺

琴乔是罗马人，通晓希腊语和拉丁语。他是教皇秘书，撰写了好几本著作，文笔流畅，受到当时所有学者的赞扬。他沉默寡言，态度冷漠，这样的性情使他没有得到充分认可。对他的著作我一无所知。

安东尼奥·卡费雷利

他出生于罗马，成为博学的法学家和圣典学家，在法律方面有敏锐的悟性。他当时身居高位，担任宗教法院律师，业务量大，获得了丰厚的报酬，这从他留给继承人的财产上可以看出来。他要是多花些时间学习，少挣点钱，就没有一个人能像他那样在法律的每一个领域都成为大专家。他是个喜怒无常的人，言语很少，而一旦承接案子就激情满怀，具有出色的辩护能力。他挣钱花去了太多的时间，没有留下任何法律著作。

努尼奥·古斯马诺

努尼奥大人是古斯马诺家族的，与西班牙王室联了姻，来到佛罗伦萨时，正值希腊教派从圣地和西奈山到佛罗伦萨开宗教会议。

他是个慷慨、心胸开阔的人，因此他离开了西班牙他父亲家出来见世面，学习在宗教和俗务方面的管理方法。

他游历了法兰西，在王宫待了四个月，了解法兰西王国的情况，然后去了佛罗伦萨，有五六个仆人服侍他。他在佛罗伦萨日子过得很优裕，但他性情非常忧郁，我和他一起吃饭的时候，他经常陷入沉思，忘了吃饭和其他一切。

一天晚上，我发现他一口饭也没有吃，而当时我一句话也没有说。第二天上午，我问他昨天晚饭吃了什么，为什么那样心神不定。他回答说，他离家已经有八年了，拜访了所有的基督教宫廷，学习他们的风俗习惯，离开这些地方之后又游览了圣地、西奈山、开罗，考察了整个叙利亚。他这样旅行是违背父亲意愿的，是母亲给了他一大笔钱，母亲非常富有。他现在收到了母亲、几个姐妹和父亲的来信，大家都对他非常生气。我回答说，这是一件大事，他应该听听佛罗伦萨在这方面一个非常著名的公民詹诺佐·曼内蒂大人的高见。他回答说，他愿意洗耳恭听。

第二天，詹诺佐大人来到他家，听了他的诉说之后对他说，努尼奥满可以写本书，完整叙述一下最近八年游历的地方。努尼奥就照他说的做了。写完以后，我去找努尼奥大人，安排人把这本书抄写一遍，专门派信使把书送到西班牙，交给他父亲洛多维科大人，洛多维科是卡拉特拉瓦修道会会长。这本书努尼奥是依照詹诺佐大人的建议写的，他将其命名为《辩护》（*Apologia*），也就是为他的行为辩护。

努尼奥派一个名叫罗德里科·德·迈尔斯的仆人去西班牙，把书交给他父亲。据信使说，他父亲立即把书交给一个侍从，让侍从从头到尾念给他听，一口气念了好几遍。书写得大气磅礴，他父亲忍不住流下了泪水，感叹道他愿意原谅儿子，欢迎儿子回来。信使拿着父亲写的信回去了，母亲以及全家人都劝努尼奥回到西班牙。

信使回来以后向努尼奥描述的情景，也就是父亲对在外漂泊的儿子表露出的一片爱心，这一情景是多么生动感人，詹诺佐大人建议的这本《辩护》是如何对这位绅士产生影响、完全改变其看法的，我们现在很难形容。他从巴塞罗那给儿子送去一万四千弗罗林，嘱咐他在回来之前在罗马做些慈善活动。

然而，一些佛罗伦萨人让努尼奥上了大当，这些人劝他以汇票的形式给钱，而这一汇票是拒付票据，对此他在法律上没有补救办法，一万四千弗罗林就这样白白扔掉了。除了损失这笔钱之外，他还拿着一些从开罗带来的珠宝，其中有一颗漂亮的盘形钻石，其价值达一千弗罗林，他把这颗钻石拿给一个高级教士看。这位教士提出买下这些宝石，努尼奥就把宝石给了他。他被自己随和的本性出卖了，被一个西班牙人的炫耀行为出卖了。他精通托斯卡纳语，阅读托斯卡纳语的能力比生在托斯卡纳的人都要强。他用托斯卡纳语写了不少书，这些书他都寄到了西班牙。

他在漫游过程中有很多不幸遭遇，游走江湖的人就是这样的命运。他去过开罗，然后又考察圣地和西奈山。走到西奈山和耶路撒冷之间穿过沙漠的时候，他所有的马和侍从都受到大黄蜂和其他沙漠怪兽的严重伤害。由于旅途漫长，钱也不够花了。他们在开罗找到一个加泰罗尼亚商人，这个商人和巴塞罗那做生意，名叫乔瓦尼·安德里亚。努尼奥向安德里亚诉说了遇到的困难，安德里亚是个好心人，就给了他二百达克特的贷款。后来这一善举让努尼奥的亲属知道了，他们就还给了安德里亚双倍的钱，对他和他全家都产生了一种真挚的友情。他们并不指望换取任何东西，也不指望得到任何利益，而是依照当时的习俗最为慷慨地付给了他钱。

努尼奥回到开罗的时候，他母亲知道路途漫长，他肯定会缺钱。她听说他要去圣地时，就断定他回家时要路过威尼斯，所以就给他的仆人送去五千弗罗林，等待着从圣地回来的桨帆船。他这个仆人被西班牙人称为 "creati"，也就是在家里养大的人。仆人一看见努尼奥大人就认出了他，扑倒在他脚下，努尼奥大人非常高兴，他知道仆人有很多钱供他花费，也为仆人守信誉而感到高兴。

努尼奥大人收到仆人存在威尼斯一家银行的钱以后，就配备了一身漂亮的行头，因为他要去佛罗伦萨，当时罗马教廷就在那里。他买了上好的金线织花的锦缎服装，当时的绅士就是这身打扮，带着仆人和马匹，威风凛凛地去了佛罗伦萨。他到达佛罗伦萨城的时候，正赶上教皇尤金在圣母百花大教堂促成与希腊教派的联合。

我要举一个例子，以说明他那不同寻常的不屈不挠精神。他在世界各地游历的八年之中，一直遭受着疟疾的折磨。疟疾一发作他就休息，不发作的时候就上路。他总是乐呵呵的，能四处走走他感到很高兴。在佛罗伦萨时，他大部分时间是和詹诺佐·曼内蒂、莱奥纳尔多·德·阿雷佐以及其他学者在一起，其余的人他都不挂在心上，他只乐意与文人交谈。他在其他方面还有很多优秀品质，我怕啰嗦就不再说了。

他离开佛罗伦萨回到西班牙，亲属们非常高兴地迎接他。他对大多数事物都有深入的了解，那是他在世界各地观察的结果。他可以谈论治国，谈论各国习俗，谈论世界上的所有地区以及他游览过的所有地方，实际上包括了世界上全部有人居住的地方。他对这些事情了如指掌，需要的话他可以用文字写下来。

434

他极为慷慨，在佛罗伦萨他向学者和其他人赠送了厚礼。西班牙人生来就精明，但努尼奥即便是在西班牙人里面也是精明的。他极为喜爱托斯卡纳文学，经常自己出资派抄写员到佛罗伦萨去抄写各种书籍，直到抄完才离开佛罗伦萨。他让人把很多拉丁语书籍翻译成托斯卡纳语：西塞罗的《图斯库卢姆谈话录》（*Tuscalane*）、昆体良的《论演说家》（*De Oratore*）和《演说术原理》（*Declamazioni*）、马克罗比乌斯的《农神节》（*De Saturnalibus*）。他收藏了很多托斯卡纳语珍本书。他死于塞维利亚之后，这些书就惨遭厄运了。

贝拉斯科·迪·波托加洛

　　贝拉斯科父母都是高贵的葡萄牙人，他到意大利学习民法和教会法，在这方面成了专家。他赢得盛誉是由于博学，还因为他父亲是个富有的贵族，很受葡萄牙国王的青睐。

　　由于某种我不知道的原因，他父亲得罪了国王，被罚款两万达克特，被迫离开了王国。贝拉斯科这时住在博洛尼亚，当时他父亲还有钱，他本人思维敏捷，还不需要自己工作来维持生计。他在夜里寻欢作乐，没有多少时间来温习他要讲的彼特拉克十四行诗课程。他对我说，在这一时期他只讲授这些课程。大部分时间他都过得非常无聊，仰仗自己天生的能力。

　　这样过了几年之后，他听说父亲在国王面前失宠了，被罚了一大笔钱，就决定永不回葡萄牙，并开始勤奋学习民法和教会法。由于天赋很高，他很快就出了名。在很短的时间内，他就成为这些学科领域最著名的专家之一，以优异成绩获得博士学位。在博洛尼亚，没有几个人能比得上他。他像大多数圣典学家和法学家一样，通过学习文学，用一种流畅、意味深长的风格写作，这从他的作品里可以看出来。他讲话大胆、有说服力，律师必须是这样。

　　教皇尤金当政时期，他去了教廷。教皇发现他有大才，就任命他为宗教法院律师，这一职务让他极受关注，大多数的诉讼都交到他手里，绝大多数他都能胜诉。他说话声如响雷，再加上他的法律知识、大无畏的气魄和天生的才智，他打赢了绝大多数官司，挣了一笔巨额财富。

　　他的书籍价值数千弗罗林，因为他只要最好的。他的缎子长袍

435

都是黑貂皮衬里，拥有罗马最漂亮的马匹，在罗马过着奢华的生活。他在任何事情上都出手大方，有时候由于刚愎自用和急躁而陷入麻烦，因为他不能容忍别人反驳他。

教皇尤金在佛罗伦萨的时候，有一天召开枢机主教大会，贝拉斯科在御前主持审理控告一位修道院院长的案子。由于他博学、傲慢、能言善辩和雷鸣般的声音，修道院院长被逼到了绝路上，茫然不知所措。然后他转过身开始辱骂贝拉斯科，贝拉斯科受不住了，抓住修道院院长痛打一顿，把他扔到教皇和枢机主教面前的地板上。教皇大怒，要不是一些枢机主教出面干预，贝拉斯科非倒大霉不可，教皇坚决要把他投入监狱，他差一点没逃脱重罚。

这件事过去之后，他回到家里，只是在夜里出去恳求枢机主教和高级教士们到教皇那里替他说情，教皇不愿见他。经过多次向教皇求情，他也尽力安抚修道院院长，贝拉斯科开始担心自己可能比修道院院长的下场还要惨，最后非常艰难地得到了教皇的宽恕。修道院院长在某个方面确实比他强一些，贝拉斯科再也没有在这场官司上露面。

教皇尤金离开佛罗伦萨以后，在锡耶纳逗留一段时间，贝拉斯科也是这样。但教皇继续前往罗马的时候，贝拉斯科没有要求随侍，因为他最后一次在罗马时与一些罗马绅士发生了争执，他爱动拳头，就狠狠地打了他们一顿，所以他担心这些人要对他进行报复。这件事发生在教皇马丁死的时候，当时蒂沃利主教是政府首脑之一，负责管理圣天使城堡。贝拉斯科要求见他，然后就去了。以前这位主教曾拒绝会见贝拉斯科，这对大人物来说是常有的事，所以这一次贝拉斯科去见主教时手里拎着一根棍子，在圣天使城堡见到他以后就狠揍了他一顿，说："还记得吗？你曾经谁都不见，嘲弄每一个人，所以我现在揍你一顿，在你身上多留几个记号，让你长点记性。"我认为就是因为这件事，他觉得罗马对他有敌意。他留

436

在了锡耶纳，在那里受到欢迎，名利双收。他决定在锡耶纳住一段时间。

他在锡耶纳住了几个月之后，有一天他在执政团辩论一个案子，说话带上了火药味，他认为自己是对的。碰巧一个比他更厉害的人反对他，结果闹得不可开交，执政团威胁要把他扔到窗户外面去。他竭尽全力安抚他们，直到逃出他们的掌心。他离开宫以后，一些朋友提醒他赶快走人，一旦落到执政团手里不会有好下场。于是他马上逃离了锡耶纳，扔下了所有的财产和几千弗罗林，一直跑到佛罗伦萨附近的斯科佩托修道院才停下来。

到了这里以后，他一刻也没有闲下来，把他对执政团的看法以及他们的所作所为写下来才罢休，因为他不能用口头表达。这样，他用优雅的文字写下一篇骂人最厉害的长文抨击他们，将其寄到了锡耶纳和意大利其他地方。这篇文章受到学者的高度评价，认为它是最精湛的骂人范文，既有西塞罗的雄辩，也有德摩斯梯尼的激情。他留在锡耶纳的大部分财产都丢了，这成了他的祸根。

然后他去了佛罗伦萨，在主教法院当律师相当成功，在这一领域没有几个人能比得上他。他把大部分财产丢在了锡耶纳，现在人也老了，身处异国他乡，远离亲人，他就开始考虑休息，洗手不干这一行了，这样他可以关注自己的灵魂得救问题。他保存下来几本书，卖了六百弗罗林。他把这笔钱给了朋友古列尔莫·塔纳利，条件是在他有生之年由塔纳利为他提供食物。他还留下来几本书和几件衣服。

一天晚上，他在塔纳利家里伤心落泪，感到自己冒犯了救世主，从来都没有了解救世主，什么好事也没有做过。他悔恨不已，痛哭一场，尤其是后悔得了一些不义之财，现在他想偿还。塔纳利看到没有别的办法，就尽量安慰他，问他是不是有人拿过他的钱，这指的是葡萄牙国王没收他父亲的两万弗罗林，还有锡耶纳人没收他的钱财。贝拉斯科回答说，他得到的不义之财必须归还，他自己的损失他就认了。全能的上帝给了他足够的恩典让他悔罪，没有几个人得到过如此青睐。

贝拉斯科决定脱离尘世，归隐修道院静修，在那里只与修士打交道。不过有人劝他立即到天堂去，在那里只能见到最虔诚的男人、最圣洁的女人。他与一些修士商量好，把他的大部分财产送给他们，只要他们愿意给他一所房子供养他，他可以在那里读书、祈祷，通过悔罪而让灵魂得救。

这些他都做到了，过上了安宁的日子。他经常白天夜里都祈祷、斋戒和忏悔，完全断绝了与尘世的一切联系。他找到了上帝真正的恩典，以前傲慢，现在变得谦卑起来，认可他见到的每个人的善举。他在这座修道院居住时写了很多祈祷书，这些书我没有见过。最后他像一个虔诚的基督徒那样，领过圣餐之后把灵魂交给了上帝，由这些圣洁的人照管。上帝给了他恩典，让他悔罪并得以善终，尽管他是个俗人。修士们为他建了一座大理石墓来纪念他，墓坐落在门旁，对着耶稣苦像。

第七卷

绪言与传记补录

韦斯帕夏诺著亚历山德拉·德·贝尔纳多·德·巴尔迪传

致乔瓦尼·德·巴尔迪

美德的力量非常强大，总是可以让人同情眼前的人，也可以让人同情我们从未见过的人。我早就知道，您具有一个正直的人所有的品质，保持了您家族慷慨的家风。我知道您长期生活在英格兰，举止得体，值得信赖，最尊贵的英格兰国王以及与您交往的所有贵族，都把您简单的一句话当成绝对真理。另外，在罗马教廷，您的信誉和在那个遥远的岛上一样确定无疑。

您是个商人，从事体面的职业，将货物从一地运到另一地，赚取合理的利润。至于治家，依照亚里士多德的说法，就是治一个小国。我总是看到您举止最为文雅、言语最为得体，生活安定、有节制，严格遵守与基督教有关的一切规定，一点也不违反。所谈论的从来都不是空虚无聊的事，而是有关现在或过去的重要话题，或是教皇、枢机主教、国王、皇帝的统治，或是将罗马共和国的伟人与现代人进行比较。

佛罗伦萨也是如此，其名人、七艺、国家治理以及其他各个方面，都超过了意大利其他所有的城市。您的家族从来都不缺少伟人，无论是在军事领域、文职部门或是治国理政方面，为治理城市而任命的第一批政行官员之中，就有一个来自您的家族。

在宗教事务上也是如此。从您家族里推选出来的主教和高级教士不仅在本市任职，还到其他城市任职。甚至在阿奎那和大阿尔伯图斯时期，巴尔迪家族的罗伯托就在巴黎大学享有盛名，是一名大哲学家和神学家。他学识极为渊博，只要扫上一眼，就能发现圣托马斯和大阿尔伯图斯著作中的错误。这件事就发生在这两位伟人时期，这已经得到明确证实，因为有些作家有这样的记载："他指责过托马斯·阿奎那和科隆的阿尔伯图斯的一些文章。"摘录的这句话显示，当时托马斯还没有成为圣徒，阿尔伯图斯直到死后才被称为"伟大的"。

罗伯托·德·巴尔迪声望极高，被任命为巴黎大学校长，这一职务他担任了四十年，只有最著名的教员才能担任。他学识渊博，生活圣洁，虽然是个平信徒，也成为圣洁的楷模。他死在巴黎并安葬在那里，其英名仍然在那里传颂。您的家族为佛罗伦萨造就了很多伟大的公民，但由于无人记载而湮没无闻，不仅有伟大的男人，也有伟大的妇女，像意大利的任何妇女一样伟大。

几天前的一个晚上，我和您——亚历山德罗·德·巴尔迪在一起，谈起您家族中节制和正直的楷模，其中我们赞扬了亚历山拉，巴尔多·德·巴尔迪之女，也是帕拉·斯特罗齐的儿子洛伦佐之妻。我们称赞她并不亚于罗马人苏尔皮西亚，也不亚于卡托的女儿、保卫罗马共和国的马尔库斯·布鲁图斯的妻子波尔齐亚。薄伽丘在作品中纪念她们，称赞她们是最伟大的妇女。

尽管我用典雅的风格来写作有些奇怪——这样写是应该的——我还是聊尽绵薄之力，撰写了亚历山德拉传。我承担历史学家的职责来写这篇文章，这是出于我对您的喜爱，不是因为我有天资。拙作完成之际，我觉得应该把它寄给您，您是家族的首领，是您恢复了家族往昔的荣耀和兴旺。所以请您笑纳，它来自您最忠实的朋友。如果我还有更有价值的礼物，肯定会送给您。

韦斯帕夏诺著亚历山德拉·德·巴尔迪传　　441
绪言

　　渴求知识是人的本性，所以愚昧无知的人应该感谢学者，因为所有的知识都来自学者。看看圣哲罗姆是如何在作品中赞扬贤人教诲的吧，他说聪明博学的人就像是天上的星星。丹尼尔也说，正直的人像太阳一样发光。圣辛普利奇塔断言，单纯和无知只有在圣洁时才是有益的，它们给单纯和无知的人带来的好处少，给其他人带来的伤害大。考虑一下单纯和无知在不圣洁时所作的恶有多大，这种情况经常出现！无知确实是世间所有邪恶的祸根。

　　而作家带来了文明，尤其是以前的作家。希腊人在每一个知识领域都产生了作家，他们记载了本国历史，也记载了其他国家的历史。最严谨的作家普鲁塔克写了四十八个人的传记，一半是希腊人，一半是拉丁人，总是将一个希腊人与一个拉丁人进行比较。以前这些传记只有希腊文本，而现在由莱奥纳尔多大人及其他人翻译成了拉丁语。普鲁塔克还写了希腊女英列传，以免被世人遗忘，这部女英列传由一位博学的学者阿拉曼诺·里努奇尼翻译过来了。

　　拉丁人也有一些传记作家。苏维托尼乌斯写了十二位恺撒的传记，埃米利乌斯·普罗布斯写了一些外国人的小传，科尔涅利乌斯·奈波斯写了阿提库斯传和卡托传。普林尼以简洁的笔法写了一卷《名人传》（*De viris illustribus*）。埃利乌斯·斯巴提亚努斯及其他人写了皇帝列传，写得非常糟糕，因为在罗马帝国内乱和战争期间，一批邪恶的冒险家篡夺了政权，取代了罗马共和国的优秀公民，在此动乱之中，有才能的人不愿舞文弄墨。这都是内乱造成的恶果。一个国家最大的敌人，莫过于倡导恶习与革命的人。科尔涅利乌斯·塔西佗写了一些历史片段，包括尼禄及其他皇帝的传记。几个世纪没有出现作家，这个时代几乎不为人所知。这从莱奥纳尔多大人写佛罗伦萨史的情况可以看出来，当时他四处搜集资料。

　　几个世纪之后出现了但丁，那位伟大的哲学家、神学家和拉丁语学者。然后是彼特拉克和薄伽丘，这三个人复活了被忽略好多个世纪的拉丁语。彼特拉克收集了一些名人生平，写出了好几位教皇和皇帝的传记。薄伽丘写了一本书叫作《名人的命运》（*De casi avversi degli nomini illustri*），一直写到佛罗伦萨领主、雅典公爵沃尔特。[①] 这本书记述了沃尔特公爵统治期间的混乱局面，他统治了十个月零十八天。然后薄伽丘用非常典雅的意大利语写了但丁传，还用拉丁语写了一卷《杰出的妇女》（*Della donne illustri*），从夏娃开始写起，以免妇女被世人遗忘。

　　学者科卢乔·萨卢塔蒂以自己的作品改进了拉丁语文体，但他没有留下传记。莱奥纳尔多·德·阿雷佐大人将这一运动进一步向前推进，这从他的作品和译著中可以看出来。从圣哲罗姆、圣安布罗斯、圣奥古斯丁、圣格雷戈里和比德[②]以后一直没有作家，直到莱奥纳尔多大人出现。圣西普里安是个优秀作家，但他在圣哲罗姆之前一百多年。奥龙蒂乌斯翻译了圣赫里索斯托姆二十五篇论马太的布道词。莱奥纳尔多大人是最早将希腊语翻译成拉丁语的人之

---

① 沃尔特·德·布里耶纳，来自希腊的诺曼冒险家，1342 年。——英译者注
② 指八世纪时的著名学者"可尊敬的比德"，英格兰史学之父。——中译者注

一。他以漂亮的文体翻译了普鲁塔克的七部传记。他还写了《西塞罗传》，对普鲁塔克写的感到不满意。他翻译了亚里士多德的《伦理学》《政治学》和《经济学》，翻译了德摩斯梯尼的七篇演说词和柏拉图的几部作品，另外还有其他作品，全都极为精彩。

　　然后是安布罗焦修士，一个精通希腊语和希伯来语的人，像莱奥纳尔多大人一样优秀的拉丁语学者，这从他后来的译著中可以看出来，如第欧根尼·拉尔修的《名哲言行录》(*Della vita e costumi de' Filosofi*)。他是照亮宗教与学术的一盏明灯，在翻译家之中名列第二。他是罗马涅波蒂奇一个农民的儿子，年轻时进入阿尼奥利修道院，成为一名大学者。这座修道院当时是整个佛罗伦萨的宗教和学术中心。

　　下一个是波焦大人，教皇秘书，精通希腊语和拉丁语，撰写了很多著作，也翻译了很多作品，其中有《论命运》(*Della varieta della fortuna*)，一部写伟人生平及其人生沉浮的书，还有一部波斯国王居鲁士的传记。443

　　詹诺佐·曼内蒂大人是为他那个时代增光添彩的人，担任过共和国能够提供的所有要职，为国家赢得了最大的荣誉。我从来没见过任何一个人像他那样，由于其美德而受到所有人的尊重，无论是上层人士还是下层人士。他是他那个世纪最为博学的古典文学学者，因为在这个物质至上的时代，他是第一个研究和掌握艰深哲学的人。应阿尼奥洛·阿恰约利及其他人的请求，他讲授亚里士多德的《伦理学》，还与雅各布·达·卢卡（后来成为帕维亚枢机主教）一起讲授《政治学》的一部分，向马努埃洛·埃布雷奥解读全部的自然哲学和道德哲学，马努埃洛·埃布雷奥又用希伯来语向他解读整部《圣经》并加以讲评，埃布雷奥精通希伯来语。

　　教皇尼古拉当时是博洛尼亚主教，他去萨伏伊试图终结教会的分裂，途中经过佛罗伦萨。他在当上枢机主教和教皇那一年，对我说过这样一件事。一天晚上，詹诺佐到尼古拉的住所去拜访尼古拉，将要告辞的时候，尼古拉非要和他一起离开房间不可，然后下了三十多级台阶。但这还不够，尼古拉一定要和他一起走回一半的路程，把那些不讲究礼貌的民众惊得目瞪口呆。尼古拉回到屋里以后对我说："韦斯帕夏诺，今天晚上你对我给予詹诺佐大人的荣誉感到吃惊。我这样做是因为他有优秀的品质，这我早就见识过，尤其是最近派他到教皇尤金那里去处理一件事，教皇和枢机主教们都对这件事极为不满。但他把这件事处理得非常出色，他们完全改变了看法，这是了不起的壮举。他的杰出才能配得上罗马最辉煌时期的公民。"

詹诺佐将《诗篇》从希伯来语翻译过来，将亚里士多德所有道德方面的作品从希腊语翻译过来，另外还写了苏格拉底、塞涅卡、彼特拉克、薄伽丘和教皇尼古拉的传记。尼古拉离开佛罗伦萨去罗马时，任命詹诺佐为秘书，每年给他一百达克特的薪水。教皇尼古拉死后，国王阿方索派人去请他，给他的年薪是九百达克特。你们佛罗伦萨公民在孩子一生下来就应该教他们学算术。有很多才艺你们并不看重，因为你们不懂。詹诺佐还写了一系列名人传记，人数超过六十，一直写到尼古劳·尼科利时代，还写了一部马其顿的腓力传和国王阿方索传，不过没有完成。

接下来是多纳托·阿恰约利大人，出身于贵族家庭。我提到他是因为他的美德，整个意大利都知道他。多纳托是受到国人喜爱的人之一，捍卫着其家族的名誉和财富。他以其博学和希腊语、拉丁语、哲学知识而为国家与家族带来了财富，这从他把希腊语翻译成拉丁语的作品中可以看出来。这些作品包括《荷马传》和《德米特里传》，这是莱奥纳尔多大人遗漏的，另外还有其他人的传记，有阿尔喀比亚德传。所有作品都翻译得颇为漂亮，显示了他的渊博学识。他为亚里士多德所有的作品都做了注释，表明了这位哲学家的结论，但他到死也没有完成。从这里我们可以看出，他不仅是个希腊语大师，而且还精通亚里士多德的学说。

多纳托写了汉尼拔传和非洲征服者西庇阿传，这在以前从来没有人写过，他还写了一部查理曼传。这些作品使他流芳百世。他的注释使道德哲学很多模糊的地方变得清晰起来，所以现代人读起来要比以前的学生读起来容易多了。我不能漏掉伟大的乌尔比诺公爵所说的一句话，那是他在哀悼多纳托时我听见他说的："他有非凡的美德，他的死不仅是他那个城市的不幸，也是整个意大利的不幸。"

我不知道还有其他的现代传记作家或历史学家，因为有很多文人不能写作，所以我们应该感谢所有这些作家，要是没有他们的作品，很多伟人的生平就不为人所知。

在优裕的家境中长大的男人比女人强大，女人需要更多的关心和指教。有人指责我诽谤妇女，这是不公正的，不过我从来没有说过贤惠妇女的坏话，这些妇女一心扑在孩子身上，遵循着圣保罗为她们立下的规矩：首先要教育孩子敬畏上帝，其次要在教堂里保持安静。我还要再加上一句：在其他地方也要让她们闭住嘴，因为她们的嘴引起了很多祸害，当然男人也是一样。很多妇女怂恿其女儿不听圣保罗的话，但她们要是以为这样能得到赞许就错了，即便能说会道也不行。我谴责这号妇女，以后永远都会谴责，因为她们这样教育出来的女儿，等出嫁以后会把婆家给毁了。

我想说明贤惠的妇女让我感到满意，所以我要写佛罗伦萨一些妇女的传记，这些妇女可以和古代妇女相媲美。我要写一位最高贵的女士的生平，以她为现代的楷模，她集所有的美德于一身，可以成为现在所有妇女的榜样。她心灵美、长相美，在这方面超过了所有的人，出身于城里最高贵的家族之一，嫁的丈夫和她一样出身高贵。她的财富本可以让她过上世间最幸福的生活，但最大的不幸降临到她身上，降临到那些她一直最爱的人身上。

现在就让所有的妇女阅读她的传记，学习她的榜样，得到上帝的恩典。

亚历山德拉·德·巴尔迪 [1]

亚历山德拉·德·巴尔迪是巴尔迪家亚历山德罗大人的女儿，其家族像佛罗伦萨任何一个家族一样高贵，尤其引人注目的是它产生了很多名人并仍然产生名人，其中也有不少女名人。她父亲非常受人尊重，得到了共和国能够给予其公民的所有荣誉。她母亲是里努奇尼家族的，也是出身高贵，以其很多美德而受到尊重，尤其是她关心子女的教育，这从亚历山德拉身上可以看出来，她以传统习俗来对待这个女儿和其他孩子。

亚历山德拉天赋很高，比佛罗伦萨其他的少女都更漂亮。她身材太高，很少穿街鞋，实际上她比城里的其他女士都要高。她一出生母亲就开始教育她。等她到了自己可以做决定的年龄，母亲就效法那位高贵的笃信基督教教义的女士圣帕戈拉·罗曼娜。罗曼娜出身于"非洲征服者"西庇阿家族，养育了非常优秀的子女，成为全世界的楷模。

母亲依照基督教的生活方式教育亚历山德拉，让她养成一个端庄淑女应该遵守的一切习惯，教她诗篇和祈祷文，首先是教她爱上帝、敬畏上帝，这是优先考虑的事。这样母亲让她走上了正道，做出很多努力不允许她浪费时间，她知道没有比懒散更糟糕的恶习

---

[1] 马基雅维利在《佛罗伦萨史》第341页上提到巴尔迪家的一位亚历山德拉，她嫁给了阿尼奥洛·阿恰约利的儿子拉法埃洛。——英译者注

了，无论男女都是一样。除了其他习惯之外，母亲还不许她和任何一个仆人说话，除非是当着母亲的面。这一有益的教诲使她不会受到仆人观点和习惯的影响。现在的妇女要是也注意这一点就好了，因为这一毛病会导致很多丢人现眼的事发生。

母亲把一个淑女应该知道的一切都教给了她，教她管家，尤其是各种针线活，做丝绸和各种布料的衣服。在这方面她有很多榜样，如皇帝屋大维，他让几个女儿学织布，有人问他原因时他这样回答说："我今天是皇帝，说不定明天就死了，谁知道我这几个孩子手里还有没有一枚硬币。所以她们要学一门手艺，必要的时候可以靠手艺来维持生计。"现在大多数孩子所受到的教育，都是按照世人不会丢弃他们的理念给予他们的，但他们经常受骗！查理曼也仿效屋大维的做法，并不感到难为情。

亚历山德拉并没有很多仆人，不像现在的年轻姑娘那样，在家里过于依赖仆人，出嫁以后为买奢侈品而负债，结果把丈夫都给毁了。她母亲要她学会家庭经济所需要的一切本领，这样等她成家以后，就会显示出她受过一个明事理的母亲的教诲，既会说也会做，亲自治家而不是交给仆人去做。据我观察，早上起床最晚的就是仆人。我们很多最著名的公民都是一大早就起床，看看家里还有哪些地方没有整理好。

我认识很多最尽心的女管家，特别是著名公民巴尔托洛梅奥·瓦洛里的女儿、詹诺佐·潘多尔菲尼的妻子南纳夫人。南纳的确是家庭主妇最好的榜样，看看她给予几个儿女的良好教育就知道了。她治家有方，她的家庭、财产、孩子成为一座供奉上帝的神殿，在那里斋戒、祈祷、施舍。做完家务以后，她所有的时间都得到充分利用。她看望病人和穷人，让他们说出需要什么。总之，没有一个人来到她家以后是空着手走的。我把这些记下来，免得漏掉一个妇女的楷模。南纳的榜样可以教育妇女不要说得太多，因为她

就话语不多，但能说到点子上。由于她贤惠，上帝让她家免除一切
灾难，在她有生之年家庭一直兴旺。

我还认识一位出身高贵的女士弗朗西斯卡夫人，由于贤惠而嫁
给了佛罗伦萨最富有的人之一。后来，由于灾祸和内乱（我们的城
市已经历了太多），她丈夫就离开家乡去了外国。妻子始终没有抛
弃他，而是决定与他共患难，就像与他共享荣华富贵一样。她还年
轻的时候，更大的灾难降临到她头上，她丈夫以反叛者的身份死于
流放地，只有一个孩子活了下来。她到罗马住在小叔子家，小叔子
是枢机主教团的主要成员之一，很亲切地接待了她。她是当时最漂
亮的女人，但其精神更为高尚，所以成为当时所有妇女的楷模。她
把青春年华全都用在了教育儿子上，别的什么事都不管。

注意，年轻寡妇可以成为家里的支柱。她在罗马住了一段时间
之后，枢机主教把她送回了佛罗伦萨，他利用自己的影响力，设法
为她保全了一些财产和很多房子，尽管她丈夫是反叛分子。这时
枢机主教死了，小伙子继承了一大笔财富，成为城里最富有、最高
贵、最文雅、最有才华的年轻人。到了结婚的年龄，他可以挑选他
看中的任何一位姑娘，所以就娶了首席公民的女儿，这位女士也很
富有，也是出身高贵。她为他生了四个漂亮的孩子，两男两女。但
448 这个年轻人要承担一笔不合理的税款，耗费了他的大部分财富，他
不得不远走他乡，过着量入为出的日子。他的亲戚在希腊拥有大量
领地，所以他就去了希腊。他突然死了，撇下了年轻的妻子和四
个孩子。她想再婚，为了要回嫁妆（那是一大笔财产），就把几个
孩子交给祖母照看。我在前面说过，这位祖母是个才华出众的女
士，她儿子在佛罗伦萨以及后来在其他地方时，她就是家里的顶
梁柱。

归还嫁妆耗费了几乎所有的财产，祖母、孙子孙女和保姆只剩
下五百弗罗林的收入。她虽然习惯了很多仆人，但还是愿意减小家

庭规模，甚至亲自动手干活，让两个孙女也尽其本分。她很体面地把几个小孩养大，满足了他们所有的需求，保全了所有的遗产。她把两个孙女嫁了出去，把两个孙子教育得很好，使其跻身于城里最优秀的人物之列。这位女士有智慧，善于持家，避免了家破人亡。

现在的妇女可以学习这位杰出的女士（我有充足的理由不提她的芳名），以她为榜样，就像亚历山德拉的母亲所做的那样。亚历山德拉的母亲陷入困境时，不仅以古代妇女为榜样，也以当代妇女为榜样。她在遭受不幸时，好像是上帝教她效仿这位杰出女士似的。她还效仿塔克文·普里斯库斯的妻子卡里利亚·罗曼娜，罗曼娜并不觉得纺线织布丢人。在罗马共和国时期，纺线织布被认为是体面的工作，后来被亚洲奢侈品毁掉了。纺线织布在古代就是体面的工作，以后可能还会是这样。这位高贵的女士在共和国非常有名，被赞扬为所有罗马妇女的榜样，以至于年轻姑娘快出嫁时都取她的名字，到婆家以后有人问叫什么名字时，总是回答叫卡里利亚。

亚历山德拉渴望学习那些应尽的职责，而这些职责令当代姑娘感到讨厌，觉得做这些事丢脸，只会装饰打扮自己，别的什么都不想。她母亲在古代和现代寻求知识，以便把亚历山德拉完全培养成一个端庄的姑娘。母亲教女儿读书，然后教她读圣母经，祈祷词必须每天重复，向全能的上帝作感恩祷告，在七个时刻向圣母玛利亚祈祷七次。很少见她在窗前或门口，因为她喜欢做更有用的事情。母亲差不多每天早上都带她出来望弥撒，头和脸遮掩得几乎看不到。

她小时候在节日里被带到一些女修道院，在那里可能见过某个道德楷模经常祈祷。她表现得和现在的很多妇女都不一样，这些妇女不是和修女交谈，而是在夜里跳舞或做其他无益的事，费尽心机挑选跳舞高手，一门心思想的是让步伐踏上音乐节拍移动，别的什么都不想。实际上她们满足于以做无聊的事而闻名，根本不考虑有节制、守规范地生活。描写这些人的生活方式和习惯我都感到羞耻。

　　而亚历山德拉的母亲决不会赞成这些做法，因为她决定不教女儿爱慕虚荣，而是注意让女儿把时间都用在学习如何做淑女上。亚历山德拉十四岁时，就以举止端庄而闻名，长相美，心灵也美，在同龄女孩之中无人能比，人人都谈论她，人人都赞美她。除了我在前面说过的之外，她父母双方都出身高贵，总是被认为是全体公民的典范。

　　这时，佛罗伦萨住着一位帕拉·迪·诺费里·德利·斯特罗齐大人，一个出身高贵的人，具有绅士所应有的所有品质。连那位最显赫的人物莱奥纳尔多大人①也常说，他那个时代最幸福的人是帕拉大人，因为帕拉具备这辈子过幸福生活所应有的一切，身心两方面

450 都有很高的天赋，一个优秀的希腊语和拉丁语学者，思维敏捷。

　　帕拉大人家的儿子和女儿都是佛罗伦萨最漂亮、最有礼貌的。男的都成为学者、绅士，女的由当时最著名的妇女玛丽埃塔夫人抚养大。他把几个女儿都嫁给了主要的公民，其家族还在，过去是、现在仍然是我们城市最大的荣耀。他在其他地方也有财富，比任何公民的财富都要多，在国内最得人心，因此可以给予一个公民的所有荣誉都给了他，无论是国内的还是国外的。他担任过所有主要的大使，既为国争了光，也为他本人争了光。

　　到了我这个时候，他雇了博学的伊莫拉的乔瓦尼大人担任他几个儿子的教师。这几个小伙子在城里四处走动时，根本不需要问这是谁家的儿子，一看其相貌每个人都会知道。

_____

① 莱奥纳尔多·德·阿雷佐。——英译者注

就是通过帕拉大人，希腊文学和很多希腊语书籍才由曼努埃尔·赫里索洛拉斯引进意大利，大部分花费都是由帕拉大人支付。后来，他从希腊又搞到很多书籍，在君士坦丁堡买到了希腊语的宇宙志手稿，带有金银彩饰。也可以说他是第一个揭示拉丁语的人。如果曼努埃尔没有从希腊来到意大利，无论是莱奥纳尔多·德·阿雷佐、安布罗焦修士、圭里诺还是其他任何博学的人，都不会崭露头角。所有的荣誉都属于帕拉大人！后来所有的益处都是他带来的。

帕拉大人的长子是洛伦佐，一个漂亮的小伙子，他希望儿子结婚，儿子到了娶妻的年龄了。依照习俗，他在城里的亲朋好友之中物色最合适的对象。当时是 1428 年，是佛罗伦萨最繁荣的时期，有很长时间没有发生动乱了，公民们爱炫耀，有抱负，生活富裕。

亚历山德拉也到了适婚年龄，帕拉大人所有的亲朋都认为洛伦佐应该选她，她是城里最合适的对象。因为是由帕拉大人为儿子物色媳妇，他就去找亚历山德拉的父亲巴尔多大人提亲。双方的条件都同样好，于是婚事就定下来了，双方家庭都十分满意，全城的人都大声喝彩。

451

洛伦佐马上就去看望这位姑娘，二人以非常得体的方式见了面，当时的习俗就是这样。这与今天大多数人的订婚方式都不一样，现在的订婚都不是真正的婚姻，而是两性的撮合，甚至是最粗俗的撮合。

这时，皇帝西吉斯蒙德去罗马加冕。教皇尤金四世当时在佛罗伦萨，这座城市的法律规定，教皇、国王或皇帝未经允许不得进城。所以皇帝就去了锡耶纳，并派身边的四个主要贵族作为大使到佛罗伦萨。他的随从队伍浩浩荡荡，除了皇宫人员之外，匈牙利国王也在其中。这些侍从也很想看看佛罗伦萨城，当时的城市富丽堂皇，闻名整个世界。

　　几位大使受到执政团和全体公民最隆重的接待，大家竭尽全力向他们表现出好意。为了让大使高兴，让他们看看城里最有才华、最有姿色的女士和最帅的小伙子，大家决定在执政团广场举办一场舞会，在那里搭建了一个舞台，从广场上的狮子像一直延伸到贸易区。有台阶通向舞台，从贸易区的角上开始摆座位，一直摆到通向加尔博的角上。树墙上装饰着毛毯和最漂亮的挂毯。

　　他们让城里最高贵的小伙子排成队，一律穿着华丽的绿衣服，装饰的毛皮一直到达长筒袜。他们邀请了很多年轻的佛罗伦萨妇女，都穿着漂亮的衣服，身心都是最美、最文雅的，装扮得珠光宝气，煞是好看。她们的连衣裙不像现在这样领口剪得这么低，而是剪得高，又漂亮又端庄。

　　这些女士之中，亚历山德拉被认为是最美的，所以让她站在主要大使旁边。荣幸地陪伴她的是安东尼奥·迪·萨尔韦斯特罗·谢里斯托里的女儿弗朗西斯卡，其余的都适当地安排在客人中间。这一年亚历山德拉订了婚，她和年轻同伴们起来跳舞时，大使们也应邀参加，亚历山德拉优雅的舞姿让所有观众都感到吃惊，她的一举一动都那么得体。

　　跳了一会儿舞之后，美味佳肴端了上来，这在同类的娱乐活动中是很不寻常的做法。亚历山德拉身手敏捷，被推选出来端着一盘甜食送给几位大使，肩上搭着一条优质亚麻布餐巾。她以最优雅的姿势为大使送上甜食，其屈膝礼行得好像她这辈子都没有做过其他任何事似的，对此几位大使及其身边的所有人都感到极为高兴。端过甜食之后，她又以相似的方式把葡萄酒端给大使，好像她生来就是干这一行似的，显示出她才华出众的母亲对她的训练是多么认真，连最小的细节都教得十分到位。

　　宴会之后又跳了一会儿舞，然后大使们就走了，因为天色已晚，陪同他们离开的有很多公民，还有参加宴会的年轻人。亚历山德拉和一位最漂亮、最高贵的少妇分别走在主要大使的左右，亚历山德拉拉着大使的右手，她的同伴拉着大使的左手。她们和大使们一同来到他们下榻的旅馆，然后首席大使从手指上取下一枚漂亮的戒指给了亚历山德拉，把另一枚戒指给了亚历山德拉的同伴。年轻人与大使们道别，小伙子们陪着女士们回到家里。

　　隆重仪式结束之后，大使们想回到锡耶纳，把所看到的一切告诉皇帝。他们向皇帝描述了所做的事情，高度赞扬了佛罗伦萨城及其美女，尤其提到了亚历山德拉，提到她迷人的举止和惊人的美貌。皇帝试图巡视佛罗伦萨，但无法成行，因此就继续其行程，对佛罗伦萨极为恼火，这从他后来的做法上可以看出来。

　　亚历山德拉自1428年开始住在父亲家，一直住到1432年结婚。在此期间，佛罗伦萨爆发了瘟疫。她一心爱着丈夫，对他不离不弃，万一守寡也决不再嫁。在这方面她效法波尔齐亚，也就是乌提卡的卡托①的女儿、马尔库斯·布鲁图斯的妻子，布鲁图斯是罗马共和国的救星。灾难降临时，亚历山德拉和波尔齐亚一样坚定。 453

　　1432年她出嫁了，在父亲家举办了一场盛大宴会，当时的习俗就是这样。新郎家也有丰盛的宴席，城里的大多数人都受到公开款待。她在到达丈夫家之前决不允许她在城里四处走动，一旦外出总是由家里年长的妇女陪伴，这和现在的习俗不一样，现在年轻姑娘可以随意外出，有一位仆人陪伴就行了。这样做在当时被认为是不得体的，有身份的女士没有一位亲属陪伴绝不外出。

　　不久之后，一个出身高贵、长相英俊但心术不正的小伙子被她的美貌所吸引，这个浪荡公子被她迷住了，于是就追求她，对她忠贞不渝的誓言一无所知。这个小伙子在承担这项艰巨任务之后对我说，他无论如何也无法动摇她的决心，她总是坚如磐石，他在她面

---

① 即小卡托（小加图）。——中译者注

前时她连一眼都不看他。亚历山德拉想方设法让他明白他是多么愚蠢、多么轻浮，像所有热衷于寻欢作乐、贪求女色的年轻人一样。她竭尽全力让他打消这一念头，但她越是想法让他打消，他的念头就越强烈。她丈夫听说这一切之后一笑置之，他知道妻子精神高尚，对她的忠贞不渝完全放心。

后来，亚历山德拉依照自己的习惯去了圣乔治修道院，那里由圣方济各修道会的修女们占据着，她家里两位年长的妇女陪着她。她从小就经常看望这些修女。而那个小伙子被激情所支配，对亚历山德拉表露出的意思毫不理睬，看着她从修道院里回来。他隐藏在一条街的拐弯处等着她，她路过那里时他就跪在她面前，手里拿着一把明晃晃的匕首对着她。但她转身就走，连看都不看他。于是他大声说："你既然不看我，就用这把匕首杀了我吧。"对他的话她充454耳不闻，对他的放肆行为非常气愤，一句话没说就走了。

亚历山德拉在这次危险遭遇中，证明自己不仅在整个女性和她那个时代的妇女中出类拔萃，而且在后来的妇女中也出类拔萃，因为这些妇女别人一夸她们漂亮就得意忘形，觉得自己是所有愚蠢、多情的小伙子关注的焦点。这些人并不想效仿古代罗马人的忠贞不渝。这个年轻人发现亚历山德拉不为所动，不久以后就不再追她了。

亚历山德拉的好运气持续的时间并不长，因为在 1433 年，也就是她结婚的第二年，国内爆发了革命。帕拉大人是个爱和平的公民，不愿意参加革命。一年还没有过去，又发生一场革命，1433年遭到流放的那位杰出公民科西莫被召回。这两场革命把国家给毁了，因为在最后一场革命中，很多最优秀的公民都被流放了，其中就有亚历山德拉的父亲巴尔多。妒忌是一切善的敌人，它偏要打击帕拉大人，帕拉大人是个有杰出才能的人。

在这两次厄运的打击下，亚历山德拉感到沮丧。她现在仿效尼尼微国王，首先把自己托付给上帝，然后脱掉婚服，穿上丧服，像抹大拉的玛丽亚①那样跪在耶稣苦像跟前，祈祷、悲叹，流着泪乞求上帝让她备受折磨的父亲、母亲和丈夫耐心等待时机。帕拉大人被流放之后，她亲自去了圣地，同时也派人去了很多圣地，乞求上帝让他们在悲痛之中要有耐心。

　　不幸的亚历山德拉在遭受这一厄运打击时刚满二十岁。让我们考虑一下这个不幸姑娘的状况。她回到父亲家里时，发现父母悲痛欲绝；她看到父亲想在心爱的家乡与亲朋好友在一起休息时却遭到流放，父亲已经到了特别渴望安静的年纪。现在他不得不在异国他乡寻找落脚之处，把他的财产留在祖国，他就是从祖国被流放出去的；他出身高贵，所以不习惯于自己挣钱糊口；他也不像他那个阶级的很多人那样富有。他被迫远走他乡，成为命运女神的笑柄。让每一个人都想象一下这个高贵公民的精神状态，想象一下他妻子以及亚历山德拉的精神状态。

　　除了这些灾难之外，亚历山德拉尚未出嫁的几个不幸的妹妹哭着大声说："我们会怎么样啊？谁来管我们啊？"到处都是悲伤，尤其是她想起高贵的父亲时，他六十六岁了还要被迫离开他所热爱的家乡，在异国他乡寻找落脚之处。帕拉大人在流放地待了二十六年，过着正直、平静的生活，成为世人的榜样。他从来都没有说过祖国的坏话，从来都不理睬辱骂祖国的人。他以诚实的方式度日，家里只有一两个人。最显赫的人物来找他，乔瓦尼·阿尔吉罗波洛以及其他博学的希腊人都来拜访他。他用希腊语写着不变的主题，翻译了很多宗教作品，他死之后人们发现很多作品都没有修改过。

---

① 《圣经》中多次提到的耶稣门徒之一，但在中世纪时落得个从良妓女的名声。——中译者注

　　帕拉大人即便是在罗马共和国最辉煌的时候，也绝非泛泛之辈。在他居住的帕多瓦，他极受尊重，每次外出都有人向他表达最崇高的敬意。所有人都向他脱帽致意，无论其身份高低，这与佛罗伦萨的习俗大不相同。他不像科里奥拉努斯①那样对祖国有敌意，不需要派大使、神父、他母亲或妻子去劝他不要攻击祖国，他总是为国争取荣誉和好名声，说话也是这种语气。他死在流放地，其流放时间几次延长，享年九十二岁，身心都很健康。

　　至于留在佛罗伦萨的洛伦佐，他的状况可以想象，被厄运一会儿抛到这里，一会儿抛到那里。他的遭遇就像那些没人理睬的人，即便有人和他说话，也好像他是个犹太人或被开除教籍的人似的，甚至连这些人都不如。洛伦佐落到这步田地，他可怜的年轻妻子感到完全无依无靠，便靠祈祷和斋戒来求助于全能的上帝，求助于圣母玛利亚。她在整个大斋节期间和所有指定的日子都斋戒。她丈夫每次回家，差不多都要讲述他最近刚受到的侮辱，然后两人在一起哭泣。她尽量安慰他，为了不让他更伤心，她就尽量装出高兴的样子，说他们要有耐心，在逆境中要比在顺境中能更好地认识上帝，这样就减轻了一些他悲痛的程度。

　　亚历山德拉没有仿效西塞罗的妻子，西塞罗觉得妻子的悲伤比流放本身更难以忍受，因为亚历山德拉认为，她本人就是丈夫的安慰和庇护人。让所有想娶妻的人都看看她的生活方式和品德，不要光看她的嫁妆，而大多数人依照习惯都是只看嫁妆的。让他在妻子身上找到亚历山德拉的美德吧，这样他就不会有西塞罗那样的下场，西塞罗从流放地回来以后，就与妻子分居了。莱库古制定的一项法律是公正的，这一法律禁止给嫁妆，这样男人就会看重妻子的贤惠而不是钱财。有人问一个哲学家会娶什么样的妻子，哲学家回

---

① 古罗马贵族和将领，因反对平民被流放，引敌入侵罗马。——中译者注

答说，他会选一个贞洁的母亲和贞洁的外祖母生养的姑娘。向这位
哲学家学习吧。

　　与此同时，在佛罗伦萨的洛伦佐并没有意识到，命运还会给他
一次打击，这次打击比 1438 年的那一次还要沉重。他的仇人密谋
将他也流放出去，这样就不会再看见他。他现在有三个孩子，二男
一女，不想再多要了。流放的政令通过以后，一天晚上一个信使被
派到他家，当着亚历山德拉的面向他宣布了这一命令。面对这第三
次命运的打击，这个不幸的女人站在那里半天没说一句话，这甚至
比死亡还要残忍，这一击刺透了她的心，打得她晕头转向。二人
极度伤心，谁也没说话。洛伦佐沉默了很长时间之后，转身对亚
历山德拉说："亚历山德拉，按照上帝的意愿，我必须离开祖国，离开
几个孩子和你，我最亲爱的妻子，这并不是因为我本人有错。自从
结婚以来，你从来没有在最小的事上让我生过气。现在你看，命运
女神要把我领到异国他乡，我不幸的命运就是这样安排的。留在这
里吧，亲爱的妻子，你知道我们两个都爱孩子，现在我要抛下他们
了。我心里有三件伤心事：被流放到国外，离开几个孩子，离开你，
而你并不是最不重要的。我必须一个人走，把几个孩子留给你，你
还要保管好我们剩下的那一点留给孩子的财产，我希望抛弃了我的
祖国不会再抛弃这几个孩子。就这样认了吧，服从上帝的意愿吧。
流放把我们分开了，但分开的只是身体，我们的心是连在一起的。"
亚历山德拉这时可能像卡里利亚·罗曼娜那样，把丈夫隐藏在家里
的某个地方。亚历山德拉回答说："你遭到流放是我所预料到的最糟
糕的事，死亡意味着一次打击，而我必须每天都死一次，我还要为
失去父母而伤心，所以没有一个人能帮我。我每天都要在尽责任中
度日，但我会像暴风雨中的一条船那样颠簸，在困境中无依无靠。"
这时她止不住伤心落泪，但她还是尽量克制自己，以免增加他的痛
苦。洛伦佐回答说："我绝不怀疑你的忠贞不渝，我在逆境中得到的

457

最大安慰就是知道你有耐心。"

洛伦佐离开亚历山德拉和几个孩子那天,家里哭声一片。所有忠贞的妻子和丈夫,都知道这两个不幸的人在这一时刻有多么痛苦。他们无法控制住悲痛。让每个人都冷静地想一想,最纯洁的爱把这两个人联系在一起,让他们分开会是多么残忍,而且还不知道将来能否再相见。人生的悲剧啊!他们的幸福是多么巨大而又短暂!她1432年结婚,1434年她父亲遭到流放,不久之后她丈夫也被流放,她的有生之年肯定要在思念和痛苦中度过。洛伦佐被流放之后,她就致力于教育几个孩子,还要挣钱贴补剩下的一点微薄的收入。另一个值得钦佩的女士成为她苦难之中的伴侣,这位女士的

458 丈夫也被流放了。她就是卡泰丽娜夫人,皮耶罗·迪·内里的妻子,皮耶罗是斯特罗齐家族的成员。这两位女士赢得了最高度的尊重,把时间都用来做善事。

没过多久,新的不幸再次降临到亚历山德拉身上。首先是她母亲去世,一位非常高贵的女士。然后就是她父亲去世,他被流放在外,离开了亲朋好友。考虑一下新的灾难降临后她的处境,她失去了所有的依靠和安慰。她真的成了有忍耐力的约伯,而且忍耐力也确实需要,现在父母双亡,很难再有新的苦难了。但命运女神对她并没有罢休,而是像烈火炼金一样对待她,通过逆境来使她更加高尚。她离开佛罗伦萨,去了洛伦佐的流放地古比奥。

一个高贵的古比奥公民让洛伦佐担任他一个儿子的家庭教师,这个儿子需要有人管教来避免学坏,很多年轻人都容易学坏。但这个堕落的年轻人不满足于普通的花费,而是喜欢挥金如土,洛伦佐只要用语言或行动管束他就会遭到顶撞,他对洛伦佐采取敌视的态度。最后,在魔鬼的唆使之下,他决定杀掉洛伦佐,不愿意服从管教。洛伦佐只想对小伙子好,根本没想到他打算干这种坏事。有一天,他像个被激怒的疯子一样实施了他的罪恶计划,在古比奥的大

街上出其不意地杀了洛伦佐。

亚历山德拉根本没料到这一突如其来的打击，从来没想到他会死于非命。她一听到这一噩耗就几乎死了过去。可以肯定的是，不可能再有灾难降临到她身上了。在难以形容的悲痛之中，她求助于全能的上帝，哀叹许久之后大声说："我是多么惨啊！丈夫遭到流放，父母遭到流放并去世，像我父亲一样的帕拉大人也遭到流放，我根本没想到亲爱的丈夫会这样死去，没想到我不幸的孩子先被夺去了祖国，然后又被夺去了父亲。雪上加霜的是，我和孩子远离家乡，失去了所有的安慰。上帝啊，在这种情况下生不如死啊。"

459

她的孩子和朋友想尽办法安慰她，向她举出其他不幸的事例，但不起任何作用。她感叹自己的命运，哭着说道："如果上帝为拉撒路的姐姐和妹妹的伤心而流下泪水①，我在不幸之中为何不能哭呢？这是我一个人的悲伤。如果教导我的、我一直奉行的宗教并不禁止我自裁，我就应该像布鲁图斯的妻子波尔齐亚那样做。波尔齐亚听说丈夫死了，就从火里取出一块燃烧着的木炭插进喉咙。如果我不能这样做以免冒犯造物主，我就要哭。圣奥古斯丁的母亲圣莫尼卡死后，圣奥古斯丁说他伤心得泪泉都哭尽了，眼睛也哭干了。据圣哲罗姆的描写，圣帕戈拉·罗曼娜的丈夫寿终正寝以后，她身为一个圣洁的妇女死于悲伤和流泪。现在我丈夫洛伦佐死于非命，有什么能禁止我哭呢？我再也无法忍受这一难以估量的悲痛，我为什么还想活？我终日以泪洗面，在悲痛中度日。由于不幸，我的日子黯然无光。佛罗伦萨最兴旺的家族，在这么短时间内经历了这么大的变化，有谁会相信呢？公民们要当心，免得灾难迫在眉睫，尽管他们现在好像是好运当头，人世间的事情就是这样。"她继续说道：

①　拉撒路是耶稣的朋友，病死后在耶稣的帮助下得以复活。参见《圣经·约翰福音》11：1—44。——中译者注

"我希望死亡会很快解除我所有的悲伤，愿全能的上帝宽恕我的罪过。"

她几个不幸的孩子尽量安慰她，但没有用。实际上他们自己也需要安慰。镇静下来以后，她乞求上帝和伟大的圣母玛利亚保佑。祈祷完以后，她感到自己已经准备好接受上帝的意愿，已经有了忍耐力。她的情绪开始恢复平静，并开始虔诚地祈祷：

460

"全能的上帝，您从虚无之中创造了万物：天堂、天使、大地、人、海洋、鱼类以及人所需要的一切。您也创造了人，由于第一个人不听话而永远受到诅咒，又由于您独子的死亡而得到仁慈的救赎。之后您又慷慨允许人类与您一起永享天堂之乐。身为您的婢女，我乞求您以圣名赐恩于您的一个最卑微的仆人，怜悯我丈夫，饶恕他的罪过，带他进天堂，那里是升天者可靠的庇护所。愿您让我活下去，您开恩让我活多久我就活多久，饶恕我的罪过，给予我承受苦难的力量而不冒犯您。"

这就是一个贞妇依照圣保罗的话语为亡夫而做的祈祷：避开享乐，不穿漂亮衣服，不吃美食，在祈祷和斋戒中度日，像先知撒母耳的女儿亚拿女先知①那样，在丈夫死后斋戒、祈祷，直到八十四岁时死去。亚拿就这样生活了六十年，上帝极为满意，让她通过西蒙看到了化身为人的上帝。她是寡妇的真正楷模，亚历山德拉就以她为榜样，这从她的传记里可以看出来。

亚历山德拉致力于教养孩子，按照圣保罗的教导生活，一生中大部分时间都是孀居。圣保罗说，享受生活乐趣的人在上帝看来就是死了，而不享受生活乐趣的人则与上帝同在。圣保罗还将真寡

---

① 原文有误。女先知亚拿是法内力的女儿，不是撒母耳的女儿。《圣经》中只提到撒母耳有两个儿子，没有提到女儿。参见《圣经·路加福音》2:36；《圣经·撒母耳记上》8:1—2。——中译者注

妇与假寡妇区分开来。对于用黑毛皮、黑布或白鼬毛皮作衬里的衣服，说起来我都感到羞耻！这些人不认识上帝，上帝对她们说话时她们不予理睬。让她们服从上帝的命令吧，让她们弄清楚亚历山德拉在丈夫活着时是否关注过这些低俗无聊的东西吧。她的斗篷非常普通，连衣裙一直护住脖子，这很适合寡妇，她用面纱把眼睛盖住。

现在的寡妇可以学习这位优秀的女士，她在贞洁方面做出了惊人的表率。她不在乎吃的是什么，坚定不移地拒绝再婚。她因事不得不到托斯卡纳各地去。洛伦佐死后她孀居了十四年，在此之前他们分居了一段时间。孀居期间，她以卡泰丽娜·德利·阿尔贝蒂夫人为榜样，卡泰丽娜体现了圣保罗所说的真寡妇的理念。

卡泰丽娜夫人是贵族菲利波·科尔西尼的儿子皮耶罗之妻，十五岁就结了婚，一年零十一个月之后丈夫就死了，撇下她和两个孩子。她孀居达六十年。她精通文学，特别研究了《旧约全书》中妇女的生平，也研究了女先知亚拿的生平。上帝的神力和智慧啊！竟然能够让这个年轻漂亮、出身高贵、有钱又有才的妇女立志永不再嫁，这一神力有多么强大！她年轻，有年轻人的欲望，而她愿意将其压抑住，所以她总是穿一件粗布衣服，从来都不睡床上，而是睡在一张光床垫上。除非身体有病或虚弱，她从来都不上床。另外，为了压抑肉欲，她在所有规定的宗教节日和大斋节期间都斋戒，基督降临节也斋戒。为了避免无聊，那是一切邪恶的祸根，她就把时间用来不停地祈祷。她从《圣经》中得到巨大的安慰，也从讲解福音书的布道词中得到安慰，她按照规定每天阅读，另外还读古代教会作家作的注释。她把所有时间都用来做善事，向穷人和那些羞于乞讨的人慷慨施舍。卡泰丽娜夫人家里布置得就像是井然有序的女修道院。在她几个兄弟被流放期间，她试图解除褫夺他们公权的判决。她凭借其才能施展了极大的影响力，一旦出手很少失利，不久之后几个兄弟就被召回了。她自己没有孩子，但有几个侄子从小就由她抚养。她安排侄子跟着家庭教师学习，孩子们学得很好，几个兄弟和她自己的财产她也打理得很好，日子过得很俭朴。除了望弥撒之外，她几乎足不出户。她的穿着很适合孀居，面部总是遮掩着。

现在的妇女应该以这个优秀女士为榜样，做事应该像亚历山德拉·德·巴尔迪那样。我之所以树立卡泰丽娜夫人为榜样，是因为她要忍受几个兄弟遭到流放，就像亚历山德拉要忍受她的亲人遭到流放那样，所以我认为应该把她收录进来，和亚历山德拉效仿的其他人放在一起。

洛伦佐 1451 年死于古比奥。然后亚历山德拉有时候住在佛罗伦萨，有时候住在博洛尼亚。后来她去了费拉拉，吉安·弗朗切斯科及其几个孩子也在那里，然后她又去了普莱索内修道院。

462　　　被命运驱赶了多年之后，她现在定居在这里，一心扑在孩子身上，尤其是她了不起的女儿、一位绅士的妻子，这位绅士名叫西奥菲洛，是个有财产的人。她受了那么长时间的苦之后，现在全能的上帝想让她脱离苦海。五十四岁那年她发烧病倒，马上就派人去叫忏悔神父，她想领受圣餐，尽管她一年之中每个节日都忏悔、都领受圣餐，然后就对圣保罗说："我想脱离躯体，和基督在一起。"

亚历山德拉真的会这样说，出于对上帝的爱，她在今世就成了殉教者。她为自己的罪过感到悲伤，总是由神职人员陪伴着她救助灵魂，临终时表现得和她在世时一样。她在灵魂升天时这样说："主啊，我把灵魂交到您手里。"（*In manus tuas Domine commendo spiritum meum*）

她应该得到荣誉是凭借其美德，也凭借其出身和婚姻，她嫁入了高贵的斯特罗齐家族。她堂堂正正地度过一生之后，上帝会把她带走享受永远的荣耀，这是毫无疑问的。她的一生应该成为我们这座城市全体妇女的楷模，尤其是那些养育有女儿的母亲，应该禁止其女儿阅读像《故事百篇》(*Cento Novelle*)①之类的书，或薄伽丘的小说、彼特拉克的十四行诗。这些作品虽然优美，但无益于年轻妇女保持思想纯洁，她们应该一心想着上帝和丈夫，其他什么都不要想。应该引导她们阅读诸位教皇的生平，阅读历史和其他有益于约束她们生活的书籍。

女人生来都是水性杨花，所以要让她们认识到，以美德为嫁妆比以钱财为嫁妆不知要珍贵多少倍。钱财可能丢失，但美德是一笔安全牢靠的财产，可以一直保存到生命尽头。

巴尔托洛梅奥·德·福尔蒂尼

巴尔托洛梅奥是贝内代托·德·福尔蒂尼先生的儿子，出身于一个体面的家庭。他精通拉丁语，由于人品出众而在城里受到所有人的高度尊重。他极为虔诚，经常出席公共礼拜仪式，是所有神职人员和上帝仆人的朋友。他在政府里受到尊重，无论担任任何职务都是个正直的公务员。

佛罗伦萨人再次占领了圣塞波尔克罗镇，这个地方经常发生武装冲突，经常更换政府。执政团觉得应该进行一些改革，就挑选巴尔托洛梅奥到那里去，他有才华，名声好，是个合适的人选。

巴尔托洛梅奥马上就去了镇上，在那里受到礼遇。上任之后，他仔细考虑如何消除城里盛行的懒惰作风。他让人列出了一份镇上全体公民名单，列好以后就每天把其中的某个人叫来，询问这个人

①　十三世纪时的一部短篇故事集，故事题材来源广泛。——中译者注

的职业。要是碰见一个无所事事的人，就问他能做什么事。然后巴尔托洛梅奥就训斥他懒惰，向他说明生活懒惰的恶果，这样既不利于他本人，也不利于其家人。接着巴尔托洛梅奥就以对照的方式说明，有正当职业的人生活会幸福得多，对于灵魂、身体和生活的安宁都有好处。比如说，当个羊毛梳理工也比闲着强。他苦口婆心的开导大获成功，在很短时间内，大多数人都放弃了懒惰的习惯，也不再赌博和内斗，而是从事某种有用的职业。

巴尔托洛梅奥这样做有两个原因。一个是他们可以改掉懒散的生活方式，服从佛罗伦萨政府，否则就不能维持生计。另一个是他们可以为国家利益而工作，不再继续内斗，以前他们老是斗来斗去，别的什么事也不做。

他废除了赌博，他很清楚赌博的危害，由于这一善举而深得民心。人们认为，肯定是上帝派他来这里为大家谋福利的。有了一个良好的开端之后，他希望再接再厉，决定了解清楚危害当地的所有争端。他先把一方叫来，听听这个人对争端的说法。掌握了情况之

后，他就用最有说服力、最适当的言辞和诉讼当事人说话——这里没有一个人比巴尔托洛梅奥说得好，无论是神职人员还是平信徒。除了其他才能之外，巴尔托洛梅奥还有说服任何人的能力，无论是谁把问题交给他裁决，他都能拿出公正的意见。然后他派人把另一个诉讼当事人叫来，以同样方式对待他。然后他把双方叫到一起，把所有的论点都向他们讲明。实际上没有几个案子不是流着眼泪解决的，巴尔托洛梅奥说话非常感人，总是引用基督的话来支撑他的论点，基督所说的话他每一次都能脱口而出。

他治国的方式至今仍有迹可循。他是一位可以托付给职务的公民，总是把他治理之地的公共利益放在第一位，根本不考虑自己的利益，而大多数人都是只考虑自己。所有认识巴尔托洛梅奥的人都喜欢他，他和最好的人交朋友。

　　当时，佛罗伦萨的法律公证人是菲利波·迪·塞尔·乌戈利诺先生，一个品德最为高洁的人。他与巴尔托洛梅奥相熟，喜欢巴尔托洛梅奥的很多美德。他在城里声望非常高，处理过很多争端，在他那个区比任何人解决得都要迅速。他不摆架子，勤奋，据说对《圣经》了如指掌，所以没有他办不成的事。

　　好人总是受到卑鄙小人的妒忌。有一次，佛罗伦萨举行钱山官员选举，钱山是个非常重要的机构。巴尔托洛梅奥并没有报名参选，但还是被提了名。另一位公民是这个区有名望的人，这个人则急于当选，但在选举中落选了，巴尔托洛梅奥得到的全是黑豆。

　　消息公布的时候，巴尔托洛梅奥正在市政广场。他走进一位朋友的作坊，好几个公民与他握手，但他开始哭着说："今天这事会毁了我，毁了我一家。我知道，一个想要这一职务的人落选了，他是不会善罢甘休的。我的朋友们想帮我就推选我，实际上他们把我害了。"

　　巴尔托洛梅奥所担心的事情真的发生了。他的对手不能以正当方式得到这个职务，就选择了一种最邪恶的方式。他设法拘禁一些公民，其中有巴尔托洛梅奥。然后他取代了巴尔托洛梅奥，当上了钱山的一名官员。

465

　　但全能的上帝是不会让这个犯下严重罪行的人逍遥法外的。国家出现动荡时，那些不公正地惩罚无辜者的人，会在他们最意想不到时遭到同样厄运的打击，这样的事情经常发生。不久之后出现了内乱，这个毁掉巴尔托洛梅奥的公民遭到拘禁，他几个儿子和他拘禁在一起。而且他们由于不守规矩而被判处叛乱罪，所有的财产都被没收。

　　巴尔托洛梅奥的状况如前所述，他对自己以及几个儿子的命运感到灰心丧气，他知道儿子是无辜的。佛罗伦萨每个人都对他极为同情，大家都知道他有德性，知道他是无辜的，蒙受了不白之冤。

对此巴尔托洛梅奥尽量保持心灵的平静，希望总有一天会证明他的清白。

后来，毁掉巴尔托洛梅奥的那些人也被流放了，虽然他们身居高位，大家终于知道巴尔托洛梅奥是冤枉的，以前他得到的所有荣誉和薪资都归还给他了。选举时，巴尔托洛梅奥及其几个儿子都当选了。后来，巴尔托洛梅奥在佛罗伦萨城大名鼎鼎，直到今天他的子孙还理所当然地享受着他勤奋的果实。他至死都为人诚实。一个人要是养成一个好习惯会很容易保持下去，他死时和出生时一样圣洁。

他是一位优秀公民，是所有人的楷模，我觉得应该写下这部小传，作为现在和未来的典范。

附录一

佛罗伦萨政府

1282年之前，佛罗伦萨政府由十二名资深公民（长老，*Anziani*）掌管，城里每个区（*sestiere*）推选出两名。但就在这一年，他们被八名执政官（Priors）取代了，每个较大的行会选出一名，另设一名新官员"正义旗手"（Gonfalonier of Justice），其职责是维护治安，管束皇帝派（吉伯林派）的贵族，晚近实施的《正义法规》（Ordinance of Justice）禁止皇帝派担任任何职务。八名执政官和正义旗手组成执政团（Signoria），在其两个月的任职期间住在市政宫（执政宫）里，费用由公家支付。由商人来行使统治不一定只有好处，但佛罗伦萨的状况很快就得以改善，明显好于佩鲁贾和博洛尼亚这样的城市，这些城市一直都是贵族斗争的战场。

佛罗伦萨的行政机构是：（1）前面提到的执政团；（2）"贤人团"（College of Buonuomini）——十二个特别顾问；（3）大行会的旗手，每个行会选出两人。① 这三个团体合在一起统称为"顾问团"

---

① 共计十六人，构成所谓的"旗手团"（Gonfalonieri）。——中译者注

（Collegio）。① 另外还有人数不固定的议事会（Senate），以及人数更多的人民议会和公社议会（Councils of the People and of the Commune）。② 行政官员（magistrate）的任命权掌握在一个专家组手里，这些专家要调查了解候选人的品德和业绩——也就是预选或者说资格审查（squittino or scrutiny）。这样做的目的是完善选任，结果变成了最具有破坏性的工具，导致明目张胆地滥用权力。

所有法律都由执政团提议，然后由顾问团和议事会批准，最后由两个议会批准。旗手被赋予维护公共秩序的权力，"战争八人委员会"指挥武装力量。"战争八人委员会"是个专家组，是 1386 年与教皇交战期间成立的。③ 高级别的行政职位只对教皇派（圭尔夫派）的公民开放，他们隶属于某个行会，由抽签决定谁担任。但预选（squittino，相当于现在的选民名单）和名签袋（borse，里面装有候选人名单）容易成为优势派腐败的工具。支持教皇派的首领得到富商——肥人（popolani grossi）——的资助，他们就力争进一步限制积极性高的公民人数。

1378 年，教皇派极端分子的对头萨尔韦斯特罗·德·美第奇当选为旗手，冲突就不可避免了。与教皇的战争刚刚结束，佛罗伦萨人大获全胜，皇帝派发挥了重要作用，与"战争八人委员会"一起在城里大受欢迎。萨尔韦斯特罗决定废除寡头政治，这种制度剥夺了很多公民的权利。萨尔韦斯特罗实施了《正义法规》，恢复了受训诫者（ammoniti）——受到警告不得从政的人——的权利。由于

---

① 通常"贤人团"和"旗手团"统称为"顾问团"，它们与"执政团"一起被称为三大行政机构（Tre Maggiori）。——中译者注

② 人民议会、公社议会分别由 300 名公民和 200 名公民组成，他们由 6000 左右的公民选举产生，任期为 6 个月。——中译者注

③ 非常设机构"战争八人委员会"成立于 1375 年 8 月，后来演变为"战争十人委员会"。——中译者注

执政团里教皇派的反对，萨尔韦斯特罗的法律被废除，但后来又被人民议会通过。

1380 年以后，阿尔比齐家族派恢复了地位，在 1434 年科西莫·德·美第奇被召回之前一直都是占优势的一派。从总体上说，他们的影响是有益的，他们肯定阻止了吉安·加莱亚佐、菲利波·玛利亚·维斯孔蒂和那不勒斯国王拉迪斯拉斯称雄。

6 月 22 日成立了一届巴利阿[①]，赋予其改革共和国的绝对权力，所有的政府主要官员都参与其中。这是第一次成立这一邪恶机构，可以简单地描述一下。从此以后，巴利阿就成了改变政体的工具。城里到处都会有传言，说国家有危险，政府不相信自己有能力来解除危险，想把民众召集起来听听他们的建议。然后大钟就会敲响，大家就会匆匆赶到市政广场，人集合完毕后就由士兵将广场封锁。接着阳台上就有人发表慷慨激昂的讲话，要求民众将政府权力交给一个议会（council），然后就宣读组成议会的名单。阳台下面聚集 **469** 着很多领有报酬的代理人煽风点火，结果总是让名单得以通过。

巴利阿刚刚成立[②]，工人中间就爆发骚乱，是萨尔韦斯特罗出的主意将他们煽动起来的，新法律反对派首领的房子被人放火烧了。萨尔韦斯特罗现在发现，采纳他建议的最好时机就在于和民众——"羊毛梳理工"（I Ciompi）——结成联盟。羊毛梳理工推选人品出众的米凯莱·兰多为首领，7 月 22 日任命他为旗手，兰多就是个羊毛梳理工。他们占领了执政宫，兰多在恢复秩序上表现出令人赞叹的策略和能力，但他和很多蛊惑人心的政客一样，在试图和解时没有成功。他的追随者自相残杀，出现了骚乱和流血事件。兰

---

① 巴利阿（balía）是佛罗伦萨政府在应急情况下临时组建起来的特殊权力机构，拥有很大权限，不仅能够出台新的法规，修改旧法令，还能够控制选举，打压敌对派系。——中译者注

② 1378 年 6 月 22 日。——英译者注

多的任期到 9 月已满，下一次选举推选出萨尔韦斯特罗·德·美第奇、贝内代托·阿尔贝蒂、乔治·斯卡利主持事务。后来人们发现了一项阴谋，这进一步巩固了他们的地位，也就是阿尔比齐派与那不勒斯的查理密谋，想把查理的军队带到佛罗伦萨威胁共和国，查理的军队就在边境。但不久之后阿尔贝蒂与斯卡利发生争执，导致斯卡利被处决。与此同时，舆论转而支持教皇派首领。1382 年 1 月，又召开了一届巴利阿，取代了他们的权力。兰多、阿尔贝蒂以及很多民众派成员被流放。

经常出现的"Pratica"这个词后来用于指代"战争八人委员会"，这一机构被授权与行政长官（podestà）一起充当军事委员会。后来，其职能转给了执政团和正义旗手，八人委员会成为一个公安、国防委员会，负责侦查和惩罚犯罪。"去八人委员会"（*andare agli Otto*）就成了"入监"的同义词。①

---

① "顾问八人委员会"（Otto di Pratica，也译"外务八人委员会"），在某种意义上确实起源于 1375 年成立的"战争八人委员会"（Otto di Guerra），建立于 1480 年，它在美第奇家族统治时期取代了 1384 年成立的"战争十人委员会"（Dieci della Guerra）负责外交和军事事务；但是，"Pratica"也用来指就内政和外交事务展开审议和咨询的资政会，它与 1378 年建立的负责司法、警察事务的"公安八人委员会"（Otto di Guardia）也绝不是一回事。本书中出现的"Pratica"应该是指"公安八人委员会"，而非"顾问八人委员会"。——中译者注

十五世纪时期的教皇

索 引 ①

A

Acciaiuoli, Cardinal, 阿恰约利, 枢机主教, 269; 驱逐雅典公爵, 271。

Acciaiuoli, Niccolo (Grand Seneschal), 阿恰约利, 尼科洛（大总管）, 269 note, 271。

Acciaiuoli, Piero di Neri, 阿恰约利, 皮耶罗·迪·内里, 269; 父亲多纳托遭到流放, 270; 死于瘟疫, 271; 皮耶罗游览希腊: 跟随阿尔吉罗波洛学习: 作品, 274; 公爵费代里戈作战史: 对公爵乔瓦尼特使的回复, 275; 皮斯托亚总督及庇护二世特使, 276。

Acciaiuoli, Donato, 阿恰约利, 多纳托, 234, 276; 皮耶罗·迪·内里的兄弟; 学识, 278; 在行政长官面前演讲使他扬名, 受到波焦称赞; 借助于科西莫的影响而当选为旗手, 280; 到教皇保罗、教皇西克斯图斯、公爵加莱亚佐那里担任特使, 其自制力让米兰人感到吃惊; 去巴黎见路易十一, 返回途中提醒加莱亚佐防范威尼斯, 285; 1478 年帕齐阴谋期间在罗马担任特使; 遭到教皇外甥吉罗拉莫的侮辱, 287; 离开罗马前往巴黎, 但死于途中, 290; 作品, 292, 293 note。

Acciaiuoli, Agnolo, 阿恰约利, 阿尼奥洛, 293; 被怀疑在 1433 年后支持科西莫: 1453 年担任特使被派到国王勒内那里争取其援助攻打威尼斯, 296; 出使米兰和罗马, 298, 299; 与科西莫发生争执, 300; 科西莫死后反对美第奇家的皮耶罗, 被流放到巴莱塔; 死于那不勒斯, 304。

---

① 依据英译本的索引译出, 但这个索引非常不完善, 有很多遗漏; 页码为原书页码即本书边码, note 指英译者注释。——中译者注

---

① 这里的八人委员会应该指"公安八人委员会"，参见附录一的中译者
  注。——中译者注

图书在版编目（CIP）数据

韦斯帕夏诺回忆录：十五世纪名人传／（意）韦斯
帕夏诺著；王宪生译 . —杭州：浙江大学出版社，
2019. 1
（西方传记经典）
书名原文：The Vespasiano Memoirs: Lives of
Illustrious Men of the XVth Century
ISBN 978-7-308-17451-0

Ⅰ.①韦… Ⅱ.①韦…②王… Ⅲ.①艺术家—传记
—意大利—15 世纪 Ⅳ.① K835.465.7

中国版本图书馆 CIP 数据核字（2017）第 239984 号

韦斯帕夏诺回忆录：十五世纪名人传
[意] 韦斯帕夏诺 著　王宪生 译

责任编辑	王志毅	
责任校对	王　军	
装帧设计	王小阳	
出版发行	浙江大学出版社	
	（杭州天目山路148号 邮政编码310007）	
	（网址：http://www.zjupress.com）	
制　作	北京大观世纪文化传媒有限公司	
印　刷	北京中科印刷有限公司	
开　本	635mm×965mm　1/16	
印　张	32	
字　数	400千	
版印次	2019年1月第1版　2019年1月第1次印刷	
书　号	ISBN 978-7-308-17451-0	
定　价	88.00元	

本书译自 *Renaissance Princes, Popes, and Prelates:*
The Vespasiano Memoirs: Lives of Illustrious Men of the XVth Century,
by Fiorentino Vespasiano da Bisticci
trans. by William Geoge and Emily Waters, intro. by Myron P. Gilmore,
Torchbook edition, Harper & Row, 1963。